Die kulturprägende Kraft des Teilens

Soziale Kreativität, Gruppendenken,
Wirtschaft der Verbundenheit

Thomas Weis und Thorsten Wiesmann

Die kulturprägende Kraft des Teilens

Soziale Kreativität, Gruppendenken, Wirtschaft der Verbundenheit

FSC
www.fsc.org
MIX
Papier aus ver-
antwortungsvollen
Quellen
Paper from
responsible sources
FSC® C105338

Die Deutsche Bibliothek –CIP-Einheitsaufnahme

Weis, Thomas, Wiesmann, Thorsten:

Die kulturprägende Kraft des Teilens.

Soziale Kreativität, Gruppendenken, Wirtschaft der Verbundenheit.

Thomas Weis, Thorsten Wiesmann. -1. Aufl. -

Einheitsacht.:, Die kulturprägende Kraft des Teilens <dt.>

ISBN 9783734734557

Herstellung und Verlag:
BoD - Books on Demand, Norderstedt
ISBN 978-3-7347-3455-7

In dem vorliegenden Buch geht es um die kulturprägende Kraft des Teilens. Um eine zu entdeckende Dimension des gemeinschaftlich-schöpferischen Handelns repräsentiert in Lernfeldern wie sozialer Kreativität, Gruppendenken und einer Wirtschaft der Verbundenheit. Vieles, was im letzten Jahrzehnt gedacht, geschrieben und entwickelt wurde läuft bereits in diese Richtung. Die Werke von Jeremy Rifkin sind ein guter Beleg dafür. In seinem neuesten Buch *Die Null-Grenzkosten-Gesellschaft: Das Internet der Dinge, kollaboratives Gemeingut und der Rückzug des Kapitalismus* geht er ausführlich auf die Ökonomie des Teilens ein und beleuchtet am Schluß die Wirtschaft der Verbundenheit. Damit weist er für das vorliegende Buch den Weg: Die Erforschung der Tiefenstruktur dieser Veränderungen. Sie geht weit über das hinaus, was wir als Leihen, Tauschen oder Schenken kennen. Es geht um Teilen als Potenzial, als erschließbare Kraftquelle und weises Gruppenhandeln, das in einer Wirtschaft der Verbundenheit zur Blüte kommen kann. Als solches ist es erst rudimentär in der Menschheit verankert. Mit ihm verbunden ist ein Freiheitserwachen, Einheitsstreben und ein Demokratisierungsdrang, wie dies beim Fall der Berliner Mauer, dem Ende der Apartheit in Südafrika oder beim Arabischen Frühling sichtbar wurde. Dem selektiven Blick entgeht das verbindende Gemeinsame, die transformative Kraft, die in solchen Ereignissen liegt. Einer Kraft, die alle Bereiche der Gesellschaft durchdringt. Das Buch versucht die Schlüsselbegriffe und Prinzipien der kulturprägenden Kraft des Teilens herauszuarbeiten. Auf diese Weise möchte es zum Umsetzen des Teilens inspirieren.

Inhalt

Das Miteinander Teilen (Sharing) beginnt sich als neue Kulturform und als gesellschaftlicher Aufbruch bemerkbar zu machen. Als eine Entwicklung, die alle Lebensbereiche durchzieht. Etliche Bücher wurden in den letzten Jahren dazu veröffentlicht, aus soziologischer-, lebenspraktischer-, wirtschaftlicher und aus ethischer Sicht. Immer häufiger wird das Thema in den Medien aufgegriffen und thematisiert. Gleichzeitig rufen die Geschehnisse Erstaunen hervor, denn die neue Bedeutung des Teilens wird *"als die wohl überraschendste Entwicklung des frühen 21. Jahrhunderts"* bezeichnet. (*Kulturen und Ethiken des Teilens* S.11)

Indem wir in diesem Buch einige Erkenntnisse unserer Forschungen aus den letzten Jahren vorlegen, zeigen wir auf, dass das Teilen als kosmologisches Prinzip in den Mysterien- und Weisheitslehren verwahrt und in der Entwicklung der Künste seit langem vorbereitet wird. Wir stellen Bezüge her und integrieren Bereiche, die in den bisherigen Veröffentlichungen unberücksichtigt oder getrennt geblieben sind. Im Gegensatz zu genannten Büchern erforscht das vorliegende Buch das Teilen von der symbolischen Ursachenebene her. Im Medium der Symbolik offenbart sich ein neues Denken, ein Wachstumskeim für eine Kultur des Teilens. Was wir derzeit erleben ist der Anfang und transformative Übergang in eine neue Entwicklung, die wir als Erwachen der Menschheit bezeichnen können. Den Schlüssel zum Verständnis dieser Entwicklung, die Wissenschaft, Kunst und Religion zusammenbringt, wollen wir in diesem Buch erhellen und begreiflich machen.

Teilen macht sich zunächst vor allem als ein Trend im Sozialverhalten bemerkbar. In der modernen Psychologie, Wissenschaft und Kunst war das Teilen bisher eng eingebunden in Themen wie Kooperation, Austausch und soziale Wirkung. Wenn wir in der Folge vom Teilen sprechen, dann beziehen wir uns auf das Teilen als eine anthropologische Dimension des Menschseins und der Zivilisation. Als ein Bestandteil eines evolutionären Prozesses, der die Bewusstseinsentwicklung des einzelnen Menschen und den der gesamten Menschheit umfasst: vom instinktiven Teilen, über das persönlichkeitsmotivierte Teilen zum seeleninspirierten Teilen. Gesellschaftlich bedeutet so ein Vorgang die Geburt hin zu ganz neuen Möglichkeiten. Indem wir diese Entwicklung für die jüngere Vergangenheit und die Gegenwart nachzeichnen, wollen wir dazu beitragen den Prozess und seine Geburtswehen besser zu verstehen und sich konkret und praktisch besser auf ihn einstellen zu können. Ein Prozess, der individuelle Entwicklungen mit kollektiven verbindet. Auf der Durchdringung beider Entwicklungslinien liegt der Schwerpunkt dieses Buches.

Bereits das instinktive Teilen von Ressourcen unter Menschen, einschließlich Nahrung, ist ein komplexes psychologisches Phänomen und seine adaptiven Ursprünge sind vielschichtig. Es bedarf eines multidisziplinären Ansatzes, um zu einem besseren Verständnis eines solchen Verhaltens beizutragen. Forscher beginnen in diesem Sinne durch die Verknüpfung von sozialpsychologischen Experimenten mit anthropologischen Erkenntnissen zunehmend Licht auf die Psychologie des "Social Sharing" zu werfen.

Wenn wir anthropologisch davon ausgehen, dass bewusstes Teilen dem Menschen vorbehalten ist, kommen zur instinktiven Dimension weitere dazu. Diese Dimensionen betreffen die gesellschaftsbildende und kulturermöglichende Bedeutung des Teilens. Primitive Formen von Nahrungsteilung findet man auch bei mehreren Primaten wie Schimpansen, Bonobos und Kapuzineraffen oder bei anderen Tieren, die in Gruppen leben wie zum Beispiel Fledermäusen, bei denen reziproker Altruismus einen wichtigen sozialen Mechanismus darstellt. Doch tritt das Teilen von Ressourcen im Tierreich meist nur in paarweisen Beziehungen auf. Beim Menschen beschränkt sich diese Form des sozialen Austausches nicht notwendigerweise auf solche Art. Offenbar hat unser Sozialverhalten, welches auf unterschiedlichste Arten die Bereitschaft zu Teilen berührt, unmittelbar mit unserer Menschwerdung zu tun. Mit dem, was uns zu Kulturmenschen macht und dem Potenzial, das im Menschsein verborgen liegt. Hier kommt der Sinn für die Bedeutung von Gerechtigkeit ins Spiel, für das Ritual, für den symbolischen Tausch, für die Selbsterkenntnis und das, was man höhere oder geistige Werte nennt. In diesem Sinne wird das Teilen in den letzten Jahren bewusster wahrgenommen als Kontrast zu einer Welt des Egoismus und der Ellenbogen. Als Hinwendung zu einer Welt, die zu Versöhnung und Heilung führt.

Im therapeutisch-heilenden Kontext wird das Miteinander Teilen von Erlebnissen und Gefühlen bereits als Mittel der Verstehens- und Bewältigungshilfe eingesetzt. So etwa im Psychodrama, bei der Gruppentherapie oder dem sogenannten "Playback Theater". Sharing in einem solchen Kontext bedeutet, dass Menschen bereit sind, einander spontan mitzuteilen, was sie in einem Rollenspiel erlebt haben. Bei einem solchen offenherzigen Erzählen ihrer Eindrükke durchlaufen sie einen Heilungsprozess, der auf einer gegenseitigen unterstützenden Sympathie gründet. Dadurch können die Beteiligten erfahren, dass sie nicht allein sind mit ihren persönlichen Problemen. Vielmehr kann ihnen bewusst werden, dass andere über ähnliche Erfahrungen verfügen und dass es vieles gibt, was sie mit anderen verbindet.

Es war Jacob L. Moreno, der eine erste große öffentliche Psychodrama-Sitzung 1921 im Komödienhaus Wien durchführte. Er nannte die Endrunde eines Psychodramas bewusst "Sharing". In einer solchen Runde gilt es zwischen Spielern und Zuschauern spontane Gefühle und Gedanken miteinander zu teilen, die das gemeinsam erfahrene Rollenspiel in ihnen geweckt hat. Durch solche authentische Reaktionen in einer Gruppe treten vorher nicht zugängliche Potenziale für inneres Wachstum und Heilung für alle Teilnehmer zutage. Es ist dies der Beginn einer neuartigen Wahrnehmung, füreinander da zu sein im umfassenden Sinne, um durch die Gabe der Aufmerksamkeit einander zu dienen.

Die Fortsetzung solcher Entwicklungen auf breiter Ebene der Gesellschaft führt nach Jeremy Rifkin gegenwärtig zu dem Entstehen eines neuen Bewusstseins. Eines Bewusstseins, welches jetzt das ideologische Bewusstsein der ersten industriellen Revolution und das psychologische Bewusstsein der zweiten durch ein dramaturgisches Bewusstsein ersetzt. Ein Bewusstsein, welches mit sich bringt, intuitiv zu wissen, wie man auf andere wirkt. Wie titelte letztens eine Zeitung über die junge Generation: *„Denn sie wissen, wie sie aufeinander wirken…“*

Dass ein solches Bewusstsein eine Anpassungsleistung in einer zunehmend komplexen, vernetzten High-Speed-Zivilisation darstellt, dürfte einleuchten. Persönliche und kollektive soziale Dramen durchdringen sich in wirtschaftlichen und sozialen Netzwerken. Das bedeutet: Das je Eigene wird nicht länger als privater Besitz angesehen. Es wird erkannt als etwas, das sich fortlaufend erneuert, im Austausch mit Dingen, Wesen und Menschen. Dies in dem Maße, wie wir offenen Herzens bereit sind, etwas mit anderen Menschen zu teilen. So treten wir ein in ein "Psychodrama im planetarischen Maßstab" (Rifkin).

Hier kommt das Geschichtenerzählen als soziale Konstruktion der Wirklichkeit ins Spiel. Damit meinen wir die sinnstiftende Auseinandersetzung mit sich selbst und anderen, die eine erzählende Struktur und Dramaturgie aufweist. Mit Geschichten dieser Art schaffen wir zum einen unsere persönliche Realität, unsere individuelle Geschichte. Zum anderen tragen wir damit zur kollektiven Geschichte bei. Was wir als National- oder gar als Weltgeschichte bezeichnen sind letztlich nichts anderes als Geschichten innerhalb von Geschichten. Diese Geschichten sind für uns die Realität selbst, gleichwohl sie sich im Nachhinein als falsch, unangemessen und fiktiv erweisen können. Diese Geschichten tragen nicht nur zu unserem Wirklichkeitsbild bei, sie legitimieren es. In diesem Sinn wirken Mythologie, Religion, Wissenschaft, Kunst und Therapie konservierend. Sie tun dies auf je eigene Weise, ohne dass wir bisher den gemeinsamen Kern aller Geschichten zu erkennen vermochten. Wie Geschichten zu kollektiven Heilungsprozessen beitragen, wenn sie zusammengeführt werden, haben wir u.a. vor, im Laufe dieses Buches zu erforschen. Es geht dabei um das Ergründen einer Kraft, die wir vorschlagen wollen, soziale Kreativität zu nennen. Eine Kraft, die gleichermaßen bewusstseinsbildend und gesellschaftlich transformierend wirkt. Eine Kraft, die zu einer gesteigerten Selbstkompetenz der Bürger führt, und die das Potenzial hat, das gegenwärtige politische und wirtschaftliche System vollständig zu verwandeln. Wir sprechen von dieser Kraft nicht im metaphorischen, sondern im erfahrbaren und nutzbaren Sinne. Wobei es nicht unser Ziel ist, die Kraft der sozialen Kreativität analytisch zu sezieren, sondern vielmehr Werkzeuge zu liefern, sie in sich selbst und bei anderen zu erwecken.

Um die soziale Kreativität zu erwecken, gilt es unser Verständnis zu erweitern. Das Verständnis dafür, wie wir uns einerseits in fest gefügten Denkbahnen halten und andererseits, wie wir uns aus diesen befreien können. Und darum, wie etwas Neues entstehen kann, wenn wir achtsam mit unseren Geschichten umgehen. Es ist gerade diese Qualität der gegenseitigen Achtsamkeit, die eine positive Transformationsspirale in Gang setzt. Als Regel ausgedrückt: Was offen und verbindend ausgesprochen wird, kann heilen. Dies, indem wir Menschen einladen, eine aktive, selbstbestimmte Rolle in ihrem Leben einzunehmen. Indem wir neue Geschichten für unser Leben gemeinsam erfinden, bauen wir Vertrauen auf, lernen wir aus Fehlern, und öffnen wir uns einem neuen, tieferen Sinn: für die Realität von "Wundern".

Das Teilen von Erfahrungen miteinander ist an sich ein Wunder, denn es ermöglicht, den Rahmen, in dem wir bislang unsere eigene Geschichte erzählt haben, zu erweitern. Ein Wunder ist es sprichwörtlich, wenn wir die rein subjektive Wahrheit anderer Menschen nicht länger ablehnen müssen, sondern ihr eine Existenz in den Grenzen unserer eigenen Geschichte anerkennen. Das Wunder gleicht einem hartnäckigen blinden Fleck in unserem bisherigen Wirklichkeitsbild, für den wir uns öffnen. Die Heilung, die mit einer solchen Akzeptanz einhergeht, hängt damit zusammen, Geschichten aus ihrer festen historischen Verankerung zu lösen, Ängste zu überwinden und uns auf einen stets potenziell offenen Ausgang einzulassen.

Ein anschauliches Beispiel dafür, wie sich individuelle wie kollektive Grenzen über den Weg des Teilens sozialkreativ erweitern lassen, bietet die Geschichte der 2012 im Alter von 20 Jahren verstorbenen Nana Stäcker. Mit 19 Jahren erhält sie die Diagnose eines besonders bösartigen Knochenkrebses. Nach anfänglichem Rückzug, der dem üblichen kollektiven Muster entspricht, entwickelt sie einen eigenen kreativen Umgang mit Krankheit, Sterben und Tod. In professionell gestalteten Fotografien von sich findet sie ein Ausdrucksmittel, sich über ihren körperlichen Zustand zu erheben. Ihre Geschichte wird in dem Buch *Nana... Der Tod trägt Pink* weiter erzählt, ihre kreative Idee lebt in dem Verein *Nana - Recover your smile* weiter. Intuitiv erfasste sie den Kerngedanken des Teilens, der besagt: „Tue nichts um deiner selbst willen. Sehe dich in allem als Beispiel für andere. Selbst aus deinen einsamsten, schwersten Stunden können andere Kraft schöpfen, und diese generierte Kraft wirkt stärkend auf dich zurück." Ihr Beispiel steht für die neue Lebenskunst, die die soziale Kreativität, so unsere Annahme, hervorbringen wird. Eine Lebenskunst, die den kreativen Umgang mit Krankheit, Sterben und Tod einschließt. Wir bewegen uns auf eine Welt zu, in der es nichts mehr zu verheimlichen gibt und in der es nichts mehr zu verheimlichen lohnt.

Ein Ausspruch wie "Wage zu teilen" setzt dort an, wo die Ziele der Aufklärung mit dem Leitspruch sapere aude, - wage, weise zu sein - stehen blieben. Wer teilt, verhält sich weise und vernünftig, zeigt Weisheit im Tun.

Teilen ist ein gegenseitiger Prozess, bei dem Bereitschaft, Offenheit und Würdigung den Boden bereiten, sich auch auf unangenehme oder belastende Dinge einzulassen. Wie höre ich jemandem zu? Wie viel Aufmerksamkeit gewähre ich? Wie tief setze ich mich mit dem auseinander, was jemand mir mitteilt? Diese Fragen stellen sich uns tagtäglich, wenn andere Menschen uns begegnen. Jede Mitteilung beinhaltet eine Annäherung und Berührung von Wirklichkeiten. Das Symbol dazu ist die liegende Acht, das Unendlichkeitszeichen, wobei jede Person einen Kreis darstellt. Das Symbol erinnert uns daran, dass es für beide Seiten wichtig ist, weder in den Wirklichkeitsbereich einer anderen Person einzudringen noch jemand seinen eigenen Wirklichkeitsbereich aufzudrängen. Als Mitteilende werden wir fortlaufend gefragt: Teile ich etwas mit, oder will ich etwas einem anderen übereignen? Teilen bedeutet nicht, anderen Menschen etwas aufzudrängen. Gradmesser ist die authentische Betroffenheit, und genau sie bildet den Berührungspunkt zwischen zwei Kulturen oder auch Personen, eben dort wo sich im Symbol der liegenden Acht die Kreise berühren.

Viele Machtstrukturen bestehen, weil der Einzelne sich auf Angst und Schuld verwiesen sieht, als etwas, was zu einem gehört, was man besitzt. Werden Angst und Schuld nun in einem geeigneten Rahmen in die Gruppe, in die Gemeinschaft eingebracht, zeigt sich, dass die anderen mit denselben Mustern konfrontiert sind wie wir. Und mehr noch: Wir erkennen im Leid der anderen unser Leid. Zusammen können wir die soziale Struktur des Leides transformieren, seien es Ängste, Sorgen, Hass, Wut oder was auch immer. Teilen bedeutet in seinem tiefsten Sinn *Freigeben*. Gemeinsam geben wir uns von dem, was uns im Griff hatte und unser Leben bestimmte, frei und erlösen uns davon.

Die Realität nach wie vor ist diese: Wir halten uns, indem wir auf die Erwartungen anderer reagieren, gegenseitig in unseren Mustern, in Geld und Besitz gefangen. Indem wir beginnen zu teilen, setzen wir uns über diese Erwartungen hinweg. Dies zu tun ist ein Wagnis. Genau dies besagt die Redewendung *dare to share/wage zu teilen*: Habe den Mut, dich über gesellschaftliche Erwartungen hinwegzusetzen! Habe auch den Mut, deine Schwächen und Unzulänglichkeiten mit anderen zu teilen! Wir halten das Teilen zurück, wenn wir glauben, dass jenes, was uns begrenzt, habe möglicherweise nur mit uns zu tun. Oder wenn wir glauben, von anderen verlacht, gedemütigt und ausgenutzt zu werden. Oder wenn wir uns vor Sanktionen oder Repressalien fürchten.

Teilen braucht den Vertrauensvorschuss, das kalkulierte Risiko und damit den geeigneten Rahmen. Der geeignete Rahmen kann bewusst herbeigeführt werden oder sich unbewusst ergeben. Letzteres beispielsweise, wenn man sich einem etablierten Machtsystem gegenübergestellt sieht. Dies ist das Phänomen des Widerstandes, der Menschen verbindet und zusammenschweißt. Auch hier greift, wie wir an Beispielen zeigen werden, das Teilen, selbst wenn es von den Beteiligten nicht so gesehen wird. Solche Phänomene der Zusammenarbeit als Teilen zu erkennen, hilft die Energie und die Wirkungsweise, die dabei zum Tragen kommt, besser zu verstehen. Damit lässt sich das, was sich heute noch eher zufällig ergibt, besser steuern. Denn das Wesen des Teilens ist nicht die Eskalation, sondern die Harmonie erzeugende Transformation von Konflikten, gerade auch mit zerstörerischem Potenzial.

Die Zeit, das Teilen im großen Stil zu praktizieren, war noch nie so günstig wie heute. Und auch noch nie zuvor in der Geschichte so notwendig. Die weltweit geschaffenen sozialen Ungleichgewichte, die Umweltzerstörung, die finanzielle Verschuldung und die Kommerzialisierung haben ein lebensbedrohliches Maß angenommen. Teilen beinhaltet die friedliche

Transformation eines sich immer mehr zuspitzenden weltweiten Konfliktes. Eine Transformation, die alle Ebenen umfasst und die beim Handeln jedes Einzelnen beginnt. Insofern ergeht an alle, die eine Lösung wollen, der Aufruf: *Wage zu teilen, wenn du die Welt retten willst.*

Manchmal braucht es eine Außenbetrachtung, um die Bedingtheiten des eigenen Lebens erkennen zu können. Diesen Weg gehen die belgischen Filmemacher und Brüder Jean-Pierre und Luc Dardenne. In ihrem Film *Lornas Schweigen* (2008) schließt eine junge Albanerin eine Scheinehe mit einem belgischen Drogenabhängigen, um an die belgische Staatsbürgerschaft zu gelangen. Dies mit dem Ziel, den Ehemann mit allen Mitteln schnell wieder los zu werden, um selbst einem reichen Russen zur belgischen Staatsbürgerschaft zu verhelfen, um mit dem erhaltenen Geld den Geschäftsaufbau mit ihrem Freund zu finanzieren. So reihen sich in dem Film Szenen an Szenen, in denen Geld versteckt, gefordert, gezählt und übergeben wird. Die Filme der Dardennes spielen an Orten, an denen die Menschen noch nach ihrer Identität und einer neuen Heimat suchen. Sie zeigen Belgien als Transitland, sie verfolgen Menschen-, Geld- und Warenströme, sie entwerfen eine hässliche neue Welt ohne Grenzen und ohne Moral. Ihre Helden sind meist Wolfskinder eines gefräßigen Kapitalismus, die aus allem Geld machen. Das Geld verbindet die Menschen und trennt sie. Lorna ist solange Komplizin beim Kaufen und Verkaufen von Menschen, bis ihr klar wird, dass sie auch nur eine Ware in diesem Spiel ist. In den Filmen der Dardennes verstricken sich so die Helden aufs Tiefste und beginnen erst nach einer schrecklichen Tat, nach einem einschneidenden Ereignis aufzuwachen: gequält von Schuld und Gewissensbissen und aufgeschreckt durch die negativen Folgen ihres Handelns.

Erst in der Rückbetrachtung wird dem Zuschauer deutlich, wie nah ein Film wie *Lornas Schweigen* die Realität trifft, individuell wie kollektiv. Was muss passieren, ehe wir das Zerstörerische in unserer Lebensordnung erkennen und uns eines Besseren besinnen?

Überall und unterschwellig ist der Warenwert der Beziehungen bzw. das Motiv der ökonomischen Verwertbarkeit präsent. Die Tiefenwirkung dieses Phänomens gilt es näher zu untersuchen. In der Hoffnung dadurch besser zu verstehen, was Menschen gefangen hält, warum sie angesichts drohender Veränderungen passiv und neutral bleiben. Was wäre möglich, wenn man Beziehungen nicht auf Verwertbarkeit, auf Streben nach Sicherheit und nach Überlegenheit reduziert? Gibt es eine Kraftquelle in und zwischen Menschen, die helfen kann, alle Probleme des Lebens besser anzugehen, leichter auszuhandeln und zufriedenstellender zu lösen, als dies bisher möglich ist? Kann es sein, dass die Art und Weise wie wir unsere Beziehungen gestalten, sei es privat, beruflich oder geschäftlich, dieses Potenzial verbirgt, ja vielleicht sogar unterdrückt? Etwas ist, was uns voneinander trennt, was Lebensbereiche zerschneidet und unbewusst das Denken und Handeln kontrolliert?

Wenn Lorna, und damit wir als Bürger, unserer Stimme beraubt sind, werden wir unseres innersten Wesens beraubt. Wir sind nur in dem Maße wir selbst, wie wir bewusst aus innerstem Empfinden heraus handeln. Darin liegt das Geheimnis der sozialen Kreativität verborgen. Lornas Schweigen steht für eine Gesellschaft, die gerade dieser Kreativität beraubt wurde, durch die Unterwerfung des Alltagslebens unter die Gesetze der Marktkräfte.

Unsere Stimme zu finden, die Stimme des Volkes, bedeutet sich dem symbolischen Bewusstsein gegenüber zu öffnen. Dieses Bewusstsein steht in Verbindung damit, die äußeren und inneren Gegenstände der Wahrnehmung als Wirkungen von Ursachen zu erkennen, die sich auf eine feinere Welt von Kräften beziehen. Das umschließt die Fähigkeit, ein Symbol als Symbol zu erkennen und es nicht für die Wirklichkeit schlechthin zu halten. Diese Fähigkeit wird wesentlich gefördert und letztlich ermöglicht durch Prinzipien wie Ehrlichkeit im Denken, Aufrichtigkeit im Geiste und Gelassenheit. Symbolisches Bewusstsein ist Ausdruck einer Bewusstseinsreife, uns von der Welt der Erscheinungen zu lösen und nicht länger in ihr aufzugehen. Es ermöglicht, in einem Anfangsstadium, eher momentartig als dauerhaft, eine Bewusstwerdung, die die Welt der Erscheinungen überwindet und zugleich intensiviert.

In diesem Zusammenhang ist es wichtig, die Wechselwirkungen von Ware, Tauschwert, Fetisch und Symbol zu erforschen. Um die tiefen kognitiven Illusionen, wie etwa die vom unendlichen Wachstum, zu überwinden, benötigt es wohl ein globales Erwachen, welches uns unsere blinden Flecken kollektiv zu Bewusstsein bringt. Dafür wird es unausweichlich sein, sich bewusster als bisher auf die Wirkungsweisen der symbolischen Ebene einzulassen. Es gilt aber dabei, die Symbole nicht auf Begriffe zu reduzieren. Wir sollten uns ihnen sehr behutsam annähern, so wie man sich einem Schmetterling nähert, dessen Staub man nicht von seinen Flügeln entfernen darf. Denn die Symbole stehen für verborgene Tatsachen, die zusammengenommen die Grundlagen unseres Bewusstseins bilden.

So betrachtet steht auch Lornas fehlende Stimme für eine Liebe, die erst noch in ihren Wirkungsweisen zu entdecken wäre. Eine Liebe, die bezogen auf die geschlechtlichen Beziehungen ein Verhältnis frei von Prüderie und Vorurteilen und eines jenseits eines rein sinnlichtriebhaften Ausdrucks aufzuzeigen in der Lage ist. Das Potenzial der menschlichen Beziehungen gilt es, auf kreative Weise im Gleichgewicht zwischen sinnlichen, emotionalen und mentalen Aspekten des zweckfrei Schöpferischen zu suchen. Zu so einem Gleichgewicht ist Lorna dabei, sich durchzuringen, wenn sie am Ende des Filmes aus dem Kreislauf der Verwertung ausbricht. Ein Kreislauf, in dem Sexualität reduziert ist auf sinnliche Bedürfnisbefriedung und fast nur eingesetzt wird als Mittel zum Zweck in der Gier nach Geld und Macht.

Das Potenzial der Selbsterneuerung und die Kraft, sich aus der Umklammerung von Geld und materieller Werte zu lösen und eine neue, bessere Welt zu erschaffen verweist auf das, was man gemeinhin mit Kreativität umschreibt. Allerdings ist der Kreativitätsbegriff im Kontext solcher Überlegungen selbst nicht frei von Verengungen, weil in seinem Geiste die heutige Warenwelt mit erschaffen wurde. In dem modernen Kreativitätsbegriff des 20. Jahrhunderts herrschen Aspekte vor, die bis dahin als schöpferisch und genial bezeichnet wurden. Damit ging das Bestreben einher, das Hervorbringen von neuen Ideen und Erzeugnissen zu versachlichen, von einem Elite-Denken zu befreien und stärker am praktischen Nutzen festzumachen. Die Rede von Joy Paul Guilford 1950 bei der amerikanischen Psychologievereinigung, die in der These gipfelte: *„Jeder Mensch ist kreativ"*, wird oft zusammen mit dem sogenannten *Sputnik-Schock* als die Geburtsstunde der modernen Kreativitätsforschung bezeichnet. Kreativität und Kreativitätsforschung waren auch ein Werkzeug im Kalten Krieg und in dem Streben nach technisch-wirtschaftlicher Überlegenheit des Westens, insbesondere der USA. In den 70er Jahren hatte sich die Kreativitätsforschung zu einem interdisziplinären Grenzgebiet unzähliger Forschungsbereiche wie Soziologie, Psychologie, Pädagogik, Philosophie, Kunstgeschichte, Anthropologie, Ökonomie, Linguistik und Dramaturgie entwickelt. Das vorrangige Ziel war nach wie vor die Steigerung und systematische Nutzung der Kreativität insbesondere in Wissenschaft und Wirtschaft. In diesem Bestreben wurden eine Vielzahl von Techniken und Konzepte entwickelt. Zwar gab es durchaus kritische Stimmen gegen diese einseitige Auslegung und Verzwecklichung, jedoch konnten diese sich nicht durchsetzen. Zu den kritischen Stimmen lässt sich u.a. auch das Bemühen von Joseph Beuys zählen, über die Kunst, das Schöpferische im Menschen als Lösungsansatz für die Probleme der modernen Gesellschaft zu reaktivieren. Für Guilford selbst bedeutete kreativ zu sein, über unterschiedliche Konzepte, Wahrnehmungen und Zugänge für eine Art des Querdenkens zu verfügen.

In den 90er Jahren kam der Begriff der "creative industries" auf, als Sammelbegriff für Bereiche wie Werbung, Architektur, Kunstmarkt, Design, Film (Video), Fotografie, Musik, Software, Computerspiele, Fernsehen und Radio. Mit einem klaren, gemeinsamen Fokus auf Wohlstand, Schaffen von Arbeitsplätzen, Erzeugen und Verwerten von intelligentem Besitz. Nirgends lässt sich der Zug zur Kommerzialisierung von Kreativität und Kunst deutlicher ablesen wie im Aufkommen und Ausbreiten dieser Industrie. Neuerdings wird allerdings auch gehäuft der Begriff "artful collaboration" verwendet, um ein freies gemeinsames Experimentieren zu bezeichnen, in dem die spontanen Handlungen des Einzelnen von den anderen Teilnehmern bewusst aufgenommen werden, um ihrerseits mit Einfällen reagieren zu können. Der von uns verwendete Begriff der *sozialen Kreativität* steht in Resonanz zu dieser Entwicklung. Soziale Kreativität ergibt sich aus Bedingungen der Gegenseitigkeit auf der Ebene der symbolischen Bedeutung. Dabei stehen vor allem korrekte zwischenmenschliche Beziehungen und damit verbunden die Fähigkeit zur Selbstreflexion und Bedürfnisse zu artikulieren im Vordergrund, sodass sich vorgegebene herrschaftliche Verhältnisse im konstruktiven Sinne von Gerechtigkeit, Freiheit, Frieden und mehr Erkenntnis weiter entwickeln können.

Das Geheimnis der Kreativität, das Rückgrat des sozialen Unbewussten und aller lebensfähigen Kunst, gilt es individuell in symbolischen Bezügen aufzuspüren. Symbolische Bezüge verbinden das Äußere mit dem Inneren, das Materielle mit dem Geistigen. Diese Bezüge haben ihre Grundlage in einer aus den Gesetzen der Natur hervorgehenden Geometrie. Eine Geometrie, die als symbolischer Universalschlüssel in allen menschlichen Errungenschaften enthalten ist. Durch diesen Schlüssel kommen wir mit dem Sein in Berührung, das dem Werden, der Vergänglichkeit und der Wandelbarkeit aller Formen zugrunde liegt. Die Verbindung mit dem Sein befreit uns von verzerrenden Ideologien, die Schuldgefühle und Angst erzeugen. Sie hilft uns, sich nicht in den endlosen Weiten materieller Formen zu verlieren. Und sie befreit uns von einem begrenzenden Selbstbild, mit dem wir uns identifizieren. Durch die intuitive Innenschau von geistigen Regeln und Proportionen ist es möglich, zu erkennen, wie alles auf dem Prinzip des Teilens nach universellen Gesetzmäßigkeiten aufgebaut ist. Dies, je mehr wir uns für das symbolische Bewusstsein öffnen. Dann erschließt sich uns die größere Absicht hinter unserem zeit- und raumgebundenen Dasein. Über eine Verbindung zum symbolischen Bewusstsein können wir aktiv ins Dasein eingreifen. Wir können zum Mittler des universellen Geistes werden und andere Menschen dazu anregen, selbst aus ihren begrenzenden sozialen

Rollen auszubrechen, mit denen sie sich identifizieren. Zwischen dem, was wir für uns selbst und dem, was wir für andere tun, gibt es dann keinen Unterschied mehr. Das Individuelle wird kollektiv und das Kollektive wird individuell. Das ist die Wirklichkeit des Seins, zu der wir aufwachen können, für die alle Unterschiede von Dein und Mein bedeutungslos werden. Indem dieses Streben in der sozialen Kreativität Ausdruck findet wird sie zur emanzipatorischen, transformativen Kraft in einer Gesellschaft.

Indem Menschen im Zuge des Entdeckens der verschiedenen Dimensionen der sozialen Kreativität die eigenen Vorstellungen darüber, wer und was sie sind lernen zu hinterfragen, werden sie aus begrenzenden Rollenmustern und Ich-Strukturen befreit. Sie geraten so in die Lage, sich zunehmend als autonome Wesen innerhalb von sozialen Beziehungen wahrzunehmen, die über das Prinzip des Teilens allen Menschen gleichermaßen unbegrenzte Gestaltungsmöglichkeiten eröffnen.

Es ist genau eine solche Wahrnehmung, die dann Denken, Sprechen und Handeln in Übereinstimmung miteinander bringt. So werden immer größere kreative Potenziale über die Kraft des Gewahrseins zugänglich. Solche kreativen Potenziale lassen sich ab einem bestimmten Punkt nicht mehr einengen im Sinne einer reinen Verwertbarkeit im Rahmen bereits vorgegebener Wirtschaftsprozesse. Stattdessen unterstützen solche Potenziale jeweils vorgefundene Wirtschaftsprozesse so auszurichten, dass sich eine umfassende Kommunikation im Sinne eines nachhaltigen Verhaltens gegenüber allen Formen des Seins ergeben kann.

Soziale Kreativität entsteht aus dem Wechselspiel zwischen Individuen, Gemeinschaften sowie rechtlichen und prozessualen Voraussetzungen. Auf der individuellen Ebene ergibt sich Kreativität aus dem Zusammenspiel von fünf symbolischen Qualitäten, die sich als Demut, Ehrfurcht, Inspiration, tiefer Sinn und Freude fassen lassen. Auf der Ebene der Gemeinschaft ergibt sich Kreativität aus dem Austausch zwischen der sozialen Sphäre, den zwischenmenschlichen Beziehungen, dem gemeinsamen Weg zu Harmonie und Einheit, dem integralen symbolischen Bewusstsein und dem Netz der Information. Die rechtlichen und prozessualen Voraussetzungen sind in folgender Liste aufgenommen:

Soziale Kreativität	
Rechtliche Voraussetzungen	**Prozessuale Voraussetzungen**
• Freie Meinungsäußerung	• Auswählende Urteilskraft
• freier Mittelzugang	• Reflektierende Urteilskraft
• kein Kontrollzwang	• Einfühlungsvermögen
• Umsetzungsfreiheit	• Lebenserfahrung
• Wahrung Privatsphäre	• Praktische Kompetenzen

Die bisherigen Ansätze zur Kreativitätsforschung im sozialen Raum bewegten sich mehr oder weniger im Bereich des sozial Bekannten. Da sich Kreativität mit dem Neuen beschäftigt, wäre es folgerichtig, den Blick auch auf das sozial Unbekannte zu richten. Kreativität vollzieht sich bislang bewusst oder unbewusst durch eine Geldbrille und in Bezug auf das Geldverdienen Müssen und Wollen. Das hat unsere heutige Gesellschaft hervorgebracht. Befreit von dieser Brille könnte der Strahl der Kreativität in neue, noch unbekannte Gebiete gelenkt werden. Etwa in das Gebiet der Suche nach Lösungen, die ein Leben und Zusammenleben auch ohne Kommerzialisierung möglich machen. Lösungen, die an dem realen, ernsten Problem unserer Zeit, dem Albdruck der Kommerzialisierung, ansetzen. Das Potenzial eines sozial Unbekannten könnte freigesetzt werden, wenn Menschen aus ihrem Verschwendungswahn an Nahrung, Energie und Ressourcen herausgeführt werden, hin zu einer einfacheren und gesünderen Lebensweise. Dazu würde auch eine kostensparende, effektivere Nutzung von Produkten des täglichen Lebens gehören, verbunden mit der Entwicklung langlebiger Produkte im Zusammenwirken zwischen Herstellern, Nutzern und Servicediensten. Das setzt allerdings veränderte Einstellungen und Haltungen zum Leben, zur Natur und zur Zusammenarbeit voraus, die vermutlich all das, was wir in puncto Arbeitsteilung bislang kennen, in den Schatten stellen. Die bittere Wahrheit ist, dass heutzutage gilt: Geld ist Leben. Die Verfügbarkeit von Geld entscheidet, wer am gesellschaftlichen Leben teilnehmen darf und wer nicht. Und grausamer noch: In manchen Teilen der Welt entscheidet die Verfügbarkeit von Geld über Leben und Tod. Denn es gibt weltweit keinen Mangel an Lebensmitteln oder Arbeit, sondern ein Ungleichgewicht der am Geldhahn hängenden Verteilung. Dies erscheint so selbstverständlich, so zwingend, dass selbst zum Himmel schreiende Ungerechtigkeiten hingenommen werden. Welch eine Welt wäre möglich, wenn sich die vereinte, geballte menschliche Kreativität auf diese Ungerechtigkeiten richten würde?

Ein weiterer Bereich des sozialen Unbekannten wäre der eines latenten Willens zum Guten, der unter den gegenwärtigen Bedingungen noch nicht zur Entfaltung kommen konnte. Diesem Willen zufolge ist der Mensch zu einem größeren Engagement und zu größeren Opfern bereit, als es derzeit offen zu Tage tritt. Was den Willen in Schach hält, sind neben dem Faktor Geld, Dinge, wie die Angst ausgenutzt zu werden oder als jemand mit einem Helfersyndrom gebrandmarkt zu werden. Daher sind auch noch so kleine Anfangserfahrungen mit dem Prinzip des Teilens wichtig, weil hier das Vertrauen wachsen kann, das dem Willen zum Guten zum Durchbruch verhilft. Bislang ist der Willen zum Guten noch begrenzt auf singuläre Situationen wie Katastrophenhilfe. Noch konnte kein Kreislauf des gegenseitigen Gebens und Nehmens in Gang kommen, der alle Lebensbereiche umfasst.

So viel menschliche Kreativität bleibt auf der Strecke, weil sie sich nicht in die Zwangsjacke vordergründiger Verwertbarkeit von Aufwand und Ertrag stecken lässt. So viele Menschen mit guten Ideen und Vorsätzen bleiben isoliert, weil sie angesichts der geltenden Verwertungslogik nicht zusammenfinden können. Die Folgen sind um sich greifende Krankheitssymptome, Verweigerungshaltung und Verfallserscheinungen. Dieser Graben wird sich in dem Maße auflösen, indem die latente, soziale, auf das Gemeinwohl ausgerichtete Kreativität in allen Lebensbereichen an Einfluss, Wert und Bedeutung gewinnt, und konkrete Beispiele Schule machen. Dies geschieht auch, indem der Einzelne erkennt, wie er seine Kreativität im Zusammenspiel aus subjektiven Eingebungen und einem konkreten sozialen Kontext zur Entfaltung bringen kann. Hierbei gewinnen soziale Medien eine besondere Bedeutung. Aus solcher Art unterstützten Bewusstseinsprozessen im Dialog mit anderen Menschen, Kulturen und Traditionen, wächst die kreative Tätigkeit in alle Bereiche des Alltags hinein und transformiert diese nachhaltig. Indem diese Transformation zu greifen beginnt, wächst das Vertrauen in die tiefere Dimension der Kreativität, die allem Sein zugrunde liegt und welche über ein Bewusstseinsfeld uns alle miteinander verbindet. Diese Transformation ermöglicht, Kreativität als Grundimpuls, als Herzschlag des Seins direkt wahrzunehmen und sich auf diese Grundschwingung, diesen Rhythmus einzulassen. Dieser Vorgang führt weiter bis hin zu einer tieferen Wahrnehmung von Kreisläufen, von gegenseitigen Bedingtheiten, von strukturbildenden Prozessen. Auf diese Weise schließt sich der Graben zwischen individueller und sozialer Kreativität. Dies geht einher mit einer Bewusstwerdung der Beziehungen zwischen Individuum und Gesellschaft und einer Verschmelzung einzelner wissenschaftlicher Disziplinen. Durch diese Prozesse der Angleichung und Integration auf der einen Seite, und einer Offenheit für Vielfalt und Verschiedenheit auf der anderen, könnte sich der Warencharakter aller Lebensbereiche zugunsten des Prinzips des Teilens auflösen. Auf diese Weise könnte auch der Gaben-Charakter der Kreativität hervortreten und dazu anregen, eine Gesellschaft auszuformen, die geistig inspiriert, regenerierend und schöpferisch kreativ ist.

Voraussetzung dafür, dass Kreisläufe des gegenseitigen Teilens sich durchsetzen können, ist wohl auch nicht zuletzt das momentan stattfindende Erklimmen der dritten Stufe der Motivation bei der Nutzung des Internets. Bestand die erste Stufe der Motivation darin, an dem schier unbegrenzten Reichtum an Information zu partizipieren, zeichnete sich die zweite Stufe durch individuelle kreative Beiträge aus und in der Aufbereitung von Mitteilungen. Bei der dritten Stufe der Motivation geht es nun darum, zusammen mit anderen Wirkungen zu entfalten, durch das Zusammenschließen zu Bewegungen und durch das kooperative Erarbeiten von kreativen Lösungen und konkreten Fragestellungen. Diese dritte Stufe leistet dem allgemeinen gesellschaftlichen Erwachen sowie einer kollektiven Bewusstwerdung Vorschub. Diese Stoßrichtung und diese Entwicklung haben wir im Blick, wenn wir uns im Folgenden mit der sozialen Kreativität beschäftigen. Einer Entwicklung, in der sich das Feld des Sozialen neu definiert und erweitert. Zugleich einer Entwicklung, die alles zur Synthese vereint, die große latente Kräfte freisetzt. Um dies zu verdeutlichen, mag folgende Grafik hilfreich sein:

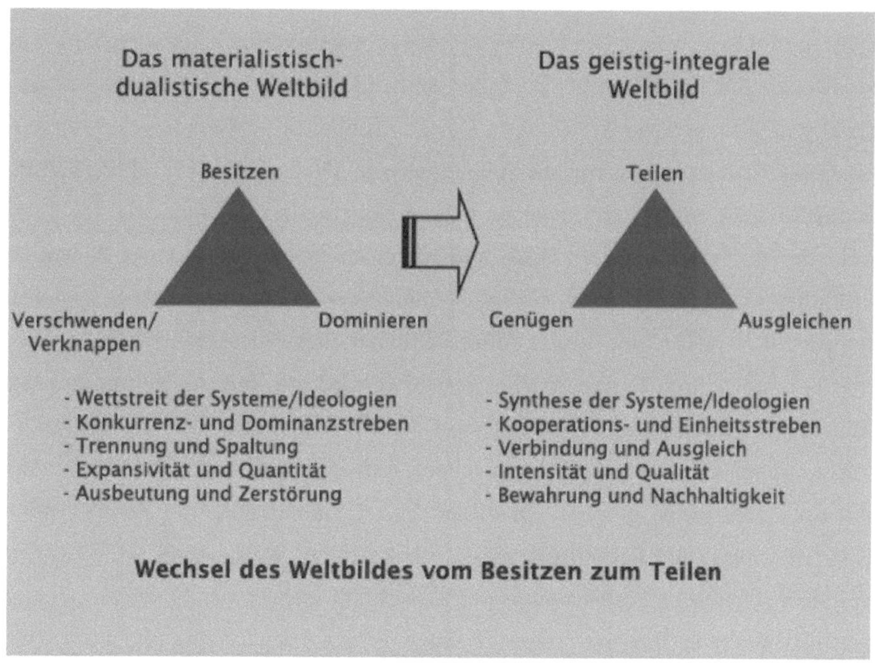

Die Begriffe Besitzen, Dominieren (Herrschen) und Verschwenden – Verknappen sind nicht einfach nur Worte, um das materialistisch-dualistische Weltbild zu charakterisieren. Die drei Begriffe repräsentieren ein Kraftdreieck. Doch nicht nur das. Wer diese Begriffe richtig zu interpretieren und mit realen Kräften in Verbindung zu bringen weiß, hat Zugang zum Quellcode dieses Weltbildes. Damit wird zweierlei möglich: Zum einen lassen sich damit die Kräfte handhaben, die das Weltbild stabilisieren. Kräfte, die zu diesem Zwecke all die letzten Jahrhunderte zur Anwendung kamen. Zum anderen erhält man gewissermaßen die Formel, wie sich das Weltbild schwächen und auflösen lässt. Dabei ist zu berücksichtigen, dass die theoretische Kenntnis einer Formel noch nicht die technische Fähigkeit, sie praktisch werden zu lassen, beinhaltet.

Wie Michel Foucault und andere gezeigt haben, entstehen Weltbilder nicht zufällig. Vielmehr sind sie Machtinstrumente ersten Ranges und dienen unbewusst oder bewusst Machtinteressen. Das materialistisch-dualistische Weltbild hat die letzten 2000 Jahre zur Stabilisierung der Macht einer wechselnden Führungsschicht gedient: Päpsten und Kirchenfürsten, Monarchen und Adligen, Revolutionären, Kommunisten und Parteien, Diktatoren, Finanzmagnaten und Oligarchen. Die Ideologien mögen gegensätzlich oder verschieden gewesen sein oder sich abgelöst haben, immer blieb das zugrunde gelegte Weltbild erhalten. Heute tritt das materialistisch-dualistische Weltbild im Gewand freiheitlicher Demokratien mit gewählten Regierungen auf. Jedoch ist dies nur die äußere Fassade für die wahren Machtverhältnisse. Die Welt befindet sich in der Hand von einer kleinen Machtelite, insbesondere im Bereich der Hochfinanz, die hinter den Kulissen Geld- und Warenströme, ja Regierungen kontrolliert. Um diese Zusammenhänge zu erkennen, bedarf es keiner Verschwörungstheorien. Es wird inzwischen der breiten Bevölkerung immer offensichtlicher, dass diese Machtelite keine direkte Angriffsfläche bietet, durch Freiheitsrechte geschützt wird und mit den führenden Köpfen in Politik, Wirtschaft, Wissenschaft und Religion in Verbindung steht.

Nach allgemeinem wie nach juristischem Sprachgebrauch wird Besitz als tatsächliche Herrschaft über eine Sache gesehen. In diesem Sinne sind Grund und Boden, Immobilien, hergestellte Güter und Geld Besitztümer. Jedoch hat sich der Besitzbegriff in Zeiten des "mentalen Kapitalismus" (Georg Franck) ausgeweitet und fällt immer mehr mit dem Dominanzbegriff zusammen. Besitz in diesem erweiterten Sinne bedeutet den Zugang und die Kontrolle von Geldquellen und Ressourcen, zu Energieträgern, zur Forschung und Entwicklung von Technologien, zu Entscheidungsträgern, zu Medien und zur öffentlichen Meinung. Und das ist längst nicht alles. Zum Besitz gehört auch die Aufmerksamkeit eines Massenpublikums, gesteuert über Werbung, Nachrichten und Internet und schließlich die Deutungshoheit von Wahrheit und Wirklichkeit und damit auch über die Deutungshoheit des Weltbildes. Dies auf eine subtile, geschickte Weise, sodass die direkte Dominanz nicht offen zutage tritt, da die Meinungsführung über viele Quellen gestreut wird. Zugleich bedient sie sich eines breiten Spektrums von Mitteln wie Propaganda, Desinformation, Relativierung, Isolierung, Verunsicherung, Erzeugen von sozialem Druck und das Schüren von Angst. Auf diese Weise lassen sich über Regierungen Kriege rechtfertigen, Freiheitsrechte einschränken, wirtschaftlich-finanzielle Deregulierungen vorantreiben, Banken und Länder mit Steuergeldern vor dem Konkurs retten und dergleichen mehr. All dies passiert vor unseren Augen, all dies lässt sich durch viele Quellen belegen. Das wirksamste und zugleich perfideste Machtinstrument aber besteht in der Art und Weise wie Verschwendung und Verknappung strategisch und mit Machtkalkül eingesetzt wird. Perfide deshalb, weil über Lenkung und Kapitalisierung von Ressourcen und Nahrungsmittel, um nur ein Beispiel zu nennen, Armut und Hungertod von Millionen in Kauf genommen werden. Das unkontrollierte Spiel mit Massenvernichtungswaffen ist das schreckliche Symbol dieser Entwicklung. Die Machtelite denkt zweifellos nicht in moralischen Kategorien. Im Grunde misstraut sie der Freiheit, die sie für sich selbst beansprucht. Es ist ein Fehler, den viele heute noch begehen, wenn sie die Machtelite nach ihren eigenen Maßstäben beurteilen und nicht auf der Grundlage der Kräfte, die durch sie wirken. Daher fühlen sich viele ohnmächtig oder verstrikken sich in einer Protest- und Gegnerhaltung oder lassen sich durch die äußere Macht blenden. Auch das gehört zur sozialen Kreativität: Diesen tieferen Tatsachen ins Auge zu blicken und doch unbeirrt an dem Weg zum kollektiv Guten festzuhalten.

In den letzten Jahren sind eine Fülle von Publikationen und Webseiten entstanden, die sich mit dem Teilen beschäftigen. In dem vorliegenden Buch geht es nicht darum, einen erschöpfenden Überblick über solche Ansätze zu geben. Trotzdem werden wir an bestimmten Punkten uns auch mit einzelnen praktischen Vorschlägen und Lösungen auseinandersetzen. Es gilt die praktische Seite des Teilens im Zusammenhang zu sehen mit einer dahinter stehenden geistigen Energie, die all die einzelnen Lösungsversuche gleichermaßen durchdringt. Eine Durchdringung, die dafür spricht, dass sich etwas Grundlegendes in der Einstellung zum Leben, zum Konsum, zum Besitz usw. geändert hat. Für diese Veränderungen gebrauchen wir den Begriff des Wandels des Weltbildes, der die Stellung des Menschen im Kosmos und zu allen wichtigen Lebensbereichen wie Wirtschaft, Wissenschaft, Religion und Politik betrifft. Unser Ziel ist es zu beleuchten, wie dieses neue Weltbild bislang getrennte Bereiche zu einer Einheit und Synthese verschmilzt und damit nahtlos an die zeitlosen Weisheitslehren anknüpft.

Teil 1 Soziale Kreativität: Die verborgene Kraft zwischen Menschen

1. Teilen als die 5 Elemente der sozialen Kreativität

Soziale Kreativität können wir als eine neu zu entdeckende Form des gemeinsamen Schauens, Lauschens und Spürens beschreiben. Man beginnt sich gegenseitig ernst zu nehmen und spielt sich nichts mehr vor. Man agiert spontan und zielbewusst bezogen auf gemeinsame Prioritäten. Absorbiert im kreativen Zusammenwirken mit anderen blitzen Eingebungen auf, wird man tieferen Einsichten gewahr. Einsichten, die eine zuvor verborgene Schönheit und Harmonie offenbaren. Zugleich Einsichten, die eine tiefe Symbolik des eigenen

Handelns beinhalten. Wo ein solches Gewahrsein die Zusammenarbeit erfüllt, muss man sich nicht mehr rein zwanghaft von anderen abgrenzen. Jede Angst, zu kurz zu kommen oder von anderen dominiert zu werden, endet hier.

Solange man nichts von einem solchen erweiterten Gewahrsein weiß, wird man es nicht bewusst vermissen. Und weil man es nicht vermisst, besteht auch kein Bestreben danach. Gleichwohl hat dessen Fehlen Folgen. Wo es fehlt, gewinnen kurzfristige Interessen und eigennützige Motive leicht die Oberhand, bleiben Nachhaltigkeit, ökologische und soziale Werte schnell auf der Strecke. In der Vergangenheit bildete das individuelle Gewahrsein die Grenze der Erkenntnis. Die Menschheit ist dabei sich zu einem kollektiven Gewahrsein aufzuschwingen, mit ganz neuen Optionen und Visionen. Zugleich werden diejenigen, die alternative, kreative Formen der Zusammenarbeit vorschlagen, ernster genommen. Je mehr man sich mit dem Thema beschäftigt und damit experimentiert, umso deutlicher kommen bislang unerkannte Potenziale zum Vorschein. Potenziale, die vor allem zwischen Menschen liegen. Die gemeinsame Matrix, das schöpferische Feld, welches Menschen bilden, die nach dem Prinzip des Teilens zusammenarbeiten. Menschen werden dann füreinander zu Ideengebern und Katalysatoren für die Konkretisierung von Vorhaben. Etwas, das sich erst im Zueinander ergibt, das ungewollt, unplanbar, unvorhersehbar ist. Es ist diese Art, dieses Zu- und Füreinander, bezogen auf einen gemeinsamen Ideenkern, welche die soziale Kreativität ausmacht.

Die Fundierung der neuen Wissenschaft von der sozialen Kreativität, die wir im folgendem vornehmen wollen, basiert auf einer Fünfgliederung. Dies ist so aus folgendem Grunde: In jedem Menschen gibt es zwei Hauptgruppen von Energien, nämlich die Energien der Wunschnatur und die Energien des Denkvermögens. Wenn diese entsprechend miteinander verbunden werden entsteht das, was wir allgemein eine aktive, kraftvolle Persönlichkeit nennen. Das was wir die Seele nennen ist eine Energie-Einheit aus Lebens-Energie und Denk-Energie, die über diese Persönlichkeit zu wirken sucht um sie auf höhere geistige Ziele auszurichten. Die Energien, deren sich die Persönlichkeit ihrerseits bedient, um mit der Seele Kontakt aufzunehmen, nennen wir gewöhnlich Denken und Liebe. Eine weitere Energie, der sie sich bedient und die wir das Lebensprinzip nennen können, ist im menschlichen Herzen verankert. Die drei Energien der Persönlichkeit Lebens-, Gefühls- und Gedankenenergie sowie die zwei Energien der Seele, bilden zusammen die fünf Energien, die der Mensch auf Erden anwendet, um Erfahrungen zu sammeln. Der Mensch ist also das Produkt von fünf Energien.

Die Lehre von den Fünf Elementen ist ein uraltes Menschheitswissen. Welche Bezeichnungen diese Elemente tragen, unterliegt dabei Unterschieden dem Kulturkreis und dem Zeitenraum entsprechend. In bestimmten Traditionen wird auch nur von einer Vier Elemente Zuordnung ausgegangen, was in etwa der Reduktion auf die Basis einer Pyramide entspricht, und den zu den vier Seiten zugeordneten Himmelsrichtungen. Die Spitze der Pyramide steht für den Zenit und so für das fünfte Element. Nach Plato ist die Grundlage für die Elemente in geometrischen Körpern mit 4,6,8,12, und 20 Flächen zu finden. Mit Hilfe dieser Körper war es Kepler wiederum möglich, die Abstände zwischen den seinerzeit sechs bekannten Planeten des Sonnensystems zu erklären. Was all diese Lehren trotz ihrer Unterschiede miteinander verbindet, ist ihre Ableitung aus der Beobachtung der Natur und ihre Anwendung zur Beschreibung von Wechselwirkungen und Kreisläufen. Es sind dies Sachverhalte, die sowohl zwischen Mensch und Umwelt, Umwelt und kosmischer Ordnung sowie zwischen den einzelnen Organen innerhalb des menschlichen Organismus bestehen.

Je nach Zusammenhang werden dabei die Elemente gesehen als archetypische Grundkräfte, Phasen zyklischer Wandlungsprozesse oder als Anteile eines Kreislaufes, die sich gegenseitig beeinflussen. Anhand des Zusammenwirkens dieser Elemente lässt sich das Entstehen von Ungleichgewicht in lebendigen Systemen untersuchen, um dann gezielt Lösungswege zu entwickeln, die zu einem neuen Gleichgewicht führen. Wir haben es hier also mit einem universellen Modell zur Lösung von Konflikten, Krankheiten und Problemen in allen Bereichen des Lebens zu tun. Ein Modell, das zur Verbesserung unseres Lebens beitragen kann.

Im Sinne dieser Lehre symbolisiert die Erde den Prozess der Umwandlung und Transformation sowie der Reifung, die möglich wird auf einer biologischen Ebene etwa durch Verdauung oder Kompostbildung. Auf psychologischer Ebene geschieht diese Umwandlung durch die Charaktereigenschaft der Demut. Auf der Ebene der sozialen Kreativität finden wir die Entsprechung der Eigenschaften der Erde beim Entstehen von neuen sozialen Sphären durch gesellschaftliche Verdichtungsprozesse. Wasser ist das Element, in dem sich die Stoffe der Erde lösen und neu zueinander ausrichten. Wasser transportiert, verbindet und reinigt uns von alten unnötig gewordenen Ablagerungen. Darüber hinaus ist Wasser die Quelle allen Lebens.

Das Verbindende des Wassers findet seinen symbolischen Ausdruck in unserem Handeln in Verbindung mit anderen Menschen. Wir gelangen zu einer Quelle, die unser Leben und gleichzeitig das Leben anderer tiefgreifend positiv verwandeln kann, indem wir erkennen, dass es irgendwo da draußen bereits eine Gruppe von Menschen gibt, die nur darauf wartet mit uns zusammenzuarbeiten. Diese Erkenntnis führt dazu, dass wir erfahren, inwiefern unsere Vorstellungen auch bereits diejenigen Vorstellungen von anderen Menschen sind. Schließlich gelangen wir über diese beiden Erkenntnisse in ein Umfeld, welches alle nötigen Werkzeuge und die entscheidenden Hinweise für uns bereithält. Werkzeuge und Hinweise, die wir benötigen, damit wir mit anderen gemeinsam effektiv an den Vorstellungen arbeiten können, die wir verwirklichen wollen.

In der Luft um uns herum geschieht vieles, auch wenn wir nicht darauf achten, es nicht spüren. Die hier angedeutete Welt des Geheimnisvollen, Heiligen, ist der Gegenstand von Erzählformen und Weisheitslehren. Diese Lehren ermöglichen auch den Zugang zu einem tiefen symbolischen Verstehen allen Daseins, und somit zu einer ganzheitlichen Wahrnehmungsweise, die Geist, Mensch und Natur als Einheit erkennt. Von einer solchen Sicht aus kann wiederum deutlich werden, wieso sich die Elemente auch unseren Sinnen und unseren verschiedenen Wahrnehmungsarten zuordnen lassen, die da lauten: Geruch, Geschmack, Gesicht, Gefühle und Gehör bzw. physisch, emotional, mental, intuitiv und geistig. Gerade der Umgang mit Informationen wird in den kommenden Jahrzehnten immer mehr an Bedeutung gewinnen. Dabei geht es um das Auswählen und Filtern von Informationen, um unser kreatives Potenzial zu entfalten und nicht zuzuschütten. Wir benötigen ein intuitives Informationsverständnis, um zu entscheiden, welches Buch es zu lesen, welchen Film es anzusehen und welche Person es zu treffen lohnt. Von einem Menschen mit einem solchen Verständnis könnten wir auch sagen, er führe ein bewusstes Leben.

Nach antiker Lehre besteht alles, was erschaffen ist, aus den vier Elementen Feuer, Erde, Luft und Wasser. Das unsichtbare, darüber hinausgehende Element symbolisiert das Wesentliche, die Bedeutung, den Sinn, der in der Schöpfung verborgen ist und den nur der Mensch zu erkennen vermag. Aristoteles nannte es Äther und die Alchemisten prägten dafür den Begriff Quintessenz. Im Zuge der modernen Wissenschaftsgeschichte wurde dieses Element verneint. Inzwischen werden aber die Stimmen lauter, die meinen man könnte dieses Element mit der sogenannten Antimaterie oder Dunklen Materie gleichsetzen. In den geistigen Traditionen wird dieses Element auch mit der Akasha-Chronik (akasha bedeutet auf Sanskrit Äther) assoziiert, jenem übersinnlichen Buch des Lebens, das in immaterieller Form ein allumfassendes Weltgedächtnis enthält. Dieser geheimnisvolle Punkt, diese "höhere" Warte, wird von der Spitze der Pyramide symbolisiert, die die vier Eckpunkte, stehend für die vier Elemente, auf einer höheren Ebene miteinander verknüpft. Die gleiche Symbolik findet sich in vielen Fresken, Kirchenfenstern, Altarbildern und anderen Darstellungen, die Christus im Zentrum zeigen, umgeben von den vier Evangelisten, sowie in zahllosen tibetischen Mandalas, deren Mitte ein Vollkommenheitssymbol ist, in dem sich vier Prinzipien vereinen. Der Fünfstern symbolisiert aber auch, dass der Mensch mit beiden Füssen auf der Erde steht, während sein Kopf in den Himmel ragt und er als einziges Geschöpf Geist (Himmel) und Natur (Erde) in sich verbindet. Im Inneren des Fünfsterns befindet sich ein Fünfeck, in das sich wiederum ein Fünfstern einpasst, der ein Fünfeck in sich trägt.

Analog zu dieser symbolischen Struktur gründet jedes Musiksystem in der Welt auf denselben fünf Noten: der sogenannten Pentatonik. Es ist so, als wären diese Noten gemeinsam in uns alle hineinprogrammiert. Wir erben alle diese Noten, die sich in den fünf Fingern unserer Hände spiegeln. Das Pentagramm zeigt so die Verbindung der inneren harmonischen Struktur des Universums auf und gleichzeitig die Möglichkeit für den Menschen, in sich das Gleichgewicht zwischen den Elementen zu erreichen und so das sterbliche, materiell gebunden Dasein zu überwinden. Dabei ist besonders zu vermerken, dass die Proportion, die unserem Schönheitsempfinden zu Grunde liegt, und die als Goldener Schnitt bekannt ist, sich unmittelbar aus den Proportionen des Pentagramms ableiten lässt. Das Pentagramm, verdankt seinen Ursprung den Erkenntnissen des Pythagoras von Samos. Diese harmonische Teilung oder der Goldene Schnitt folgt der Gesetzmäßigkeit seines bekannten Lehrsatzes $a^2 + b^2 = c^2$. Jede Sternspitze des Pentagramms ist ein goldenes Dreieck, dass von den Pythagoreern „Alpha", als Symbol des Anfangs genannt wurde. In der heiligen Geometrie stellt dieses Symbol das Urprinzip aller Dinge dar. "Ein unendlich wiederkehrendes Muster", das in der Geometrie auch als "Fraktale" bezeichnet wird. Der Goldene Schnitt wird auch "divina proportio" (= göttliche Teilung) und "sectio divina" (=göttlicher Schnitt) genannt.

Die 5 Dimensionen der sozialen Kreativität, können wir in einem ersten Schritt so benennen:

1. Manifestation - Formbildung/Verdichtung: Wachstumsrücknahme (Erde)

2. Organisation - Rhythmus/Ritual: (Wasser)

3. Energetisierung - Inspiration/Transformation: (Feuer)

4. Integration - Inklusion/Synthese: (Luft)

5. Gewahrwerden - Bewusstwerdung/Wachstum: (Äther)

Soziale Kreativität kann als ein komplexes Zusammenwirken dieser fünf Phasen beschrieben werden, die gemeinsam die Grundlage der nun sich durchsetzenden Kultur des Teilens bilden. Es handelt sich dabei um eine innere Wandlungsdynamik zwischen Freude/Äther - Tieferer Sinn/Luft - Inspiration/Feuer -Ehrfurcht/Wasser - Demut/Erde. Als innere Wandlungsdynamik erkennen wir diese Phasen auch in folgendem Symbol:

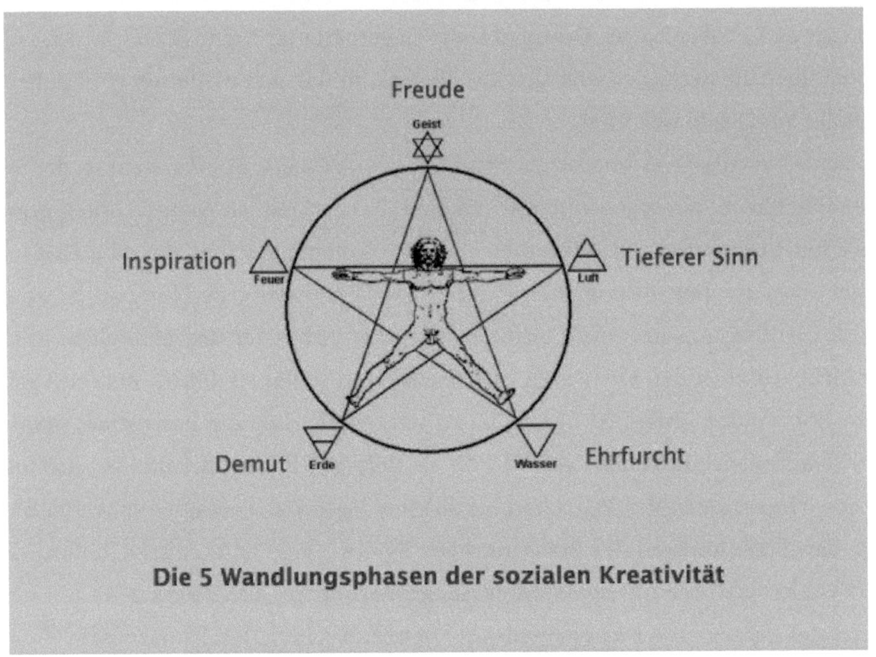

Widerstand gegen Ungerechtigkeit entspricht dem Aspekt der sozialen Kreativität, der für das Erdelement steht. Konstruktive zwischenmenschliche Beziehungen stehen für das Wasser Element und Inspiration für das Feuer Element. Symbolisches Bewusstsein entspricht dem Aspekt des Luft Elements der sozialen Kreativität. Man kann sich der Bedeutung des Elements Luft, oder des symbolischen Bewusstseins, an der Analogie des Wetterkreislaufs verdeutlichen. Bekanntlich zieht erhitzte Luft Wasser an, Wasser und Luft vermischen sich zu Regenwolken, die über der Erde abregnen und Wachstum bringen. Entsprechend wirkt das symbolische Bewusstsein auf die zwischenmenschlichen Beziehungen ein und lädt diese auf, die ihrerseits wieder inspirierte Aktivitäten, das Erdelement, auslösen. Analog zur Luft ist symbolisches Bewusstsein unsichtbar und nicht leicht zu erfassen. Man kann es als die Fähigkeit definieren hinter die Kulisse der scheinbaren Wirklichkeit zu blicken, d.h. den Anschein dessen zu erkennen, was wir vordergründig Wirklichkeit nennen. Ein anderes Bild dafür wäre der Röntgenblick, der in der Lage ist die innere Struktur der Dinge und ihre Energiefelder sichtbar zu machen. Es handelt sich bei diesem Bewusstsein um die Fähigkeit, die zwei Hälften der Wirklichkeit, das Sichtbaren und das Unsichtbaren, Kraft der Intuition in Übereinstimmung bringen zu können. Dem Verstand entgleitet das Symbol wegen seiner unendlichen Bedeutungsfülle. Häufig wird das Symbolverständnis durch zwei Missverständnisse erschwert. Das eine Missverständnis besteht darin, dass äußere Zeichen für das Ganze zu nehmen, das heißt an der Oberfläche hängen zu bleiben. Das andere darin, die dahinter liegende Wirklichkeit, auf die das Symbol und damit auch ein Mythos verweist, zu unterschätzen. Mit anderen Worten: Was sich nicht unmittelbar klar und eindeutig zeigt, hat scheinbar keinen praktischen Wert.

Bei der Verarbeitung von Informationen sind zwei Zyklen zu unterscheiden. Ein Zyklus ohne Gewahrwerden und einer mit. Beim Zyklus ohne Gewahrwerden werden Informationen im Sinne einer Kenntnisnahme zum vorhandenen Wissen hinzugefügt. Wissen dieser Art bleibt folgenlos und wird häufig wieder vergessen. Beim Zyklus des Gewahrwerdens, der dem Element Äther der sozialen Kreativität entspricht, regt das Wissen die Intuition an. Zur vorhandenen Information kommt etwas Neues, Eigenes dazu. Das Neue kann eine tiefere Einsicht, eine originelle Idee oder ein energetischer Impuls sein. Gewahrwerden ist eine Funktion der Bewusstseinsentwicklung, die eine direkte Linie zur Änderung im Denken und Handeln hat. Für die soziale Kreativität bedeutet es den Umschlagpunkt vom Denken zum Handeln im Sinne des bewussten, symbolischen Tuns oder Unterlassens. Ein Beispiel wäre hier eine Änderung der Prioritäten, die zu innovativen Lösungen wie etwa zu kreativen Formen des zivilen Ungehorsams führt.

2. Die neue soziale Sphäre (Erd-Element/Demut)

Seit 2011 beginnt sich ein neuer Prototyp des kreativen Protestes abzuzeichnen. Das Kreative zeigt sich in der Art und Weise, wie demonstriert, diskutiert, Ereignisse dokumentiert und

Informationen verbreitet werden. Über soziale Medien werden Erfolge wie Fehlschläge aufbereitet und mit der Perspektive geteilt, Lern- und Bewusstseinsprozesse anzustoßen. Augenzeugenberichte, über soziale Medien weitergeleitet, brechen das Informationsmonopol der etablierten Medien auf und erlauben einen direkten Austausch, auch über den bloßen Neuigkeitswert der medialen Erzeugnisse der Betroffenen hinaus. Solche Vorgänge sind Vorboten einer freien Kultur, die auf dem Prinzip des Teilens aufbaut. Die Diskussion um Besitz- und Verwertungsrechte von über das Internet zugänglichen medialen Erzeugnisse ist im Fluss. Die Haltung gewinnt an Einfluss, wonach diese Erzeugnisse durch die Präsenz im Internet zum Allgemeingut werden. Zugleich verlässt der Austausch das digitale Terrain und geht auf die physische Ebene über. So besuchen sich Aktivisten einzelner Länder und nehmen wechselweise beratend an den jeweiligen Aktionen vor Ort teil. Es entsteht ein konstanter Informationsaustausch auf mehreren Ebenen, die sich gegenseitig befruchten.

Eine neue globale Gesellschaft ist dabei, vor unseren Augen geboren zu werden. In ihr definieren sich die Einzelnen nicht mehr als Konkurrenten, sondern als gemeinsam Agierende innerhalb von Netzwerk- und Gruppenstrukturen. Die Einsicht, dass jeder nur in dem Maße sinnvoll handeln kann, wie es die Umstände für alle erlauben, setzt von dem Druck frei, sich gegen andere behaupten zu müssen. Sie bildet die Grundlage für eine neue Qualität von Gelassenheit, die wiederum die Grundlage für einen tieferen Rückbezug zum Leben ist. Dieser Sinn für Gemeinsamkeit, jenseits des Spiels von Marktkräften, bildet die experimentierfreudige Grundlage für den offenen Austausch über Möglichkeiten. Diese können erst aufscheinen, wo auf neue und vertiefte Weise direkt zusammengearbeitet wird.

Parallel zu einer solchen Entwicklung hat sich auch die Ausübung von Macht verschoben. Wurde in der vormodernen Zeit Macht hauptsächlich militärisch ausgeübt und in der Moderne durch Geld, geschieht dies heutzutage mehr und mehr durch soziale Medien. Dadurch verändert sich das Verhältnis des Individuums zum Kollektiv. Zugleich steigt der Wert, den moralische Sichtweisen haben, die integrativ sind. Eine hypervernetzte Gesellschaft ermöglicht es, daß Wissensfragmente oder Individuen sich schnell, leicht und zuverlässig finden können. Dadurch wird es wiederum möglich, uralte Angstbilder, die von der Fremdheit ausgehen, zu überwinden. Das so entstehende Selbstbild des Menschen, erschließt ein neues Ethos, bei dem die Kreativität gleichbedeutend mit der Subjektivierung wird. Ein Ethos, das Teilnahme ermöglicht und das tiefe menschliche Bedürfnisse unterstützt. Die Bedürfnisse zu kreieren, zu teilen und sich sinnvoll für seine Mitmenschen einzusetzen. So unterstützt das Prinzip des Teilens die Transformation von Wissen in Weisheit.

Was gegenwärtig stärker denn je hervortritt, ist das Bewusstsein, dass politisch-öffentliche Probleme nur in Verbindung mit privaten lösbar sind. Umgekehrt sind private Anliegen nur in Verbindung mit politisch-öffentlichen dauerhaft lösbar. Ja mehr noch, scheinen sich die Grenzen zwischen der Ebene des Politisch-öffentlichen und des Privaten aufzulösen in einer Sphäre des Sozialen bzw. der sozialen Beziehung und des inklusiven Gemeinwohls. Ein notwendiges neues Politikverständnis verbirgt sich also gewissermaßen in unseren Erfahrungen und muss von dort her freigelegt werden. Diese Erfahrungen sind die eines umfassenden Lebendig Seins jedes Einzelnen innerhalb eines dichten Geflechtes verschiedener Beziehungen zwischen ihm und seinem natürlichen, technischen und sozialen Umfeld. Dieses Geflecht gilt es dabei selbst als Lebendiges zu erkennen, welches ständiger Bewegung unterliegt. All dies bedingt, dass die einzelnen Relationen unserer Beziehungen zueinander immer wieder neu austariert werden müssen. Reine Vernunft kann dabei durch rechtes Handeln und rechte zwischenmenschliche Beziehungen zum Ausdruck gebracht werden. Das, was wir als Liebe bezeichnen, ist die Auswirkung einer solchen reinen Vernunft.

Soziale Beziehungen waren bislang oft durch gesellschaftlich eingeübte Gewalt aller Art geprägt. In Zeiten extremer äußerer Gefährdung kann soziale Kreativität sogar auch gezwungen sein, als geistige Enklave hervorzutreten. Als Versuch, erkannte geistige Wahrheiten in sich reifen zu lassen und einem totalitären äußeren Herrschaftsanspruch zu trotzen. Diese Kategorie nimmt vor allem in Hannah Arendts Werk eine zentrale Stelle ein, für die das Schweigen als Ablehnung der totalen Herrschaft eine Form des passiven Widerstandes war. Nach ihr ist solche innere Emigration auch eine politische Praxis, wenn es in ihr gilt, im Denken eine Lage und Aufgabe zu beurteilen, die das Gemeinwesen betrifft und nicht mehr einen Menschen allein.

Doch solche äußere Gefährdung kommt ja nicht von irgendwo. Wie sich Gewalt durch Sprache und Bilder verbreitete und eingeübt wurde, so lässt sich auch Frieden durch eine entsprechende Friedenserziehung einüben, sobald unsere kulturellen Institutionen sich mehr den geistigen Prinzipien des Findens kreativer Problemlösungen öffnen. Sobald dies geschieht, kann sich unser Zusammenleben grundlegend ändern, hin zu einer Kultur der Kreativität, des Wohlstands für alle und der Nachhaltigkeit.

Der Rückzug auf ein anonymes, privates Glück auf Kosten der Allgemeinheit wird immer schwieriger. Auf der einen Seite schaffen soziale Medien Öffentlichkeit und Transparenz, zum anderen wird es technologisch immer einfacher, Menschen zu überwachen und auszuspionieren. Das viel beschworene Ende der Privatsphäre birgt Vor- und Nachteile, Chancen und Risiken. Als Menschenrecht im Sinne der freien Entfaltung der Persönlichkeit ist eine Privatsphäre unverzichtbar. Das betrifft zunächst den Schutz vor dem willkürlichen Zugriff staatlicher Aufsichtsorgane ohne den hinreichend triftigen Grund wie Gefahr im Verzuge. Durch die neuen Überwachungstechnologien besteht das Risiko, dass sich schleichend die Grenzen hinsichtlich einer vorbeugenden Überwachung verändern. Neben rechtsstaatlicher Durchleuchtung der Privatsphäre geht eine nicht minder große Gefahr von dem Data-Mining aus, das Unternehmen für kommerzielle Zwecke betreiben. Dies bleiben auch in Zukunft die schützenswerten Aspekte dessen, was man Privatsphäre nennt.

Eine neue Form von Öffentlichkeit ist in den letzten Jahren durch die Nutzung der sozialen Medien entstanden. Damit hat sich ein wichtiges Gegengewicht zu den etablierten Medien formiert, welches es ermöglicht, einseitige Berichterstattung, staatliche Willkür und Einschränkungen von Freiheitsrechten aufzudecken. Die Präsenz in sozialen Medien und dem vielfältigen Teilen und Mitteilen von Informationen bedeutet im positiven Sinne das Verlassen der engen Privatsphäre hin zu einer gemeinsamen Sphäre des Allgemein-Öffentlichen. Damit ist der Einzelne nicht mehr an den kleinen Kreis seiner Angehörigen gebunden. Die Auswirkungen auf das Bewusstsein sind weitreichend, auch wenn Art und Inhalte der Kommunikation zuweilen noch recht banal und oberflächlich sind. In dem Maße, in dem das Interesse an anderen tiefer geht und die Verantwortung für das eigene Tun und das Tun anderer Menschen wächst, gewinnen die Informationstechnologien des Internets zunehmend politisch-öffentliche Bedeutung. Auf diese Weise verschwimmen die Grenzen der Sphäre des Allgemein-Öffentlichen und der des Politisch-Öffentlichen. Das Politische definiert sich dann nicht länger über gewählte Organe und Vertreter, sondern über ein Bewusstsein, das weit über die Stimmabgabe bei Wahlen hinausgeht. Was entsteht, ist eine basisdemokratische Kultur des weltweiten sozialen Engagements für die Belange des Gemeinwesens, der Umwelt und der Menschen.

In dem Wort Privatsphäre ist noch ein anderer schützenswerter Aspekt enthalten. Es ist dies der Schutz der Integrität der Person, selbst vor den nächsten Angehörigen. Integrität hat nicht nur eine rechtliche, soziale und psychologische Dimension, sondern eine geistige.

Diese Integrität leitet sich nicht aus dem Persönlichkeitsbegriff ab, sondern aus dem, was sich durch die Persönlichkeit ausdrücken will als höheres Bewusstsein. Die Seele kann sich in der Persönlichkeit zeigen, wenn sie einen Raum dafür hat. Dieser Raum bedarf nicht nur den Schutz von außen, sondern von innen, d.h. von der individuellen Person selbst durch Achtsamkeit und Selbstrespekt. Dieser Raum wird in den Weisheitslehren als Stimme der Stille oder Raum der Leere bezeichnet, ein Raum frei von Stress und Konditionierung, eine Stimme reich an Inspirationen und tieferen Einsichten. Es ist dies der Rückzugsort, der heilige Bezirk, der das wahre Ich im Menschen offenbart, zugänglich über Meditation, Dienen und Teilen. Auf diese Weise verbindet sich das innerste Geheimnis in jedem Menschen mit der Verantwortung für das Ganze, weil sich die individuelle Seele wesensgleich mit allen anderen Seelen und der gesamten Schöpfung sieht. Am Ende löst sich das Private auf, gibt es nichts, was es vor anderen zu schützen lohnt und geschützt werden muss.

Im Kontext des vorliegenden Buches geht es vor dem Hintergrund der obigen Ausführung darum, das eigene Tun auf seine Wirkung auf andere und für das Ganze zu hinterfragen. Es ist die Frage nach den Konsequenzen und den langfristigen Auswirkungen. In diesem Sinn hat Hans Jonas den ökologischen Imperativ definiert als: „Handle so, dass die Wirkungen deiner Handlungen verträglich sind mit der Permanenz echten menschlichen Lebens auf Erden." Im Sinne der Entfaltung der Seele und der Entwicklung einer Kultur des Teilens lässt sich die Definition umformulieren in: Handle so, dass die Wirkung deiner Handlungen verträglich ist mit den Entwicklungsmöglichkeiten allen Lebens auf Erden. Demzufolge ist ein Lebensstil, bei dem ein Drittel der Menschheit, zwei Drittel aller Ressourcen der Erde für sich beansprucht, nicht verträglich mit den Entwicklungsmöglichkeiten allen Lebens auf Erden. Es wird noch zu zeigen sein, wie die materielle Armut auf der Seite der Besitzlosen, mit einer geistigen Armut auf der Seite der Besitzenden korrespondiert.

Welches sind die wahren Ursprünge dieses Erwachens, welches global nun um sich greift? Erkennen die Menschen die Strategien einer mächtigen skrupellosen Weltelite, die kaltblütig nur ihren eigenen Interessen folgt? Werden 99 Prozent der Menschheit, wie Demonstranten weltweit skandieren, von einer kleinen Elite, die sich blind den Marktkräften übergeben hat, regiert und manipuliert? Die Frage, die sich leichter beantworten lässt, ist: In welchem Maße haben wir Werte und Ideologien als Auswüchse selbstsüchtiger Machtgebärden still und heimlich zu einem Teil unserer eigenen Charakterstruktur werden lassen? Falls sich viele auf solche Fragen einlassen – und vieles spricht derzeit dafür –, steht uns eine Erneuerung der repräsentativen Demokratie bevor. Eine Erneuerung, bei der es nicht um Protestbewegungen im herkömmlichen Sinne geht, sondern um aktive Umgestaltung der Gesellschaft jenseits etablierter Machtstrukturen. In kurzer Zeit kann nun offensichtlicher werden, wie im Gegensatz zu den üblichen Scheingefechten einer gespaltenen Parteiendemokratie, über kooperative Verfahren zu unmittelbaren gemeinschaftlichen Entscheidungen gelangt werden kann. Sich gegenseitig bekämpfende Lager, welche ihre und unsere Aufmerksamkeit auf Personen und deren Agenda richten, lenken dann nicht mehr ab von direkten Lösungsansätzen, um die es ja eigentlich gehen sollte.

Die Beschleunigung der wissenschaftlichen Entwicklungen zeigt auf: Das herkömmliche technisch-materialistische Denken stößt an seine Grenzen. Zugleich wachsen Interesse und Notwendigkeit an intensiveren Formen der sozialen Zusammenarbeit und am Verstehen von tiefer liegenden gesellschaftlichen Zusammenhängen, wie etwa den Ursachen für steigende Einkommensungleichheit und den damit verbundenen Auswirkungen. Komplexe Projekte und Fragestellungen erfordern ein offenes Einlassen aufeinander und eine verbindliche Kommunikation. Soziale Kreativität als die höchste Form inspirierter, schöpferischer Zusammenarbeit entsteht, wo ein Wille vorherrscht, unvereinbare Motive und Einstellungen auszusondern. Wenn der Wille stark genug ist, negative Einstellungen wie Arroganz und Ignoranz sowie zersetzende Gefühle wie Missgunst aufzugeben, gelingt es besser, ein Wirgefühl und eine Atmosphäre des Vertrauens aufzubauen. Wirgefühl und eine Atmosphäre des Vertrauens werden heutzutage vielfach vorausgesetzt, ohne wirklich angestrebt und hergestellt zu werden. Die Folge: Es entsteht eine Scheinrealität. Unter der Oberfläche formal korrekter Zusammenarbeit brodelt es gewaltig, gibt es ein Hauen und Stechen mit zerstörerischen Gedanken, Worten und Taten. Vieles, was gesagt und getan wird, geschieht nur dem Schein nach. Solange bis man sich die Nachteile, die Zeit- und Ressourcenverschwendung eingesteht. Und solange, bis man die Qualität der Zusammenarbeit ernst nimmt.

Mit dem Aufkommen der Intermedialität nähert sich die seit mehr als 60 Jahren bestehende Auseinandersetzung um den Mythos einer originären Autorenschaft ihrem Ende. Der erste Impuls dazu stammte von dem Dichter T.S. Eliot mit seinem einflussreichen Essay *Von Poe zu Valèry*. In diesem stellte er fest, dass jede reine Poesie durch geteilte Erfahrungen in der Begegnung mit anderen Menschen ausgelöst wird. Ein Kunstwerk trage seine Bestimmung nicht in sich selbst, sondern darin, dass es den Geist der Rezipienten zu aktivieren und weitere Kunstwerke zu inspirieren vermag. Außerdem seien alle Werke nur Skizzen, die nie als abgeschlossen betrachtet werden können. Mit anderen Worten: Kunstwerke sind aktivierende Formen, die dazu anregen neue Formen zu finden, die uns helfen, uns weiter zu entwickeln. Sie sind dazu da, uns die Freiheit und Verantwortung gegenüber dem, was ist und sein kann, bewusst zu machen. Ein Beispiel für diese Entwicklung ist der weltweite Bestsellerautor Paulo Cohelo. Er verkauft einerseits seine Bücher regulär, stellt aber ab und an auch Sachen frei im Netz zur Verfügung, oder fördert sogar gezielt die Piraterie seiner Werke, damit so soziale Lesegemeinschaften entstehen können. Er experimentiert in Richtung einer Welt, in der es keine repressiven Geschäftsinteressen mehr gibt.

Dieser sich durchsetzende Begriff der Autorenschaft und die mit ihm verbundene neuartige soziale Kreativität erleben derzeit eine erweiterte Auferstehung mit Hilfe technischer Mittel jenseits des Massenmarktes. Das Urheberrecht wird in Folge davon als Erfindung der Geschäftswelt erkennbar, welches den Interessen der Kommerzialisierung dient und nicht den der Autoren. Geteilte Kreativität, die sich von Einzelinteressen unbehindert entfalten kann, gilt es in ihrer Wirkungskraft als ein Heilmittel für das menschliche Wesen zu entdecken.

In der derzeitigen Konsumgesellschaft sammeln sich um den Gedanken des Protestes und Verzichtes vor allem all jene, die nicht länger bereit sind, den Schein zu wahren, es gehe ihnen doch eigentlich gut als abstürzende Mittelschicht. Ihr Engagement könnte einer Neuentdeckung der Politik gleichkommen, die gleichermaßen die mediale Wirklichkeit zu reformieren wagt. Eine solche Ermächtigung wäre mit Hegel eine bestimmte Negation und kann daher im Bereich jenseits vom Staat und Ökonomie einen autonomen Raum erschaffen. Die kreative Dimension einer solchen Verzichtleistung besteht darin, das bestehende System im wahrsten Sinne zu unterminieren. Denn auch die negative Geste des Rückzugs, des Wegnehmens kann an sich produktiv sein und eine neue Dimension eröffnen. Dies um so mehr, wenn sie gekoppelt ist mit konkreten Änderungsvorschlägen und Aktionen, die diesen gerecht werden. Ein Verzicht, etwa als Konsumverzicht, scheint in der ökonomisch vergifteten Pseudosubjektivität des demokratischen Materialismus heutzutage sogar eine Notwendigkeit, um überhaupt in den Fluss des Teilens zu gelangen. Doch es gilt diesen Verzicht mit Taten eben zu erweitern, hin zur Erschaffung einer neuen Glaubwürdigkeit. Im demokratischen Materialismus erscheint Wahrhaftigkeit inzwischen selbst dann als unglaubwürdig, wenn jemand etwas sagt, was seinen egoistischen Interessen zuwiderläuft. In der öffentlichen Meinung wird inzwischen nur noch das Bedeutungslose geglaubt; für wahr gehalten nur das, was schon geglaubt wird oder an die niederen Instinkte rührt. Denn im Umsichgreifen der Sozialkompetenz des "Sich-verkaufen-könnens" nähern Menschen sich einander in der herrschenden Ordnung nur noch, um einander leichter übervorteilen zu können.

Eine dem entgegengesetzte Sozialkompetenz wäre die gezielte gemeinsame Verneinung des jetzigen Systems. Dies wäre ein Weg, durch den wir ins Einheitsbewusstsein und damit in den Fluss des Teilens kommen.

Vom Wortverständnis her bedeutet ein Streik die Verweigerung vertraglich vereinbarter Arbeitsleistungen. Außerhalb des Arbeitslebens spricht man von Streik im Sinne eines Protest- und Kampfmittels, um Forderungen Nachdruck zu verleihen, die sich ohne zivilen Ungehorsam oft innerhalb einer starren Gesellschaftsordnung nicht durchsetzen lassen. Durch solche Mittel friedlichen zivilen Ungehorsams ermächtigen sich all jene, die Zusammenhänge erkennen und nicht tatenlos zusehen wollen. Denn ein konsequent durchgeführter ziviler Ungehorsam ist nicht nur Ausdruck eines konzentrierten Willens, er setzt zugleich zusätzliche Kräfte frei. In deren Folge können Optionen und Lösungen aufscheinen, die zuvor nicht im Bereich des Möglichen waren. Insofern ist aktive Verneinung eines als falsch erkannten Zustandes ein Wirkungsprinzip der sozialen Kreativität, das in vielen sozialen und politischen Bewegungen mit großem Erfolg eingesetzt wurde.

Nicht zu übersehen ist der Charakter kollektiver Selbstermächtigung bei vielen neuen ungewöhnlichen Ansätze, die zumeist in Richtung einer Netzwerkgesellschaft deuten, in der alles nach Prinzipien von Teilhabekulturen sich auszurichten beginnt. Erheblich unterstützt durch Phänomene wie der Open-Source Bewegung formiert sich so bereits eine neuartige Gesellschaftsordnung, die auf kollektiver und kollaborativer Kreativität beruht. Die Grenzen zwischen Wirtschaft, Politik, Kultur und Spiritualität beginnen sich bei diesem Prozess hin zu einer Schnittstellengesellschaft aufzulösen. Dies geht so weit, dass bereits davon gesprochen werden kann, daß Kreativität an sich zu einem Markenzeichen geworden ist, mit dem sich im Grunde alles in ein besseres Licht bringen lässt. Dabei wird vor allem eine Eigenschaft wie die Schnittstellenkompetenz mehr und mehr entdeckt, durch die sich dann wiederum neue Strukturen der kollektiven Intelligenz an Hand von Methoden wie etwa dem Crowdsourcing Ausdruck verschaffen.

Nicht bei all diesen Ansätzen ist das Prinzip der Konkurrenz schon eindeutig dem der Kooperation gewichen, denn oft werden zuerst einmal Methoden von Autonomie erforscht, die erst in weiteren Stadien dann soziale wie technologische Implikationen haben, die neue Verbindungslinien aufzeigen können. Doch es ist unverkennbar, dass weite Teile der sogenannten Kreativwirtschaft unser Zusammenleben von einer Kultur der Repräsentation zu einer der Kooperation umformen helfen. Der Begriff des "Peering" bezeichnet dabei wohl am Besten die Richtung in die es dabei geht: Neue Möglichkeiten sozialer Innovation auf allen Gebieten durch globales Handeln verbunden mit lokalem Denken zu entdecken. Über so eine Kultur des Teilens ergibt sich wie von alleine dann eine neue Offenheit, die direktes Lernen ermöglicht, welches optimale Umfelder schafft, um den Austausch von Erfahrung und Wissen auf vielfältigste Weise sicher zu stellen. Kooperation und Reorganisation erzeugen so zusammen eine neuartige Dynamik, die immer mehr Lebensbereiche erfasst und dem Begriff der Transformationsfähigkeit eine ganz neue Bedeutung zukommen lässt: Die Krise erscheint unter dem Eindruck dieser neuen Bedeutung zunehmend als Chance. Denn nicht zuletzt geht es bei Kreativität auch immer um symbolische Selbstvergewisserung, die Überwindung von Ängsten sowie das Erschliessen von neuen Idealen.

3. Die neue Beziehungsethik (Wasser-Element/Ehrfurcht)

Eine neue Metapher für soziale Beziehungen wäre das Naturschutzreservat. Beziehungen sind dieser Metapher zufolge etwas Schützens- und Bewahrenswertes. Zugleich etwas, das sich nicht an vordergründigen Motiven wie Profit oder Bedürfnisbefriedung orientiert, sondern an höheren Werten. Diese höheren Werte können nur ihre Wirkung entfalten, wenn sie gesehen, respektiert und wertgeschätzt werden. Die Vorstellung, dass auch Beziehungen der Kultivierung bedürfen, ist bislang erst ansatzweise präsent. Erst über die Verfeinerung können die höheren Werte zu Geltung kommen. Menschen unterliegen dem Fehler, dass sie zu wissen glauben, was in einer Beziehung "steckt", für was sie gut und richtig ist. Dieses Wissen beschränkt sich auf das Nächstliegende, auf das Offensichtliche. Entscheidend in Beziehungen ist aber immer das Verborgene. Das Verborgene kann nur über die entsprechende Haltung der Achtung, der Ehrfurcht und des Staunens geborgen werden. Zugleich kann es sich nur zeigen, wenn sich Menschen in der Tiefe und ohne Vorbehalte aufeinander einlassen. Und sich dabei von dem, was sie vordergründig abschreckt nicht täuschen lassen. Diese Tiefendimension von Beziehungen ist die wahre Quelle der sozialen Kreativität. Sie kann zum Vorschein kommen, wenn die Sensibilität für Beziehungen zunimmt und wenn Beziehungen als ästhetisches Lernfeld begriffen werden.

Ägypten, Kairo 2011, Tahrir Platz. 15.000 Menschen drängen sich zusammen, um für den Rücktritt einer korrupten Regierung zu demonstrieren. 15.000, die der Druck der Ereignisse zusammenschweißt. 15.000, die eine Nation repräsentieren. Namenlose Menschen aller Schichten, Altersstufen und Religionen, vereint in dem Ruf nach Freiheit, Gerechtigkeit, Menschenwürde. Diese Tage, in der die Menschen Gewehren, Schlagstöcken und Tränengas trotzen, verändern das Bewusstsein der Menschen für immer. Da ist der 14 Jahre alte blutverschmierte Jugendliche, der im Kampf für die Gerechtigkeit sein Lebensideal entdeckt. Da ist die gedemütigte Frau Mitte dreißig, die sich zum ersten Male in ihrem Leben als Mensch fühlt, weil sie gleichberechtigt Seite an Seite mit den Männern kämpft. Da ist der ältere, streng gläubige Moslembruder, der in dem atheistischen Arzt, der ihn verbindet, einen Freund und Helfer erkennt. Dort wo die Spannung zum Bersten, die Ungewissheit am Größten ist, wo Not und Verzweiflung am intensivsten empfunden werden, wachsen den Menschen Kräfte zu, die sie zuvor nicht kannten: Mut und Entschlossenheit nach außen, Ruhe und Stärke nach innen. Auf geheimnisvolle Weise durchdringen sich kollektives und individuelles Erwachen, verbinden sich politische, wirtschaftliche und spirituelle Motive zu einem Gewahrsein, zu einem neuen Bewusstsein. Das Erstaunliche daran: Angestaute Wut und jahrzehntelange Bevormundung und Unterdrückung entladen sich nicht destruktiv randalierend, sondern in einem tief empfundenen Gefühl der Solidarität, der Zusammengehörigkeit und Verantwortung für Land und Menschen. Und in einer Idee, einem Ideal, das eint und vereint: Würde. Intuitiv erfassen die Menschen eine tiefe Wahrheit, einen weitreichenden Zusammenhang: Würde, als die gleichwertige, unverbrüchliche Teilhabe an allem, was ist. Und damit erfassen sie gleichzeitig, was es bedeutet, Mensch im Sinne von Mitschöpfern zu sein.

Die Ereignisse auf dem Tahrir Platz sind das, was man eine Sternstunde der sozialen Kreativität nennen kann. Das Wort Gewahrsein, wie wir das Wort gewöhnlich verwenden, drückt die Intensität und Reichweite der Änderungen nur unscharf, relativierend aus. Mit einem Schlage sind die Menschen von tief sitzenden Ängsten befreit. Ängste, die sie klein, schwach und niedergebückt gehalten haben, sind nicht mehr. Konditionierte Machtgebärden, Sanktionsmechanismen entfalten keine Wirkung mehr. Dies gilt nicht nur für die Menschen auf dem Tahrir Platz, sondern auch für jene, die die Ereignisse in den sozialen Medien fiebernd mitverfolgen und sich mit den Demonstranten identifizieren. Ein neues Lebensgefühl, ein neuer Lebensinhalt bricht sich Bahn. Es ist, als ob die Menschen ihr Leben lang Schwarz-weiß gesehen haben und nun beginnen, Farbe zu sehen. Eine neue Lebendigkeit, Präsenz, Qualität quillt hervor, und eine neue Kultur keimt und sprießt. Nirgends tritt die Kraftquelle der sozialen Kreativität, die tief in den Menschen schlummert, stärker zutage als hier. Wo die Grenzen zwischen individuellem Empfinden und sozial vorgegebenen Rollenmustern fließend werden, kann die Person freier agieren als bisher und sich so auch bewusster wahrnehmen. Vorhandene Fixierungen lösen sich für die neue Generation so zunehmend auf, eine Generation, die sich geschickt und sicher zwischen verschiedenen Medien hin und her bewegt. Dieses freie Bewegen ist zudem eine lebendig sprudelnde Quelle für Produktivität. Eine Produktivität, die sich nicht mehr an den bislang geltenden Wertmaßstäben des sozial Angepassten misst. Eine Intermedialität, die eine Produktivität hervorbringt, die sich nicht als solche öffentlich im Sinne einer Autorenschaft kundtut und nicht mehr durch einen Druck zur Konformität sowie von einem Verwertungsinteresse gesteuert wird.

Bei einer solchen geteilten Kreativität geht es auch um das Hervorbringen eines neuen Bewusstseins, einer neuen Kultur aus der intensiven, konstruktiven Auseinandersetzung mit positiven wie leidvoll erfahrenen sozialen Verhältnissen. Der sozial-kreative Aspekt zeigt an unzähligen Orten wie gemeinsame Erfahrungen sowie Not, Leid, Empörung und Zorn Bewusstsein bildend wirken, innere Kräfte und Ressourcen freisetzen und zum kreativen Handeln inspirieren. Die zugrunde liegenden Prinzipien sind dabei immer Streben nach Einheit und Harmonie durch Konflikt. Dies aber in einer Weise, die über Sprüche wie "Leid verbindet" und "Not macht erfinderisch", hinauswächst. Denn die politische und wirtschaftliche Seite können Hand in Hand gehen, wenn basisdemokratische Prozesse stattfinden und sich an Ideen wie der gemeinschaftlichen Selbstverwaltung von Gemeingütern (commons) ausrichten: Eine amorphe, rechtschaffene, globale Gemeinschaft entsteht so, die sich nicht kaufen und verbiegen lässt. Eine Gemeinschaft, zu populär um unterdrückt und zu friedlich, um militärisch aufgehalten zu werden.

Bei den Ereignissen auf dem Tahrir Platz und bei ähnlichen Besetzungen, beginnt ein Teil der Bevölkerung, sich den städtischen Raum zurückzunehmen, damit dieser Raum als ein politisches Gemeinwesen fungieren kann. Als Ort, an dem die Menschen wieder lernen ihren Mitmenschen Raum zu geben, damit jeder sich neu finden kann jenseits von einengenden Vorgaben aus rein staatlichen, wirtschaftlichen oder religiösen Perspektiven. Dabei geht es darum, das jeweilige Gegenüber nicht vorab aufgrund seines Status oder seiner Erscheinung zu kritisieren. Und nicht ihm vorzuschreiben, wie es etwas wahrzunehmen hat. Und es geht darum, ihm die Aufmerksamkeit zu schenken, durch die es ihm möglich wird, sich erst einmal selbst ausserhalb bislang etablierten Wahrnehmungsweisen zu betrachten. Durch eine solche Kunst des Lebens schafft sich der Mensch den Raum, in dem er sich erst in Wahrheit wirklich selbst entdecken kann, in dem er erforschen kann, was ihm wirklich fehlt.

Wie wir darstellten, bilden Beziehungen den Nährboden, den Acker der sozialen Kreativität. Der Prozess des sich gegenseitigen Mitteilens innerhalb von Beziehungen entsprechen dem Wasser, welches diesen Boden erst fruchtbar macht. Beziehungen sind den Menschen so selbstverständlich, dass es darüber keines weiteren Nachdenkens bedarf. Jeder hält sich unterbewusst auf seine Weise für einen Beziehungsexperten. Die landläufige Meinung ist, Beziehungen sind dazu da, um sie zu nutzen. Damit geraten Beziehungen unter das Verwertungsinteresse. Diese Haltung ist so selbstredend, so stark, dass es keiner Rechtfertigung bedarf. Mit dem Verwertungsinteresse einher geht das Interesse an Macht und Autorität. Das heißt, derjenige, der die Macht, die Autorität hat, bestimmt die Beziehung und damit den Ausgang von Entscheidungen. Seit Jahrtausenden verhält es sich so, dass diejenigen, die die Macht haben, über Beziehungen ihre Interessen durchsetzen. Dies wiederum ist so selbstverständlich, dass der Machtmissbrauch oft nicht einmal auffällt, weder bei den Mächtigen noch bei den Unterlegenen. Dies hat eine Haltung in den Menschen befördert, sich in das Schicksal einzufügen und alles das, was von Obrigkeiten kommt, geduldig zu ertragen. Gefangen in dieser Haltung kümmern sich die Menschen um ihr kleines privates Glück, nutzen legal oder illegal die Schlupflöcher, die das jeweilige Machtsystem bietet.

Auf der anderen Seite haben zu allen Zeiten Machthaber, sei es diktatorisch oder über ein gewähltes Amt, immer versucht, ihre Macht zu erhalten und zu erweitern, durch Maßnahmen der Disziplinierung und der Einschränkung von Rechten, durch Propaganda und Meinungsbildung. Sie haben sich dabei zumeist vornehmlich um eine kleine Gruppe von Gefolgsleuten, von Anhängern oder Sippenmitgliedern gekümmert, um ihnen Privilegien zuzuschanzen. Damit konnten sie ihre Macht stabilisieren oft verbunden mit einem Apparat von Geheimdiensten.

Gleichzeitig hat es zu keinen Zeiten an Bestrebungen gefehlt, gegen eine reale oder empfundene Übermacht aufzubegehren. Das Spektrum der Auseinandersetzungen ist weit: Angefangen von Protesten, öffentlichen Demonstrationen oder sozialen Bewegungen bis hin zu revolutionären und kriegerischen Aggressionen. Nicht zu vergessen der Terrorismus, der seine Wurzeln in einem politischen oder religiösen Fanatismus hat, aber von seiner Ursache her nur eine Reaktion auf Unterdrückung ist. Es fällt überall dort schwer von sozialer Kreativität zu sprechen, wo Gewalt ausgeübt wird und Menschenrechte missachtet werden, wo es zu Zerstörung, Plünderung und Übergriffe jeglicher Art kommt. Ein Wesenszug der sozialen Kreativität ist der Aufbau, die Transformation und die Erneuerung mit friedlichen, demokratischen Mitteln. Ein weiterer Wesenszug ist die Art wie die latente Kraft in Beziehungen konstruktiv verfügbar gemacht wird. Das Kreative besteht gerade darin, Eskalationen und Gewaltaktionen zu vermeiden. Es ist dies die Weisheit des Erkennens und Nutzens von Lücken und Schwächen in einem korrupten, dekadenten Machtsystem. Nicht um es und seine Befürworter zu zerstören, sondern um friedliche Änderungen zu erzielen. Das Kreative besteht weiter darin, möglichst alle einzubinden, zu versöhnen und im Streben nach Gesicht wahrenden Lösungen. Auch darin, das Tun sorgsam darauf abzustellen, allzeit Brücken zu bauen und Rache- und Revancheakte im Vorfeld zu vermeiden. Das alles ist dort, wo Gegensätze aufeinanderprallen, wo die Spannung zum Bersten ist, keine leichte Aufgabe. Es ist wahrlich eine Kunst aus sozialen Konflikten und Brennpunkten Harmonie zu schaffen, sodass es am Ende weder Sieger noch Besiegte gibt. Es ist eine Kunst, den Weg in die Eskalation, in die Aggression, in Krieg und Zerstörung aufzuhalten und die zur Entladung drängenden Energien in friedliche Bahnen zu lenken. Dies geht nur in Verbindung mit verfügbar gemachten, weise gelenkten geistigen Kräften. Die Beziehung zur geistigen Ebene ist essenzieller Bestandteil dieser Kunst.

Diese Kunst entsteht aus verschiedenen Richtungen. Zum einen bei denen, die Macht erlangen und sie konstruktiv nutzen. Nelson Mandela und Michael Gorbatschow sind zwei bekannte Vorbilder dieser Art. Sie stehen für die friedliche Transformation, auch wenn in beiden Fällen Teile ihres Bemühens noch nicht Wirklichkeit geworden sind. Zum anderen kommt diese Kunst aus sozialen Bewegungen, die in der Lage sind, Menschen zu erreichen und zu mobilisieren. Diese Bewegungen wirken über soziale Medien und Projekte, sie sind die Katalysatoren für neue Entwicklungen. Die wichtige Aufgabe dieser Bewegungen und Projekte ist es, die Menschen an ihre Rechte zu erinnern, damit sie sie nutzen. Über diese Bewegungen hinaus gibt es viele Aktionen und Experimente von namenlosen Menschen, die in ihrem persönlichen Umfeld kreative Energien anzapfen und nach Lösungen streben. Nicht nur um ihrer selbst willen, sondern stellvertretend für andere, für das Gemeinsame, das Gesamte. Das ist die neue Qualität, welche die, die in Kairo auf dem Tahirplatz demonstriert haben, spüren konnten und die im Kleinen an vielen Ort hervorquillt. Wer aufmerksam den Augenzeugenberichten der Demonstranten zuhört, für den kann es keinen Zweifel geben, daß inspirierende Kräfte bei den Demonstranten gegenwärtig waren und über sie wirksam wurden.

Worauf hier so hingewiesen werden soll, ist der energetische Aspekt, der Konflikt, Kreativität und Harmonie miteinander verbindet. Es sind dies die Energien hinter den Dingen, die in ihnen durchscheinen bzw. von ihnen reflektiert werden. Das vorliegende Buch will das Bewusstsein für diese Energien öffnen und schärfen helfen. Dies, um die eigene Handlungsoption zu erweitern. Im Konflikt treten die zur Lösung drängenden Energien deutlicher hervor als sonst. Hier können sie am besten wahrgenommen werden. Die Empfehlung sei, diese Energien - ob Wut, Zorn, Ohnmacht oder was auch immer - anzunehmen und ihnen nicht auszuweichen. Und zwar um von diesen Energien aus dann sich auf den Boden der Kreativität zu stellen, in dem bewussten Formulieren des Willens, eine kreative Lösung zu finden, die auf die Mehrung des Gemeinwohls ausgerichtet ist. Das ruft kreative Energien auf den Plan, die so real sind, wie die Luft, die wir atmen. Dies ist im vormals privaten Bereich eine für viele neue Sichtweise. Gerade die enge Sicht des Privaten ist zu erweitern: Die eigenen Ideen als gemeinsames Gut anzusehen, die auch nur, indem sie mit anderen geteilt werden, an Bedeutung gewinnen. In Zusammenarbeit mit anderen sind Ideen einer permanenten Veränderung unterworfen. Kreativität lebt von Transformation, Kristallisierung und Synthese von Ideen im demokratischen Zusammenspiel zwischen Menschen oder der korrekten zwischenmenschlichen Beziehung. Kreativität bietet die Chance zur Überwindung der Dualität, was zugleich die wichtigste und vornehmste Aufgabe der Kunst ist.

Von einem Konflikt spricht man wenn unvereinbare Interessen, Werte, Ziele oder Ansichten aufeinander treffen oder prallen. Kreativität bezeichnet man als Fähigkeit, für vorhandene Probleme neue Ideen zu finden und auf ungewohnte Weise zu lösen. Solche Definitionen oder Begriffsbestimmungen sind für das Verständnis hilfreich. Zugleich bergen sie die Gefahr, Phänomene zu reduzieren. Konflikte und Kreativität sind nicht nur menschliche Äußerungsformen, die man tun oder lassen könnte. Beide bringen erst den Menschen hervor und machen ihn zu dem, was er ist. Sie tun dies, indem sie als evolutionäre Kräfte zusammenwirken im Spannungsfeld von Freiheit und Notwendigkeit. Konflikte, Widersprüche, Gegensätze sind systemimmanent im Sinne einer vorprogrammierten, anthropologischen Grundtatsache. Niemand kann dem dualen Aufbau des Lebens entfliehen. Ob Geist und Materie, Seele und Persönlichkeit, männlich und weiblich, auf allen Ebenen zeigt sich der duale Aufbau der Wirklichkeit, der zwangsläufig zum Konflikt führen und als Konflikt ausgefochten werden muss. Das, was man als Konflikt ansieht, ist selbst der duale Gegenpol zur Harmonie. Konflikt und Harmonie sind zwei Seiten einer gemeinsamen Sache. Es war Heraklit, der auf den Wesenszusammenhang von Konflikt und Harmonie aufmerksam gemacht hat. In Aussprüchen wie Folgendem: „Die Menschen sehen nicht, dass alles, was sich widerspricht, dadurch mit sich in Einklang kommt." Die Frage ist: wie? Hier kommt die Kreativität ins Spiel. Kreativität hat das Potenzial Konflikt in Harmonie zu überführen. Sie ist das Bindeglied zwischen Konflikt und Harmonie. Sie hat das Potenzial, die im Konflikt zur Entladung drängenden Kräfte zu entschärfen, umzuwandeln und konstruktiv zu nutzen.

Diese Sichtweise enthält einige interessante Implikationen. Konflikte wären demzufolge eine Stufe, die die der kreativen Ideenfindung und Problemlösung vorbereitet, ja sie vielleicht sogar erst ermöglicht. Phänomenologisch lassen sich Konflikte als Phase der Problemverdichtung und Problemsteigerung fassen. In ihnen treten zuvor latent gebliebene Gegensätze oder Widersprüche deutlicher als bislang hervor, binden die Aufmerksamkeit, drängen zur Beschäftigung. Indem Konflikte als Krisen sich zuspitzen, fordern sie zur Entscheidung und zum aktiven Handeln auf. Das Wort Krise steht für eine Entscheidungssituation, als Wendepunkt in einem Geschehen, sei es zum Besseren oder zum Schlechteren, sei es zum harmonischen Aufbau oder zur eskalierenden Zerstörung. Nirgends liegen die Urkräfte von Aufbau (Leben) und Zerstörung (Tod) so nahe beieinander wie im zugespitzten Konflikt, am Höhepunkt einer Krise.

Konflikte werden als unangenehm, als belastend, zuweilen als quälend wahrgenommen. Daher häufig der Versuch, Konflikten auszuweichen, sich mit einer unbefriedigenden Situation abzufinden. Das, was wir Menschen - um mit Heraklit zu sprechen - oft nicht sehen, ist, dass die Kraft, die zum Konflikt führt, dem Wesen nach eine evolutionäre, schöpferische Kraft ist und potenziell auf Harmonie angelegt ist. Nur über den Konflikt kann Kraft zum Handeln freigesetzt, kann ein Durchbruch für neues Denken erzielt werden. Dieser Sachverhalt, der für die Kreativität generell gilt, trifft auch auf die soziale Kreativität zu. Dies schließt die den Konflikt begleitende Wahrnehmung von Leid und Schmerz ein. Wie sehr gerade Leid und Schmerz zu einer mächtigen Antriebskraft und zur Quelle der Inspiration werden können, zeigen bemerkenswerte Einzelfälle. Fälle, z.B., in denen Menschen nach mühsamem Ringen individuelle Heilung für eine Krankheit erfahren und daraus eine Heilmethode für andere entwickeln. Es ist dies nichts anderes wie die Umwandlung von individuellem Leid, von persönlicher Begabung in Gemeinwohl. Ähnliches gilt für Künstler, die aus subjektiv erlittenem Leid ein Kunstwerk schaffen, was über sie hinaus von kulturell-gesellschaftlichem Wert ist. Kollektiv lässt sich der als "Wirtschaftswunder" beschriebene Wiederaufbau Deutschlands als Beispiel für die produktive Verarbeitung einer schmerzlichen Erfahrung eines verlorenen Krieges verstehen.

Im Konflikt tritt ein zuvor latenter Leidensdruck stärker hervor. Und bekanntlich ist ein gewisses Maß an Leidensdruck hilfreich und zuweilen unersetzlich, um Menschen aus einer vorgegebenen Bahn ausbrechen zu lassen und um Entschlossenheit zum konsequenten Handeln aufzubauen. Konflikte drängen zur Wahl und Entscheidung bezüglich von Handlungsmöglichkeiten. Die Entscheidung zugunsten einer Möglichkeit ist zugleich die Entscheidung gegen andere. Wer sich für etwas entscheidet, muss gleichzeitig etwas anderem entsagen und auf etwas anderes verzichten. Der Verzicht kann als Verlust empfunden werden. Die gedankliche Vorstellung an einen bevorstehenden Verlust kann das eigene Handeln lähmen und dazu führen, dem Konflikt so lange wie möglich auszuweichen oder ihn gar zu leugnen.

Die vorstehenden Ausführungen können helfen, die gegenwärtige Situation in der Welt besser zu verstehen. Auf der einen Seite nimmt das Konfliktpotenzial permanent zu: die Schere von Arm und Reich, die sich abzeichnende Klimakatastrophe, die schwellende Finanz- und Wirtschaftskrise, die nach Selbstbestimmung drängenden unterdrückten Nationen. Auf der anderen Seite das Bemühen am Bestehenden festzuhalten, die Angst vor Einschränkungen etwa beim Konsumverhalten oder beim wirtschaftlichen Wachstum, die Unentschlossenheit, über eine Symptombekämpfung hinausgehende Änderungen vorzunehmen.

Wenn die Krise sich aber zuspitzt und der Leidensdruck zunimmt, fällt es immer schwerer neutral zu bleiben. Auf diese Weise zwingen die Dynamik und die Macht der Ereignisse die Menschen zur Entscheidung, über den Weg, der einzuschlagen ist. Es sind solcherart dynamische Mechanismen, die die Ereignisse auf dem Tahrir-Platz in Ägypten mit denen ausgehend von einzelnen Gruppen und Individuen rund um den Globus verbinden. Zusammen bringen sie ein neues, weltumspannendes soziales Bewusstsein hervor. Die Zeit, in der wir leben, kann als beginnende "Hochzeit" der kollektiven Kreativität bezeichnet werden. Von allen Seiten drängen Lösungsansätze hervor, Wirtschaft und Gesellschaft umzugestalten und zu erneuern. Und deutlicher und lauter als je zuvor formieren sich Gegenkräfte gegen das etablierte Establishment in Wirtschaft und Politik, das an den bestehenden Machtstrukturen festhalten will. In dieses Bewusstsein eingeschlossen ist eine wachsende Sensibilität für die schöpferische Kraft in sozialen Brennpunkten und die Fähigkeit, Leidensdruck sowie Gefühle wie Wut, Zorn und Ohnmacht zu kanalisieren und in eine konstruktive, kreative Bahn zu lenken.

Warum teilen wir miteinander? Nach den Kognitionsforschern Uta und Chris Frith erstellen wir mentale Modelle, um das Verhalten anderer Menschen vorherzusagen. Dies sei der Vorgang, der soziales Bewusstsein hervorbringt. Nach diesen Forschern folgen wir permanent einem unbewussten Drang, unser Wissen mit dem anderer abzugleichen. Es sei gerade dieser Drang, der uns motiviert Informationen miteinander zu teilen. Ohne diesen Drang wären sinnvolle Kommunikation und aufeinander abgestimmte Beziehungen unmöglich, denn für diese ist es ausschlaggebend, dass eine Person etwas weiß, was die andere noch nicht weiß.

Das erweiterte Verständnis von Beziehungen geht von der Annahme aus, dass dort wo Menschen zusammentreffen, immer schon ein tieferer Sinngehalt latent vorhanden ist. Es ist der Kontext von Raum und Zeit selbst, eingebunden in eine gemeinsame Historie, der hochgradig bedeutungshaltig ist. Jede Begegnung enthält Chancen, sich für diesen tieferen Sinngehalt zu öffnen. Jede Begegnung kann als eine versteckte Aufforderung verstanden werden, den inneren schöpferischen Zusammenhang, den Reichtum und die Schönheit, der Menschen miteinander verbindet, wahrzunehmen. Und damit die Wahrheit, dass der Mensch nur über soziale Beziehungen Mensch sein und zu sich selbst kommen kann, weil das gemeinsame Ganze ihn immer schon trägt und nährt. Das gemeinsame Ganze und damit alle Gemeingüter sind nicht etwas, das von außen dazu kommt, sondern von innen her das Personsein und Selbstsein erst möglich macht. Der Frevel der auf Eigennutz gerichteten Denk- und Wirtschaftsweise besteht darin, sich gegenüber dieser Wahrheit blind und taub zu machen, um dann zu sagen: „Ich sehe und ich höre nichts." Auch die gegenwärtige Kommerzialisierung aller Bereiche des Lebens kann durch ein Verstehen der wechselseitigen Verbundenheit allen Lebens überwunden werden. Eben dies geschieht im Rahmen der sich ausbreitenden sozialen Kreativität. Sie kann überwunden werden, indem ihre Ursachen und negativen Konsequenzen auf breiter Front an die Oberfläche treten und ins öffentliche Bewusstsein gelangen. Mit dem Begriff der sozialen Kreativität kann zugleich der bestehende Graben zwischen individueller Kreativität und ihrer Anerkennung in der sozialen Sphäre als Gemeingut genauer erfasst werden. Wirkliche kreative Prozesse spielen sich außerhalb des Bereichs der Kalkulationen kommerzieller Verwertbarkeit ab, weil sie sich nicht ökonomischer Parameter wie Zeit und Geld unterwerfen lassen. In diesem Sinne sind in einer Konsumgesellschaft die Menschen von sich selbst entfremdet, zugleich ein Opfer des entmenschlichenden Zeit- und Gelddiktats.

Spätestens seit der Finanzkrise, beginnend im Jahre 2008, entzündet sich ein ausuferndes Unbehagen am gängigen Geldsystem. Da die Regierungen durch ihre Garantien die Banken gestützt haben, ist nun, was vorher eine private Schuld war, eine öffentliche Schuld geworden. Dadurch sind eigentlich die politischen Verwerfungen noch viel schwerwiegender als die ökonomischen. Doch scheint das in der Öffentlichkeit, zumindest in den gängigen Diskursen, nicht mehr richtig reflektiert werden zu können. Dies bringt unter anderem die Frage auf den Plan, wie Schulden überhaupt zyklisch verbunden mit Geldwerten entstehen. Das Medium Geld wird uns so in seiner symbolischen Funktion gerade vor Augen geführt und macht uns klar, was es heisst, in einer Kultur des Geldes zu leben.

Wenn wir den analytischen Verstand und das, was wir über die 5 Sinne aufnehmen, überbewerten, werden wir blind für alle feineren untergründigen Prozesse der symbolischen Wirkungen. Möglicherweise sind es aber gerade solche Wirkungen, die die Probleme unserer Zeit heraufbeschwören und die, richtig verstanden, die Dinge zum Guten wenden können. Daher ist es wohlmöglich lohnend, sich einmal intensiver mit den untergründigen Prozessen zu beschäftigen, in der Weise, wie sie uns einerseits auf eine bestimmte Wirklichkeit festlegen, und wie sie andererseits andere Wirklichkeiten nicht zulassen. Diese nicht zugelassenen Wirklichkeiten kann man als das Feld des sozial Unbekannten ansehen, das, was Wirklichkeit werden könnte, wenn man die Blickrichtung und die Prioritäten ändert.

In diesem Feld des sozial Unbekannten bewegt sich die Idee der Geschenk-Wirtschaft. Ihr Wesenszug im Unterschied zum bestehenden Geld-Warentausch besteht darin, dass das Übergeben die Gegenstände nicht länger von ihrer symbolischen Funktion abtrennt. In der Abstraktion des reinen Warenwertes von Gütern oder Dienstleistungen werden diese von ihrer symbolischen Funktion und so von geistigen Werten künstlich getrennt. Darin liegt etwas Zersetzendes, Entwertendes und Entfremdendes, das in seiner ganzen Tragweite wohl noch nicht klar genug erkannt wird. Könnte es sein, dass die sogenannte Kommerzialisierung nicht eine soziale Errungenschaft, sondern der Weg ist, der letztlich zum wirtschaftlichen und sozialen Kollaps führt? Befinden wir uns nicht mitten auf diesem Weg?

Man kann sich das Zersetzende so vorstellen, dass der Beziehung zwischen Symbolen und Objekten, sowie der zwischen Mensch und Mensch, Nährstoffe entzogen werde, vergleichbar einer Dehydrierung und dem Entzug von Nährstoffen im menschlichen Körper. Sodass das, was sich im menschlichen Körper als Folge dieses Entzug als Schwäche der Abwehrkraft zeigt, sich im Zuge der Kommerzialisierung als Anfälligkeit für soziale Konflikte, für Korruption und Kriminalität äußert. Soziale Werte sind für eine Gesellschaft das, was für den menschlichen Körper Vitamine. Ein Mangel an Werten führt entsprechend dieser Analogie zu Auflösung und Zerfall.

Daher gewinnen Ansätze wie die Geschenk-Wirtschaft zunehmend an Beachtung und Bedeutung. Eine Geschenk-Wirtschaft wäre möglich, sobald die Kommerzialisierung auf ein Minimum reduziert würde. Und, so lässt sich hinzufügen, wenn der rein analytische Verstand seinen rechtmäßigen Platz im Rahmen der Dinge einnimmt, sodass ein inneres Wissen um die tiefere Einheit von allem zum ausgleichenden Zuge kommen kann. Das Problem ist, dass sich viele Menschen das Funktionieren einer Geschenk-Wirtschaft nicht vorstellen können, weil ihr Denken auf vordergründige Sachverhalte und menschliche Schwächen gerichtet ist. Bei der Geschenk-Wirtschaft, so wie sie von ihren Befürwortern ausgearbeitet wird, geht es um den Einklang mit den tieferen Wirkungen der symbolischen Ebene und damit letztlich um die Harmonie mit dem ganzen Universum. Dem Verständnis dieser Befürworter zufolge kann man nur im Einklang mit dem inneren Wissen leben, indem man das, was man empfängt, mit anderen teilt. Es ist dies das Bewusstsein dafür, dass durch all das, was der Mensch vorfindet, er bereits beschenkt ist. Und dass die einzige angemessene Haltung die ist, die vorgefundene Haltung des

Schenkens aufzunehmen und weiterzuführen. So, dass aus dem Weiterführen des Schenkens ein Kreislauf entsteht, der dann auch symbolisch alles miteinander verbindet.

Eine Herausforderung für die soziale Kreativität wäre es also, die Idee der Geschenk-Wirtschaft aufzugreifen und praktische Lösungen zu entwickeln, die da ansetzen, wo die Menschen heutzutage stehen. Soziale Kreativität ist gerade gefragt auch im Hinblick auf Erfahrungen bei der Einführung neuer Wirtschaftsweisen in den sozialen und kommunistischen Ländern im vorigen Jahrhundert. Es sind gerade die Verwerfungen und Zerstörungen eines radikalen Weges, die zu vermeiden sind, durch das weise Lenken des Willens zum Guten. Pragmatisch betrachtet mag es Bereiche geben, wo sich eine Geschenk-Wirtschaft leichter realisieren lässt wie in anderen, z.B. im Gemeindewesen, in Organisationen oder in einem regionalen Umfeld.

Aus der Perspektive der symbolischen Wirkungen wäre dem Gedanken nachzugehen, warum das Streben nach Geld (Gold) so eine Macht in und zwischen Menschen entfalten kann? Dem Geld wird eine magische Kraft in einer fragilen, unsteten Welt zugeschrieben, es ist etwas, was das Gefühl oder den Anschein von Sicherheit vermittelt. Das Bedürfnis nach Sicherheit ist so groß, dass selbst rational denkende Menschen Lösungen nur in Kategorien von Geld anzunehmen bereit sind. Beispielsweise indem sie Versicherungen abschließen und allerlei geldtechnische und Besitz wahrende Vorkehrungen treffen, die weit über ein vernünftiges Schutz- und Vorsorgeverhalten hinausgehen. Offenbar soll dieses Streben nach Sicherheit, dieser magische Zug zum Geld, etwas verbergen, dem man nicht begegnen möchte: Einer Lebensangst, die zwangsläufig auftreten muss, wenn alles an der materiellen Verfügbarkeit hängt und wenn der Sinn des Lebens sich auf die materielle Wunscherfüllung reduziert. Die Angst vor dem Leben, die man mit Geld notdürftig in Schach zu halten versucht, kann den Weisheitslehren zufolge beseitigt werden, durch innere Gelassenheit und geistiges Streben. Wirkliche Sicherheit kann es nur in einem Denken geben, das über die Materie hinausgeht und den Tod überdauert. Wenn diese Einsicht in den Menschen zu greifen beginnt, werden sie sich leichter tun nach geldunabhängigen Lösungen zu suchen. Der weltweite Verfall des Wertes des bisherigen Geldes im Zuge der Schuldenproblematik könnte so betrachtet eine befreiende Wirkung entfalten.

In den Märchen und Sagen ist es die Fratze des Geldes, die mit unserem schmeichelhaften Selbstbild im Kontrast steht. Insofern ist Geld das Symbol für all das, was uns von der Unmittelbarkeit abhält. Totalitäre Staaten benutzten in der Vergangenheit geschickt dieses innere Wissen und gründeten darauf ihre Macht. Der Antisemitismus der Nazis spielte etwa bewusst mit den affektiven Impulsen der Menschen gegen das Geld. Auch der Bolschewismus gründete auf dem Ziel, das Geld abzuschaffen. Der real existierende Sozialismus in der DDR ging u.a. daran zu Grunde, die Funktion des Geldes für den alltäglichen Konsum beschränken zu wollen. Das Ergebnis war ein System mit unzähligen Unfreiheiten.

Der hypermoderne Kapitalismus dagegen führt zu einem immer größeren fatalen Graben zwischen Arm und Reich, weil sich der Reichtum in ihm in der Hand von Wenigen akkumuliert. Diese fehlende Gerechtigkeit kann kein System auf die Dauer überleben. Ungleiche Verteilung des Wohlstandes in Gesellschaften bringt nach international vergleichenden Studien alle möglichen fatalen Nebenwirkungen hervor. Gerechte Gesellschaften, bei denen der Wohlstand gleichmäßiger verteilt ist, sind durchweg gesünder. Richard Wilkinson und Kate Pickett fanden bei ihren Untersuchungen für ihr Buch *The Spirit Level* heraus, dass je mehr ungleich der Wohlstand in einer Gesellschaft verteilt ist, desto mehr Gefängnisinsassen, Übergewichtige und Morde gibt es in ihr. All dies sind natürlich Faktoren, die nicht nur die Armen der Gesellschaft belasten, sondern selbst die Wohlhabenden auf Umwegen oder direkt betreffen und auch letztendlich deren Lebensqualität untergraben. Insofern ist es gleichermaßen im Interesse der Reichen und Armen unsere Gesellschaften nun dahin gehend zu transformieren, dass durch eine gleichmässige Wohlstandsverteilung die Lebensqualität von allen verbessert wird. Gleichzeitig kann so die symbolische Bedeutung des Geldes bewusst werden, sodass es nicht mehr länger auf die eine oder andere Art ideologisch unser Zusammenleben bestimmen muss.

Die meisten Bewegungen, die sich für sozialen Wandel einsetzen, zeichnen sich durch verschiedene Rituale aus, die sich in koordinierten Aktionen, konkreten Projekten und inhaltlichen Diskussionen manifestieren. Die kollektiv-rituellen Prozesse, die hier auftreten, sind uralt und neuartig zugleich. Sie bringen eine neue Ordnung zwischen Menschen hervor, legen dem Leben und Zusammenleben einen neuen Rhythmus auf. Die Ursprünge der griechischen Demokratie führen genau auf eben solche Formen von ursprünglichen Gemeinschaftsritualen der polis zurück. Hinzu kommen heute die interaktive Dynamik, die Schnelligkeit der Prozesse und die globale Dimension des Austausches. Ein einziger kleiner Aufruf, veröffentlicht auf einem Blog etwa, kann heutzutage Millionen Menschen in Windeseile in allen Teilen der Welt erreichen. Was uns wiederum zeigt, was es bedeutet, wenn Menschen Werkzeuge in die Hände bekommen, die ihnen helfen, ihr Leben selbst in die Hand zu nehmen. Nicht anders ist es zu den Demonstrationen in Ägypten gekommen, als am 25. Januar 2011 über soziale Medien der Tag des Zorns ausgerufen wurde. Diese Aktion bildete das symbolische Übergreifen des arabischen Frühlings und auch den Ausgangsmoment für die weltweite Occupy Bewegung. Die Menschen auf der Liberty Plaza in New York durchliefen kurze Zeit später ein ähnliches Ritual, wie die auf dem Tahrir Platz. Wie in Ägypten tauschten die Menschen im Zentrum ihrer Stadt ihre Erfahrungen der Ohnmacht und der Wut miteinander aus. Es entstand so eine neue Diskussionskultur und neue Szenarien der Versöhnung, der Befreiung aus Mustern, der Selbsttherapie. Solche Rituale synchronisieren die mythisch-symbolische Ebene mit der Ebene des täglichen Lebens. Normalerweise laufen diese beiden Ebenen in unterschiedlicher Geschwindigkeit und getrennt voneinander ab. In Ägypten gipfelte all dies darin, dass auf dem Tahrir Platz Christen und Muslime sich gegenseitig in ihre Gebete mit einschlossen und sich gegenseitig beschützten, in den USA etwa darin, dass Gewerkschaften sich mit Bürgerrechtsbewegungen und Studenten verbündeten. Die Stimme des Volkes begann sich 2011 weltweit auf atemberaubende, neuartige Weise kreativ Gehör zu verschaffen.

Zu Zeiten historischer Umbrüche, wenn eine ganze Gesellschaft sich rapide wandelt, entstehen Formen von aktiven rituellen Dramen. Die Persönlichkeit der Teilnehmer löst sich in der Gemeinschaft auf und wird so bereit, sich mit anderen zu solidarisieren, zu verbinden. Sie tun dies nicht nur äußerlich und oberflächlich, sondern tiefgründig und das Leben verändernd. Der Sturz von Mubarak wird infolgedessen nicht nur in der arabischen Welt als Wunder erlebt, sondern inspiriert tatsächlich Menschen in Ländern auf dem ganzen Globus, ihre Stimme für Gerechtigkeit zu erheben. Dieses Wunder folgt einer Dynamik, hat eine Matrix, die es genauer zu betrachten lohnt. Diese Matrix ist die Wirkungsweise der sozialen Kreativität. Trotz aller Unterschiede: Die Menschen, die sich in New York versammelte, hatten über ihren Staat genauso wenig Gutes zu sagen, wie die in Ägypten. Die Schaltstellen der Macht entpuppten sich hier wie dort als begünstigt von Heerscharen fragwürdiger Berichterstatter. Die Menschen auf den Straßen, Plätzen und Wegen von Chicago bis Stockholm spürten, dass sie jenseits der Nachrichten der Massenmedien miteinander verbunden sind, nämlich durch einen Erkenntnisakt in der Art: dein Problem = unser Problem = mein Problem. Was zuerst nicht mehr als den Wert einer Lokalmeldung zu haben schien, hat als Nachricht inzwischen eine eigene Autonomie gewonnen. Eine Autonomie, welche das Setzen der Themen nach bisherigen Medienstrategien unterläuft. Wer offen dafür ist, kann es sehen und spüren. Ein neuer Zeitgeist, eine neue Energie strömt uns zu und wirkt durch die Menschen. Sie heißt Zusammenarbeiten, Recht statt

Macht, Streben nach Synthese, Ausgleich und Verständigung. Und über allem liegt die Frage: Wie wird es sein, in einer Gesellschaft zu leben, wo das Leben als Ziel in sich selbst realisiert wird – wo wir versuchen, das Kollektive durch Förderung und Unterstützung jedes Einzelnen profitieren zu lassen.

Es ist dieser erwachende Wunsch nach umfassender Selbstbestimmung, Authentizität und Miteinander, der viel tiefer ansetzt als politische Parteiprogramme. Und es gibt auch noch kein etabliertes passendes Format oder Genre für solche Ereignisse. Durch livestream-Übertragungen und neuartige Symbole wie ein hashtag wird derweil provisorisch ein erstes gemeinsames globales Forum errichtet, ein global square. Der Staat, die Konzerne und der von diesen kontrollierte Presseapparat, der Menschen als Bürger und Verbraucher definiert, verliert so sein Informationsmonopol. Neue Freiräume des Denkens zeichnen sich ab, verbunden mit neuen Entscheidungsprozessen und erweiterten Handlungsoptionen.

4. Das Einheitsstreben (Feuer-Element/Inspiration)

Ally Basak Russell, eine der Hauptspecherinnen bei dem Kongress *The Shared Future* 2013 in London, kam von *oDesk*. Es handelte sich bei diesem ersten Kongress zur "Economy of Sharing" in Europa um eine Veranstaltung, die aufzeigen wollte, wie die Technologie heutzutage Menschen und Firmen erlaubt sich von 'asset ownership' auf 'resource access' umzustellen. Diese Umstellung bezeichneten die Veranstalter als einen Weg hin zu einem effizienteren, demokratischeren und nachhaltigeren Wirtschaftsmodell. Auf Webseiten wie *oDesk* finden sich heutzutage Menschen aus fast allen Ländern der Welt zusammen, die gemeinsam dem Teilen von Arbeitsbedarf nachgehen und dem Teilen ihrer Talente. So entwickelt sich das Teilen als eine offene Struktur von Angebot und Nachfrage hin zu einer ganz neuen Form von Arbeitsmarkt. Dass diese Entwicklung auch mitunter ein sehr zweischneidiges Phänomen seien kann lässt sich am besten an zwei Jobangeboten von dieser Webseite aufzeigen: Da sucht etwa jemand, der eine ungeheure Geschichte über allumfassende Korruption in seinem Land zu erzählen hat, einen Schriftsteller, der diese Geschichte so aufschreiben und aufbereiten kann, dass sie die breiten Medien anspricht. Ein anderer sucht einen Menschen, der ihm für 5 Dollar einen einseitigen Artikel über das Thema schreibt: *"Wie verkaufe ich das Bloggen als eine Art um damit Geld zu verdienen, an Leute die eine Arbeit suchen oder eine Art wöchentliches Einkommen?"* Die Frage ist hier: Wo schlägt gegenseitige Unterstützung in allgemeines Einfügen in rein Zweck gesteuerte Strukturen um, die einer bestimmten Idee von allgemeiner Verfügbarkeit der Arbeitskraft entsprechen? Die Frage ist auch inwiefern wir uns von der Kommerzialisierung im Alltag bestimmen lassen wollen. Ist es überhaupt richtig, dass wir Miete zahlen müssen, oder dazu praktisch gezwungen werden unsere Arbeitskraft zu verkaufen? Ist es erstrebenswert, unsere Arbeitskraft an den Höchstbietenden zu versteigern? Sollten Märkte nicht besser auf bestimmte Lebensbereiche beschränkt werden, um dort einen ungezwungenen Austausch zwischen individuellen Menschen zu ermöglichen? Ungewungen meint hier jenseits von Gütern die allen Menschen als Geburtsrecht frei zustehen könnten wie Wohnung, Nahrung, Gesundheitsversorgung und Bildung.

Mit sozialer Beziehung beschreibt man das Verhältnis zwischen zwei und mehr Menschen. Die soziale Beziehung hat einen gemeinsamen Kristallisationspunkt, den gemeinsamen Nutzen zwischen Menschen. Im Kontext des Kollektivs weitet sich der Kristallisationspunkt aus auf das Gemeinwohl. Eine genauere Analyse hätte nachzuzeichnen, wie sich der Begriff des Gemeinwohls als Bezugsrahmen über die Jahrhunderte verschoben und als Handlungsmaxime an Geltung verloren hat. Nach Aristoteles kann der einzelne Bürger eines Staates nur Glück finden, indem er sich für das Allgemeine einsetzt. Für Thomas von Aquin ist das bonum commune das, „was für alle Geschöpfe gut ist und wonach alle naturgemäß streben". Ein dem Gemeinwesen zugehöriger Mensch könne unmöglich gut sein, wenn er nicht dem Gemeingut gerecht wird. Mit dem aufkommenden Utilitarismus beginnen sich die Unterschiede zwischen Gemeinwohl und Privatwohl aufzulösen. Bezeichnend dafür ist die von Adam Smith geprägte Vorstellung von der unsichtbaren Hand: Indem der Einzelne sein persönliches Glück zu mehren versuche, trage er zur Maximierung des allgemeinen, gesellschaftlichen Glückes bei. Diese Vorstellung hatte, wie noch zu zeigen sein wird, großen Einfluss auf den Verlauf der Wirtschaftsentwicklung im vorigen Jahrhundert.

Im Übergang zur Wissensgesellschaft und einer zunehmenden Privatisierungswelle vormals staatlicher Ressourcen und Hoheitsaufgaben hat der Begriff der Gemeingüter (commons) zunehmend an Bedeutung gewonnen, und zwar in technologischer, juristischer, politischer und anthropologischer Hinsicht. Der Anthropologe Stephen Gudeman definiert ein common als ein von der Gemeinschaft geteilter Wert oder Interessensgegenstand. Peter Linebaugh führt diesen Gedanken weiter, indem er auf die Tätigkeit, die zur Entstehung von Gemeingütern und gemeinschaftlich geteilter Ressourcen führt, abhebt: "There is no commons without commoning." Erst soziales oder gemeinschaftliches Handeln bringt Gemeingüter hervor und bewahrt sie für nachfolgende Generationen. Commoning bezeichnet die ursprüngliche Freiheit und Fähigkeit, die eigenen Grundbedürfnisse befriedigen zu können und zwar weder als vorordnete Lebensform noch als staatliche Wohlfahrt. Louis E. Wolcher unterscheidet zwischen commons als Gemeinbesitz von etwas und commoning als besondere Sozialform. Auch ihm geht es darum, den Fokus auf den prozessualen Begriff des commoning zu richten. Und zwar als Lebensform, das Leben in die eigenen Hände zu nehmen und sich dabei des kulturellen Umfelds zu vergewissern. Dies sei um so notwendiger, weil Kommerzialisierung und die Globalisierung in uns die Vorstellung von commons bzw. des commoning gelöscht hätten, und wir den Kontakt zu unserem kulturellen Gedächtnis verloren haben. Man könne sich heute schlichtweg nicht mehr vorstellen, was commons bedeuten. Ausgehend davon bestünde die wichtigste Aufgabe darin, durch den Begriff der commons die gemeinschaftliche Vorstellungskraft der Menschen wieder zu beleben und sich angesichts einer auseinanderfallenden Welt solidarisch miteinander zu verhalten.

Ab dem Jahre 1525 gab es für hundert Jahre Bauernkriege in Deutschland, bei denen es eigentlich hintergründig um den Zugang zu den Gemeingütern ging. Die Menschen lehnten sich gegen die römischen Gesetze auf, welche nur Privatbesitz kannten. Im sechzehnten Jahrhundert war die Grundlage einer materialistischen Ordnung gelegt, denn der gesamte Markt befand sich da bereits in der Hand der Verwalter von Privatbesitz. Reformer wie Thomas Müntzer, die sich dieser Umgestaltung in Richtung Privatbesitz entgegen stellten, überlebten dies in der Regel nicht. Derselbe Vorgang wiederholte sich als in Amerika den Indianern und in den Kolonien den Eingeborenen ihr Grund und Boden weggenommen wurde, und alles in den Privatbesitz der Weißen überging. Die Erkenntnis ist in allen diesen Fällen dieselbe: Immer dort wo Expansionsdrang mit kriegerischer Überlegenheit Hand in Hand geht, haben Gemeingüter das Nachsehen. Daran hat sich bis heute nichts geändert.

Aus Sicht der Weißen handelte es sich bei dem Grund und Boden der Indianer, Eingeborenen, usw. nicht um verbriefte oder geregelte Gemeingüter, sondern um ungeregeltes "herrenloses" Niemandsland. Das Ganze folgt der Logik des Besitzdenkens, verbindlicher Rechtsregelung und Beurkundung nach westlicher Sicht. Diese Sichtweise, alles, soweit wie als möglich, in geregelten Besitz zu überführen, gilt bis heute fort und ist Gegenstand von Rechtstreitigkeiten z.B. zwischen Staaten. Es ist das aufkommende Besitzdenken, das all die Probleme unserer Zeit heraufbeschwört. Die Frage wäre, inwiefern man überhaupt authentisch von "Besitz" reden kann. Bezieht sich Besitz nicht eher immer auf das Recht auf zeitlich begrenzter Nutzung? Thomas Müntzer bemerkte, dass Luther meinte, die Armen hätten an ihrem Glauben genug. Sie würden nicht sehen wie gerade Wucher und übertriebene Steuern den Empfang dieses Glaubens verhindern. Tatsache ist, dass sich in Europa ab dem sechzehnten Jahrhundert die Entfremdung von der Natur und ein Abfallen vom Glauben an eine geistige Realität sich ausbreiteten, eben durch die zunehmende Kommerzialisierung und die Privatisierung von Gütern.

Die Tragik in den letzten Jahrzehnten war, dass immer mehr auch die Kommerzialisierung in die Privatsphäre eindrang und anfing, unsere Verhalten zueinander zu beeinflussen, und daß auch Gemeingüter wie Wasser, Öffentlichkeit, Verkehrsmittel und Bildungseinrichtungen einer schleichenden Privatisierungstendenz unterlagen. Alleine schon im Sinne einer intergenerationellen Gerechtigkeit sollten Gemeingüter immer wieder an die Gemeinschaft zurückfallen. Das setzt voraus, das diese Güter überhaupt erst einmal erhalten werden und nicht durch übermässigen Raubbau an der Natur auf ewig zerstört werden. Ein Lösungsansatz hier wäre es, das kollektive Erbe künftiger Generationen treuhänderisch durch Gemeinschaftgütermanagement zu verwalten und die BürgerInnen und Gemeinden durch ein basisdemokratisches Staatswesen zu Treuhändlern werden zu lassen.

Als eine Vorstufe von sozialer Kreativität, unter den verzerrenden Bedingungen des Neoliberalismus, können wir sicher das bezeichnen, was allgemeinen unter dem Begriff der Kreativwirtschaft seit einigen Jahren sich Ausdruck zu verschaffen sucht. Unter dem Konzept Kreativwirtschaft beginnt sich all das zu versammeln, was für ein sich verflüssigendes Verhältnis zwischen Kultur und Ökonomie steht und für das es gesellschaftlich bislang noch keine besseren Beschreibungen zu geben scheint. Im Grunde handelt es sich dabei um erste Anzeichen einer völligen Neustrukturierung der Verhältnisse zwischen Arbeit, Markt, Geografien und Kompetenzen. Zauberwörter wie "kreative Stadt" machen inzwischen die Runde und rennen dem rasanten Wandel der Beziehungen zwischen Arbeits- und Lebenswelten hinterher.

Hier liegt es an der Kreativwirtschaft die gesellschaftlichen Bedingungen so mitzugestalten, dass sie sich öffnen hin zu basisdemokratischen, nichtrepräsentativen Organisations- und Politikformen, die den Wert der Geschenkwirtschaft erkennen helfen. Denn alle Kreativität basiert auf einem freien Empfangen von Gaben, die man am besten genauso frei weitergibt. Beim Verschenken wird das Übergebene durch den Akt des Schenkens direkt konsumiert, und jedes Verhaftetsein am Besitz wird so aufgelöst. Durch das freie Wegschenken symbolisieren wir, daß wir nichts als Gegenleistung erwarten, und gerade durch diese Erwartungsfreiheit wird das Übergebene aus dem Kreislauf der Konsumgüter befreit. Konsumgüter werden im Gegensatz dazu von ihren Besitzern selbst bereits konsumiert und nicht durch den Akt des Verschenkens. Wir haben kurz gesagt jeweils genaugenommen nur zwei Möglichkeiten: Entweder wir erhalten das Kreisen des Geschenkaustausches, oder wir werden selbst zusammen mit dem Besitz aufgegessen. Worum es geht ist, dabei, diese feine Kraft zu erspüren – und sich ihr anzupassen – die den Geschenkkreislauf in Bewegung hält.

Statt von Kreativwirtschaft kann man bei einem sich solchermaßen entwickelnden Vertrauen in den jeweils zur Verfügung stehenden Überschuss von einer generativen Wirtschaft sprechen, die tiefgründig die Bedürfnisse einer jeweiligen lokalen Gemeinschaft unterstützt und gleichzeitig die Natur im globalen Sinne berücksichtigt. Die Natur wird so nicht länger ausgebeutet, sie gibt uns dann ihre Früchte, weil auch wir – aus dem Erkennen einer tiefen Verbundenheit heraus – ihr stets wie selbstverständlich etwas aus ganzem Herzen geben.

Auch die Stadt der Zukunft können wir uns so als hochgradig funktionalistisch aufgebaut vorstellen, allerdings nicht im Sinne einer einseitigen Gewinnmaximierung, gekoppelt an ein nur die Gegenwart berücksichtigendes Wachstumsparadigma, sondern im Sinne von Lebensqualität im Rahmen frei schwebender kreativer Arbeitsbedingungen im Einklang mit der Natur, die allen Menschen gleichermaßen zugänglich gemacht werden. So können durch Selbstverwaltungsstrukturen etwa bislang bürokratische Vorgehensweisen abgebaut werden und neuartige Steuerungsperspektiven um sich greifen, die dann nicht mehr dem Imperativ des Konsums folgen, sondern statt dessen dem der größtmöglichen kulturellen kreativen Interaktion zwischen verschiedenen Fachbereichen, Gruppen und Nationen. Damit nähern wir uns dann auch dem Ende der Instrumentalisierung von Kunst und Kultur im Sinne der Kommerzialisierung, der Selbstausbeutung bzw. Selbstvermarktung.

Die vorstehenden Erläuterungen sind für die Bestimmung der sozialen Kreativität grundlegend. Wir beziehen ja diesen Begriff auf das Entwickeln von Ideen und Lösungen, die auf ein gelingendes Leben und Zusammenleben und die Bewahrung und Mehrung des Gemeinwohls (Gemeingüter) bezogen sind.

Beides, Leben wie Zusammenleben können nur gelingen, wenn das Gemeinwohl und das kulturelle Gedächtnis den Dreh- und Angelpunkt bilden. Der darauf gerichtete Prozess der Aktivierung der gemeinschaftlichen Vorstellungs- und Schöpferkraft bzw. der Ideenproduktion hat den Charakter einer Kunst, einer Kunst, die an privaten wie gesellschaftlichen Konflikten ansetzt und zu größerer Harmonie und einer das Bewusstsein fördernden Schönheit führt. Zugleich hat dieser Prozess aber auch den Charakter einer politisch geprägten Kunst, die im sozialen Raum entsteht, bei dem sich die bislang getrennten Welten des Öffentlichen und die des Privaten mehr und mehr auflösen. Der wichtige Begriff des commoning steht für uns in direkter Linie zu dem des Teilen. Der Begriff des Teilens wäre ohne eine gemeinschaftliche Interessensphäre und gemeinsames Zusammenwirken sinnlos.

Der aus der Einheit abgeleitete Begriff des Teilens geht aber noch über die Ebene des Gemeinsamen hinaus. Etwas mit jemand anderem gemeinsam haben kann ein Trugbild sein, um die getrennte Welt des "mein" und "dein" scheinbar zu überbrücken. Teilen dagegen meint ein Mitsein im Sinne von existenzieller Teilhabe. Statt dem "mein" und "dein" gibt es nur das verbindende, integrierende "wir", in dem alle Gegensätze überwunden sind. Dieses "wir" ist mehr als die Summe von "ich" und die "anderen". Es ist eine neue Qualität, die nicht aus den Einzelpersonen hergeleitet werden kann. Indem sich Menschen in diesem Sinne verbinden, entsteht ein Organismus, ein Lebewesen. In diesem Organismus fungieren Einzelpersonen wie Zellen oder Organe. Die Individualität und die Einzigartigkeit jeder Person bleiben erhalten. Und weit mehr als das: Sie erhält ihre wahre Bestimmung erst in dieser Beziehung zum Ganzen. Hier kommt Begabung zu größter Entfaltung. Hier hat jegliche Entfremdung ihr Ende. Hinter diesen Gedanken verbirgt sich die bislang brachliegende Kraft der Gruppen. Wo Menschen sich in dieser Weise in Gruppen verbinden, hat eine Kultur der nebeneinander herlebenden Individuen ein Ende, beginnt eine neue Kultur des teilhabenden Mitseins.

Teilen wird gewöhnlich nicht als kreativer Prozess gesehen. Etwas miteinander zu teilen wird als soziales Verhalten bewertet. Mit Menschen, die weniger haben als man selbst, etwas zu teilen, nennt man Ausgleich. Und mit Menschen zu teilen, die nicht einmal das Nötigste zum Leben haben, ist ein Akt der Barmherzigkeit. Soziales Verhalten, Ausgleich, Barmherzigkeit, teilen kann alles drei sein. Und zugleich viel mehr.

Der umgangssprachlich verwendete Begriff "Teilen" deckt nur einen kleinen Ausschnitt dessen ab, was das Teilen umfasst. Es geht um weit mehr als um den Transfer, Austausch und Ausgleich von materiellen und immateriellen Gütern oder Leistungen. Und es geht um mehr als um ein wirtschaftliches Handeln. Die Wurzeln des Teilens liegen im geistigen Ursprung des Menschen. Beim Teilen, das sich an Bedürfnissen anderer und dem Wohl des Ganzen orientiert, treten die Teilenden in Resonanz miteinander, entsteht ein Kraftfeld. Zu dieser Resonanz und zu diesem Kraftfeld kommt es nicht, wenn eigennützige Erwartungen wie Hoffnung auf Gewinn oder Überlegenheit im Spiel sind. Daher sollte man vom erwartungsfreien Teilen sprechen. Wenn wir fortan vom Teilen sprechen, dann bezogen auf das Fehlen von eigennützigen Erwartungen, Berechnungen usw. Damit setzen wir all die mehr oder weniger eigennützigen Formen, Zwischenstufen und Varianten des Teilens nicht herab. Es sind Etappen auf dem Weg des Teilens, das zwingend wird, wenn man sich des inneren Zusammenhangs des Lebens gewahr wird.

Auf der Basis eines solchen Gewahrwerdens ist Teilen ein das Leben erhaltendes Schöpfungsprinzip, da die Schöpfung auf Teilen aufgebaut ist. Der einzelne Mensch und die gesamte Menschheit können zeitweise auf das Teilen verzichten, aber zum Preis des Entstehens von Unordnung, Disharmonie und Spaltung. Zu Beginn mag die negative Wirkung gering sein, aber sie nimmt zu und beschleunigt sich mit fortgesetzter Dauer. In dieser beschleunigten Phase befinden wir uns kollektiv; immer schwieriger wird es, die negativen Folgen zu leugnen.

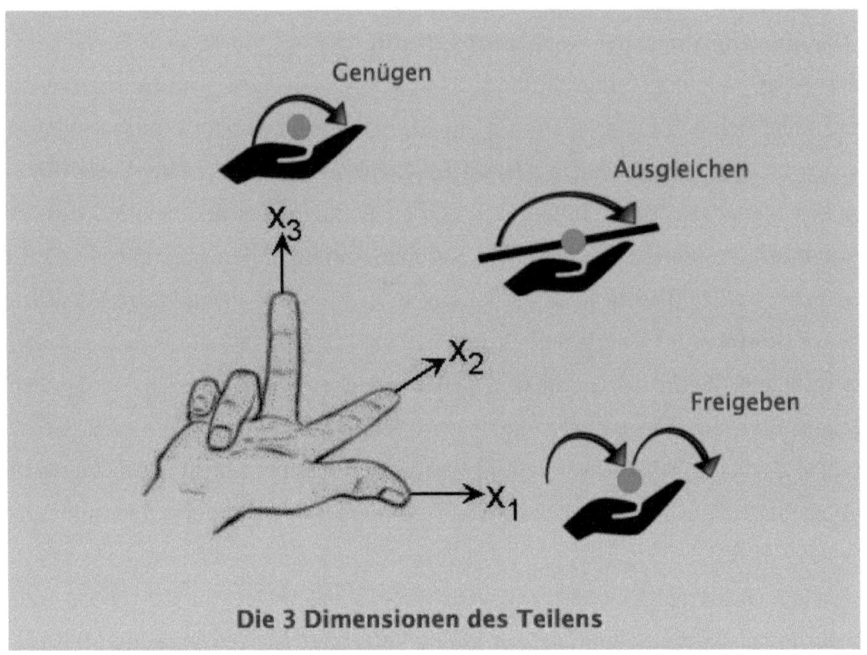

Die 3 Dimensionen des Teilens

Teilen schafft natürliche Ordnungsstrukturen auf eine noch genauer zu erforschende Art und Weise. Es ist keine passive Ordnung, sondern eine aktive, die das kreative Element der permanenten Erneuerung in sich trägt. Wodurch entsteht diese Erneuerung? Dadurch, dass die beim Teilen erzeugte Resonanz neue Ideenpartikel aus einer geistigen Ebene anzieht und so alte Denkmuster ausgestoßen werden. Insofern zieht Teilen "Neues" an und stößt "Altes" aus. Aus dieser Sicht trägt es zur Entwicklung, zur Vervollkommnung bei.

Bastien Girod formuliert im Sinne der sozialen Kreativität in seinem Buch *Green Change* vier Strategien einer Politik zur Glücksmaximierung:

1. Jedes persönliche Glück sollte nach den Maßstäben von Wohlbefinden gleich viel wert sein. (Solidarität gegenüber künftigen Generationen - gleiches Recht auf intakte Umwelt...)

2. Innere Bedürfnisse stärken, denn äußere Bedürfnisse werden systematisch überschätzt. (Glück als Schulfach, Nichterwerbsarbeit aufwerten, etc.)

3. Glücklichere Verteilung des Wohlstandes (Leistungsgerechtigkeit, Bedürfnisgerechtigkeit, demokratische allgemeine Mitbestimmung.)

4. Kooperative Zusammenarbeit anstatt Alle gegen Alle. (Grüne Märkte im Sinne eines international fairen Austausches.)

Die vier Strategien berühren sich mit den oben dargestellten drei Gesetzen des Teilens und mit dem worauf sie abzielen, nämlich: die Überführung der sozialen Mythen von Besitz, Dominanz, Exklusivität, Konsum und Komfort in Allgemeingüter, Ausgleich, Inklusivität, Grundsicherung und Genügsamkeit mittels sozialer Kreativität. Dabei ist der Glücksbegriff selbst zu transformieren, weil es den Mythos gibt, Trennung im Sinne von Unabhängigkeit von allen anderen und Steigerung des Eigennutzes bringe Glück und abgeleitet davon auch das Streben nach Besitz, Dominanz, Exklusivität, Konsum und Komfort. Glück ist das Ziel eines Persönlichkeitsverlangens. Wahre Freude hingegen ist eine Qualität der Seele, und diese Eigenschaft kann der Persönlichkeit auferlegt werden, woraufhin sie anstelle von Glück tritt und die Fähigkeit verleiht, Wahrheit zu erkennen.

Teilen ist seinem Wesen nach ein elektro-magnetisches Phänomen. Es stärkt nicht nur das Band zwischen den Teilenden, sondern es schafft zugleich das Band zur geistigen Ebene. Daher kann das Teilen aus einem egozentrischen, materialistischen Weltbild nicht verstanden werden. Teilen bedeutet die unverbrüchliche Gleichwertigkeit aller sowie die Teilhabe am Ganzen, wobei das Ganze über die sichtbare Welt hinausgeht.

Teilen ist dem Dienen verwandt. Wer teilt, dient dem anderen und dem Ganzen. Dienen im geistigen Sinne bedeutet wie Teilen Verzicht auf Vorrang, auf Vorteile und persönlichen Gewinn zugunsten des Gemeinsamen und Ganzen. Dies geschieht nicht im naiven Glauben, dass sich die Partner schon an die Spielregeln der Fairness und des Ausgleichs halten werden, sondern mit einem bewussten Vertrauensvorschuss. Wird der Vertrauensvorschuss missbraucht, muss er von dem, der ihn missbraucht, neu gebracht werden, ehe die Beziehung fortgesetzt werden kann. Vertrauen wächst mit der Tiefe und Intensität der Beziehung. Teilen erfordert eine offene, ehrliche Kommunikation und setzt daher menschliche Reife voraus. Wer die sprichwörtlichen Dollarzeichen in den Augen trägt, oder aus Beziehungen persönliche Vorteile ziehen will, teilt nicht oder höchstens zum Schein.

Teilen verändert die Teilenden selbst, sie werden, indem sie sich auf den Prozess einlassen, offener, kreativer. Teilen hat eine noch genauer zu erhellende Tiefendimension zum innersten Kern des Menschen, dem geistigen Herzen. Wer teilt, berührt nicht nur andere, sondern kommt sich selbst im Herzen näher. Darin liegt die Kraft der Verwandlung. So kann Teilen ungewollt zu einer spirituellen Erfahrung werden. Vor allem, wenn es mit Gelassenheit einhergeht und Nichtanhaftung an jegliche Form des Besitzes. Wer aus dieser Haltung teilt, hat, was er braucht. Umgekehrt lässt sich sagen: Wer nicht teilt, hat nie genug. Die Grundhaltung des Teilens ist das Gegenteil von der eines "mine and more". Sie ist die Haltung des "all and less", eine Haltung der Inklusivität und der Genügsamkeit. Zugleich auch eine Haltung, die eine ausreichende Grundversorgung sowie ein menschenwürdiges, schöpferisches Leben für 7 Milliarden Menschen gewährleistet.

Der Wert des Teilens zeigt sich im Opfer, das man ihm zuliebe aufbringt. Beides, Inklusivität und Genügsamkeit erfordern Verzicht: Verzicht auf persönliche Privilegien, Verzicht auf Besitz und Konsum. Verzicht ist keine moralische Haltung, sondern erwächst aus der Einsicht in die Zusammenhänge. Man verzichtet zu Gunsten anderer, damit alle in Würde leben können. Man verzichtet zugunsten der Natur, damit die Lebensgrundlage erhalten bleibt. Und man verzichtet um seiner selbst, um die Zugänge nach innen und oben offen zu halten. Verzicht orientiert sich nicht an der Askese, sondern an der inneren und äußeren Harmonie. Genügsamkeit ist das noch unverstandene Optimum an Harmonie.

Denn Teilen ist nicht zuletzt ein Harmonie schaffendes Phänomen der Rückkopplung und der Synthesenbildung: Es ist das Zusammenwirken von Elementen zu einem geordneten Ganzen und zu etwas Neuem. Durch das Teilen entsteht Unvorhersehbares, Unplanbares im belebenden, inspirierenden Sinn. Das Teilen ist seinem Wesen nach eng mit dem Spiel verwandt. Es hat die Zeitqualität von "Hier und Jetzt". Daher ist Teilen ein Quell der Freude, der Sinnerfüllung, der Schönheit.

Schließlich korrespondiert Teilen mit der bedingungslosen Liebe, hier hat es seinen Ursprung. Teilen wird nicht von dem Intelligenzprinzip gesteuert, sondern von dem Doppelprinzip von Liebe und Weisheit. Durch das Teilen kommen Liebe und Weisheit ins Leben, die zusammen ausgleichen und Harmonie erzeugen. Überall dort, wo Konflikte vorherrschen, wo Trennung besteht, kann durch die Praxis des Teilens Harmonie entstehen. Teilen ist der demokratische, friedliche, sozial-kreative Weg, Konflikte zu lösen. Es ist der Weg der Zukunft. Er wird den alten Weg ersetzen, bei dem man sich mit Macht, Aggressivität und kriegerischen Mitteln Geltung verschaffte. Und damit eine endlose Kette von Racheakten in Gang setzte. Im Teilen wird die im Konflikt gebundene Kraft nicht explosiv und daher unkontrolliert freigesetzt, sondern konstruktiv umgewandelt. Im Teilen gibt es keine Sieger und Verlierer mehr. In ihm werden alle zu Gewinnern. Teilen ist Ausdruck der All-Win-Mentalität. Nicht nur bezogen auf Menschen, sondern bezogen auf die belebte wie unbelebte Mitwelt. Der aus der Einheit abgeleitete Begriff des Teilens beinhaltet eine Verantwortung für das Ganze im Einflussbereich des eigenen Tuns oder Unterlassens.

Ein anderes Wort für Teilen ist Brüderlichkeit. Brüderlichkeit ist die Vision für die Menschheit, wie sie Beethoven in seiner *Ode an die Freude* musikalisch kund tut. Durch Teilen kommen wir der Vision der bedingungslosen Liebe, der Brüderlichkeit näher. Daher ist es eine gute Lernschule für den Einzelmenschen wie für die gesamte Menschheit. Zugleich führt es zu geistigen Aspirationen, die wiederum Lernprozesse in Gang setzen.

Folgerichtig lässt sich also feststellen, dass in der jetzigen Zeit der nächste Lernschritt für die Menschheit bedeutet, sich auf das Teilen als sozial-kreativen Prozess einzulassen. Lernprozesse in der Richtung, wie wir sie eben angedeutete haben, zeigen sich bereits für den, der seine Augen aufmacht, an immer mehr Stellen. Wegen ihrer Bedeutung, wollen wir hier, stellvertretend für viele andere Initiativen, die *Prinzessinnengärten* als lokal-globales Projekt und den Film *One Day On Earth* als global-lokales Projekt näher vorstellen.

Bei den *Prinzessinnengärten* in Berlin Kreuzberg, gegründet von Robert Shaw und Marco Clausen, findet seit Juni 2009 auf einer 6000 Quadratmeter großen Brachfläche Nachbarschaftsarbeit als soziales Lernen in einem mobilen Garten statt. Dieser Garten kann als ein für alle Menschen offenes Labor für neue Formen urbanen Lebens gesehen werden. Ein mobiler Garten, weil sämtliche in Kisten befindliche Hochbeete, aber auch eine Bar und die Lager- und Werkzeugräume transportabel sind. Somit ist es möglich im Laufe des Jahres unterschiedlichste Flächen in und um die Stadt herum temporär für den Anbau von Kräutern und Gemüse mit einzubeziehen. Die mobilen Beete reisen in Form einer Stadtsafari in Kisten herum und tauchen an unerwarteten Stellen auf. Sie regen so zum Nachdenken über das Verhältnis zwischen Ernährung und Stadt an. Zudem wird auf diese Weise aufgezeigt, wie brachliegende Flächen in Nutzflächen verwandelt werden können. Dabei sind alle Beteiligten auf Kooperation, Improvisation und den Mut, Fehler zu machen angewiesen, um gemeinsam unbekannte Talente in sich zu entdecken. Darüber hinaus wird durch die Beschäftigung mit ökologischem Gemüseanbau in Hochbeeten und mit Saatgutmonopolen der Frage nachgegangen, wie eine wirklich nachhaltige Ernährungspolitik aussehen könnte.

Bei diesem Projekt finden so Menschen und Initiativen einen Raum, um sich mit experimentellen Methoden des Anbaus von Nahrung, mit Biodiversität oder mit partizipativer Stadtentwicklung zu beschäftigen. Nach dem grundlegendem Prinzip, mit dem zu arbeiten was man vorfindet, entstand so eine mobile, urbane Lernwerkstatt. Bei all dem geht es vor allem darum, Kenntnisse miteinander zu teilen. Und auf diese Art nach technisch einfachen Lösungen für zukünftige Herausforderungen zu suchen. Mit Hilfe von Lowtech-Ansätzen wird jenseits von Expertenwissen gelernt, intelligent mit unseren Ressourcen umzugehen. Es ist eines der vielen ermutigenden Beispiele für die sich entwickelnde soziale Kreativität in der Gegenwart. Ein Beispiel, das wir bei seiner Entwicklung in unserem näheren Umfeld mitverfolgen konnten.

Szenenwechsel. Am 10.10 2010 kreierten Menschen aus fast allen Ländern der Welt Videofilme und teilten sie miteinander. Die Beteiligten waren zunächst in verschiedene Online-Gruppen aufgegliedert, unter Kategorien wie Technik, Region und vielen anderen. Das Ergebnis ist heute als ein knapp zweistündiger Film mit dem Titel *One Day On Earth* zu besichtigen, dessen Herstellung durch crowdfunding finanziert wurde. Das Projekt ist ein Beispiel für eine neue Form von kollektiver Gruppen-Kreativität. Zugleich ist es ein Beispiel dafür, wie Menschen über kulturelle, nationale und religiöse Grenzen hinweg in Beziehung miteinander treten können. Das ganze Projekt fand seinen Startschuss dadurch, dass die Filmemacher Kyle Ruddick und Brandon Litman im Jahr 2008 Videokameras an die über 95 Länderbüros der Vereinten Nationen schickten. Mit Hilfe der UN erreichten die Kameras selbst abgelegene Orte wie Papua-Neuguinea oder das Krisengebiet zwischen dem Nord- und Süd-Sudan. Zusammen kamen an die 3000 Stunden Filmmaterial von nahezu 19.000 Filmemachern aus 160 Ländern zustande.

Beide Beispiele, Garten-Projekt und Film, führen Teilen und Kunst zusammen. Sie lassen erkennen, wie ein neues globales Bewusstsein der gleichberechtigten Teilhabe heranwächst. Sie demonstrieren eindrucksvoll, wie Einheit in der Vielfalt möglich wird und wie eine neue, kollektive Kunst von den Menschen für Menschen, frei von kommerziellen Motiven, entstehen kann. Eine Kunst, die Licht in die Menschheit bringt, indem sie zu globaler Zusammenarbeit anregt. Und indem sie Zusammenarbeit durch inspirierende Lösungen zu verbessern hilft. Der fertige Film mahnt gleichzeitig Lösungen für die globalen Probleme an, vor denen die Menschheit heute steht, wie Wasserknappheit, Armut, Klimakatastrophe. Er ist im vollen

Wortsinn Bahn brechend für eine gemeinsame Lösungssuche mit den kreativen Mitteln der Verständigung und der kooperativen Zusammenarbeit. Bahn brechend auch für eine neue Sicht auf die Frage, wo diese Probleme ihren Ursprung haben und warum sie entstehen.

Wurden wir nicht mehr oder weniger alle daran gewöhnt, das als relevant anzusehen, was die Medien als schön und gut für uns auswählen? Und war das, was uns präsentiert wurde, nicht oft das, was sich gut verkaufen ließ? Genau das geschieht bei diesem Film nicht, weil er nicht durch eine einseitig kulturelle oder kommerzielle Brille entstanden ist. Vielmehr sensibilisiert er für die kulturellen Unterschiede, für die verschiedenen Sichtweisen auf die Dinge. Damit vermittelt er unaufdringlich Respekt für das, was andere für gut oder wichtig in ihrem Leben halten: Eine Bluttransfusion, eine Geschichte von einem Unbekannten in der Nacht, ein kleiner Vogel, der an die Fensterscheibe klopft... All dies zusammen macht das Leben auf dem Planeten Erde bunt, vielschichtig und lebenswert.

Welches Potenzial in dem Film steckt, wurde uns deutlich, als wir ihn am 22.04.2012 gemeinsam mit anderen Menschen aus aller Welt sahen. Dies war zugleich der Tag, an dem er offiziell an den unterschiedlichsten Orten weltweit das erste Mal öffentlich gezeigt wurde. Veranstaltungsorte waren reguläre Kinosäle, aber auch unübliche Ort wie die Weltkulturerbestätte Greater Blue Mountains in Australien, ein Kinderkrankenhaus in Portugal oder das CERN Forschungszentrum für Teilchenphysik in der Schweiz. In dem Zusammenwirken all dieser Faktoren konnte jeder, der dafür offen war, über den Film hinaus etwas erspüren, das uns alle miteinander verbindet: ein Gefühlsbewusstsein für die gesamte Menschheit.

5. Das symbolische Bewusstsein (Luft-Element/Tieferer Sinn)

Viele Qualitäten, die früher mit gewissen Berufen assoziiert wurden, werden im Feld der sozialen Kreativität zu möglichen Tools (Werkzeugen). Zu Tools, welche es den Menschen ermöglichen, sich vielfältiger auszudrücken, sich tiefer einzubringen und sich integrierender zu verhalten als bisher. So ist soziale Kreativität ein Übergangsfeld zwischen der gegenseitigen Aufmerksamkeit und gemeinsamen Interessen auf der einen Seite und verschmolzenem Gruppengewahrsein auf der anderen Seite des Spektrums. Durch das sich Einstellen auf andere, können Fähigkeiten der Metakognition geweckt werden. Mithilfe eines intuitiven Wissens über sich selbst und andere Menschen lassen sich leichter die Informationen auswählen, die für andere und das gemeinsame Anliegen Wert und Bedeutung haben. Die Fähigkeit zu einer solchen Art von Wissen Zugang zu haben, steht unmittelbar damit in Verbindung, seine eigenen Interessen zugunsten gemeinsamer Prioritäten unterordnen zu können. Besteht darüber hinaus ein echtes Interesse an der Zusammenarbeit und sind die Partner bereit, sich vertrauensvoll aufeinander einzulassen, intensiviert sich der Austausch und die Qualität der ausgetauschten Informationen und Rückmeldungen. Der Vorgang kann als eine Form von dynamischer, flüssiger Intelligenz betrachtet werden, bei dem sich auch durchaus unscheinbare Fähigkeiten von Einzelnen als wichtige Werkzeuge erweisen.

Es zeigt sich wie in Gruppen, bei denen diese Dynamik zutage tritt, bislang schlummernde, ungeahnte Fähigkeiten geweckt werden, die einen wechselseitigen Prozess des Inspirierens und Lernens aufschaukeln. Dadurch gewinnen die Partner eine Bedeutung füreinander, die über persönliche Sympathie und Wertschätzung hinausgeht. Vielmehr treten persönliche Belange in den Hintergrund. Im Scheinwerferlicht der Aufmerksamkeit steht das gemeinschaftliche Gelingen, das gemeinsame Ziel. Soziale Kreativität ist ein Begriff für die tiefere Wesensart des Lebens, die es als "liebende Synthese in Betätigung" zu entdecken und zu verwirklichen gilt. Durch diese Wesensart kommt das Leben als schöpferischer, künstlerischer Prozess zum Vorschein. Wie alles sich beständig zusammenfügt, ineinander übergeht, sich durchdringt und gegenseitig formt hat alle Qualitäten, welche auch unsere Vorstellungen von Kunst ausmachen. Die Gruppe gleicht in einem solchen Prozess einem Kraftwirbel, der alles magnetisch an sich zieht und allem seinen Platz im Gefüge zuweist. Wo dies der Fall ist, ist der Sprung zum verschmolzenen Gruppengewahrsein möglich, als einem Durchbruch zu einer höheren Ebene des Bewusstseins: einem Gewahrwerden des Seins, frei von Konvention und Konditionierung. Es entsteht im Augenblick innere Losgelöstheit, im höchsten Punkt der Spannung, wenn man ganz im Tun aufgeht. In diesem Gewahrwerden wird Einheit zur Gewissheit und Teilen zur Wahrheit. Auch wenn diese Art des Gewahrwerdens im Gehirn der Einzelnen nur blitzartig registriert werden mag, trägt es die Kraft der schöpferischen Genialität, der Verwandlung, der Erneuerung, Befreiung und Heilung in sich. Das Potenzial dieses kollektiven Gewahrseins, tief im Innern der Menschen angelegt, übersteigt alle unsere Vorstellungen. Es entzieht sich jeder Beschreibung, denn es hat weder Anfang noch Ende. Es bringt den Menschen an den Saum einer bislang unbekannten höheren Ebene des Menschseins.

Hören wir aufmerksam genug den Klängen des Wassers, dem lieblichen Gesang der Vögel, dem Flüstern des Windes zu? Wenn ja, dann bemerken wir die Sprache des Lebens und ihre ewige Harmonie. Diese Sprache lehren uns alle Mysterien. In der griechischen Mythologie galt der Westwind als der freundlichste und willkommenste der Winde. Zephyros, der Gott des Westwindes, geleitete Psyche direkt zu Amor. Nur Mythologie? Was ist Klang? Bei der Erforschung des Klanges und seinem Wirken tun wir gut daran, in Kontakt zu treten mit den esoterischen Traditionen aller Weltreligionen, aber auch mit dem Wissen der Naturvölker. Wir begegnen dort einer Dimension übermenschlichen Wissens und tiefer Weisheit.

Unsere heutige Gesellschaft basiert, wie immer deutlicher zutage tritt, auf einer Art Gen-Defekt, einem lebensfeindlichen, geheimen Quellcode. Wird dieser nun korrigiert und für alle transparent und zugänglich gemacht, entsteht eine Open-Source Gesellschaft. Zum ersten Mal in der Menschheitsgeschichte können alle, ermöglicht durch die Informationstechnologie, Zugang zu den Ressourcen des Lebens erhalten und ihre Interessen mit demokratischen Mitteln kundtun. Nach den Lehren der zeitlosen Weisheit läutert sich die menschliche Individualität und überwindet schließlich die Begierdennatur. Diese Umwandlung nennt man in der Weisheit der Rosenkreuzer den Gral, die heilige Schale. Oder mit anderen Worten: Das Geheimnis des Bewusstseins und das Aufschließen tieferer Wahrheiten. Das Geheimnisvolle, Heilige weist auf dreierlei: 1. Auf die angemessene innere Haltung, die notwendig ist, um sich den tieferen Wahrheiten zu nähern. 2. Auf den Prozess der inneren Wandlung und Einswerdung, der "Heiligung", 3. Auf das Unermessliche und Unergründliche, das jede Wahrheit zu einer Vorstufe einer noch größeren werden lässt. Alle diese drei Aspekte sehen wir in dem Begriff der "sozialen Kreativität" enthalten, wobei für uns noch ein vierter Aspekt hinzukommt: die wechselseitige Versöhnung zwischen Kollektiv und Individuum im Medium des Bewusstseins. Der Begriff heilig ist für uns weltoffen, pluralistisch. Was Menschen letztlich heilig empfinden, entspringt ihre Tradition, ihrer Überzeugung, ihrer Subjektivität.

Es gibt seit der Hochzeit der ägyptischen Kultur eine ununterbrochene Übermittlung einer Weisheitslehre, die eine allumfassende Basis allem wahren menschlichen Wissens liefert und im Vergleich zu der alle organisierten Religionen nichts anders sind als schwache und oft verzerrte Reflexionen. Gesellschaften, die sich in Deutschland im frühen 17. Jahrhundert unter dem Namen Rosenkreuzer bildeten, verstanden sich als Bewahrer dieses heiligen Wissens, das auch unter dem Namen prisca theologia bekannt ist. Im 19. Jahrhundert war es Madame Blavatsky, wie sie üblicherweise genannte wird, die angab Tibet bereist zu haben und dort eine Bruderschaft von erleuchteten Lamas, Mitglieder der Bruderschaft der Meister der Weisheit, angetroffen zu haben, die die prisca theologia für die Menschheit in den abgelegenen Winkel der Bergwelt verwahren. Im Laufe ihres Lebens übermittelten die Meister Madame Blavatsky viel von diesem Wissens, damit es in der heutigen Zeit die Menschheit erneut erleuchte, so dass eine neue Kulturphase in der Entwicklung des Planeten angetreten werden kann. Unterschiedliche andere Gruppen neben den Rosenkreuzern oder den von Blavatsky gegründeten Theosophen sind seit dem dabei, dieses Heilige Wissen zu verbreiten, und all denen zu lehren, die sich dafür als geeignet erweisen. Auch Newton beschäftigte sich über Jahre mit einer unveröffentlichten Überarbeitung seines Hauptwerkes, der *Principia Mathematica*, welches beweisen sollte, daß Gott die zeitlosen Wahrheiten über den Kosmos, die prisca theologia, schon zu Beginn der Zivilisation einer Handvoll von ausgesuchten Weisen übermittelte hatte. Dafür studierte Newton unter anderem Fragmente eines magischen Buches, welches Hermes Trismegistus zugeschrieben wird, und übersetzte es unter dem Titel: *The Emerald Tablet*.

In der Luft um uns herum geschieht vieles, auch wenn wir nicht darauf achten, es nicht spüren. Die hier angedeutete Welt des Geheimnisvollen, Heiligen ist der Gegenstand von Erzählformen und Weisheitslehren. Hier ist der Faden aufzunehmen. Das Geheimnis des Bewusstseins bildet sich etwa im *Parzival* Mythos ab. *Parzival* geht seinen Weg durch Stufen und Krisen: Der dumme Tor. Der Ritter Parzival. Der gereinigte Tor. Gral kommt von gradalis, was stufenweise bedeutet. Anhand der Mythogenese von *Parzival* können wir exemplarisch erkennen, wie Symbole auf lebendige Weise wirken.

Mit der Symbologie hängt eine Weisheit zusammen, die sich erklären lässt. Doch je mehr man sich auf die Symbole einlässt, so mehr erkennt man auch, dass alles zwei Seiten hat. So haben wir nicht nur zwei Augen in unserem Kopf, um räumlich sehen zu können, sondern auch, damit sich unsere Sichtweise ändern kann, je nach dem, wie wir etwas betrachten. Symbole führen uns hinter den Schein, der bekanntlich trügt. Dieser Scheincharakter von allem, was uns umgibt, drängt sich uns so lange auf, bis wir unseren stereoskopischen Fokus – symbolisch übertragbar auf unser Denken und Fühlen – genau genug eingestellt haben. Ist dieser Fokus erst einmal genau genug eingestellt, beginnen wir eine göttliche Ordnung zu begreifen, die hinter allem steckt. Dieses Einstellen des Fokus verläuft, wie die Ausbildung in Schulen und Universitäten, in Stufen. Beim Durchlaufen dieser Stufen eignet sich der Mensch durch direkte

Lebenserfahrungen verschiedenster Art Fähigkeiten an, die ihn auf eine neue Bewusstseinsstufe heben. Von dieser erreichten Stufe, ist sie erst einmal in einem gewissen Maße stabilisiert, kann er sich dann aufmachen zu der nächst höheren Ebene.

Das kollektive Erwachen zu richtigen zwischenmenschlichen Beziehungen wird durch praktische Erkenntnisse und damit verbundenen individuellen Schritten beschleunigt. Zumeist unbemerkt, wird dieses Erwachen aber jederzeit auch unterstützt durch die Bezugnahme zum symbolischen Wissen bzw. zu dem der Mysterien. Dieses Wissen belebt und reinigt, indem es Regeln und Gesetze darbietet. Dadurch tritt nicht nur die Magie und Schönheit aller Kunst hervor, sondern auch die Kunst der Zusammenarbeit. Es ist dies eine praktische Kunst der Konsensfindung, die es Gruppen aller Art ermöglicht, auf Energie verschwendende innere und äußere Machtkämpfen zu verzichten. Statt dessen kann auf Augenhöhe miteinander organisch und konstruktiv zusammen gearbeitet werden. Indem dies geschieht werden uralte Strukturen der Benachteiligung, der Ausbeutung und der Diskriminierung überwunden. Das symbolische Wissen, von dem hier die Rede ist, beansprucht nicht per se eine höhere Geltung oder Wahrheit. Die Geltung, die ihm zukommt, besteht letztlich darin, dass es sich bewährt. Dies setzt eine ernsthafte Beschäftigung und regelkonforme Anwendung voraus, wobei inneres Wissen und äußere Erfahrung sich ergänzen.

Der kreative Mensch gilt von Alters her nur in dem Maße als göttlich inspiriert, in dem er bereit ist, seinen Genius in den Dienst einer höheren Instanz zu stellen. Dies erfordert zuerst die Fähigkeit, mit dieser höheren Instanz Verbindung aufnehmen zu können. Diese Fähigkeit ist an symbolisches Wissen und an eine ethische Grundhaltung gebunden. Das Opfer, welches zu erbringen ist, besteht in der Aufgabe von Denk- und Lebensgewohnheiten. Erst wenn ein Mensch sich vom zerstreuenden weltlichen Treiben und selbstsüchtigem Verlangen bis zu einem gewissen Maße leert, entsteht in ihm ein Freiraum, der mit Inspiration ausgefüllt werden kann, die dann zur Kreativität anregt. In einer narzisstischen Warenkultur handelt es sich bei der Kreativität um einen Prozess der Selbstvermarktung, der gegenseitigen Täuschung sowie der Reduktion auf Formen, statt um gegenseitigen geistigen Austausch und das Aufschließen innerer Qualitäten und höherer Werte.

Das wechselseitige, ganzheitliche Erkennen entspricht, so möchten wir vorschlagen, der Wahrnehmung im Zustand der sozialen Kreativität. Wenn wir versuchen, das Konkrete mit dem Abstrakten zu verschmelzen, ohne zu sehen, wieso nur die Ebene der Symbole etwas Verbindendes stiften kann, bleiben wir zwangsläufig in Dualitäten gefangen. Ebenso hat die Ebene der Abstraktion immer etwas Spaltendes. In dem Maße, in dem wir dies gemeinsam erkennen, sind wir fähig, systemisch umfassend wahrzunehmen. Dadurch wird es uns dann möglich, innere Kräfte wie Selbstbewusstsein zu entwickeln, die uns davor bewahren, dass wir in unnütze spalterische Argumentationen und Gedankengänge hineingezogen werden. Teilen im Sinne einer sozialen Kreativität ist der Schlüssel zur Heilung von Selbstsucht und Trennung. Teilen, und darin liegt seine ganze Stärke, hat eine weltliche und heilige Dimension zugleich. Es bildet die Klammer, den Kitt zwischen diesen beiden Ebenen und beschreibt den Weg hin zur Einheit, zum Einheitsbewusstsein. Und es ist auch die Klammer zwischen dem Einzelindividuum und der Gruppe, dem Kollektiv bis hin zur gesamten Menschheit. So fördert das gerechte Teilen – was im Gegensatz zum Spalten steht – neben dem Einheitsbewusstsein auch das Gruppenbewusstsein, denn beide beinhalten im Kern dasselbe.

Der Wesensbezug des Symbols ist die Seelenebene. Sie ist der Bereich der Beziehungen der Symbole zueinander. Jedes Symbol, welches wir in seiner ganzen Tiefe ergründet haben, wird zu einer unzerstörbaren Energiequelle in uns. Jedes Symbol hat für jeden Menschen andere Bedeutungen parat. Auf der Seelenebene kann es daher keine Verallgemeinerungen und Konventionen geben. Daher sind alle Dogmen und starren Interpretationen abzulehnen. Die tiefere Wirkungsweise von Mythen wird uns offensichtlich, wenn wir uns klar machen, dass derjenige, der die Hoheit hat, die Vergangenheit festzulegen, die Gegenwart kontrolliert, und wer die Hoheit hat, die Gegenwart festzulegen, die Zukunft kontrolliert. Diese Einsicht führt uns zwangsläufig zu folgender Erkenntnis: Alles ist auf der Seelenebene, je nach Umständen, neu zu erfassen. Diese Flexibilität des Denkens lehren uns Geschichten und Mythen, die ja auch wiederum nur Symbole sind.

Wenn man all die Bedeutungsbeziehungen durchdrungen hat, die ein Symbol für einen besitzt, scheint die in ihm gespeicherte geistige Energie als ein Zugang zu einem höheren Bewusstsein auf. Es obliegt jedem Menschen selbst, aus diesem vollständig individuellen Zugang zu den höheren Energien, die die Symbole für uns bereithalten, das Beste zu machen. Denn das symbolische Bewusstsein ermöglicht es uns, Zugang zu realen geistigen Kräften zu erhalten. Es ist dies das Wissen um die geeigneten Bindeglieder zwischen äußeren und inneren Qualitäten des Seins, ihre Verbindung nach dem Gesetz der Resonanz oder der Entsprechung. Dieses Wissen wurde in der hermetischen Tradition geheim gehalten, um Missbrauch einzuschränken.

Dies diente sowohl dem Selbstschutz als auch dem Schutz anderer. Ein guter Vergleich wäre das Herumspielen eines Kindes mit Starkstrom. So wie der Gebrauch einer wissenschaftlichen Formel Wissen, technisches Können und Verantwortung erfordert, so benötigt auch der Umgang mit Symbolen zum Zwecke der Kraftaktivierung Vorwissen und Vorkehrungen. Die Vorkehrung betrifft vor allem die Vergewisserung über die eigenen Motive in Hinblick auf ein Streben nach hehren Zielen. Die technische Seite beinhaltet die mentale Durchdringung der Symbole, ihre präzise Visualisierung und die Fähigkeit, Herr über seine eigenen Gedanken zu sein. Diese Aufzählung mag als ein Hinweis darauf verstanden werden, dass diese Anforderungen jene an einen wissenschaftlichen Techniker sogar noch bei weiten übertreffen. Es ist nicht Aufgabe dieses Buches, eine detaillierte Gebrauchsanweisung für die Kraftaktivierung mittels Symbolen zu geben. Das ist auch gar nicht notwendig, denn das Wissen liegt sozusagen in der Luft. Es ist viel einfacher, als manche denken: Im Bewusstsein darüber, welche Rolle man selbst in Hinblick auf die dringenden Erfordernisse der heutigen Zeit einzunehmen hat, ist alles Erforderliche enthalten. Indem sich Einzelne wie Gruppen selbstlos in den Dienst für die Gemeinschaft, das Ganze stellen, wird das Fehlende von innen zuteil. Es ist die klare Absicht, das entschlossene Handeln bezogen auf die gute Sache, die das notwendige Wissen hervorbringt. Oder anders ausgedrückt: Das Wollen, kombiniert mit dem Wissen, bringt das Können hervor. In diesem Sinne birgt das Symbol der Verantwortung für das Ganze eine große kreative Kraft.

Symbole sind ihrem Wesen nach nichts anderes als die Formeln des Chemikers oder Physikers. Formeln können sehr mächtig sein und, technisch umgesetzt, gewaltige Energien freisetzen und großartige Dinge vollbringen. Formeln sagen nur dem etwas, der das Wissen hat, sie zu erfassen und zu interpretieren. Nicht anders verhält es sich mit Symbolen.

Genies wie Shakespeare zeichnen sich weniger durch technisches Geschick, sondern durch andere Fähigkeiten aus. Etwa durch das Gespür für zeitlose Symbole, die wie geistige Fixsterne dauerhaft Orientierung für die großen Fragen der Menschheit geben. Oder ein Genie zeichnet auch die Fähigkeit aus, mit der Kraft hinter dem Symbol direkt in Berührung zu treten und als Idee in sich festhalten zu können. Zu so einer mächtigen Idee finden sie dann oft eine adäquate Form, sei es mit Worten, Klängen, Farben oder mathematischen Formeln. Indem wir im Folgenden weitergehend auf den Parzival Mythos und den heiligen Gral verweisen, wollen wir dem Leser die Gelegenheit geben, sich auf bedeutungsvolle Symbole der Kulturgeschichte einzustimmen. Dies in der Hoffnung, dass er so in die Lage versetzt wird, sein Bewusstsein ein

Stück weiter aufzuschließen, und so näher an die Kraft hinter den Symbolen gelangt. Kraft, um selbst sozial-kreativ tätig zu werden, oder einen bereits eingeschlagenen Weg in dieser Richtung gestärkt weiter zu gehen.

Symbolisches Bewusstsein erschließt sich nicht durch Nachahmung, sondern im selbständigen Weiterdenken eines Symbols oder eines Mythos. Dabei ist es hilfreich, sich von Ahnungen leiten zu lassen. Ahnungen sind eine Art Vorwissen oder Halbwissen, das sich durch die kontemplative Beschäftigung weiter formt und bahnt. Wer dem Spiel eines Kindes aufmerksam zusieht, kann erkennen, wie es sich ahnend elementare symbolische Wirklichkeitszusammenhänge erschließt. Friedrich Fröbel hat auf solchen Erkenntnissen seine Spielpädagogik aufgebaut. Er spricht von der Pflege der Ahnungen, deren Verbindlichkeit in ihrer Kraft liegt, einen Verweisungszusammenhang von Ereignissen herzustellen, die aneinander erinnern und sich wechselseitig interpretieren. Kinder, Jugendliche wie Erwachsene für solche Ahnungspunkte zu sensibilisieren bedeutet, Menschen den Zugang zu einem authentischen Sein zu eröffnen. Zu Kraftzentren, um gemeinsam mit anderen schöpferisch tätig werden zu können. Symbole verbinden und schließen Zugänge auf, durch die Vorstellung und Wirklichkeit kreativ zusammen finden.

Der Gral ist ein Ur-Mythos, ein Weltimpuls oder kosmisches Weltprinzip. Genauso wie die Schöpfungsmythen birgt ein solcher Ur-Mythos in sich den Keim eines Wissens, welches unser heutiges zum Teil übersteigt. Insofern hat die Formulierung von dem Paradoxon der Geschichte seine volle Berechtigung: Die ältesten Geschichten sind gleichzeitig die, welche am weitesten in die Zukunft weisen. Wer solche Geschichten in ihrer Symbolik versteht, erkennt innerhalb von Prozessen, die für ihn erklärbar sind, wohin seine eigene Entwicklung geht. Es eröffnet sich über ein solches Verstehen der Zugang zu einem Fluss der Erinnerung (Styx), der nach der Mythologie das Reich der Lebenden von dem der Toten trennt. Aus diesem Fluss können manche Seelen trinken, was diesen wiederum einige Einsichten schenkt, die andere Leidensgenossen nicht haben. Diese anderen Leidensgenossen, die symbolisch gesprochen, nur aus dem Fluss der Lethe trinken, werden auch oft von Dingen wie Blut angelockt, weil sie sich so einen kurzen Moment wieder lebendig fühlen.

Das Neue erfordert neue Zugangsweisen zum Alten, eine neue Sprache und Ausdrucksweise. Liegt darin nicht das Geheimnis der Liebe und der Kunst? Der Roman als Kunstform entsteht als freigeistiges Gegengewicht zum Komplex aus Kirche und Dogma. Camus hat es so ausgedrückt: „Der Roman wird zur selben Zeit geboren wie der Geist der Rebellion und drückt auch, auf der ästhetischen Ebene, die selbe Ambition aus wie dieser."

Der Mythos wird zur Sage, und die Sagen gehen in Romanen auf. Im Mythos kämpfen Götter aller Art gegen Chaos-Ungeheuer. Die Sagen verschieben den Mythos: Die Elemente werden zu symbolischen Wesen, wie Jungfrauen und Kobolden, die Kontakt mit den Menschen pflegen. Der Roman holt dann die geistige Welt zunehmend in die profane Alltagswelt. Der Roman *Lancelot* unternimmt die Umwertung der höfischen Welt in eine geistlich orientierte. Das heutige Bild des Mittelalters ist zum großen Teil von den Romanschriftstellern des 18. Jahrhunderts vorgeprägt. Diese schildern das Mittelalter gezielt als Zeit der Finsternis, des Aberglaubens, der Menschenknechtung. Dabei geht die gesamte Physica Mystica, die Einsicht in das Wesen und die Gesetze der materiellen Welt verloren. Im Stein der Weisen bleibt sie symbolisch erhalten. Die Romantiker suchten diesen Stein in der Blauen Blume. Auch in der androgynen Disposition der Frau. Liebe, Vorstellungskraft und Androgynität kommen in der Romantik immer deutlicher in Bezug zueinander. Die Vorstellungskraft ist, nach Paracelsus, die Sonne im Menschen. Nach Blake ist Jesus Imagination oder der göttliche Leib in jedem Menschen. Und Blake wiederum folgt Paracelsus, der feststellte: Was der Mensch denkt, so ist er, und ein Ding auch, wie er es denkt. Der innere Zusammenhang von Liebe und magisch-manipulatorischer Beeinflussung wurde von Giordano Bruno in seiner äußersten Konsequenzen gedacht. Er hatte Einfluss auf die Geistesströmung am Anfang des 17. Jahrhunderts, die unter dem Namen Rosenkreuzer bekannt ist und selbst in weitere Bereiche des Geisteslebens hinein wirkte.

Der Mensch ist nach Bruno außerstande, die Informationen aus den Träumen, die ihm von den Sinnen übermittelt werden, also das Imaginäre von dem Greifbaren, unmittelbar zu unterscheiden. Modern gesprochen: Die Sinne selbst bilden keine objektive Realität ab, sondern sind durch Wünsche und Sehnsüchte geleitet. Eine objektive Realität gibt es nicht, sondern nur eine einzige Wahrheit: Alles und jeder ist manipulierbar, da sich niemand intersubjektiver Beziehungen zu entziehen vermag. Beziehungen sind der Kampfplatz der Einflussnahme, sei es zum Guten oder zum Schlechten. Die offiziellen Religionen und akzeptierten Wissenschaften sind demzufolge nichts anderes als Überzeugungen der Masse, die durch magische Beeinflussung erzeugt wurden. Die neuesten wissenschaftlichen Erkenntnisse der Gehirnforschung und Psychologie bekräftigen Brunos Einsichten: Abhängigkeiten bilden sich, so stellen

Forscher fest, aus Erfahrungen heraus und aus der Identifikation mit Gefühlen, die wir für wirklich halten, die aber ganz und gar unwirklich sind. Diese emotionalen Fesseln, die unser gesamtes Wahrnehmen unbewusst bestimmen, entstehen immer in uns, wenn wir mit einer Gedankenform ein Gefühl verbinden. Ein Gefühl wird wiederum jedes Mal ausgelöst, wenn uns etwas an die mit diesem Gefühl verbundene Erfahrung erinnert. Dieses Gefühl löst bei uns immer die gleichen Reaktionen aus und sperrt uns ein in eine Konditionierung. So lange, bis wir beginnen von einer mentalen Ebene her, diesen Mechanismus zu beobachten und so nach und nach aufzulösen.

Giordano Bruno ist der Urvater zum Verständnis der Manipulation von Menschenmassen. Manipulationen wie sie heute von so genannten Brain Trusts in Werbung, Politik und Medien im großen Stile legal durchgeführt werden. Sie operieren wie von Bruno beschrieben: Durch genaue Kenntnis der Wünsche und durch Manipulation mit Bildern, Klängen und Gerüchen. Auch durch positive Assoziationsketten, die im Unterbewusstsein verankert werden. Dadurch wird beispielsweise Stimm- und Kaufverhalten in eine gewünschte Richtung gelenkt. Auch die heute üblichen Praktiken des Neuroplannings und der hybriden Kreuzungen aus Werbung und Unterhaltung, dem Advertainment, die beständig ins Unterbewusstsein des medialen Publikums einwirken, machen deutlicher, wovon Bruno sprach. Die Fantasie ist, nach Bruno, die Fessel aller Fesseln: Das Tor zu allen inneren Affekten und damit zur Handlungssteuerung.

Was sind die Symbole der modernen Warenwelt, die Marken, anderes als Phantasmen, die sich im Bewusstsein festsetzen und berechenbares Konsumverhalten auslösen? Was sind die Idole in Film und Sport, mit deren Image in Medien geworben wird, anderes als Phantasmen, um Bedürfnisse zu wecken und Abhängigkeit von einem Produkt zu erzeugen? Die Welt des 21. Jahrhunderts ist voller Alltagsmagie, weitgehend unerkannt und in seinen Folgen unterschätzt. Immer ist das Ziel, über Beziehungen Macht und Einfluss zu gewinnen. Immer wird eine Form der Liebesbeziehung, der Sympathie und des Wohlwollens vorgegaukelt, um Menschen gefühlsmäßig an sich zu binden. Es sind solche subtilen Mechanismen der Manipulation der Masse, die der sozialen Kreativität entgegenstehen, ihr bislang noch oft den Nährboden entziehen und sie im Keim ersticken.

Parsifal wählen wir hier beispielhaft aus, weil diese Legende ein lebendiges Symbol für die Heilung der Psyche bietet. Einer Psyche, die durch einseitige, übertriebene gesellschaftliche

Erwartungen entstellt wurde. Sei es bezogen auf den Erfolgsbegriff oder die geschlechtlichen Rollenbilder. Stichwörter sind hierbei die Dominanz des Mannes, das selbstsüchtige, rücksichtslose Streben nach materiellen Wohlstand und Erfolg, sowie eine auf Äußerlichkeiten und Verfügbarkeit hin ausgerichtete Sexualität. Es sind die Wunden unserer Zeit, die die Beziehungen vergiften und entleeren. Genau um das Heilen dieser Wunden geht es bei *Parsifals* Suche nach dem Gral. Sie versinnbildlicht unser aller Suche nach Harmonie und Glück. Durch das Einlassen auf diese Suche zeigt sich uns ein integrales Weltbild. Ein Weltbild, das auf förderlichen zwischenmenschlichen Beziehungen aufbaut. Diese Weisheit tritt uns im *Parsifal* entgegen, wenn es heißt: „Nur allein das gierige Ungenügen schließt Dich aus der Gemeinschaft aus, denn der Gral und des Grales Kraft verbieten Dir unaufrichtige Freundschaft."

Der Heilige Gral, das weibliche Prinzip, kann erst wieder heilsam in unserer Gesellschaft seine Stellung als notwendiges, Harmonie bildendes Gleichgewicht einnehmen, wenn die Lanze, symbolisch für den männlichen Zugang zu authentischen Gefühlen und Werten, seine rechtmäßige Position eingenommen hat. Wir alle stehen vor der Aufgabe, uns von künstlichen kulturellen Standards, übertriebenen Forderungen an uns selbst und andere zu befreien, mit denen wir zumeist erzogen wurden und die unbewusst uns von unserer Entwicklung zur Ganzheit abhalten. Dafür ist das Entwickeln dreierlei Qualitäten nötig, innerer Stärken, für die Parsifal symbolisch steht: Aufrichtigkeit im Herzen gegenüber uns selbst, Ehrlichkeit in unserem Denken gegenüber anderen und Gelassenheit in all unseren Angelegenheiten. Zusammengenommen wird dieser Dreiklang unsere inneren Kräfte freisetzen und so werden wir Zugang zu unseren verborgenen geistigen Kraftquellen erhalten. Dies ist vergleichbar mit dem Vorgang, durch den aus einer Musikanlage nur ein guter Klang austreten kann, wenn ein gutes Abspielgerät zusammen trifft mit einer guten klanglichen Aufnahme und guten Lautsprechern.

Die gegenwärtige Magie zu entzaubern und sie in einer kreativen, aufbauenden Weise zu reaktivieren ist eine große Aufgabe zur Befreiung aus uralten Verstrickungen. Nicht nur bezogen auf einige wenige, sondern bezogen auf breite Bevölkerungskreise. Insofern ist das vor 200 Jahren ausgerufene Zeitalter der Aufklärung noch nicht zu Ende. Denn Aufklärung bedeutet auch mündig werden in Bezug auf unsichtbare Welten, auf geistige Realitäten. Bekanntlich gilt Hermes Trismegistos als Urahn aller Magier. Tausend Jahre davor, 8000 vor unserer Zeitrechnung, ging Herkules durch seine symbolischen Prüfungen in den einzelnen Sternzeichen. Hermes war der griechische Name für den ägyptischen Gott Thot. Lange Zeit als die urälteste

Weisheit verehrt. Seelengottheit. Psychopompos. Wer noch? Avatare und Helden: Rama, Osiris, Orpheus, Moses, Krishna, Buddha, Jesus, Mohammed? Und dann all die Gesellschaften zur Erhaltung dieser Weisheit bis in neuerer Zeit: Steiner war Rosenkreuzer. Aivanhov gründet eine Weiße Bruderschaft. Der Globus übersät mit hermetischen Gruppen. Und die hermetische Literatur übte bereits einen wichtigen Einfluss auf die Renaissance aus. Dichter aller Zeiten waren Gnostiker: Sie befreiten mit ihren Worten den Menschen immer wieder von aller Theologie, indem sie Gott mit dem inneren Selbst verbanden. Dem folgte auch die vor hundertfünfzig Jahren aufkommende Theosophie, die begann Ost und West im Denken und Fühlen zusammenzuführen.

Der Gralsroman *Parzival* von Wolfram von Eschenbach beschreibt tiefe Mysterienweisheiten. So auch die Oper *Die Zauberflöte*, in der Mozart kosmische Prinzipien aufzeigt, nach denen sich die Menschen durch eine chthontische Reise entlang des Fadens der Wahrheit, von sich selbst befreien können. Dies zeigt: Kunst und Religion liegen viel näher als es auf den ersten Blick erscheint. Die Wahl der Stoffe, der Motive und der Darstellungsweise knüpft oft an alte Weisheiten an, die gesammelt wurden über Jahrtausende. Die Selbsterlösung durch erfahrenes Wissen steht im Gegensatz zur organisierten Religion. Selbsterlösung durch erfahrenes Wissen ist auch das, was den Kern der buddhistischen Lehre ausmacht. Zugleich ist sie der Kern der Lehre von Krishnamurti, die er in seinen Reden und Vorträgen mit einfachen, schlichten Worten so scharf- und tiefsinnig entwickelt hat.

Die Quelle allen Lebens auf diesen Planeten ist das Sonnenlicht. Steht nicht die vor uns liegende Zeit, in der geistige Prinzipien das Leben der Menschen wieder leiten könnten, symbolisch im Zeichen des Sonnenaufganges, des Erwachens der Menschheit? Praktisch empfohlen sei es, den Sonnenaufgang bewusst auf sich wirken zu lassen, um über das Sinnbild der Sonne, die drei Prinzipien der Dreieinigkeit in sich zu aktivieren: Wärme, Licht und Leben. Zugleich weist die Dreieinigkeit über diese Begriffe hinaus in eine höhere geistige Ordnung, die sich unserer Vorstellung entzieht. So geheimnisvoll, wie die drei Grundfarben rot, blau und grün zusammen weiß ergeben und sämtliche Farbkombinationen beinhalten, so bringen diese drei Prinzipien die gesamte Wirklichkeit hervor. Die Entsprechung der drei Prinzipien auf der Ebene des individuellen Menschen sind Wille, Herz und Verstand. Diese drei Prinzipien in Einklang miteinander zu bringen entspricht der Quintessenz der schöpferischen Elemente Erde, Wasser, Feuer, Luft und Äther. Die Dreieinigkeit ist so zugleich ein dynamisches Symbol der menschlichen Vollkommenheit. Das Sinnbild dafür ist das gleichseitige Dreieck bzw. das Prisma.

Solange wir wie Dreiecke mit ungleichen Seiten sind, begnügen wir uns damit, die Pläne anderer zu verwirklichen. Oder wir denken viel nach, analysieren und sind sehr feinfühlig, doch fehlt uns der Wille zu handeln. Oder wir sind voller Willen, aber gleichzeitig egoistisch und hart, ohne Liebe oder Mitgefühl. Haben wir hingegen viel Herz und Wille, aber nur einen schwachen Verstand, neigen wir zu sinnlosen Aktionen und lassen uns leicht täuschen. Dort hingegen, wo tatkräftiges Handeln, einbeziehendes Mitfühlen und gründliches Nachdenken ausbalanciert sind, kann sich die Ebene der Seele am besten durch den Menschen ausdrücken. Dies gilt für das Individuum wie auch für Gruppen. Das Wissen um diese Zusammenhänge benötigen besonders all jene, die für Gruppen und Organisationen Verantwortung tragen. Denn je mehr die gegenseitige, regionale wie globale Abhängigkeit eine Tatsache im Bewusstsein der Menschen wird, um so wichtiger wird es, geistige Prinzipien in Strukturen, Projekte und Programme zu übersetzen, die die geistige Wirklichkeit reflektieren.

Die Symbolik der Dreifaltigkeit tritt als Mythos aller Mythen hervor, der auch durch unser Klangempfinden sich manifestiert. Die Reibung zwischen Symmetrie und Asymmetrie, die in jedem Affekt vorhanden ist, konstituiert sich im Dreiklang als Zerrissenheit (Oberstimme), Monotonie (Mittelstimme) und Gleichgewicht (Unterstimme). Die Musik hat eine direkte Auswirkung auf unsere Gefühle, daher auch die Bedeutung, die sie in allen Kulturen einnimmt. Die Musik ist, wie unsere Gefühle, eine Stimme zum Inneren, da Musik und Gefühle sich beständig in Resonanz mit dem Universellem befinden. Es geht bei dieser Stimme immer um Relationen, die Informationen durch das hindurch transportieren, was innerhalb des Mythos der Subjektivität den jeweiligen Sinn repräsentiert. In der Datenrealität, wo jede Information mit gleichem Gewicht eintrifft, ist die eigene Identität immer mit dem Wechselspiel zwischen Imaginärem, Symbolischem und Realem konfrontiert: Warum stellt sich mir eine Frage? Wie stellt sie sich so, dass ich eine Antwort geben kann? Inwiefern ist die Antwort auf die Frage von ihrer Formulierung beeinflusst? Diese drei Fragen bilden eine Ereignisserie, die in Bezug steht zur reinen Kommunikation, dem intuitiven Verstehen der Symbole. Diese reine Kommunikation ist wie das Urverständins zwischen Mutter und Kind, welches sich in einer Art instinktiven Fluidum ausbreitet und in der Sprache nur im Hinblick auf die Bewegung der Körper ihre Funktion gewinnt. Eine solche Möglichkeit einer reinen Kommunikation tritt gegenwärtig in unserer Kultur im Informationsbereich durch das neue Symbol des *Interface* oder der *Interaktivität* zutage. Dies sind Begriffe, die für das Zusammenfallen von Darstellung, Bewusstsein und Erfahrung oder Symbol, Charakter und Erkenntnisfähigkeit stehen.

Wir sehen es als gerechtfertigt an, die Existenz dieser geistigen Ebene und deren Vertreter als These anzunehmen. Dabei geht es uns vor allem um die Einflusssphäre der Seelenebene in einem konkreten, Bewusstsein bildenden, Kultur prägenden Sinne. Und um Seelenqualitäten jenseits von Vernunft und Erfahrung: Der Synthesebildung, der Intuition, der geistigen Planung, des schöpferischen Wirkens, der vollendeten Analyse, der Idealisierung und der Überwindung der großen Gegensätze. So wie wir die Lehren der zeitlosen Weisheit verstehen, leben wir in einer Zeit in der die Einflusssphäre der Seele und die Seelenqualitäten zunehmen. Und zwar nicht nur wie in der Vergangenheit bei einzelnen genialen Menschen, die als Persönlichkeit den Zeitgeist prägten, sondern auf der Ebene von Gruppen. Dies wird, so die übereinstimmenden Voraussagen unzähliger Weisheitslehren, eine neue Kultur der Zusammenarbeit und der Verständigung hervorbringen, eine Epoche der sozialen Kreativität. Sie wird die technische Kreativität nicht ersetzen, sondern in ungeahnte Höhen führen. Denn allzu oft noch wird die technische Kreativität von Machtinteressen bestimmt. Allzu oft noch untergraben die Erzeugnisse die Harmonie des Lebens und Zusammenlebens, statt sie zu beleben und fördern.

Krankheiten sind tief ins Bewusstsein der Menschheit eingeflossen. So tief, dass sie als Krankheiten nicht mehr erkannt werden. Sie überlagern alle unsere Entscheidungen, prägen unser gegenwärtiges Weltbild. Und sie umschließen alle Lebensbereiche, von der Wirtschaft angefangen, über die Wissenschaft, die Kunst bis hin zur Religion. Durch die Heilung, im Sinne von Ganzwerdung, kommen wir zu uns selbst, schließen wir uns an die geistige Ebene des Heiligen oder des Sakralen an. Indem wir die entstandenen Gegensätze auflösen, kommen wir Stück für Stück immer mehr an eine schöpferische Urenergie heran, die alles im Universum miteinander verbindet. Diese schöpferische Urenergie, die alles anzieht und vernetzt, steht uns zur Verfügung, sobald wir die Selbstsucht und Trennungen überwinden und Beziehungen schaffen, die dieser Urenergie wesenseigen sind. All unsere gegenwärtigen globalen Probleme können durch die Nutzbarmachung dieser kreativen Energie der Zusammenarbeit gelöst werden. Richtig angewendet, kann sie uns aus allen Zwängen des Lebens befreien. Daß wir bisher so wenig Zugang zu dieser Energie hatten, lag an zweierlei: Einmal daran, dass wir uns mit der materiellen Seite der Natur identifizierten, die die Inder prakriti nennen. Und zum anderen an einem zersetzenden, missbräuchlichen Umgang mit Beziehungen. Dadurch war unser Verstand gefangen in Gegensätzen, beschworen wir unlösbare Konflikte herauf. Prakriti ist bei uns in der Kultur bekannt als das Symbol der Schlange, welches für Konditionierung und Falschheit steht. Sie ist das Gegenteil von Freiheit und Aufrichtigkeit. Die Schlange steht für Übervorteilung – dem Gegensatz zum Prinzip des gerechten Teilens. Aus diesem selbstsüchtigen Verhalten entspringen all unsere uns begrenzenden Konditionierungen.

Die Schlange versperrt den Zugang zur schöpferischen Urenergie. Einer Energie, die zugleich Bewusstsein für das erzeugt, was man die Seele der Dinge nennen kann. Indem wir die Schlange in uns beherrschen und Gelassenheit praktizieren, können wir mit dieser tieferen Seite in Berührung kommen. Die Gelassenheit ermöglicht die Neugestaltung aller Bereiche unsers Lebens. Aus ihr erwachsen Weisheit und Verantwortung für alle Formen des Daseins.

Die Legende vom Gral steht, wie wir weiter oben sahen, symbolisch für die Möglichkeit, das Wasser des Lebens, die Energie der Seele, zu trinken und so ganz mit dieser zu verschmelzen und Unsterblichkeit zu erlangen. Die Suche nach dem Gral steht für die jedem Menschen innewohnende Sehnsucht, äußerlich das zu verkörpern, was er im Innersten bereits ist: ein göttlicher Funken. Ein göttlicher Funken mit Zugang zu unendlicher Liebe und Weisheit. Wir, als physische Menschen, sind als Persönlichkeit diese Schale, in die sich die Seelenenergie ergießen kann. Dazu gibt es zwei große Zugangswege. Der eine ist Meditation. Es ist von Alters her der Weg des Ostens, der inzwischen auch tief in den Westen eingedrungen ist. Der andere Weg ist das Dienen. Dienen im geistigen Sinne wohlgemerkt. Es ist der sich herausbildende Weg des Westens, der sich nach den Lehren der zeitlosen Weisheit schließlich auf der ganzen Welt ausbreiten wird. Im richtigen Verständnis dieses Dienens verborgen liegt die schlummernde Kraftquelle der sozialen Kreativität.

6. Die neue Informationslehre (Äther-Element/Freude)

Die neuartige soziokulturelle Sphäre, die wir als soziale Kreativität bezeichnen, steht in Resonanz mit neuen integralen Theorien. Theorien, die fähig sind, die Phänomene der Wirklichkeit angemessener als bisher zu beschreiben, indem sie sich umfassend den jeweiligen Themen annähern und verschiedene Erfahrungsgebiete und Wahrnehmungsweisen integrieren.

Zur Überwindung des materialistischen Weltbildes ist es auch notwendig, sich den Schätzen der Menschheit zuzuwenden. So etwa den Quellentexten, angesammelt in allen Kulturen, die meist am Anfang von Religionsgründungen standen oder Philosophietraditionen begründeten. Die zeitlosen Weisheiten, wie wir sie in den *Veden*, den *Ubanishaden*, der *Bhagavad Gita*, den Lehren Buddhas, dem Daoismus, der Bibel, der Kabbala oder dem Koran finden, gilt es im Folgenden immer wieder heranzuziehen. Dabei geht es uns nicht um Unterschiede und Ausdifferenzierung, sondern um das Verbindende, den gemeinsamen Weisheitskern.

Hier könnte eine neuartige Qualität unseres Lebens zu entdecken sein. Sie eröffnet sich uns, wenn wir erkennen, dass es selbst geschaffene Konditionierungen sind, die uns das materialistische Weltbild aufdrängen. Eine neue Sicht der Dinge wird möglich, wenn wir es schaffen uns von Konditionierungen freizumachen, sodass wir im vollen Wortsinn zur "Besinnung kommen". Ein Schlüssel dazu ist das Verstehen auf symbolischer Ebene, d.h. die Veranschaulichung eines geistigen Gehaltes in einer sinnlich wahrnehmbaren Gestalt.

Das Verhältnis der geistigen Wege von Ost zu West ist ein binäres und daher unbestimmt, offen und kreativ. Die Natur ist nicht reichhaltig genug, um schon von vornherein Antworten auf alle Fragen festgelegt zu haben. Das Unbestimmte, oder auch das Quantum der Aktion nannte J.A. Wheeler 1982 den grundlegenden Baustein des Universums. Francis Bacon spielte auf dieses Quantum bereits in seinem Essay *Cupito, oder das Atom* aus dem Jahre 1609 an. Cupito, sagt Bacon, ist der Vater und der Mächtigste aller Götter. Ihm sind vier Attribute zugeordnet: Er ist immer ein Kind. Er ist nackt. Er wird als blind dargestellt. Er ist ein Bogenschütze. Bacon fährt dann fort diese Attribute zu interpretieren: Ein Kind, weil der Ursprung aller Dinge; nackt, weil ohne Besitz; blind, weil er die Vorsehung, die Ordnung und Schönheit des Universums aus sich heraus herstellen kann. Ein Bogenschütze, weil aus der Distanz wirkend. Ebenso definiert auch A.M. Young in seinem Buch *Foundations of Science* aus dem Jahre 1984 das Quantum der Aktion: Es steht am Beginn der Dinge. Es ist ohne Eigenschaften. Es ist unbestimmbar. Und es ist verantwortlich für alle Aktion aus einer Entfernung heraus.

Gerade dieses grundlegende Prinzip, dieses Quantum der Aktion ist die Ursache aller Dinge und wurde bislang aus der Wissenschaft verbannt, weil es unbestimmbar ist. Es ist aber auch ein GANZES. Erst wenn es aufgeteilt wird, ergibt sich etwas zu Messendes, Raum, Zeit und Masse. Dieses Quantum ist also keine Maßeinheit, kein Ereignis, sondern das GANZE, dessen Teile für uns immer nur sichtbar und messbar sind.

Seit der Mitte des letzten Jahrhunderts taucht die Feststellung auf, dass unsere Wahrnehmung bei der Bildkonstruktion auf Frequenzen reagiert und das unser Gehirn eine Codierung benutzt, die auf Wavelets, der Mathematik der kleinen Wellen, aufgebaut ist. Die Reaktion eines Neurons auf das Signal wird Wavelet-Koeffizient genannt. Im Zuge dieser Erkenntnis tritt die Welt auch in der darstellenden Kunst zunehmend als beobachtungsabhängiges Bedeutungsmuster hervor.

Das amerikanische Universalgenie Walter Russell skizzierte gegen 1947 die Grundlagen eines kosmischen Pendels in seinem Buch *Geheimnis des Lichtes: Das universale Partnerprinzip.* Er geht dabei von einer spiralförmigen Oktavwelle aus, denn alle Wellenbewegung bezieht ihre Form von 4 Gegensatzpaaren, wobei das mittlere Paar wie eine Einheit erscheint und so die Oktave meist durch sieben Töne dargestellt wird. Die Oktavwelle selbst besteht aus vier Paarungen und einer Leerstelle im Zentrum. So summiert sich im ganzen Universum jede Aktion-Reaktion zu neun Abschnitten. Wahrnehmung ist dabei definiert als das elektrische Gewahren von Wellenbewegung durch andere Wellen. Die durch unsere Sinne erhaltene Information ist elektrisch, nicht geistig. Das zentrale Bewusstsein des Menschen, das was wir als Person bezeichnen, wandelt nach Russell Informationen, die von den Sinnen erhalten werden, in dem Ausmaß in Wissen um, wie der Mensch fähig ist, anhand der Wirkung, die seine Sinne ihm melden, Rückschlüsse auf deren Ursache im Geist zu ziehen. Solange diese Transformation nicht stattfindet, verfügt der Mensch nicht über Wissen. Erst wenn unser Wissen unsere Wahrnehmung übersteigt, lassen wir durch die Illusion unserer Sinne uns nicht mehr täuschen. Allmählich entwickelt sich so der Mensch vom Sinnesmenschen zum geistigen Menschen. Dabei wird er sich der gegenläufigen Bewegung aller Wirkung von Information mehr und mehr bewusst: Informationen, die seine Sinne ansprechen verstricken ihn in Illusionen, aus denen er sich heraus bewegt, indem er sich über die Rückschlüsse dieser Wirkung versichert und sich so vergeistigt.

Nach Russell ist das Universum dual. Das heißt: Es gibt ein ruhendes magnetisches Universum der Realität und ein dynamisches elektrisches, radial gegenläufiges Universum der Illusion. In Entsprechung dazu gibt es nach der Lehre der zeitlosen Weisheit zwei Möglichkeiten sich durch Kreativität zu entwickeln. Die eine Art zeichnet sich durch Beherrschung von Kräften aus. Die andere Art durch die Kontrolle über den Zeitfaktor, die wir erreichen, indem wir den Sinn von Zeitabschnitten verstehen und diese richtig und geregelt zu gebrauchen lernen. Es ist gerade jenes Zusammenspiel zwischen diesen beiden Arten, durch welches sich uns das Geheimnis der Kreativität erschließen kann. Kunst offenbart uns dann, wie alles Äussere, Berührbare ein Symbol für innere kreative Kräften ist, die mit der geistigen Einheit in Verbindung stehen. Ein Symbol operiert auf eine binäre Weise, indem jede Form zwei verschiedene Arten von Offenbarung verdeckt. Die eine bezieht sich auf das Einlassen und Verstehen von Einflüssen. Die andere bezieht sich auf das Erfassen des Hinter- oder Tiefgründigen, was durch das Bewusstsein noch verdeckt wird. Bei letzterem führt jede Offenbarung zu einem noch tieferen Geheimnis, d.h. jede Offenbarung verhüllt zugleich noch Tieferes. Auf diesen beiden Wegen gelangt der Mensch durch Kreativität schließlich zur Bewusstwerdung seiner selbst. Der Schlüssel für beide Wege ist die Verwirklichung von Schönheit.

Der eine Weg ist derjenige der hingebungsvollen, mystischen Schönheit. Sie zeichnet sich dadurch aus, dass sie ein Gefühl für Harmonie, Farbe und Inspiration vermittelt. Indem sie dies tut, verhüllt sie zugleich Ideen. Der andere Weg beschäftigt sich mit der verborgenen Schönheit, indem er dem Schönen einen neuen, unerwarteten Sinn verleiht. Dadurch inspiriert dieser Weg, verborgene Ideen ans Licht zu bringen. Es würde zu kurz greifen, in den beiden Wegen den Unterschied zwischen abstrakter und konkreter Kunst ausmachen zu wollen. Auch abstrakte Kunst kann das Ideal in der Schönheit verhüllen. Genauso wie konkrete Kunst das Ideal durch Schönheit offenbaren kann. In beiden Fällen geht es um das Herstellen eines Gleichgewichtes aufgrund von ewigen harmonischen Gesetzen. Der schöpferische Prozess besteht in dem einen Fall im Erkennen, in dem anderen im Auflösen eines Ungleichgewichts.

David W. Galenson, der die Lebenszyklen künstlerischer Kreativität erforscht hat, unterscheidet in seinem Buch *Old Masters and Young Geniuses* ebenfalls zwischen zwei Wegen der Kreativität: Einmal den Weg der konzeptuellen Erfinder, die deduktiv arbeiten, also vom Allgemeinen auf das Besondere schließen. Die Verallgemeinerung leitet sich von Theorien oder Konzepten ab und gelangt über diesen Weg zu Erfahrungen. Umgekehrt geht der induktive Zugang von konkreten Erfahrungen aus und formuliert daraus theoretische Überlegungen. Wie David W. Galenson anhand von Fallstudien zeigen konnte, sind die konzeptuellen Künstler häufig junge Genies, die früh in ihrem Leben ihre Disziplinen revolutionieren. Beispiele dafür sind Pablo Picasso und Orson Welles. Dahingegen gelangen experimentell vorgehende Künstler wie Mark Twain oder Alfred Hitchcock erst im höheren Alter zu entscheidenden Durchbrüchen. Die konzeptuellen Erfinder können ihre Ideen und Gefühle eher direkt und spontan ausdrükken, wohingegen die experimentellen Erfinder ihr Werk als eine ausgedehnte Suche in Form eines Prozesses verstehen. Für einen experimentellen Künstler erscheinen die Innovationen des konzeptuellen Künstler oft einfach als Betrug. Doch für einen konzeptuellen Künstler ist es zumeist notwendig, künstlerische Regeln zu brechen, um so Innovationen zu ermöglichen. James Joyce, der sein Meisterwerk *Ulysses* bis ins kleinste Detail ausarbeitete, bevor er sich ans Schreiben machte, ist ein typisch konzeptueller Schriftsteller, oder um ein Bild zu gebrauchen: ein Fuchs. Tolstoi oder Dickens, die zumeist erst beim Schreiben ihre Geschichten erfanden, sind typische experimentelle Schriftsteller, oder eben Igel. Die Spannungen zwischen diesen beiden verschiedenen Künstlertypen, etwa wie auch zwischen Picasso als konzeptuellen Künstler und Cézanne als experimentellen Künstler, sind selbst wiederum eine Inspirationsquelle für die Künstler und die Kunstepoche einer Zeit.

An Hand eines solchen Nachdenkens über das Geheimnis der Kreativität – und über das wechselseitige Zusammenspiel von Meditation und Dienen – gelangen wir unvermeidlich zu einer tief greifenden Synthese und werden so selbst zu Schöpfern im umfassendsten Sinne. So wird der Weg der Zusammenführung dieser beiden Arten von Schönheit für uns zum inneren Begleiter, der uns lehrt das Unhörbare zu hören, das Unfühlbare zu fühlen und das Unsichtbare zu sehen. Indem wir dann dieser Schönheit Ausdruck verleihen einfach durch unsere Art zu Leben, erkennen wir – und machen für andere erfahrbar – wie Zeit und Ereignisse immer aufeinander bezogen sind. Eine Erkenntnis, die uns von der Verstricktheit in sämtliche Dualitäten befreit. Erst wenn wir aus dieser Verstricktheit heraustreten, wird jenes, was wir gewohnt sind, den freien Willen zu nennen, erst wirklich umfassend aktiviert.

Im Folgenden wählen wir einen integrativen, ganzheitlichen Rahmen, um eine geistige Darlegung der sozialen Kreativität vornehmen zu können. Dazu gehört auch die bereits angedeutete Zuordnung von Aspekten der sozialen Kreativität zu den einzelnen Elementen. Diese Elemente spiegeln innere geistige Qualitäten des Menschen wieder. Somit hoffen wir aufzeigen zu können, inwiefern soziale Kreativität der entscheidende Faktor ist, der, wenn in seinem Potenzial erkannt und belebt, unser Zusammenleben wesentlich verändert und verbessert. Dies im Sinne des Entdeckens der wahren Bedeutung von richtigen zwischenmenschlichen Beziehungen. Die Zuordnung zu den Eigenschaften der Elemente ist auch ein erster Schritt um zu zeigen, wie das Potenzial der sozialen Kreativität mit einem umfassenden Rückbezug zum Sein einhergeht, einem Rückbezug der dynamisch-symbolisch ist.

Wie sich die symbolische Ebene auf unsere zwischenmenschlichen Beziehungen auswirkt, haben wir vor in den folgenden Teilen des Buches zu erforschen. Im 2. Teil gehen wir auf die innere Kraftquelle von Menschen ein, die durch ein richtiges Verständnis von persönlichem Leid, Konflikt und Krisen zugänglich wird. Damit verbunden ist die Kraft der Selbstheilung in Gruppen. Gleichzeitig eröffnet sich ein Zugang, um die kollektive und individuelle Vergangenheit unserer gesellschaftlichen Beziehungen zu reformieren. Beziehungen, die auf einer gegenseitigen wirtschaftlichen Abhängigkeit beruhen, die von der symbolischen Ebene aus gesteuert wird, wie wir im 3. Teil beleuchten. Es sind dies nichts anderes als ökonomische Mythen, die den sozialen Charakter von Beziehungen – und die Wirtschaft- und Finanzkrisen in den letzten Jahrzehnten – bestimmten und vorantrieben. Durch die Aufdeckung deren Ursachen wird der Weg frei für das Prinzip des Teilens, das wir im 3. Teil näher bezogen auf die Wirtschaft und das Thema des Dienens betrachten wollen. So wird es schließlich möglich, im 4. Teil aufzuzeigen, wie sich soziale Kreativität bereits untergründig durch unsere gesamte Kultur als transformierendes Tätigkeitsfeld zieht und nur darauf wartet, bewusst umgesetzt zu werden.

1990 schlug der Physiker J.A. Wheeler vor, Informationen als die Grundlage der Physik in unserem Universum zu betrachten. Er fasste diesen Gedanken in seiner berühmten "it from bit" Annahme zusammen, nach der alles, was existiert, seine Funktion erhält, wenn auch manchmal nur indirekt über einen entfernten Kontext, durch eine Antwort auf Ja-Nein Fragen. Was wir Realität nennen, erwächst demzufolge aus einem binären Code und lässt sich letztendlich aus der Analyse von Ja- Nein Fragen ableiten. Demnach sind alle physikalischen Phänomene von ihrem Ursprung her der Informations-Theorie zuzuordnen, die wiederum beweist, dass wir in einem Universum leben, in dem alles sich aufeinander bezieht und aneinander teilnimmt. Dies trifft sich wiederum mit den Annahmen über die Struktur der Realität, wie sie uns durch geistige Lehren vermittelt werden seit Jahrtausenden. Nach dem Buddhismus ist das Universum zusammengesetzt aus kleinsten Einheiten, die kontinuierlich alle miteinander agieren. Darauf laufen letztlich auch die Erkenntnisse des Standardmodells der Physik und die String Theorie hinaus.

In unserem Kopf existiert eine Hierarchie verschiedener Gehirnregionen, die von unterschiedlichen Impulsen regiert werden. Die Entscheidung darüber, welche Region des Gehirns zur Interpretation der Wirklichkeit von einem Menschen benutzt wird, wird auf der Quantenebene getroffen. Das ist die Ebene, die als Information sichtbar wird. Im Buddhismus heisst es entsprechend, dass die tiefste Ebene der materiellen Welt und unser Bewusstseins aus kleinsten Partikeln gebildet wird, vergleichbar den Bits und Bytes eines Computers. Wenn wir durch Meditation unser Bewusstsein analysieren, können wir diese Struktur erkennen und so aus der Illusion erwachen, wir wären eine für uns bestehende Einheit. Wir sind eine mit allem verbundene Ansammlung aus Bits, die nur den Anschein einer in sich geschlossenen und vollständigen Struktur vermittelt. Meditation führt uns das essenzielle Fehlen einer Kohärenz unseres Bewusstseins vor. Diese Erkenntnis ist der wesentliche Schritt hin zur tiefer gehenden Einsicht in die Struktur des Seins, denn durch sie wird es möglich, zu erkennen, dass das Bewusstsein in sich unbeständig ist. Das wiederum hilft, sich von sämtlichen Leidenschaften zu befreien und so von den Quellen des Leidens. Was die Meditation im Inneren ermöglicht, erreicht das Dienen im Äußeren. Dienen im geistigen Sinne führt zur Überwindung der Illusion, die Welt bestehe um unser selbst willen. Dienen ist der Weg im Äußeren zu erkennen, wie alles aufeinander verwiesen und angewiesen ist.

Nach der Quantenphysik ist Information Wissen über die Wirklichkeit und die Wirklichkeit selbst, die sich im Kontext von Beziehung und Bedeutung erschließt. Informationen lassen sich, wie man inzwischen weiß, weder restlos dem Geist noch der Materie zuordnen. Somit hebt der Begriff der Information die Trennung zwischen Geist und Materie auf. Im menschlichen Gehirn sind die Gehirnzellen, die Neuronen, die Basis der Informationsverarbeitung. Bekanntlich werden die Gehirnzellen aus undifferenzierten Zellen im Knochenmark gebildet, die über das Immunsystem ins Gehirn gelangen und sich dort zu Gehirnzellen verwandeln. Jeden Tag bilden sich neue Neuronen, die ihren Ursprung im Knochenmark haben. Alles, was wir jeden Moment denken, hat so einen direkten Einfluss darauf, wie sich die neuen Neuronen ausrichten. Der Einfluss, den aktuelle Informationen auf unser Verständnis von Vergangenheit, Gegenwart und Zukunft haben, wird inzwischen auch wissenschaftlich bestätigt. Damit ist die Wissenschaft in der Wirklichkeit der geistigen Betrachtung angelangt, die zu allen Zeiten erklärt hat: Alles hängt von den Gedanken im gegenwärtigen "Jetzt" ab. Alles, was zählt, ist dieses "Jetzt". Es ist die Zeitlosigkeit der Mystik, wenn man so will. Die einzigen Dinge, die im Leben Bedeutung haben, sind die, denen wir eine Bedeutung verleihen, indem wir uns an sie bewusst erinnern. Und weiter: Ist eine Erfahrung vollständig gemacht worden, hat sie alle Vorzüge eines Zeichens, das die unsichtbare Wirklichkeit des Überirdischen offenbart. Solcher Art bedeutungsschwere Zeichen nennt man auch Sakrament. Damit ist die Erfahrung zu reiner, totaler Erinnerung geworden. Je mehr wir bewussten Zugang zu solcher Art symbolischen Erinnerungen haben, desto besser funktioniert unsere Intuition. Und entsprechend mehr sind wir vor von außen kommenden Manipulationen gefeit.

Eine wichtige Schlüsselrolle, hin zum bewussten Zugang zur symbolischen Erinnerung, kommt natürlich dem Verständnis von Symbolen zu. Die Frage nach den Wirkungsweisen von Symbolen auf kollektiver und individueller Ebene ist in Fragen der Kreativität von größter Wichtigkeit, weil wir nur über Symbole die Lebendigkeit von Information erfahren können. Mit Lebendigkeit meinen wir ihre Natur der ständigen Wandelbarkeit. Es sind die Wirkungsweisen eben dieser Wandelbarkeit und Unbeständigkeit, die unsichtbar all unser Dasein hervorbringen. Und uns konditionieren, wenn wir es zulassen. Dies kann uns die unterschiedliche Symbolverwendung bei Kindern und Erwachsenen vor Augen führen. Kindern hilft eine spielerische, fantasievolle Symbolverwendung, sich ihrer selbst und der Umwelt bewusst zu werden. Kinder tun dies, indem sie mit dem Gegenstand des Spiels und ihrer Fantasie verschmelzen und so auf natürliche Weise das Wesen der Einswerdung erfahren. Indem sie den Gegenstand ihres Spiels und ihrer Fantasie verkörpern, wird er ihnen bewusst und zugleich in ihr Weltbild integriert. Das Wesen des Kindes ist jedoch die große Flexibilität, weil es sich nur kurzfristig an einen Gegenstand gebunden fühlt. Mit anderen Worten: Das Kind ist nicht mit seinen geschaffenen Symbolen verhaftet. Der Erwachsene dagegen geht üblicherweise in das Symbol über und steht in der Gefahr von ihm beherrscht zu werden, sei es ein Auto, ein Schmuckstück oder ein Anwesen. Das Symbol wird zu Identität und damit zu Konditionierung, es erhält ein Eigenleben, eine Wichtigkeit, eine trügerische Quelle für Zufriedenheit und Glück.

Die Fähigkeit, die Realität von unverständlichen oder sehr subjektiven Geschichten zu akzeptieren, steht in Verbindung zum reinen Rückbezug. In Verbindung zum Mystischen. Jeder von uns kann eine Geschichte über eine subjektive Erfahrung, eine reale Begebenheit aus seinem Leben erzählen, die ihn mit einem erweiterten Bewusstsein beschenkte. Ein Dichter ist jemand, der die Gabe besitzt, die intimsten Gefühle mit anderen zu teilen. Eine Begegnung mit dieser Gabe kann uns nachhaltig verwandeln. Sie kann uns bewusst machen, dass Gefühle authentisch mitzuteilen und sich damit verletzlich zu zeigen, das Einfachste und Menschlichste überhaupt ist. Und wie sehr diese Art des Miteinanders die Grundlage von Vertrauen und die Stärke der Gemeinschaft bildet. In diesem Sinne wirken in allen traditionellen Kulturen die Geschichtenerzähler oder Schamanen die Gemeinschaft erhaltend und fördernd. Kraft deren, von den Mitgliedern als heilig angesehenen Tätigkeit, transzendieren diese scheinbar verklärten Gestalten das Alltagsleben. Durch bewussten Symbolgebrauch schaffen sie ein Netzwerk von Verbindungen, das – wenn wir uns darauf einlassen – unserem Bild von uns und der Welt einen tieferen Sinn gibt und es gleichzeitig erweitert. Dieses Verständnis ist die Basis des Kunstbegriffs bis heute.

Der Künstler hat Zugang zu einer Erfahrung, aus der sich die Welt neu schöpft und erklärt. Er kann Zeichen je nach Zusammenhang andere Bedeutungen zukommen lassen. Wie er wahrnimmt, macht lebendig, bringt Tatsachen in Bewegung.   Kunst, Freundschaft, Wissenschaft und Politik sind für sich genommen verschiedene, getrennte Arten der Wahrnehmung, die wieder in die symbolische Ordnung einzufügen und zu integrieren sind. Um aus dem Teufelskreis der bruchstückhaften Wahrnehmung auszubrechen, gilt es, die symbolische Ordnung durch eine spontane-intuitive Ordnung zu ergänzen. Bewegen wir uns auf eine Kunst der Wahrnehmung zu, die keine Geschichten oder Charaktere mehr festlegt, sondern nur noch subjektive und spontane Eingebungen reflektiert? Eine Kunst, die keine Allgemeingültigkeit mehr beansprucht und die statt dessen als Ausgangspunkt dafür dient, weiter zu forschen und die Dinge noch tiefergehend zu hinterfragen?

Bei einer solchen relationalen Ästhetik der vernetzten Erfahrungen stellt sich die Frage, wie wir die unsichtbaren, aber doch allzu realen Beziehungen wahrnehmen, die uns zunehmend umgeben. Welche Möglichkeiten bietet eine vernetzte Logik, die auf wirklich kollektive Erfahrungen zurückgreifen kann?

Die Technologie treibt die Vernetzung der sozialen Software voran und stellt die Legitimität der etablierten Medien in Frage. Sampler, Street-Artists, Hacker und Programmierer bringen eine Art von Kunst hervor, die auf bereits existierende Informationen zurückgreift, um diese lediglich immer wieder neu zusammenzusetzen. Damit wird der Künstlermythos vom Schöpfer, der aus dem Nichts heraus kreiert, zu Grabe getragen. Diese gewonnene Macht der spontanen schöpferischen Neugestaltung löst auch gleichzeitig nun das an den Warenwert gebundene tradierte Geschichtsbild auf und damit eine tiefsitzende Entfremdung zwischen den Menschen und ihrer Umwelt. Die Macht der sozialen Vernetzung transformiert zudem unseren Alltag und führt dazu, die kybernetische Dimension des Daseins erkennbar zu machen, bei der real existierende Muster uns die Arbeit des Verbindens vor Augen führen, von der unsere Leben nur ein Teil unter Teilen.

Kommunikation bedeutet in der Kybernetik, dass ein Teilsystem ein anderes beeinflusst. Indem die Menschen beginnen, ihre Stellung als Beobachter politisch, sozial und emotional zu erfassen, ermöglicht dies eine neue globale Gemeinschaft mit vernetzten Beobachtern. Dies bedingt eine neue erweiterte Ästhetik, die das Schöne nicht mehr nur an Einzelheiten festmacht, sondern an dem neutralen Dialog zwischen den Symbolen. Eine Ästhetik, die die ästhetische Empfindung in einen wechselseitigen Zusammenhang von Reflexion, Abbildung und Imagination stellt. Indem wir Bilder nicht länger im Sinne des Symbolismus oder der Dialektik verwenden, befreien uns diese aus einem Zeit-Geschichtskontinuum. Das Credo der Moderne war das Fragmentarische. Die politisch falsche Macht der Medien entsteht aus der vorsätzlichen Inszenierung eines Geheimnisses als Teilnahme an der Gegenwart. So wie der Symbolismus sich auf das Geheimnis bezog, so die Dialektik auf diese Teilhabe. Solange Kunst sich auf eine Mischung aus Ästhetik und Logik der Repräsentation reduziert, kann sie die unbegrenzte Wirklichkeit nicht ausdrücken. Denn die unbegrenzte Wirklichkeit spricht in wissenschaftlich beschreibbaren, harmonischen Verhältnissen zu uns. Sie kann als Schönheit empfunden werden und uns im umfassenden Sinne mit der Geschichte im Allgemeinen und unserer individuellen Geschichte im Besonderen in Beziehung setzen. Diese Art des In-Beziehung-Setzens gewährt uns in jedem Moment die vollständige Bedeutung, frei von einengenden Interpretationen und Gesichtspunkten.

Was wäre ein dauerhaft tragfähiges Leitbild für eine Gesellschaft? Unsere Lebensweise kann nur Maß und Mitte finden durch den Schritt hin zu einer Kultur der Suffizienz (Genügsamkeit). Wohlstand definiert als immaterielle Freuden, bewusster Konsum nachhaltiger Produkte und durch das Etablieren wertvoller sozialer Beziehungen, all diese sind Merkmale dieser neuen Kultur der Genügsamkeit, die auf das fokussiert was wirklich wichtig ist. Diese Kultur liegt dann der Kultur des Teilens zugrunde, das eine bedingt das andere. Die Kraft der Genügsamkeit ist eine Form von geistiger Energie die durch Gewahrsein entsteht. Dieses Gewahrsein ist das Ergebnis einer richtigen Integration von geistigen Ritualen/Übungen in den Alltag.

Im Ritual des Konsums ist bereits ein oberflächliches Freiheitserlebnis zu Kaufen und Konsumieren eingepflanzt und damit das Moment des sinnleeren Vergnügens, des Totschlagens von Zeit. Genügsamkeit hat gewaltige Auswirkungen auf unser Zeiterleben, weil wir nicht mehr um des Vergnügen willens Zeit vergeuden. Dadurch wird Zeit frei, die bislang aber noch gar nicht sinnvoll genutzt werden kann. Wir brauchen Modelle und Vorbilder wie wir Zeit sinnvoll nutzen können. Gerade auch im Medienkonsum steckt eine große Portion Vergnügen und Zeitraub für nützlichere Dinge. Das Interesse an den nützlicheren Dingen ist erst keimhaft da und wenn es zum Durchbruch kommt wird sich materielle-sinnliche Genügsamkeit von sich aus ergeben. Genügsamkeit ist die Folge von Interessen und Prioritäten, dem Sinn für das Wesentliche.

Die Finanzindustrie gebiert sich als Bedrohung der Zivilisation. Durch komplexe Steuervermeidungs-Prozesse zahlt grosses Geld immer weniger Steuern. Bis vor kurzem war über Steueroasen erstaunlich wenig bekannt. Es war dies Teil eines klassischen Herrschaftswissen. Doch bei Steuern geht es um mehr als Geld. Es geht um unsere soziale Infrastruktur – um die Zukunft. Und es geht um Demokratie. Denn Steueroasen bedeuten: ein Set von Regeln für die Reichen, ein Set von Regeln für den Rest.

Der 4. April 2013 ging nach Medienmeldungen als Moment in die Geschichte ein, an dem das Vertrauen in die Steueroasen aufgelöst wurde. Das *Internationalen Konsortium für investigative Journalisten* (ICIJ) veröffentlichte an diesem Tag eine umfangreiche Onlinedokumentation unter dem Titel „Vertraulichkeit zu verkaufen. Das globale Offshore-Geldnetzwerk von innen". Die geleakten Daten führten zum wahrscheinlich endgültigen Schlag gegen das große schwarze Loch der Weltwirtschaft, denn Daten gelten seit dem als nirgendwo mehr sicher vor den Augen der Öffentlichkeit. Das gesamte in Steueroasen geparkte Vermögen wird nach offiziellen Schätzungen auf umgerechnet rund 25 Milliarden Euro geschätzt. Die Medien sprachen in Folge dieser Aufdeckung von einem Fortschritt hin zu einer gemeinsamen Empörungskultur aller Parteien auf Grundlage der Wut über das Millionenverbrechen Steuerflucht.

Welches sind aber die symbolischen Grundlagen solcher Entwicklungen? Fast niemand glaubt an den Weihnachtsmann. Darum geht es auch gar nicht. Es geht um die rituelle Funktion solcher Symbole. Unsere Gesellschaft ist trotz aller Aufklärung durch und durch von Mythen und Ritualen geprägt. Unterschiedliche Rituale haben zum Beispiel Weihnachten begleitet. In Dijon war am 24. Dezember 1951 ein Weihnachtsmann an der Kathedrale aufgehängt und verbrannt worden. Der Aktion ging eine in ganz Frankreich stattfindende Kampagne voraus, die sich gegen den Weihnachtsmann zur wehr setzte. Das der Santa Claus als Überbringer von Geschenken fungiert ist Teil der Konsumkultur der Neuen Welt und verdrängte die landesübliche Andacht an Krippen. Der Weihnachtsmann ist heutzutage ein mächtiges Symbol der Konsumkultur und legte unter anderem deren Grundlage. Ursprünglich ein Brauch aus Amerika und Kanada, der sich neben anderen Einflüssen von Clement Clarke Moores 1823 erschienenen Gedicht *A Visit From St. Nicholas* ableitet, verschmolz das Bild des Weihnachtsmannes vollständig mit der Kultur um 1930, als die *Coca Cola Company* ihre Werbekampagne mit dem Antlitz des Weihnachtsmanns koppelte. Der Weihnachtsmann ist, laut Claude Lévi-Strauss, heidnischer Herkunft und entspricht keineswegs der christlichen Tradition. Das duale Bild Weihnachtsmann gegen strafender Nikolaus eröffnet eine Ambivalenz aus Belohnung und Strafe, in der der moderne westliche Mensch durch wechselnde Rituale gefangen steckt. Die Engel begleiten und dienen dem Weihnachtsmann. Das entspricht dem Patriachat und den Machtverhältnisse in den Gesellschaften, in denen die Sexualität der Frauen der Kontrolle der Männer unterliegt. All dies sind Funktionen in der psychologische Matrix einer Kultur des Ungenügens. Es gab eine Zeit vor der Propaganda von Kommerzialisierung und Gier: Um 1860 war der amerikanische Traum noch ausgerichtet auf das Ziel genug für sich und seine Familie zu erwirtschaften, damit man gut davon leben konnte (competency). Die Einsicht herrschte allgemein damals vor, dass eigener übermässiger Reichtum gleichzeitig auch Armut notwendigerweise bei den Mitbürgern erzeugen muss. Erst gegen 1890 änderte sich dies grundlegend. Heute kontrollieren die Top 1 Prozent ungefähr 42 % des Geldes des Landes, während die ärmeren 80 Prozent nur 5 % des Geldes kontrollieren. 62 % der US- Amerikaner sagen dementsprechend gegenwärtig auch die grossen Unternehmen seien alle korrupt und nur noch 20 % vertrauen den Banken.

Wir sprechen in diesem Buch von fraktalem oder symbolischen Bewusstsein. Dies sind Analogien für Kosmisches Bewusstsein oder Christusbewusstsein. Schon 1819 hatte ein junger Mann aus Sussex mit dem Namen Shelley, der gerade einmal 27 Jahre alt war, in dem Gedicht *Prometheus Unbound* – genauso wie etwas später auch Wagner in seinem *Ring* – einen Konflikt zwischen der Menschheit, ihren Regierungen und tradierten Glaubensvorstellungen vorweggenommen. Bei Shelley und Wagner wird die Menschheit durch das Erwachen der Kraft der Liebe befreit von einer Tyrannei schamloser Kommerzialisierung, die im geheimen über die Menschen herrscht. Diese Kraft der Liebe steht für ein Freigeben im Sinne des Teilens. Das Erwachen der Menschheit ist ein Erwachen zu einem Christusbewusstsein, welches von Pionieren wie Walt Whitman, Gopi Krishna unter anderem in unzähligen Büchern auf verschiedene Weise bereits beschrieben wurde. Erst ein solches Erwachen auf breiter gesellschaftlicher Ebene, welches bislang nur in einzelnen Individuen vorkam, die dann als Genies auf den unterschiedlichsten Gebieten von sich reden machten, kann dem Teilen zum Durchbruch verhelfen. Wenn gleichzeitig die wissenschaftlichen Grundlagen eines solchen Erwachens erforscht werden, kann es zu einer Verbindung von Wissenschaft und Religion kommen. Erst eine solche Vereinigung kann einen weltweiten Frieden sichern. Die Anerkennung des Kosmischen Bewusssteins als Grundlage unser Evolution bringt dann ein neues Weltbild hervor. Rituale werden in einer solchen Welt wieder in Einklang mit höheren geistigen Gesetzen im wissenschaftlichen Sinne ausgeführt werden unter Aufsicht hoch entwickelter geistiger Lehrer. Solche Lehrer wirken bislang hauptsächlich hinter den Kulissen und über vereinzelte Gruppen, werden aber im Zuge des Erwachens der Menschheit sich immer weiter mit ihrer Tätigkeit - vermittelt über ihre Schüler - an die breite Öffentlichkeit nun wenden.

Ohne Genügsamkeit und richtige Rituale und kosmisches Bewusstsein kein wahrer Zugang zum Dienen. Dies ist ein Dreischritt der aufeinander aufbaut. Der Dienst an der Menschheit - das Ziel und Zweck und der eigentlich innigste Wunsch eines jeden Menschen - ist die Frucht dieses Dreiecks. Ein weiteres Dreieck besteht aus den drei Übungen, die nach dem Weisheitslehrer Maitreya, unwiderruflich zur Selbstvervollkommnung eines jeden Menschen führen und den drei Gesetzen des Dienens:

Wer ehrlich mit sich und anderen ist,
- unterschlägt nicht die Anteile anderer am Zustandekommen einer Sache
- erkennt die gegenseitige Abhängigkeit in allem, was wir tun
- erkennt, dass kein Mensch um seiner selbst willen lebt und das Koexistenz eine Tatsache ist
- erkennt, dass ein Behalten von etwas, um seiner selbst willen, andere ausschließt und sein eigenes Herz verschließt.
- erkennt, dass im Streben nach Besitz und Dominanz die Entscheidung zur Trennung und zu Selbstsucht begründet liegt
- erkennt, dass Freigiebigkeit frei und zufrieden macht
- erkennt, das Geben und Nehmen eine lebenserhaltende Einheit bilden

Wer aufrichtig mit sich und anderen ist,
- hat Zugang zu seinem Herzen und spricht aus dem Herzen

- kann das Wichtige vom Unwichtige trennen
- läßt sich nicht von Besitz und Ruhm blenden
- sieht die Fülle, die in der körperlichen und geistigen Existenz begründet liegt
- erkennt, mit was er oder sie anderen am besten helfen kann
- hat kein Interesse Ungleichgewichte zu schaffen
- ist bestrebt Ungleichgewichte auszubalancieren
- macht die Bedürftigkeit anderer zur Maßgabe seines eigenen Handelns
- erkennt seine eigene Bedürftigkeit und das Angewiesen Sein auf andere
- sieht in der eigenen Begabung ein Geschenk für andere

Wer gelassen mit sich und anderen ist,

- bindet sich nicht an materielle und immaterielle Dinge
- erkennt den tieferen Sinn der Genügsamkeit als Weg zur Freiheit
- erkennt in der Genügsamkeit die Voraussetzung für das Gedeihen aller
- kann sich von der Angst des Mangels und der Schuld der Unmäßigkeit befreien
- kann mit dem, was er oder sie hat, dankbar und zufrieden sein
- erkennt Genügsamkeit als Mittel geistig frisch und agil zu bleiben
- kann sich an den Dingen, wie sie sind, erfreuen
- sieht in allem den Weg zum Besseren, zum Fortschritt
- hat Sinn für Humor und kann Ballast abwerfen

Teilen ist Ausdruck einer Bewußtseinshaltung, die von der Einheit von sich und anderen ausgeht. Nicht nur ausgeht, sondern diese durch Teilen zu bezeugen und zu bekräftigen sucht. Trennung und Selbstsucht werden als zu korrigierende Irrwege erkannt. Teilen geht aus von dem Bekenntnis zu sich als Individuum und der Gemeinschaft als gleichwertige, auf einander verwiesene Teile. Kein Teil kann ohne den anderen sein. Wer dies verstanden hat, kann keinen Teil zugunsten eines anderen bevorzugen oder vernachlässigen. Weder darf das Individuum zu Gunsten der Gemeinschaft geopfert werden, noch dürften Individuen die Gemeinschaft (einschließlich der Natur) für ihre eigenen Zwecke ausnutzen. Beides ist heute beinahe der Normalfall und insofern ist Teilen der Ausweg aus leidvollen Zuständen, ja die Rettung der

Menschheit. Die große Menschheitsfrage ist: Wie kann der Einzelne einer Welt mit 7 Milliarden Menschen gerecht werden, wie kann sich die Menschheit friedlich weiterentwickeln.

Die Essenz der Weisheitslehren läßt sich in drei Lebensprinzipien angeben. Es sind dies Ehrlichkeit im Denken, Aufrichtigkeit im Gemüt und Gelassenheit. Diese Lebensprinzipien weisen eine Entsprechung zu den drei Idealen der Aufklärung auf. Ehrlichkeit entspricht der Brüderlichkeit, Aufrichtigkeit der Gleichheit und Gelassenheit der Freiheit. Auch Teilen fächert sich auf in drei Dimensionen, die wiederum geeignet sind die Entsprechung zwischen den Lebensprinzipien und den Idealen der Aufklärung zu erhellen. Ehrlichkeit respektive Brüderlichkeit entspricht dem Freigeben, Aufrichtigkeit respektive Gleichheit dem Ausgleichen und Gelassenheit respektive Freiheit dem Genügen.

Der Ehrlichkeit zu folgen bedeutet, zu sagen, was man denkt und danach zu handeln, was man sagt. Ehrlichkeit klärt das Wirklichkeitsverständnis, erhöht die Kontaktdichte zur Wirklichkeit und gewährleistet dadurch kraftvoll und effektiv zu handeln. Vor allem offenbart sie die Wirklichkeit als gegenseitige Abhängigkeit und die Einheit von Geben und Nehmen. Nehmen, ohne im gleichen Atemzug zu geben und Geben ohne sich gleichzeitig für das Nehmen zu öffnen, werden als begrenzende Haltungen erkannt. So führt die Ehrlichkeit zur Freigiebigkeit, sich selbst und anderen nichts vorzuenthalten, weder im materiellen noch im geistigen Sinne. In der Unehrlichkeit sind wir geneigt die materielle und geistige Ebene künstlich voneinander zu trennen und der materiellen Ebene den Vorrang zu geben. Wo es an Freigiebigkeit mangelt, führt dies zu einer Unausgewogenheit, zu einem Stau und damit früher oder später zu Störungen im Zusammenleben und zu Krankheiten. Daß wir offensichtliche Störungen nicht erkennen und Krankheiten als Normalzustand ansehen, sagt etwas über das Ausmaß unser Unehrlichkeit und über unser verzerrtes Bild der Wirklichkeit aus. Wenn wir die eigenen Bedürfnisse und Potenziale gleichrangig wie die anderer ansehen, dann führt Freigiebigkeit zu einem kreativen Fluß, der unser eigenes Wachstum mit dem anderer verbindet. Es ist dies die Realität des Gemeinsamen, die einzige Realität, die zählt und Bestand hat. Die Realität des Gemeinsamen ist ein Kraft- oder Ressourcenfeld, das über Teilen erschlossen werden kann und über die Dimension der Freigiebigkeit in den Fluß kommt. Technisch gesprochen hat Freigiebigkeit die Funktion einer Induktion für kreative Prozesse.

Beispiele für Ehrlichkeit und Freigiebigkeit:

- Steuerehrlichkeit: Politik: Einbringen von Gewinnen in die Gemeinschaft
- Zahlenehrlichkeit: Wirtschaft/Wissenschaft/Politik: reelle, belastbare Zahlen
- Kostenehrlichkeit: Wirtschaft: Berücksichtigen versteckter Kosten/ kostenökologischer Fußabdruck
- Ressourcenehrlichkeit: Verfügbarkeit von Ressourcen

Freigiebigkeit ist die Lektion, die jetzt zu lernen ist. Wenn Freigiebigkeit die Lösung ist, ist das Festhalten das Problem. Genauer: Obwohl wir wissen, daß so viele Dinge falsch laufen und ein Mehr von demselben nichts ändert oder verbessert, halten wir an dem Bestehenden fest. Wir klammern uns an das, was wir haben, obwohl wir ahnen, daß uns dadurch nicht geholfen ist. Offenbar ist das falsche Bekannte uns lieber wie das richtige Unbekannte. Wir halten an einer Wachstumsideologie fest, obwohl wir wissen, daß sie zu Lasten der Umwelt und der Verknappung von Ressourcen in der Welt führt. Wir halten an einen Zinseszins-System fest, obwohl wir wissen, daß wir uns immer mehr verschulden. Wir halten uns an dem Geld als Daseinswert fest, obwohl wir wissen, daß wir das, was wirklich im Leben zählt, nicht kaufen können. Wir halten an einen Profit- und Konkurrenzdenken fest, obwohl wir wissen, daß es zu Ungleichgewichten und zu Streß führt.

Im Festhalten wollen wir vor allem eines: Einem kommenden oder möglichen Verlust vorbeugen. Das Festhalten ist eine Strategie der Angstbewältigung. Wir sind durch die vergangenen Krisen verunsichert und streben nach Sicherheit. Daher zielt unser Streben das Bestehende zu bewahren und jede Verschlechterung einzudämmen. Dies ist die Marschroute der Politik, der immer noch große Massen folgen. Zugleich sind wir so an Entwicklungen der letzten Jahrzehnte, an Wohlstand und Konsum gewöhnt, dass es uns natürlich scheint diesen Weg beizubehalten, ja ihn zu verteidigen. An dem Fels der bestehenden Realität und offensichtlicher Sachzwänge zerschellen alle Warnungen, dass eine Entwicklung in der ein Drittel der Weltbevölkerung, die westliche Welt, zwei Drittel aller Ressourcen verbraucht, auf Dauer nicht gutgehen kann.

Aufrichtigkeit hilft uns unsere Bedürfnisse und Potenziale klarer zu erkennen und auszudrücken. Wir haben es dann nicht mehr notwendig andere nachzuahmen oder vor uns selbst wegzulaufen. Aufrichtigkeit führt uns zu dem, was wir im Inneren sind und sein wollen:

zu unserer wahren Stärke und geistigen Bestimmung. Das hilft uns nicht dem sozialen Druck zu erliegen, uns selbst und anderen etwas vorzuspielen oder etwas mitzumachen, was nicht gut für uns selbst und das Gemeinwohl ist. Vor allem das Streben nach Besitz und Konsum. Wenn wir aufrichtig mit uns und allen anderen sind, dann ändert sich der Blick auf uns selbst und andere. Wir treten aus einem Mangeldenken heraus. Wir können bereichernde Fülle von schädlichem Überfluß unterschieden, wahre Werte von falschen und Prioritäten von Marginalien. Wir wissen, wie wir anderen mit unseren Fähigkeiten am besten helfen können und was andere wirklich brauchen. So führt Aufrichtigkeit zum Streben, Ungleichgewichte zwischen uns selbst und anderen zu beseitigen. Vor allem Ungleichgewichte zwischen dem Materiellen und dem Geistigen. Wir erkennen wie Verschwendung und Verknappung, Armut und Reichtum sich gegenseitig bedingen und welche Rolle wir dabei spielen. Wir erkennen, daß wir untrennbar karmisch an diese Situation gebunden sind. Mit den Ausgleichsbewegungen nehmen wir dieses Karma bewußt als Lernaufgabe an, weil wir wissen, daß wir ihm nicht entrinnen können. Wir bringen damit Einsicht in ein Wirken, dessen Ziel die Wiederherstellung einer dynamischen Harmonie ist. Selbst das, was wir als Tod bezeichnen ist eine Ausgleichsbewegung, indem der Körper an die Erde zurückerstattet wird. Wenn wir aufrichtig in die kosmischen Gesetze des Ausgleichs und der Rückerstattung einwilligen, dann werden wir das, was wir als Surplus von etwas haben, sei es eine materielle oder immaterielle Ressource, mit Freude loslassen und teilen.

Vor allem sind wir motiviert unserer Verantwortung nachzukommen, zum Besseren mitzuwirken. Und wir wollen nicht länger abseits stehen und unsere Einflußmöglichkeiten leugnen, die wir haben, wenn wir uns mit anderen verbünden. Solidarität und Gruppengedanke sind Ausdruck des Ideals der Gleichheit im Wesentlichen, der Essenz. So führt das gemeinsame Beseitigen von Ungleichgewichten, zum ökologischen, sozialen und politischen Engagement und zur Wahrnehmung demokratischer Rechte. Das aufrichtige Bestreben unseren Part im großen Ganzen zu spielen, ruft unsere soziale Kreativität auf den Plan, läßt uns Lücken und Anknüpfungspunkte erkennen, wo und wie wir gemeinsam mit andern wirken und etwas bewirken können. Dies gibt unserem Leben eine tiefere Bedeutung: Im Tun selbst erfahren wir, warum wir hier sind und wofür wir im vollen Wortsinn gebraucht werden. Gemessen daran erweisen sich Dinge wie Besitz, Konsum, Komfort und Luxus als Ersatzhandlungen und Lückenfüller.

Beispiele für Aufrichtigkeit und Ausgleichen

- Chancengerechtigkeit: Zugang zu und Verfügbarkeit von Ressourcen
- Nahrungsgerechtigkeit: Gerechte Verteilung von Erzeugnissen
- Geschaffene Ungleichgewichte: Verschwenden/Verknappen von Ressourcen
- Dominanz-/Konkurrenzstreben: Aufdecken der Motive, Ursachen und Folgen

Ausgleichen entspringt dem Streben nach Harmonie. Ausgleichen bedeutet aufrichtig in der Wahrnehmung dessen zu sein, was wir zu viel haben und was uns fehlt. Es bedeutet nicht den Mangel zu beseitigen, sondern die Fülle zur Anwendung zu bringen und aus der Fülle (Stärke) zu handeln. Die Haltung des Ausgleichens entspricht dem, was man unter Resilienz versteht, der Fähigkeit schwierigen Bedingungen ausgleichend entgegen zu steuern. Diese Haltung ist in erster Linie eine Fähigkeit des Herzens und erst in zweiter eine Fähigkeit des Verstandes.

Das Ausgleichen baut immer auf dem auf, was einem niemand nehmen kann: die inneren Werte, der Seelenzugang, das Urvertrauen, die Stimme des Gewissens und die Fähigkeit selbst zu entscheiden, wie man eine Situation interpretiert. Es folgt der Gewißheit, daß Harmonie der Anfang und das Ende von allem ist und Konflikt das Durchgangsstadium. Außerdem beinhaltet es die Fähigkeit, Querverbindungen und Wechselwirkungen zwischen materiellen und immateriellen Dingen, zwischen ökologischen, sozialen und psychischen Faktoren zu erkennen. Und es bedeutet mit dem zu wirken, was einen auszeichnet, die ureigenen Begabungen als Füllhorn für andere zur Anwendung zu bringen.

Die gerechte Verteilung der Ressourcen der Erde ist eine Ausgleichsbewegung, in der die Menschheit den Weg zurück zur Harmonie antritt und Harmonie (Gerechtigkeit) als unverzichtbar erkennt.

Aufrichtigkeit und Ausgleichen von Ungleichgewichten leitet über zur schwersten Prüfung, vor die uns das Leben stellt: die Konditionierungen aufzulösen, die unser Leben bestimmen und uns regelrecht versklaven. Dies ist das Handlungsfeld der Gelassenheit. Die Schwierigkeit besteht darin, daß sich das Persönliche und das Kollektive durchdringen und wir auf kollektive Muster persönlich reagieren und persönliches Verhalten mit der Übermacht kollektiver Muster rechtfertigen. Vor allem die der Konkurrenz, der Dominanz sowie des Strebens nach materiellen Zielen (Geld). Gelassenheit gibt uns die Möglichkeit, in einer Phase des

Lernens das Falsche zu tun, ohne uns schuldig oder ohnmächtig zu fühlen oder unser wahres Wesen daran festzumachen. Indem wir beharrlich an diesem Umgang mit den Dingen festhalten, verliert das Falsche seinen Zwangscharakter, gewinnen wir allmählich die Freiheit zum selbstbestimmten Handeln zurück. Im wärmenden Schein der Gelassenheit schmilzt das Falsche wie Schnee in der Sonne. Im Loslassen und im bewussten Verzicht erfahren wir Zufriedenheit und Dankbarkeit für das, was wir haben und wirklich brauchen. So führt Gelassenheit uns zur Genügsamkeit, zur Gewißheit, mit viel weniger, als wir glauben, auskommen zu können. Damit gelingt es uns Besitz und Konsum als Ballast zu erkennen und im Hergeben dessen, was wir nicht brauchen, einen gesunden, nachhaltigen Lebensstil zu praktizieren. Genügen korrespondiert mir der Rückgewinnung persönlicher und kollektiver Freiheit. Was wir, gefangen in der Unehrlichkeit, als Freiheit bezeichnen, hat oft den Charakter vor Gier, Sucht und Zwang.

Durch die Genügsamkeit tragen wir dazu bei, daß alle existentiellen Bedürfnisse erfüllt werden können, niemand Not leiden muß und der Natur keinen Schaden zugefügt wird. Genügsamkeit ist somit das Bindeglied zwischen Individuum, Gesellschaft und Natur. Für das Individuum sichert es die körperliche Existenz und das geistige Wachstum, für die Gemeinschaft das gemeinsame Wohlergehen und die kulturelle Entfaltung, für die Natur die Nachhaltigkeit und Entwicklung. Genügsamkeit bedeutet nicht Askese und vollkommener Bedürfnisverzicht, sondern die Wertschätzung für das, was wichtig und wesentlich ist. Vor allem die der sozialen und menschlichen Werte und die des geistigen Wachstums. Dafür brauchen wir ein neues Wertverständnis, neue Lebensstile und Lebensentwürfe, die Ersatzbefriedigungen wie Konsumieren und Streben nach Komfort ersetzen. In der Genügsamkeit hören wir auf uns mit anderen zu vergleichen und uns eine Denkhaltung des „Mehr" und „Schneller" aufoktroyieren zu lassen. Was wir tun, tun wir mit gutem Gewissen und frohen Herzens ohne Druck und Streß. Insofern korrespondiert das Genügen mit der Entschleunigung und dem richtigen Maß in allem, was wir tun.

Wenn wir dem Hang zum Komfort, zur Bequemlichkeit nicht nachgeben, dann macht uns das offen und kreativ, erhält es unsere körperliche Spannkraft und unsere geistige Fitneß. Und mehr noch, öffnet sich in der Genügsamkeit unser Herz, kann sich die geistige Sphäre in unserem Gedanken und Gefühlen besser spiegeln. Wir erkennen sinnstiftende Zusammenhänge, Bedeutungen, Chancen und Optionen in einem zuvor undenkbaren Sinne. Dadurch können wir die uns gegebene Zeit optimal nutzen, unsere Wirkung potenziert sich. So bedeutet Genügsamkeit nur vordergründig Loslassen und Verzicht. Tiefgründig bedeutet es Kräfte sammeln und bündeln, sinnerfülltes Handeln im Einklang mit dem größeren Ganzen.

Beispiele für Gelassenheit und Genügen:

· Druck-/Streßphänomene

· politische und wirtschaftliche Ideologien

· Lebensvorstellungen jenseits von Konsum, Besitz, Konkurrenz

· Überwinden von Konsum- und Wachstumszwängen

Insofern ist das Genügen an Aufrichtigkeit als Vorbedingung gebunden. Allen voran der aufrichtige Umgang mit versteckten Kosten, Folgekosten und den direkten und indirekten Schädigungen daraus, seien sie ökologischer, sozialer oder spiritueller Art. Genügen bedeutet Lebensqualität und die Kontrolle über das eigene Leben zurückzugewinnen. Es setzt die Kenntnis echter Bedürfnisse und Lebenswerte voraus.

Genügen beschäftigt sich mit verschwenderischen bzw. verknappenden Umgang mit Ressourcen (Geld, Energie, Wasser, Nahrungsmittel usw.). Hilfsmittel dafür sind Konzepte wie virtuelles Wasser, ökologischer Fußabdruck usw. Es fragt nach praktizierbaren Lebensstilen und realistischen Übergangsszenarien sowie nach der Übertragbarkeit/Ausweitung von Experimenten und Projekten wie „no impact man" oder Geldverzicht. Ihm geht es um die Achtsamkeit im Umgang mit materiellen und immateriellen Ressourcen. Genügen hat eine geistig-spirituelle Dimension, die bei Diskussionen zur Ressourcenschonung und -verminderung und zur gerechten Verteilung von Ressourcen ausgeblendet wird.

Genügen ist das, was übrig bleibt, nachdem man sich freigiebig und ausgleichend verhalten hat. Umgekehrt fördert die Haltung des Genügens die Freigiebigkeit und das Ausgleichen. Es führt nur vordergründig zum Verzicht, tiefgründig führt es zur Wahrnehmung von Reichtum, den zu erkennen das Festhalten und das Anhäufen von Dingen verhindert hat.

Zusammen spiegelt sich der Dreiklang von Ehrlichkeit, Aufrichtigkeit und Gelassenheit wieder in den drei Gesetzen des Teilens: dem Freigeben, dem Ausgleichen und dem Genügen. Zusammen führen die drei Lebensprinzipien und die Gesetze des Teilens zu einem synthetischen Gewahrsein. Die Entsprechung dazu sind die drei Primärfarben Grün, Blau und Rot, die zusammen die Farbe Weiß ergeben. Dieses Gewahrsein ist eine resultierende, neue Qualität, ein Durchbruch in eine neue Ebene. Im Gewahrsein manifestiert sich die Welt der Seele in der

Welt des Persönlichen. Aus Farbe wird Licht, das zugleich alle Farben in sich vereint. Ein anderes Wort für Gewahrsein ist Erleuchtung. In der Erleuchtung wird Glauben zur Gewißheit, werden theoretisch erfaßte, geistige Wahrheiten lebendig. Im Gewahrsein transformiert sich das Innere und Äußere, zuweilen in einer großen Radikalität und Folgewirksamkeit. Beispiele: für Gewahrsein:

·   Heilung todgeweihter Krankheiten

·   Änderung krimineller Machenschaften

·   Änderung schädlicher Lebensgewohnheiten

·   Finden kreativer Lösungen zum Wohle der Menschheit

Ehrlichkeit im Denken bedeutet keinen Wiederstand zu bieten aus einer falschen da unbewussten negativen Haltung heraus. Aufrichtigkeit bedeutet nicht zu Urteilen über sich, andere Menschen und die Umstände. Gelassenheit bedeutet in einem Gleichgewicht aus Form und Raum (analytischen und symbolischen Bewusstsein) den Dingen zu begegnen. Zusammen ergeben diese drei Aspekte die Grundlage der Selbstverwirklichung. Dieses Dreieck der Selbstverwirklichung steht wiederum in Analogie zu den drei Gesetzen des Teilens.

Gesetz des Teilens	Freigeben	Ausgleichen	Genügen
Übergeordnetes Prinzip	Ehrlichkeit	Aufrichtigkeit	Gelassenheit
Wirkungsweise	Führt ins Handeln (Form)	Gibt dem Handeln Orientierung (Inhalt)	Gibt dem Handeln Bestimmung
Wirkungsbereich	Stockung, Stagnation, Degeneration	Konflikte, Defizite, Ungleichgewichte	Ungelösten Prioritäts- und Wesensfragen
Willensrichtung	Wille zur Veränderung und zur Erneuerung	Wille zur Umwandlung und zur Harmonie	Wille zum Opfer und zur Vollendung
Wirkergebnis	Vertrauen	Gerechtigkeit/Harmonie	Frieden/Freiheit

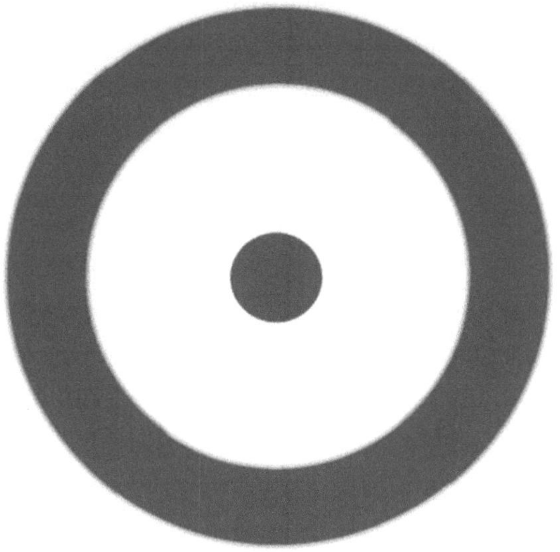

TEIL 2 Gruppendenken: Die Kunst der schöpferischen Einheitsbildung

Nur Menschen in funktionierenden Gruppen konnten sich derart ausbreiten, wie der *Homo sapiens* es tat. Welche Rolle spielte die Kreativität dabei, vor allem jene, die das Zusammenleben betraf? Soziale Kreativität können wir als einen sich selbst verstärkenden Kreislauf beschreiben, der bestimmte Phasen durchläuft. Phasen, die die soziale Kreativität begrenzen, und solche, die sie fördern. Eine begrenzende Phase stellen zum Beispiel Schuldzuweisungen dar, die in allen Gesellschaften zu finden sind. Sie kommen so lange vor, wie wir durch Bewusstseinsarbeit noch nicht gelernt haben, Ursache-Wirkung Zusammenhänge zu erkennen und mit der Kraft der Vergebung zu arbeiten. Das fatale Spiel mit den Schuldzuweisungen ist subtil und findet durch Projektionen überall in und zwischen Gruppen statt, sei es in Familien, in Unternehmen oder Nationen. Schuldzuweisungen verwickeln uns in ein negatives Selbstbild und bestärken uns gleichzeitig, in einem solchen zu verharren. Gefangen in einem solchen Selbstbild unterwerfen wir uns Machtstrukturen und verhalten uns ihnen gegenüber fügsam. Ein solches Selbstbild ist um so wirkungsvoller, je mehr es unbewusst bleibt. Indem wir uns den inneren Kern unserer Persönlichkeit bewusst machen, können wir uns von der Wirkung dieser Vorstellungen befreien und immun gegen sie werden. Gleichzeitig kommen wir durch diese Immunität mit kreativen Kräften in Berührung, die zuvor durch unsere negativen Vorstellungen blockiert oder verzerrt wurden. Es sind dies auf der geistigen Ebene angesiedelte Kräfte, verfügbar für jene, die offen dafür sind. Diese kreativen Kräfte können desto mehr zum Ausdruck kommen, je bewusster wir werden und je mehr wir uns selbst entdecken. Auf diese Weise können latent vorhandene Fähigkeiten in uns verfügbar werden, über die wir zuvor nichts wussten. Die Lektionen, die diese uns vermitteln mögen, können ganz unterschiedlich sein. Ihnen gemeinsam aber ist das Erkennen einer subjektiven Wahrheit. Je mehr wir dieser subjektiven Wahrheit näher kommen, desto mehr erkennen wir, wie unsere individuellen Lektionen mit den Lektionen, die alle durchlaufen, verbunden sind. Auf diese Weise löst sich der Unterschied zwischen unseren Lektionen und denen aller anderen auf: Die Trennung zwischen sich und anderen wird als eine Illusion zurück gelassen.

1. Gruppendenken, Kunst und Kultur

Erkenne dich selbst ist der Leitspruch all jener, die sich auf den Weg machen, um sich von den Vorstellungen und Projektionen von Schuld zu befreien, um das Bewusstsein zu erweitern und zu läutern. *Erkenne dich selbst* ist aber auch ein Leitspruch, der oft unzureichend verstanden oder gar missverstanden wird. All zu leicht wird dieser Spruch so ausgelegt, dass man sich auf die eigenen Qualitäten beziehen müsse. Dadurch nimmt man sich selbst als Referenz, als Bezugspunkt. Wie leicht kommt es dann dazu, dass man sich um sich selbst dreht und Fortschritt nur an selbst gewählten Maßstäben oder Wunschbildern misst? Niemand kann sich alleine durch das Studium eigener Charaktereigenschaften selbst erkennen. Die wahre Bedeutung des Leitspruches liegt darin, sich selbst in den anderen zu erkennen und das bedeutet die Auseinandersetzung mit anderen Menschen und Kulturen. Vor allem auch mit den Schwächen, die andere Menschen und Kulturen zeigen, und unsere Reaktionen auf diese. Selbsterkenntnis ist ein Akt der sozialen Kreativität, weil die Erkenntnis, erst indem man sich mit anderen auseinandersetzt, rückwirkend reift. Erst im Gegenüber, in Konflikten mit anderen, da wo es sperrt und hakt, wo Erwartungen nicht erfüllt werden, da gibt es etwas Neues über uns selbst zu entdecken. Insofern ist auch Liebe ein täglicher Kampf mit den eigenen Vorstellungen im Spiegel des Gegenübers. Erkenntnis hat zuweilen etwas Schmerzliches und Züge eines Opfers: Man muss oft eine lieb gewonnene Vorstellung zu Gunsten einer unbequemen Wahrheit aufgeben. Nur indem die Liebe das eigene Erkennen in uns wachruft, ist sie wahrlich die kreative Kraft, als die sie gerne beschrieben wird. Alternativen dazu sind Selbstgefälligkeit, Selbstverliebtheit, Selbstinszenierung. Dort, wo die Liebe wirkt, ist man nicht mehr derselbe. Sie bringt in einem ein anderes Wesen hervor. Dieses mag zwar äußerlich viel mit dem altem Wesen gemeinsam haben, aber innerlich stellt es doch etwas grundsätzlich Neues dar, etwas Originelles. Liebe führt immer vom äußeren Anschein weg zu dem ehrlichen Blick dahinter. Wer nur auf äußere Formen achtet, dem entgeht die Veränderung, die Wandlung. Bei sich und allen anderen.

Die Lebensaufgabe eines jeden Menschen ist das Überwinden von etwas, was man moralischen Zynismus nennen könnte: Die selbstgerechte, oft auch gesellschaftskonforme Auslegung von Moral. Dieses Ziel ist zu erreichen durch das Auflösen der scheinbar unüberwindlichen Kluft zwischen den konformen Ansprüchen, die die Gesellschaft an einen stellt und den eigenen persönlichen Leidenschaften. Erst wenn man gelernt hat, diese Kluft zu überwinden, erkennt man auch, warum die eigenen Fantasien zumeist nichts anderes als Gegenreaktionen auf Ansprüche waren, die von außen an einen herangetragen wurden. Moralischer Zynismus und emotionale Verblendung abzulegen kommt aber auch einer Neugestaltung der Gemeinschaft gleich, die sich dann jenseits von Narzissmus und Doppelmoral befindet. Dazu gelangen wir, wenn wir durch die Konfrontation mit der Gesellschaft die eigene Fehlbarkeit und die anderer Menschen erkennen und anerkennen. Das Ergebnis dieses Vorgangs ist in dem Symbol der ehelichen Vereinigung angedeutet, welches für die Grundlage einer harmonischen Gesellschaft steht. Das Gegenbeispiel hierfür liefert Shakespeare, wenn er Othello einer narzisstischen Logik zum Opfer fallen lässt. Er tut dies, indem er Jago, mit seinen Geschichten über Desdemona, Othello die eigenen Fehlbarkeiten schonungslos zurück spiegelt. Fehlbarkeiten, die dieser sich nicht eingestehen kann, ohne sein bisheriges Selbstbild zu zerstören. Statt den schmerzhaften Prozess zu durchlaufen, er selbst zu werden, tötet Othello lieber Desdemona. Daran können wir erkennen, wie sehr sich das narzisstische Selbst mit allen Mitteln dagegen wehrt, in ein gereinigtes Selbst transformiert zu werden.

Das Symbol der ehelichen Vereinigung steht zugleich für die Begegnung zweier Menschen in gereinigter Selbstwahrnehmung, als auch für das ideale harmonische Verhältnis zwischen Souverän und Bürger. Auf diesem Verhältnis gründen auch unsere tieferen Vorstellungen von der Demokratie.

Der so genannte *american dream* der Demokratie hat zwei Seiten: Die eine Seite steht für grenzenloses Konsumversprechen und maximale Freiheit des Einzelnen. Die andere Seite hat Stanley Clavell beschrieben als ein Bewusstwerdungsprozess, welchen die Nation auf der Bühne eines mythischen Experiments – eines Theaters der Selbstverwirklichung – durchläuft. Symbolischer Ausdruck hiervon ist die Unterzeichnung der Verfassung in Philadelphia, die die Gründerväter als Repräsentanten des Volkes vornahmen. Insofern ist die USA symbolisch mit einem Versprechen verbunden, welches sie dabei ist, für uns alle einzulösen.

Clavell gelingt es, von diesem Standpunkt aus die Natur des Mainstream-Kinos von Hollywood zu entdecken. Und zwar als Denkraum, in dem die amerikanische Kultur versucht, über sich selbst zu reflektieren und sich so der Erfüllung des Versprechens vergewissert: Der authentischen Selbstverwirklichung als Nation. Dafür müssen das Kino, seine Helden und wir selbst als Publikum immer wieder eintauchen in Ängste und Wünsche, um dann diese nach Verlassen der Filmwelt gemeinsam zu reflektieren. Als Traummaschine wahrt aber jeder Film zugleich auch ein Teil des Geheimnisses, welches er vorgibt preiszugeben. So wird durch das Kino in uns das Bedürfnis geweckt, sich immer wieder diesem doppelten Spiel auszusetzen, ohne gleich ans Ziel zu gelangen. Filme bieten uns so betrachtet Fantasieszenarien, die nichts anderes sind als Sackgassen. Sackgassen, in die uns die Energie des Pathos hinein lockt. Eine Energie, die in den Symbolen, die ein Film verwendet, gespeichert ist und die mit den in uns gespeicherten Wünschen und Sehnsüchten in Resonanz tritt. Hollywoodfilme halten uns so zumeist eher gezielt in unserem Narzissmus gefangen, statt uns von ihm zu befreien.

Die mythische Gestalt, die diese pathetische Energie in ihrer Büchse speichert, heißt *Pandora* (Pan= Alle, Dora=Gaben). Dem griechischen Mythos zu Folge ist Pandora von Hephaistos künstlich geschaffen worden als die erste sterbliche Frau. Somit symbolisiert sie eine

Spannung, in der wir leben, bestehend aus dem schmerzlichen Streben nach Wahrheit und dem verführerischen Schein der Künstlichkeit. Pandora verführt uns stets von neuem, wie zwanghaft die Geheimnisse des Daseins zu erforschen – die zumeist sich unter schillernden Oberflächen verbergen.

Erst durch die Überwindung des Narzissmus durch Selbsterkenntnis, die alles Falsche aussondert, erkennen wir die Wirklichkeit, wie sie tatsächlich ist und nähern uns so der Objektivität des Bewusstseins der Einheit. Dieses Einheitsbewusstsein ist wiederum die Qualität dessen, was wir Liebe nennen. Eine Liebe, die keine Abspaltungen oder Trennungen kennt, sondern Verbindungen und Übergänge. Sie ist der Bezugsrahmen der positiven sozialen Kreativität, als Neuland, das vor uns liegt, und das es zu erforschen gilt. Insofern können wir diese Kreativität auch als ein gemeinsames Streben nach wahrer Erkenntnis definieren. Dieses Streben findet in funktionierenden Netzwerken statt, zu denen sich die einzelnen Beteiligten bei ihrer Suche nach wahrer Erkenntnis zusammenschließen. Dabei unterstützen sie sich gegenseitig, indem sie eigene Interessen und Wünsche zu Gunsten eines großen, gemeinsamen Zieles zurückstellen.

An diesen Punkt setzt die Trennlinie zu einer negativ gearteten sozialen Kreativität an. Diese zeichnet sich durch Feindlichkeit, Aggressivität und Machtmissbrauch aus. Sie ist in allen möglichen Versionen zu finden. Diese Negativität entsteht überall dort, wo Menschen beginnen, andere durch projizierte Schuldgefühle zu manipulieren und die auf diese Weise manipulierten Menschen dies zulassen. Daher ist es so wichtig, dass Menschen lernen, authentisch für gemeinsame Anliegen einzustehen und sich mit friedlichen Mitteln zur Wehr zu setzen. In der Geschichte waren insbesondere organisierte Religionen mit ihrer Dogmatik und politische Ideologien, die auf einer fanatischen Auslegung bestimmter Aspekte der Wirklichkeit aufbauten, erfolgreich, Schuld als Mittel der Machtausübung und Interessenswahrung einzusetzen. Es ist für jeden Menschen eine grundlegende Herausforderung des Lebens: Jenen schmalen Pfad zwischen dem Gegensatz zu finden, sich authentisch zu den eigenen Bedürfnissen zu verhalten und sich gleichzeitig den Erfordernissen eines gemeinsamen Gruppenziels unterzuordnen. Dies ist eine Frage des Bewusstseins, mit der die Beziehung zu anderen Menschen eingegangen wird. Gelingt diese Gratwanderung, unterstützen sich die Beteiligten gegenseitig konstruktiv dabei, wenn es darum geht, auf blinde Flecken in der Selbstwahrnehmung aufmerksam zu machen.

Es ist eine wichtige Lernaufgabe im Umgang miteinander, den richtigen Ton zu finden, nichts zu unterdrücken und nicht mit Worten und Gedanken zu verletzen. Diese Lernaufgabe zu meistern ist nur durch eine Qualität möglich, die wir geistige Liebe nennen. Den Zugang zu ihr zu finden ist die eigentliche Lernaufgabe des Lebens. Diese Liebe trägt den Samen innerer Losgelöstheit in sich. Wo sie wirkt, werden Schuldzuweisungen und Schuldgefühle an der Wurzel erstickt. Wo sie die gemeinsame Inspirationsquelle bildet, ist der Weg zu einer wahren Lebenskunst, die Kunst der Zusammenarbeit, beschritten. Wer sich aus dieser Quelle inspirieren lässt, erkennt, dass die meiste Kritik, die man gewohnt ist anzubringen, übereilt, überflüssig und die Folge von fehlendem Vertrauen ist. Und nicht zuletzt ist Kritik häufig die Folge von unreflektierten Erwartungen, Anhaftungen und unbewussten Ängsten. Wer kritisiert, sagt daher oft mehr über sich selbst aus als über die, die kritisiert werden. Humor und Freude sind das beste Gegenmittel gegenüber einer kritischen Tendenz. Wo Freude das Tun beseelt, können sich kritische Untertöne nicht einnisten. Eine innere Freude treibt den gemeinsamen Erkenntnisprozess voran, unterstützt das zielstrebige Handeln.

Äußerlich sichtbare Ergebnisse sowie Bestätigung durch weltlichen Erfolg sind keine lohnenswerte Ziele an sich. Ein lohnenswertes Ziel an sich ist diese sich selbst verstärkende Freude des Tuns, weil in ihr die Qualität innewohnt, das Äußere und das Innere, das Weltliche und das Heilige, das Individuelle und Kollektive harmonisch zu verbinden. Freude ist das Siegel der Liebe, die alles nährt, alles einschließt und alles ganz macht.

Alle, die sich vornehmen, diese Kunst des Lebens zu praktizieren, werden durch die Prozesse, die durch diese ausgelöst werden, dazu veranlasst, sich mit den eigenen Schwächen, dunklen Seiten und Vorurteilen auseinanderzusetzen. Dieser Läuterungsprozess ist ein nützlicher wie notwendiger Bestandteil des Weges hin zur kreativen Kooperation. Durch die Konfrontation mit den eigenen Mustern wird es möglich, sich genauer zu beobachten und aus den Informationen solcher Beobachtungen die notwendigen Schlüsse zu ziehen. Der tiefere symbolische Sinn dieses Prozesses zeigt sich darin, dass der Kommunikationsfluss zwischen den beiden Gehirnhälften zunimmt und Synthesen zwischen Fühlen und Denken, Intuition und Logik, Herz und Verstand möglich werden. Gewöhnlich pendeln wir zwischen diesen beiden Aspekten hin und her, und echte Synthese ist eher die Ausnahme denn die Regel. Wenn bei einem Menschen synthetisches Wirken einsetzt, wird es ihm möglich, im Einklang mit den kreativen Prinzipien des Universums tätig zu werden. Durch ein solches Wirken erweitert sich die Einsicht in die tieferen Zusammenhänge von dem, was in uns vorgeht und um uns geschieht. Wir werden fähiger, die wahrgenommene Realität, in der wir leben, bewusst im Sinne von Gerechtigkeit, Freiheit und Brüderlichkeit mitzugestalten. Wahrhaft schöpferische Zusammenarbeit, ergibt sich, wie wir sahen, aus der Tatsache, dass wir dem Ausdruck verleihen, was wir von unserem tiefsten Wesen her sind. So verschieden wir auch sein mögen, immer bilden echte Beziehungen und gemeinsame Prinzipien die Basis unserer Zusammenarbeit.

Indem wir in solcher Weise uns auf die Welt und aufeinander einlassen, lernen wir vollständig mit den Gesetzen des Seins in Einklang zu handeln. Mit diesem Wagnis, das wir aus freien Stücken eingehen können, schwingen wir in Resonanz mit den kosmischen harmonischen Gesetzen der symbolischen Ebene. Eben jener Ebene, die dazu beiträgt, Schuldvorstellungen in uns aufzulösen, um an verborgene Kräfte wie Authentizität, Gewahrsein und Bewusstheit heran zu kommen. So führt Selbsterkenntnis zur Überwindung von Schuldvorstellungen und zum Entdecken der Quelle der kosmischen Schöpfungskräfte in uns. Je mehr wir diese Quelle zum Ausdruck bringen, desto mehr erkennen wir die Grundlagen der universalen Kooperation, die alles miteinander verbindet und in Einklang miteinander bringt.

Eine solche vertiefte Kooperation setzt ein Gruppenbewusstsein voraus. Es entwickelt sich beispielsweise dort, wo in einem abgegrenzten sozialen Raum Sozialarbeiter, Künstler, Kreativarbeiter und politische Engagierte sich mit konkreten sozialen bzw. politischen Fragestellungen und Projekten beschäftigen. Es entwickelt sich auch im geopolitischen Rahmen als eine Art Immunsystem der Erde, wo immer Nichtregierungsorganisationen aufeinander abgestimmt Aufgaben übernehmen, um Lebensbedingungen zu verbessern.

Bei einer auf die Gruppe bezogenen Kooperation überschneiden sich die kreativen Felder, während sich die verschiedenen Vorstellungen und Visionen aneinander angleichen. Dabei kann sich als natürliche Ordnung ein multiparadigmatischer Zustand herausbilden, bei dem sich die Grenzen zwischen Kunst, Soziologie und Technik auflösen. Menschen werden so zu Gestaltern ihrer eigenen Lebenswelten, in denen sie experimentell neue Lebensweisen erproben. Lebenswelten, die über Künstlergemeinschaften, Freizeitbeschäftigungen und virtuelle Szenarien hinaus oft auch in erweiterte soziale Netzwerke hineinwachsen. Solche sozialen Netzwerke, Schulen, Vereinigungen sind oder waren zu allen Zeiten sogar Voraussetzung dafür, dass sich neue Ideen gesellschaftlich durchsetzen konnten. Künstler sind insofern zumeist daran interessiert, einen inneren Kreis an Vertrauten an sich zu binden, der ihnen Aufmerksamkeit schenkt. Ob dieser innere Kreis nun mehrheitlich aus Mitarbeitern, Nachahmern, Unterstützern oder Theoretikern sich zusammensetzt, ist dabei zunächst nicht entscheidend für das Durchsetzungsvermögen neuer Ideen. Worum es eher geht ist es eine Eigendynamik eines solchen Kreises zu nutzen, um sich gegenseitig auf die unterschiedlichste Art zu inspirieren. Aber sobald ein solcher Kreis mehr zu einer formalen Organisation hin tendiert, anstatt zu einem lebendigen Organismus, nehmen Aspekte der Absicherung, der Abschottung, der Verteidigung zu, bringen verfestigte, institutionalisierte Strukturen die Innovationskraft zum Erlöschen. Unzählige Gruppen scheitern an diesen Klippen der Organisation, denn wo immer Machtspiele oder das Verwalten vom einmal Erreichten wichtiger werden als ursprüngliche Ziele – wie etwa innovative Entwicklungen – beginnen Zersetzungserscheinungen, zwangsläufig um sich zu greifen. Viele kreative Menschen wählen deswegen bislang auch nur zeitweilig eine Anbindungen an andere Menschen, um sich bis zu einem bestimmten Punkt gegenseitig zu inspirieren und zu fördern, dann aber wieder eigene Wege zu gehen.

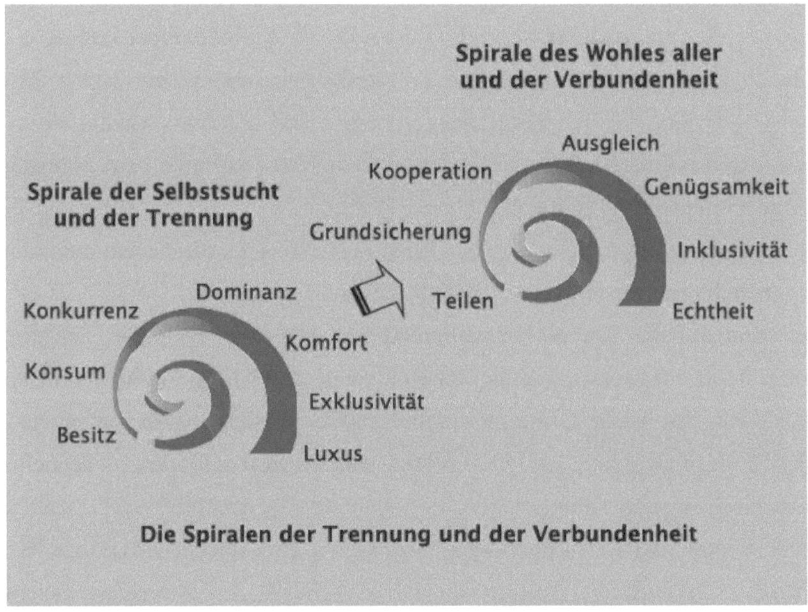

Gruppenprozesse, die in Richtung eines Gruppenbewusstseins gehen, basieren auf dreierlei: einem zielgerichteten Willen, dem bewussten Einbringen jedes Einzelnen in die

Gruppe und einem Gefühl der Zusammengehörigkeit als Gruppe. Wie das Fehlleiten eines solchen Prozesses aussieht, hat David Simon in *The Wire* (2002 - 2008) in Fortsetzungsfilmen über eine amerikanische Großstadt dargestellt. Jenseits eines melodramatischen Plots zeigt er am Beispiel von Baltimore den Niedergang der amerikanischen Innenstadt und des amerikanischen Gemeinwesen. Er tut dies anhand von Beziehungskreisläufen zwischen verschiedenen gesellschaftlichen Gruppen und kriminellen Banden. Kriminelle Menschen zeichnen sich oft durch eine fehlgeleitete Kreativität aus. Sie richten sie beispielsweise darauf, aus illegalen Praktiken schnelles Geld zu machen und, ohne entdeckt zu werden, die Gesetze zu umgehen. In der ersten Staffel dieser Serie wird, um dies zu zeigen, eine Gruppe der Polizei einer Gruppe gegenübergestellt, die mit Drogenhandel ihre Geschäfte macht. In den folgenden Staffeln wird dann aufgezeigt, wie weitere Gruppen in das illegale Treiben hineingezogen werden und es so immer größere Kreise zieht: Hafenarbeiter, eine Schülerbande, eine Zeitungsredaktion etc.

In einem Essay über diese international gefeierte Fernsehserie stellte Fredric Jameson fest, wie sehr in der heutigen Zeit vormals unüberbrückbare Unterscheidungen im Zusammenleben dabei sind, sich aufzulösen. Mit dieser Auflösung verändern sich aber auch unsere Wahrnehmungsmuster. Im Zuge dieser Auflösung verschwindet unsere gewohnte Art, Wirklichkeit zu begreifen, die uns von den Medien an Hand von narrativen Strukturen antrainiert wurde. Diese Art war bisher davon geprägt, dass wir in Kunst und Kultur zumeist melodramatische Plots vorgesetzt bekamen und diese unbewusst im Privatleben reproduzierten. Der Medienapparat der letzten Jahrzehnte zeichnete sich durch eine Einseitigkeit, Ignoranz und Blindheit in der Darstellung von Konfliktthemen aus. Zum Beispiel auch dadurch, dass gewisse Strategien des *Teile und Herrsche* sowie infantile emotionale Abhängigkeiten für die Masse immer wieder aufbereitet wurden. Eine andere Strategie der Medien bestand darin, den Schmutz unter den Teppich zu kehren, mit der Argumentation, es sei unmöglich die komplexen sozialen Zusammenhänge medientauglich darstellen zu können.

Selbst Künstlergemeinschaften in Wohnvierteln sind nicht davor gefeit, von der Kommerzialisierung und korrupten Unterwanderung vereinnahmt zu werden. Immer dann, wenn sie sich nicht offen halten können und im Zuge von sozioökonomischen Umstrukturierungsprozessen in städtischen Wohngebieten einen kultartigen Status erwerben. Indem man sensibler für Wahrnehmungsmuster wird, kann man die schleichenden Aufweichungen leichter erkennen und sich besser gegen einen falschen Zug schützen. Zugleich ergeben sich dadurch neue Perspektiven für das Zusammenleben und die Zusammenarbeit. Mit dem Verwischen der Grenzen zwischen politischen, wirtschaftlichen, religiösen und kulturellen Institutionen wird heutzutage eine Zusammenarbeit möglich, die sich umfassend um das Wohl der Menschen kümmert. Die Kulturarbeiterin Mareen Scholl sagte uns in einem Gespräch zu solchen Entwicklungen folgendes: „Ich bezweifle, dass es im städtischen Kontext einen Leerraum überhaupt gibt, ein Raum bzw. Ort hat immer eine Geschichte und existiert in bestimmten Zusammenhängen bzw. Spannungsfeldern, die ihn zu dem gemacht haben, was er ist, und aus dem heraus er sich auch wieder wandeln wird. Das kann bewusst gestaltend geschehen, wenn man sich Zeit und Achtsamkeit nimmt, ihn zu begreifen und einzugreifen – welcher Art, sei mal ganz dahin gestellt. Oder aber das passiert von ganz alleine, wie sich eben alles im steten Wandel befindet. Hier deutet sich ganz klar die Verantwortung ab, die dem Menschen für seine Umwelt zukommt, denn immer ist es er, der Weichen stellt und Fakten schafft, der unternimmt oder unterlässt, der ausgrenzt oder integriert. Ein Leerraum ist auch nicht erstrebenswert. Dort ist etwas ins Stocken geraten, und man wartet in der Isolation auf den nächsten Atemzug, weil die Luft ausbleibt. Offene Räume, die offen für alle möglichen Einflüsse sind, sind dagegen äußerst wichtig. Wo die Grenzen durchlässig sind und zu kommunikativen Schnittstellen werden, ohne dass sie der Diktatur der Transparenz erliegen.

Da wird die Frage interessant, wie man mit Räumen umgeht, an denen sehr viele und sehr verschiedene Menschen aufeinandertreffen, wie eben in der Stadt. In den Diskursen der letzten Jahre wird immer wieder darauf hingewiesen, dass wir aus Europa hier noch eine Menge lernen können von Mega-Citys wie zum Beispiel Mumbai. Ich selbst habe solch eine Stadt noch nie erlebt, insofern sind die Strukturen für mich fast unvorstellbar. Zugleich verändern sich unsere schön geplanten und traditionellen Strukturen hierzulande merklich in Richtung weniger Sicherheit, weniger Planbarkeit und weniger Homogenität, einhergehend mit dem Rückgang unserer finanziellen Ressourcen. Hinsichtlich des Umgangs mit dem vermeintlichen Chaos, das für so manchen Bürger, Planer oder Politiker ein leidiges Übel und eine Fehlentwicklung darstellt, können wir uns vielleicht wirklich von dort inspirieren lassen – und sei es zunächst einmal die Anerkennung der selbstorganisatorischen Dynamik, das Entstehen sozialer wie ökonomischer Strukturen aus sich selbst heraus, das Auskommen mit wenigen Ressourcen. Was in Städten wie Mumbai aus dem schieren Kampf ums Überleben entsteht, ist auch grundlegend für unsere Städte: das rasante Entstehen und vielschichtige Nebeneinander von hochkomplexen gesellschaftlichen Strukturen, die die Grundlage einer Gemeinschaft darstellen, die zwar nicht romantisiert werden sollte, aber die dennoch in sich funktioniert."

Versuchen wir, diesen so von Mareen Scholl ausgesprochenen Gedanken, von einer neuen Gemeinschaft in den Städten, einmal weiter zu denken. Was wir bisher gemeinhin Massenkultur nannten, ist vor allem ein Effekt des allgegenwärtigen melodramatischen Plots gewesen. Wenn wir jetzt lernen unsere Geschichten auf andere, unmittelbare Weise zu erzählen, werden wir von dieser Massenkultur zu einer Kultur der Zusammenarbeit übergehen können. Einer Kultur, in der Menschen und Gruppen untereinander verständnisvoll und intelligent kooperieren. In solchen Gruppen kann dann jeder Mensch, mit seiner Einzigartigkeit und seinen Qualitäten, ein spezielles Potenzial beisteuern, welches nur er besitzt. So erkennt sich der Mensch als unersetzbar und in seiner geistigen Dimension als vollwertige Individualität. Indem die Menschen lernen, mehr aufeinander zuzugehen, werden die individuellen Unterschiede in ihrer ganzen Bedeutung erst aufblühen.

Wie eine solche Kultur aus der Kunst hervorgehen kann, beschreibt Platon im Zwiegespräch zwischen Sokrates und Ion, das als *Ion* bekannt ist. Sokrates spricht von der Quelle der Inspiration als einer göttliche Kraft, die wie ein Magnet Wirkungen auf ihn ausübe und ihn magnetisiere. Durch diese Kraft sei Ion selbst auch von Homer, den dieser bewundert, angezogen. Auf diese Weise sei er von Homer magnetisiert worden, wodurch er die Eigenschaft nun besitze, diese magnetische Kraft auf andere zu übertragen. Nach Sokrates funktioniert die Inspiration anderer Menschen oder Gruppen nach demselben Wirkungsprinzip wie ein physikalischer Magnet, der ein unsichtbares Kraftfeld aufbaut. Des Weiteren tragen die Erzeugnisse der so inspirierten Kunst, etwa ein Gedicht, diesen göttlichen Ursprung in sich. Sie sind selbst etwas Göttliches, wobei die Dichter zu Vermittlern werden. Die von Sokrates beschriebene magnetische Anziehungskraft lässt sich auch bei dem Einfluss, den Künstlergruppen aufeinander haben, studieren. Als Beispiele dafür können wir etwa die französischen Dichter Mallarmé und Verlaine betrachtet. Um Mallarmé sammelten sich sechs Personen aus den höheren Schichten des Kleinbürgertums und um Verlaine genauso viele Personen aus den niederen Schichten des Kleinbürgertums. In beiden Gruppen gab es zunächst je eine Person aus einer anderen Schicht, die jedoch interessanterweise nach einigen Jahren wieder die Seiten wechselten. Der magnetische Gruppenprozess folgte der bekannten Regel, wonach Gleiches das Gleiche anzieht bzw. das Ungleiche das Ungleiche abstößt.

Einzelne Kunstwerke, wie etwa ein Film, sind zuweilen in der Lage, dem neuen Lebensgefühl in einer ganzen Stadt symbolisch Ausdruck zu verleihen. Dies gelang etwa Fernando Meirelles und Kátia Lund mit dem Film *City of God* (2002) für Rio de Janeiro, Martin Scorsese mit *Taxi Driver* (1976) für New York oder Wim Wenders mit *Der Himmel über Berlin* (1987) für Berlin. Eine ganze Stadtgemeinschaft kann sich so, über den Weg der Kunst, ihrer selbst bewusst werden: Ein Prozess, der wiederum einen bestimmten Schlag Menschen aus aller Welt anzieht, der mit einer sich so findenden Persönlichkeit einer Stadt oder eines Ortes in Resonanz treten kann. Auf diese Weise kann eine Stadt im Sinne von Sokrates eine anziehende, magnetische Kraft entfalten. Kreative Menschen sind in der Lage, daraus eine befruchtende Lebenstechnik zu machen, indem sie in Auseinandersetzung mit der jeweiligen gewohnten oder fremden Umgebung Impulse für ihre kreativen Arbeiten gewinnen. Ausnahmefälle, bei denen Künstler in einem geschlossenen familiären Rahmen über längere Zeit arbeiten, sind gewöhnlich selten. Kunst lässt sich geradezu definieren als das Aufbrechen vertrauter Muster, als Fremdwerden des Vertrauten und Vertrautwerden des Fremden.

Indem die Kunst die Stadt als Text entdeckt, tritt auch das besondere Geistesleben von gewissen Orten zu Bewusstsein. Es ist diese Fühlungnahme mit dem besonderen Geist eines Ortes, aus dem sich dann Rituale ergeben und in Folge davon bestimmte utopische Gemeinschaften ausbilden. In der Öffentlichkeit spricht man diesbezüglich von dem Image eines Ortes. Kreativität übersetzt dann rückwirkend so ein Image in eine eigene Zeichensprache und stellt es somit wieder in Frage. Die Wiener Klassik oder der Abstrakte Expressionismus New Yorks gewinnen auf diesem Wege übergreifende gesellschaftliche Bedeutung, die dann sogar als konstituierend für die Identität einer ganzen Nation wahrgenommen werden kann.

2. Künstlergemeinschaften und Denkszenarien

Ab der Mitte des zwanzigsten Jahrhunderts häuften sich neue Formen des kreativen Ausdrucks, die sich gezielt als Gruppenprozesse gestalteten. Im Zuge solcher Erscheinungen entstanden Lebensgemeinschaften, die sich als Laboratorien neuer demokratischer Lebensweisen begriffen. Es ging dabei zumeist darum, durch das Prinzip der gleichberechtigten Teilhabe allen die Möglichkeit zu geben, eine authentische eigene Position zu finden und in einer Gruppe einen unverwechselbaren Beitrag zu leisten. Viele dieser Experimente scheiterten, haben aber eben durch dieses Scheitern zu einem gesellschaftlichen Erkenntnisgewinn beigetragen.

In Wohnvierteln, wo Künstler zusammen eine informelle Gemeinschaft bilden, läuft seit über hundert Jahren weltweit ein ähnliches Experiment ab: Die Vermischung von Leben und Arbeit, gekoppelt an synergetische Effekte des Spiels mit Identitäten innerhalb von Gruppen, die eine große Kommunikationsdichte aufweisen. Dabei werden und wurden vor allem gesellschaftliche Rollen und Bezugsgrenzen in Frage gestellt. Beispielhaft dafür sind die Strategiebildungen im Bereich zwischen Konzept (*Dada*), Chaos (*Surrealisten*), Logik (*Strukturalisten*), Historiografie (*Situatisten*) und poetischer Ordnung (*Symbolisten*). Innerhalb solcher Gruppen können einzelne Künstlerbiografien gesellschaftlich stärker ins Bewusstsein treten, ohne dass dies bedeuten muss, dass sie vor solchem bekannt werden nicht auch bereits relevant gewesen wären. Dieses ins Bewusstsein treten vollzieht sich in dem Maße wie Künstler und Werke Eingang in die Wissensindustrie finden oder im Rahmen einer gesellschaftlich akzeptierten Theorie diskutierbar werden. So sind es nicht zuletzt Philosophen, Dichter, Soziologen und Wissenschaftler, die durch ihre Theoriebildungen Künstlern helfen ihren spezifischen Ausdruck zu finden. Berühmte Beispiele wären etwa der Einfluss des Dichters Paul Valéry auf den Architekten Le Corbusier oder der des Mathematikers Henri Poincaré auf Pablo Picasso. Sigmund Freud, der die Welt mit seinen Erkenntnissen über die alltäglichen unbewussten erotischen Wünsche schockierte und unsere aggressiven Reaktionen, ausgelöst durch diese, – verschlüsselt in Symbolen und verstaut in unseren Träumen – beeinflusste unzählige Künstler, aber zuerst und vor allem Schnitzler, Klimt, Kokoschka und Schiele. Aber umgekehrt beeinflussten auch seinerzeit in Wien diese und andere Künstler in den Instituten und Salons von Rokitansky und Zuckerkandl die Wissenschaft und erweiterten oder berichtigten mit ihren Werken die Einsichten über die Psyche des Menschen, welche u.a. von den Psychologen, Biologen und Philosophen in der Stadt gerade herausgearbeitet wurden. Wie Eric R. Kandel in seinem Buch *The Age of Insight* darstellt, brachte der Modernismus in Wien Kultur, Medizin und Wissenschaft auf neuartige Weise zusammen, so dass aus dieser Gruppenarbeit heraus eine komplexere neue Sicht auf den Menschen geboren werden konnte.

Theoriebildung trägt wesentlich zur Ritualisierung von künstlerischer Kreativität bei. Sie macht die Tätigkeit von Künstlern sprach- und kommunikationsfähig, indem sie deren Arbeit über eine kritische Aufmerksamkeitsschwelle hebt. Im Zuge solcher Theoriebildungen können zum Beispiel Stadtgeschichte, Architektur und narrative Erzählweisen miteinander verschmelzen. Daraus kann eine neue Art der Wahrnehmung im Geflecht von Heimat, Fremde, Gemeinde und Kulisse hervorgehen. Die Schriften von Apollinaire – der sich im Jahre 1912 dem Einfluss von Robert Delaunay aussetzte – konnten etwa, durch bestimmte in ihnen geäußerte Ideen, verschiedene Künstlergruppen und Orte vorübergehend miteinander verbinden. Der *Orphismus*, der so entstand, ermöglichte den Zusammenschluss Pariser Postkubisten und italienischer Futuristen mit den deutschen Expressionisten. Französischer Naturalismus, deutsche Romantik und italienische Zauberwelt fanden im Zeichen des Orpheus und der Farbe als Lichtsprache und als Ausdruck der Einheit der Völker so vorübergehend zusammen. Die Künstlerkolonie *Monte Veritá* in Ascona brachte wiederum von 1900 bis 1920 Besucher aus den unterschiedlichsten Ländern und Forschungsgebieten zusammen und wurde zum Ort, an dem auf experimentelle Weise Haltungen wie Pazifismus, Theosophie, östliche Weisheit und Psychoanalyse miteinander in Kontakt kamen. Hier haben wir den Fall einer Gruppe, die quasi zu einem Symbol dafür wurde, dass die bewusste Gestaltung des eigenen Lebens auf die Veränderungen der Welt einwirkt. Sich diese Zusammenhänge bewusst zu machen erscheint uns wichtig, um das Streben nach einer besseren Welt im Denken vieler Künstler über die Grenzen der Kunst hinaus sich vor Augen zu führen.

Zwischen 1961 und 1963 findet mitten in Europa ein Gruppenexperiment statt, bei dem zwanzig europäische Autoren sich an der Vorwegnahme einer kommenden Gemeinschaft versuchten, und zwar in Form einer politisch-literarischen Zeitschrift, der namenlos gebliebenen *Revue International*. Grundlage dafür war die Philosophie der Freundschaft, wie sie die Mitglieder der Gruppe *Amis de la rue Saint-Benoît* verfolgten. Während der Planungsphase dieser Zeitschrift waren drei Gruppen aus drei Ländern beteiligt, vertreten durch unter anderem folgende Schriftsteller: Französische Gruppe: Robert Antelme, Roland Barthes, Maurice Blanchot, Michel Butor, Marguerite Duras und Michel Leiris. Deutschsprachige Gruppe: Ingeborg Bachmann, Hans Magnus Enzensberger, Günter Grass und Uwe Johnson. Italienische Gruppe: Italo Calvino, Alberto Moravia und Pier Paolo Pasolini. Dass dieses publizistische Unternehmen schließlich scheiterte, mag neben dem Mauerbau, der zu einer ideologischen Zementierung der *beiden Deutschland* führte, an einer Vielzahl von anderen Widrigkeiten gelegen haben. Der Versuch alleine weist aber schon in eine interessante Richtung, durch internationale Bemühungen eine Stimme der Vielen und eine Art kollektives Bewusstsein zum

Ausdruck zu bringen. Andere, später realisierte Modelle, wie die Zeitschriften *Share International* oder *Lettre international*, folgen auf unterschiedlichen Wegen heutzutage ähnlichen Gruppenbemühungen, bei denen es auch um transnationale Überschreitungen im Rahmen gemeinsamer Anstrengungen im Zuge von geistigen oder künstlerischen Gruppenprozessen geht.

Heutzutage wächst durch Initiativen internationaler Zusammenarbeit so etwas wie ein transnationales Bewusstsein heran. Im Zuge davon entwickelt sich ein vollständig neues Künstlerbild, welches auf einen größeren Mitarbeiterstab aufbaut. Beispiele für eine solche Entwicklung liefern etwa international tätige und vernetzte Künstler wie Olafur Eliasson oder Ai Weiwei. Deren Mitarbeiterstab soll dazu beitragen, einen Prozess gemeinsamer Sinnfindung, Formbildung und Konkretisierung in Gang zu setzen. Ziel ist es, gesellschaftlich vorgegebene Strukturen und Bedingtheiten zu durchleuchten, sprachfähig zu machen und künstlerisch zu überwinden. Ein wichtiger Wegbereiter dieses Ansatzes war der Soziologe Pierre Bourdieu. Mit seinem Begriff der *kulturellen Felder* entwickelte er eine Alternative zur rein internen oder rein externen Interpretation der Kunst. Weitere Impulse lieferte sein Kollege Bruno Latour, der erforschte, wie soziale und emotionale Aspekte am Aufstieg und Fall von Innovationen mitwirken.

Aus solchen Ansätzen könnte in der Tat ein neuer Kunstbegriff hervorgehen. Dieser wird dann möglicherweise auch in der Lage sein, die genuine soziale Struktur von Kreativität und kreativer Formbildung zu erfassen. Auf diese Weise könnte es beispielsweise gelingen Ökonomie und Psychologie, Finanzen und Gefühlswelt harmonisch zu verbinden.

Es gibt heutzutage immer mehr Künstler, die in dieser Richtung bereits begonnen haben, mit ihrer Arbeit ganz neue Wege zu beschreiten. Etwa indem sie in enger Zusammenarbeit mit Handwerkern, Technikern, Architekten, Künstlern, Archivaren und Kunsthistorikern sich als Sozialentrepeneure betätigen. Dies mit dem Ziel Mikro-Unternehmen zu etablieren und Erfindungen zu fördern, die die Lebensbedingungen benachteiligter Menschen verbessern. Als Beispiel dafür sei hier das Solarlampenprojekt *Little Sun* von Olafur Eliasson genannt, das den 1,4 Milliarden Menschen, die ohne Stromnetz und damit ohne Elektrifizierung leben, auf einfache, kostengünstige und unternehmerisch innovative Art Licht in den Abendstunden bringen soll.

Andere Ansätze in der Kunst, die auf das Teilnehmen angelegt sind, gehen ebenfalls in diese Richtung. Das Projekt *Inside Out*, das von dem französischen Street Artist JR initiiert wurde, ist während wir dieses Buch schreiben dabei, zum größten interaktiven Kunst-Projekt der Welt heranzuwachsen. Über Grenzen hinweg sind Menschen dazu aufgefordert, über die Webseite des Künstlers Porträts hochzuladen, welche dann als Poster in digitaler Form zurückgesendet werden. Diese Abbilder ihrer Mitmenschen können die Teilnehmer dann ganz nach ihrem Ermessen irgendwo in ihrer Umgebung an dafür geeignete Gebäudewände aufkleben, um so ihre Meinung kundzutun, oder darüber hinaus Problembewusstsein für bestimmte dringende Themen zu wecken.

Hier seien kurz die Stationen beschrieben, die in den letzten Jahrzehnten hin zu solchen neuartigen Kunstprojekten führten. Denn die Kunst selbst begann unlängst die Mechanismen, die der sozialen Wahrnehmung zugrunde liegen, aufzugreifen. Namentlich die Struktur des gesellschaftlichen Lebens, die die Beziehungen zwischen Künstlern und Öffentlichkeit gleichzeitig verhüllt und enthüllt. Was wir als Öffentlichkeit bezeichnen, legt fest, welche Erfahrungen in welchem Rahmen mitgeteilt werden können und welche nicht. Dabei spielt die künstlerische Tradition eine entscheidende Rolle. Mit dem Werk des Malers Gustave Courbet, das zur Zeit der Revolution von 1848 entstand, wurde die soziale Dimension der Öffentlichkeit selbst zum Gegenstand der Kunst. Courbet war der erste Künstler, der sich vom Vorsatz leiten ließ, sich vom im Volk vorhandenen Wissen inspirieren zu lassen.

Die ersten Bilder in Deutschland, die als Geschichte formende Kraft aus dem vom Volke vorhandenen Wissen heraus entstanden, waren die Darstellungen der Hussitenbewegung (1836) von Karl F. Lessing und die *Märzgefallenen* von Adolph Menzel (1849). Letzteres Bild wurde allerdings vom Künstler nicht zu Ende gemalt und auch nicht mehr zu seiner Lebenszeit ausgestellt. Das vielleicht berühmteste Bild vom Volk als handelnde Kraft wurde 1901 gemalt: Giuseppe Pellizzas da Volpedos *Il Quarto Stato*. Gegen 1968 wurde es weltweit zur Ikone einer humanistischen Version vom souveränen Volk. Der italienische Regisseur Bernardo Bertolucci verwendete dieses Gemälde im Vorspann seines 1976 produzierten Filmes *Novecento*.

Schon 1972 hatte Joseph Beuys in seiner Selbstinszenierung *La rivoluzione siamo Noi* (Wir sind die Revolution) auf das Motiv von *Il Quarto Stato* zurückgegriffen, um ein politisches und soziales Engagement in Zusammenhang mit seiner künstlerischen Arbeit zu betonen.

Die Kunsttradition einer Kultur gibt ein bestimmtes Symbolsystem vor, aus dem sich die Sichtbarkeit der Dinge ableitet. Courbet erweiterte dieses System, indem er darstellte, was wir inzwischen "soziale Wirklichkeit" nennen. Für diesen Schritt war es nötig, die Verbindungen zwischen Religion, Politik und Kunst zu betrachten.

Seit diesem Moment stellt sich für die Künstler auch geradezu zwangsläufig die Frage, ob sie eher Bourgeois, Außenseiter oder Widerständler sind. (Courbets Ziel war es Widerständler zu sein.) In diesem Zusammenhang entstand die Vorstellung von Kunst als politischer Aktion. Die Welt wird zum Material schöpferischer Tätigkeit. Die traditionellen Kunstformen - symbolisiert durch Schleier, Kleid und Lyra - die die Funktion eines kulturellen Gedächtnis haben, werden seid dieser Zeit ergänzt durch neue Kunstformen wie Fotografie, Film und Internet. Diese neuen Kunstformen bringen nun ein neues Denken hervor, welches wir als Intelligenz der kulturellen Symbolisierung bezeichnen können.

Inzwischen stellen die aktuellen Erzählweisen dieser neuen kollektiven Kunstform öffentlich-mediale Konventionen zunehmend in Frage. Der Film etwa wird gegenwärtig zu einer medialen Collage, die unsere Erkenntnisfähigkeit an immer weitere Grenzen führt. Dadurch wird öffentlich bewusst gemacht, dass mediale Verhältnisse immer auch zugleich Machtverhältnisse sind und dass der Mensch in viel stärkeren Maße sozial geprägt ist, als wir das bisher wahrhaben wollten: Unser Denken spiegelt zu einem Großteil Gesellschaftsmuster wieder, die wir unreflektiert übernehmen.

Da wir mit dem Internet ein neues Kunstmedium haben, das wie ein Chamäleon sich so verhalten kann wie alle Arten von Medien vor ihm, verändert sich auch die Flexibilität unseres Denkens und Verhaltens. Entsprechend modifiziert sich auch die Art, wie wir Sinn und Bedeutung durch das Erzählen von Geschichten erzeugen. Zudem erlaubt dieses neue Medium, dass wir uns in einzelne Themen so tief versenken können, wie wir es wollen. Die Grenzen zwischen einzelnen Themen verflüchtigen sich so, wie auch die zwischen nichtlinearen, partizipativen und spielartigen Mustern des Geschichtenerzählens. Dies verändert wiederum, wie wir uns selbst und andere Menschen wahrnehmen, denn es beeinflusst die Art, auf die wir unser eigenes Leben uns als Geschichte erzählen.

Unser Leben verwandelt sich im Zuge davon immer mehr in ein Spiel, bei dem es für uns darum geht, geheime Regeln zu erforschen, um dann diese Regeln so befolgen zu können, dass wir am meisten Freude an diesem Spiel haben und am meisten Sinn in ihm entdecken können. Dabei lassen sich hauptsächlich folgende verschiedene Ansätze beobachten: Das Schwerpunktlegen auf das Erzählen von Geschichten, auf Stilfragen und Schönheit, oder auf das Hervorbringen neuer Ideen und das Erforschen deren systemischer Auswirkungen. Zudem gibt es eine Gruppe von Menschen, deren Hauptanliegen gerade das Erforschen des konzeptionellen Zusammenwirkens von Geschichten, Schönheit und Ideen ist. Hierzu könnte man die Kunstaktionen der mutigen jungen Frauen Nadezhda, Katya und Masha zählen, die unter dem Namen *Pussy Riot* als aktivistische Punk Band bekannt wurden. Die zwischen 22 und 29 Jahre alten Russinnen hatten am 21. Februar in der Moskauer Christ-Erlöser-Kathedrale gegen den amtierenden Präsidenten Putin protestiert. Mit Skimützen vermummt und in Minikleidern hatten sie ein "Punk-Gebet" vorgetragen: "Jungfrau Maria, Mutter Gottes, nehme Putin aus dem Weg!" Dies begründeten sie in ihrem Song damit, dass Putin sich mit seiner Macht an die Stelle Gottes gesetzt hätte. Wie Nadezhda Tolokonnikova bei ihrem Abschlussstatement vor dem Khamovnichesky Gericht in Moskau am 8.8. 2012 sagte: *„Was* Pussy Riot *macht, ist Kunst als Widerstand, oder Politik, die sich der Formen bedient, welche die Künste etabliert haben. In jedem Fall handelt es sich um eine Form der zivilen Aktion unter Umständen, in denen grundlegende Menschenrechte, zivile oder politische Freiheiten von einem durch Firmen gesteuerten Staatssystem unterdrückt werden.“*

Da es sich bei der Aktion von *Pussy Riot* am 21. Februar 2012 um einen Protest in einem Kirchenraum handelte, kommt in diesem Fall aber noch eine entscheidende andere Dimension dazu: Die des bewussten Rituals. Normen ergeben sich für uns daraus, wie wir körperliche Verhaltensweisen auslegen. Und umgekehrt verhalten wir uns körperlich wiederum in Bezug auf solche Normen. Nach der heutzutage allgemein anerkannten *Grit and Group Theory* von Mary Douglas bilden Gruppenrituale die festlegende Codierung einer Gesellschaft. Ein durch solche Rituale sich heraus bildender Code unterstützt die Ausrichtung an Hand von gewissen geistigen Werten und hilft, diese zu internalisieren. Rituale sind so gleichzeitig Kontroll- wie Kommunikationssysteme einer Gesellschaft.

Ein Gesellschaftskörper, der sich ausformt als Ergebnis des Zusammenwirkens von Ritualen, legt fest, wie der physische Körper der einzelnen Menschen von diesen selbst wahrgenommen wird. Unser Körper ist so ein hochgradig von außen festgelegtes Ausdrucksmedium. Wir sehen, wie auf der symbolischen Ebene das Selbst mit der Gesellschaft verschmilzt. Immer dort, wo diese Verschmelzung nicht vollständig ist, kann Bedeutung entstehen, Innovation und als Folge davon soziale Kreativität.

Wie wir im Folgenden gemeinsam erforschen werden, kann es zu einer tiefen Versöhnung von Individuum und Welt-Gemeinschaft kommen, wenn soziale Kreativität nun direkt in die Gestaltung von Ritualen einfließt. Dies hat dann weitgreifende Auswirkungen auf die Art, was wir als Realität empfinden, weil das Symbolsystem, das sich durch Rituale heraus bildet, - und in Folge davon in jeder Form von sozialer Interaktion - das Wahrnehmungsvermögen des Einzelnen prägt und somit auch die Verständnismöglichkeiten, die in dem von der Gesellschaft konstituierten Weltbild vorgesehen sind. So überwindet die Kunst den Widerspruch zwischen Funktion und Ästhetik, indem sie soziale Verantwortung Wirklichkeit werden lässt. Künstler produzieren dann sprichwörtlich Realitäten.

Was durch Kunst an den Tag tritt, ist die Frage, inwiefern unser Verhältnis zur Realität von der Inszenierung von Subjektivität abhängt, bzw. inwiefern unsere Alltagserfahrung beständig oszilliert zwischen einer "normalen Realität" und einer "halluzinierten". Andererseits tritt Kunst somit auch als Bedingung des menschlichen Lebens zu Tage. Sie ist dann nicht mehr länger Selbstzweck, sondern das eigentliche Mittel des Austauschs der Menschen untereinander. Ein Mittel, das die Menschen darin unterstützen kann, einander zu verstehen, zu lieben und zu fördern. Kunst beginnt demnach überall dort, wo wir bereit sind, unsere innerste Erfahrung mit anderen zu teilen. Kunst tritt so als das Medium hervor, durch das wir zum Teil der kollektiven Erzählung der Menschheit werden.

Die Filme von Fassbinder und Godard zeigen uns, unter solchen Gesichtspunkten der sozialen Kreativität einmal betrachtet, exemplarisch auf, wie wir in allen Formen unseres privaten Alltagslebens nur immer verschiedene Teile und Formen uns umgebender Gesellschaftsstrukturen reproduzieren. In anderen Kunstbereichen sind zeitlich parallel die Gruppenexperimente im Zusammenhang mit Warhols *The Factory* und mit Beuys Idee der "sozialen Skulptur" entstanden. Es war nicht zufällig genau diese Dopplung von Leben und Kunst, die ins Zentrum der Arbeit vieler der wohl kreativsten Künstler dieser Generation trat. Radikal wird vor allem bei Godard die Verstrickung von Individuen, in die sie umgebenden negativen und positiven Gruppen-Kräfte thematisiert. Wir können in diesen künstlerischen Versuchen erste, unter Schwierigkeiten zustande kommende Durchbrüche hin zur kollektiven sozialen Kreativität innerhalb künstlerischer Gruppenprozesse sehen. Was Godard mit anderen Künstlern seiner Generation vereint, bei allen Unterschieden, ist der Versuch Kunst hervorzubringen an Hand der authentischen Selbstkonfrontation mit dem eigenen Leben und dessen sozialen Bedingtheiten. Im Werk von Godard und seinem Stamm wechselnder Mitarbeitern, aber auch in dem von Fassbinder und seiner Künstler-Familie, können wir so beobachten, wie Gruppenkreativität freigesetzt wird. Dies durch die schonungslose Konfrontation der Filmemacher mit sich selbst, mit den sie umgebenden Menschen und der Geschichte des Mediums, in dem sie sich ausdrücken. Darüber hinaus mit der zeitgenössischen Gesellschaft, in der all dies zusammen verdichtet sich wieder findet. Ausgangspunkt solcher Befragungen sind dabei eben kollektive Gruppenprozesse. Diese resultieren aus Selbstbefragungen dominanter Künstlerpersönlichkeiten, die zum Teil ehrlich frustriert scheinen. Frustriert darüber, dass die, mit denen sie zusammenarbeiten, sich nicht gegen sie emotional-intellektuell durchzusetzen in der Lage sind. Fassbinder hat bei der Darstellung solcher Gruppenprozesse stets an seinem Vorbild Douglas Sirk festgehalten, der wie er die psychologische Verwirrung seiner Protagonisten durch eine gesteigerte filmische Ästhetik unterstreicht, die emotionale Ausweglosigkeit zum Stilmittel erhebt.

Natürlich war ein Ausgangspunkt für solche Prozesse radikaler Selbstbefragung die seinerzeit sehr einflussreiche Philosophie des Existenzialismus. Sie trug von Beginn an den Keim in sich, eine andere Art von Kreativität zu entdecken. Eine Kreativität, bei der sich dann die fatalen gesellschaftlichen Machtstrukturen in den kollektiven künstlerischen Prozessen widerspiegeln würden. So wurde zum Beispiel auch in dem sich selbst verwaltenden Theater-Kollektiv der *Berliner Schaubühne* damit experimentiert, durch basisdemokratische Produktionsbedingungen an eine andere Art von Gruppen-Kreativität heranzukommen. Es entstanden in einem solchen Feld in der Tat ungewöhnliche, utopisch anmutende Inszenierungen in den unterschiedlichsten dramatischen Genres. In diesen Inszenierungen gelang es zum Teil auch schon eine reine Spielfreude und eine neuartige Leichtigkeit auszudrücken.

Solcherart künstlerische Kulturimpulse zeigten aber vor allem auch, welche unterschiedlichen - und oft auch paradoxen Wege man aus der neuen Kraft der sozialen Kreativität heraus wählte. Die soziale Aufbruchsstimmung der damaligen Zeit führte bekanntlich auch zu zerstörerischen Prozessen. Es scheint, als wäre die Gesellschaft damals zunächst mit ihrem eigenen kollektiven Unterbewusstsein konfrontiert worden. Dies bewirkte Veränderungen auf allen Lebensgebieten, die sich bislang aber noch nicht umfassender im Alltagsleben ausdrücken konnten.

Dennoch: Solche Veränderungen wiesen bereits den Weg, sich mit dem ungeklärten inneren Gefühlsleben ernsthaft und ehrlich auseinander zu setzen. Ähnlich wie die Filme Fassbinders sind so auch die Filme Godards direkte Ableitungen aus dessen Gefühls- und Sexualleben. Worüber diese kreativen Genies auch einen Film drehten, es handelte sich bei dem Ergebnis immer um eine Darstellung ihrer intimsten persönlichen Erfahrung in Bezug auf das Thema, welches gerade in einem jeweiligen Projekt im Mittelpunkt stand. Dabei wird das subjektive Wahrnehmen radikal aufgedeckt, unter die Lupe genommen und analysiert. So wurde es möglich im Medium der Kunst aufzuzeigen, inwiefern das Politische persönlich ist und die Ethik mit Ästhetik verschmolzen ist. In der Art wie auf das Leben geblickt wird, spiegelt sich der Zustand des Menschen. Im zweiten Film von Godard, *Le Petit Soldat* (1960), heißt es so mit einem Gorki Zitat, welches bewusst fälschlicher Weise Lenin zugesprochen wird: *„Die Ethik ist die Ästhetik der Zukunft".*

Es ist wohl dieser prophetische Ausspruch, der gezielt darauf hinweist, worum es in der Kunstentwicklung der letzten Zeit eigentlich ging: Um die Auflösung der Grenze zwischen Kunst und Leben durch Gruppenprozesse. So haben wir es etwa im Werk von Fassbinder und Godard mit Filmen zu tun, die das Leben tagebuchartig begleiten und dokumentieren und in denen gleichzeitig, wie in einem Labor, die Bedingungen der jeweiligen Lebens- und Arbeitsumstände radikal in Frage gestellt werden. Insofern blicken wir mit diesen Filmen auf emotional-gedankliche Prozesse in Reinform. Prozesse, die das Leben – als wäre dieses ein lebendiges Gedicht – selbst hervorzubringen scheinen. Die reine Subjektivität der Künstler findet ihren Ausdruck in Form einer reinen Erfahrung des Seins. So sind Godard und Fassbinder bereits Vorboten des Versuchs, die Dualitäten des Bewusstseins (politisch-privat, fiktional-dokumentarisch, Leben und Kunst, politisch rechts oder links, Täter und Opfer, Leben und Tod, unterhaltsam-experimentell usw.) aufzulösen.

Es ist ein Gemeinplatz, zu sagen, gute Künstler sind ihrer Zeit voraus. Dass sie in der Lage sind das Kommende zu erahnen. Dies lässt sich auch an Beuys in seinen Kunst-Aktionen vergegenwärtigen, die Wegbereiter für einen neuen Kunstbegriff, einen erweiterten Wissenschaftsbegriff und die symbolische Heilung in Gruppen waren.

Es ging Beuys eigenem Selbstverständnis zufolge darum, die Linie fortzusetzen die Novalis, Goethe und Steiner begonnen hatten, und die zu einem Überschreiten einer Schwelle führt, wo ein Mensch gleichzeitig Künstler, kreativer Philosoph, Heiler, Heiliger und Wissenschaftler ist. Den von ihm verwendeten Begriff der "sozialen Plastik" wollte er dementsprechend als die Gesellschaft verändernde Kunst im Sinne einer Konfiguration einer geistigen Welt verstanden wissen.

Seine Frage: Wie kann eine kreative Sphäre öffentlich agieren, die nicht staatlich kontrolliert ist? Sie würde jenseits von Opportunismus eine kreative Aktivität jedes/jeder Einzelnen darstellen müssen, bei der es vor allem um die Selbst-Transformation geht. Das von Beuys etablierte Konzept der "sozialen Plastik" geht über das Erschaffen von Werken hinaus und bezieht menschliche Handlungen und gesellschaftliche Aktionen mit ein, genauso wie evolutionäre Verbesserungen in den Bereichen Politik, Recht und Ökonomie. Ästhetik kann dann als eine natürliche Begleiterscheinung jeder menschlichen Tätigkeit aufscheinen.

Der Kunstwissenschaftler Aby Warburg gehörte zu den frühen Vertretern, die am Anfang des 20. Jahrhunderts das Fortleben geistiger Vorstellungen in den Bildern, die eine Kultur hervorbringt, erforschte. Für ihn stellte sich heraus, dass in unseren Bildern verdrängte Bewusstseinsschichten sichtbar werden, und er prägte in diesem Zusammenhang den Begriff der *Pathosformel*. Damit bezeichnete er in der Menschheitsgeschichte auftauchende Darstellungen formelhafter Gestik und Mimik des Gefühlsausdrucks, denen eine universale Gültigkeit zugeordnet werden kann und die sich in Bildern in magischer Weise manifestieren. Die Erkundungen Warburgs sind besonders aufschlussreich im Licht der Tatsache, dass das Kunstschaffen allgemein in der Moderne immer mehr als Religionsersatz zu fungieren begann. Dabei wird der Kunst gezielt im gesellschaftlichen Diskurs die Rolle des Gegensatzes zur institutionalisierten Religion zugeordnet. Sie darf innerhalb der Gesellschaft die Dimension der individuellen Mythologie und Spiritualität am Leben halten. 1902 erzeugte bereits die Kunstreligion der *Secession* mit der *Beethovenausstellung* die Gestaltung ästhetischer Erlösungsansprüche mit einzigartiger Intensität. Weil aber im Rahmen der Ökonomisierung aller Lebensbereiche der Gesellschaft Kunst gleichzeitig mit ihrem Warencharakter konfrontiert wurde, gab es nur eine trickreiche Lösung für diesen offensichtlichen Widerspruch: die Kunst, die ihren Ursprung im Kult und Ritus hatte, wurde der Wiederherstellung des Ausstellungswesens und des Eventbetriebes zugefügt.

Neben Warburg waren es vor allem Kunsthistoriker wie Hartlaub und Gettings, die nach den geistig-symbolischen Hintergründen der zeitgenössischen Kunst zu forschen begannen. Dabei ging es letztendlich um nicht weniger, als den Zusammenhang von geistigmystischen Erleben und Kunstschaffen nachzuweisen. Die ästhetische Erfahrung, so konnte von diesen Forschern festgestellt werden, ist *per se* eine geistige Erfahrung. Sie ermöglicht es, die Dinge neu zu sehen. Dies geschieht über eine der Kunst innewohnenden Hermeneutik die beständig eigendynamisch daran arbeitet, äußeres und inneres Erleben in Übereinstimmung zu setzen. Jeder Mensch, der sich ernsthaft auf Kunst einlässt, nimmt teil an einem kollektiven menschheitsgeschichtlichen Prozess. Er tut dies, indem er im Gedächtnis die Archetypen anruft und darüber mit Bedeutungen aufgeladene Symbole in seinem Bewusstsein auftauchen lässt, die ihn innerlich formen.

Die Kunst-Aktionen von Beuys können wir in diesem Sinne als gezielte Übertragungshandlungen – Beuys nannte es Parallelprozesse – beschreiben. Das öffentliche und zugleich hermetische Sprechen über seine Werke, welches sein Schaffen über 20 Jahre kontinuierlich begleitete, stellte eine Heilkunst dar, die das Publikum von Anfang an bewusst mit einbezog. Denn bei diesem Sprechen handelte es sich nicht um ein interpretierendes Erläutern seiner Werke, sondern um ein evokatives/invokatives bildhaftes Reden, durch welches das Sprechen selbst zu einem die geistige Dimension integrierenden Teil der Werke wird. Die Vermittlung eines Übersinnlichen im Sinnlichen findet statt über eine erkenntnistheoretische, pädagogische und politische Zielsetzung, deren Basis eine wissenschaftliche Methodik ist. Invokation bezeichnet dabei den bewussten Akt des Hineinrufens einer höheren Macht und Evokation das Beschwören von Geisteswesen. Beide Vorgänge werden in der geistigen Praxis als wissenschaftliche Methoden angesehen, die wesentlich effektiver sind als das übliche mit Wunschdenken vermischte Beten.

Laut seiner eigenen Äußerungen ging es Beuys mit seiner *Heilkunst* darum, mit der eigenen Handlung ein *Exemplum* zu geben und im Umgang mit der *Substanz* und ihrer *Dynamik* ein Bild für Prozesse zu schaffen, die auf Geistiges verweisen. Wenn Beuys seinen Kopf etwa mit einer Salbe bestrich, um dann einen toten Hasen wie ein Baby auf dem Arm herumzutragen und diesem gleichzeitig Bilder zu erklären, wurde er als Künstler zu einem Teil seines eigenen Bildes, das wiederum den von ihm dargestellten therapeutischen Prozess wirksam nach außen tragen sollte.

Ein *Therapeutikum* kann dabei zum Beispiel eine bestimmte bewusste Handlung sein, die bei kleiner Geste eine große Wirkung hervorzubringen vermag. Beuys gab dazu einmal folgende Empfehlung: *Wenn man sich geschnitten hat, sollte man nicht den Finger verbinden, sondern das Messer.* Durch solch eine sympathetische Magie der direkten bewussten Handlungen, wird das Wesen der Kunst in den Alltag freigesetzt und wirkt dort heilend. Dabei ging es ihm um eine soziale Heilkunst, die den Anspruch hatte alle Menschen gleich mit einzubeziehen, um so für das Geistige eine diesseitige Perspektive zu eröffnen, die den bisherigen Kapitalfluss in ein anderes Wertesystem umlenkt.

Man kann Beuys` therapeutisch-soziales Kunstverständnis als die Überführung indigener schamanischer Gruppenzeremonien in die Neuzeit sehen, die an der Verbundenheit mit der Natur und der Geistwelt ansetzen. Hier geht es darum, mittels Ritualen, Gebeten sowie mantrischer Tänze und Gesänge mit Geistwesen, sogenannten *Spirits,* in Verbindung zu treten, die zu Zwecken der Reinigung, der Heilung und sozialen Problemlösungen angerufen werden. Die Zeremonien finden gleichermaßen in einem öffentlichen wie geschützten Raum statt. Dabei ist es gerade die bewusste Wahrnehmung des von den *Spirits* erzeugten Kraftfeldes, welche die Verbundenheit der Anwesenden mit der Geistwelt stärkt. Diese Verbundenheit muss sich der Mensch des 21. Jahrhunderts erst wieder neu erarbeiten.

3. Gegenwartskunst und Bewusstseinsprozesse

In einem anderen Sinne als Beuys reagierte Warhol auf die Krankheit der Gesellschaft. Er feierte die Idee der allzeitigen Verfügbarkeit im Sinne der Austauschbarkeit. Er feierte eine Welt, in der Leben und Arbeit miteinander vollständig verschmelzen. Zugleich machte er die solchen Ideen innewohnende Dynamik auch authentisch zur eigenen automatisierten Produktionsbedingung. Er unterwarf sich diesen Ideen, wollte ganz in ihnen aufgehen. Eben durch diese möglichst vollständige Affirmation der reinen automatischen, medialen und seriellen Reproduktion schien er das Gespenst der Traummaschine, welches über die Kultur herrscht, gnädig stimmen zu wollen. Letztendlich war er, wie viele seiner Zeitgenossen, dem Bann des Versprechens dieses Gespenstes erlegen, welches sanft ins Ohr flüstert, dass es jeder wie die Monroe ganz nach oben schaffen kann. Was man da ganz oben, erst einmal angekommen, dann eigentlich genau davon hat, ist nie ein direktes Thema seiner Kunst gewesen. Einer Kunst, die wie ideal dafür geschaffen zu sein schien, dem Kunstmarkt Objekte für ihre Spekulationen zu liefern. Dies geschah selbstverständlich innerhalb von Gruppenstrukturen aus Künstlern, Händlern und Kulturinstitutionen, die gegenseitig auf maximalen Gewinn verpflichtet waren.

Der Preis für all dies war die Aushöhlung des Kunstbegriffes und die gnadenlose Typisierung der Künstler. Kunst und Wirtschaftsleben verschmolzen. Künstler ließen sich als Agenten des Neoliberalismus instrumentalisieren. Der Künstler selbst musste innerhalb von Gruppen, die auf ihn spekulieren, zur Projektionsfläche von unerfüllbaren Träumen werden. Im Bilde solcher Projektionsflächen sieht dann auch die offizielle gegenwärtige Kultur hauptsächlich nun die Mitmenschen. Sie bewertet die Qualität dieser nur noch nach Verfügbarkeit und Austauschbarkeit. Es ist dies die großräumige Vermarktung kultureller Kompetenzen. Kultur wird als Wirtschaftsfaktor erkannt und die Kulturwirtschaft baut die Welt zur Kulturverwertungsgesellschaft um.

Die Aufwertung des Lebens durch die sozialen Bewegungen der 1960er und 1970er Jahre, die auf eine Politisierung des Privaten drängten, nahm innerhalb der *Celebrity-Kultur* eine seltsame Wendung. Denn diese Kultur, bei der es darum ging, sein eigenes Produkt, die eigene Marke zu werden, lieferte erst die Grundlage einer Gesellschaftsform, die dann neoliberale Werte bereitwillig aufnahm und gleichzeitig propagierte. Über das Diktat des Vergnügens und der Unterhaltung internalisierten die Menschen nur zu bereitwillig die Ideale des Neoliberalismus, dessen Prinzip die Ökonomisierung und gleichzeitige Politisierung des gesamten Lebens darstellt.

Die Rückseite dieser neoliberalen Ideologie heißt: Je mehr die Menschen austauschbar gemacht werden, desto mehr Konkurrenzkampf findet statt, denn Konkurrenzkampf basiert auf dem Prinzip absoluter Konformität. Warhols frühe *Desaster*-Bilder weisen dabei durchaus kritisch auf die tödlichen Konsequenzen einer Ideologie voraus, die am Ende ihre eigenen Anhänger konsumiert. Einer Ideologie, die mit ihrem Kult um Erfolg, Ruhm und Celebrity die notwendige negative Gegenseite des weiter oben beschriebenen eigentlich positiven *american dreams* ausmacht. Diese Gegenseite lautet schlicht: Es geht nur noch darum, sich erfolgreich zu vermarkten.

Der Unterschied zwischen Beuys und Warhol hat eine tiefere Bedeutung, denn er kann uns den Unterschied zwischen einem produktiven und einem kreativen Künstler verdeutlichen. Popularisierung kennzeichnet, nach Dane Rudhyar, die letzte Lebensperiode einer Gesamtkultur. In einer solchen Periode werden sehr viele Menschen künstlerisch aktiv, einfach um sich besser, mehr lebendig und wie erfolgreiche Menschen zu fühlen. Dabei kommt es dazu, dass ihre Hervorbringungen lediglich die psychomentale Umwelt noch mehr verschmutzen, denn das Ergebnis ihrer Bemühungen ist zumeist nicht kreativ im Sinne von lebendiger Erneuerung. Die wenigen kreativen Menschen zeichnen sich nach Rudhyar dadurch aus, dass sie den wirklichen Charakter der Bedürfnisse ihrer Kultur für ihre kreativen Tätigkeiten verstehen. Zudem wissen sie intuitiv ihren Platz und ihre Funktion innerhalb des Gesamtprozesses der Evolution ihrer Kultur. Darum gilt es also sehr genau Produktivität von Kreativität zu unterscheiden, weil Produktivität, selbst im Bereich der Kunst, eben keine Kreativität ist. Der Geist kreiert, die Kultur reproduziert. Ein geistiger Impuls wird nur von den kreativen Menschen aufgenommen, und sie objektivieren ihn in Archetypen, die die transformative Kraft haben, alles neu zu machen. Solche Archetypen sind etwa neuartige Mythen, von denen eine magische Kraft ausgeht, eine ganze Kultur umzuformen. Mythen bestehen dabei wie Algebra aus bestimmten Organisationen von Symbolen. Der Dichter Walt Whitman kreierte so mit seinem Werk den Mythos der *american success story*, dem Millionen Menschen aus aller Welt folgten und bis heute folgen. Die Herrscher in Deutschland während des 2. Weltkrieges wiederum drängten ihrem Volk alte Mythen auf, was einen gefährlichen und bösen Rückschritt bewirkte. Es war eben dieser Missbrauch der mythischen Kraft, an Hand dem sie sich grundlegend gegenüber der Menschheit schuldig machten.

Es geht nicht darum, produktive Menschen gegenüber kreativen Menschen pauschal abzuwerten, denn je nach Fall können auch produktive Menschen originelle Ideen haben. Ihre Aufgabe ist es, eben nicht kreativ zu sein, sondern zur Verbreitung bestimmter bereits in einer Kultur etablierter Prototypen beizutragen. Oft beschleunigen sie, wie bereits angedeutet, dabei nur den Verfall einer Kultur. Prototypen sind Variationen desselben Themas. Kreative Menschen sehen sich dagegen selbst als Mythen-Stifter, die die Aufgabe haben, dem Individuum neue Möglichkeiten des Seins aufzuzeigen. Dementsprechend leben kreative Menschen selbst auch ein symbolisch-alchemistisches Leben, welches in der Lage ist, eine Kultur auf einen neuartigen geistigen Sinn auszurichten. Der kreative Mensch erschafft einen neuen Mythos vom Individuum als Reaktion auf eine geistige Krise seiner Kultur.

Natürlich ist eine Kultur, die sich ganz den Marktkräften und dem Wettbewerb ergibt, bereits innerlich verfault und abgestorben, auch wenn man es äußerlich noch nicht erkennen mag, weil so viel teure Schminke aufgetragen wurde. Das Spiegelkabinett konformistischer

Projektionen verbreitet innere Leere und so Angriffsflächen für alle möglichen Krankheiten in dem Maße, wie Austauschbarkeit und Verfügbarkeit Ziele an sich werden. Wir können also sehen, wie Warhol den entgegengesetzten Prozess zu dem von Beuys sichtbar machte. Ging es Warhol um die Entleerung der Persönlichkeit durch die banale Reproduktion von banalen Erscheinungen der Massenkultur, stand Beuys für die Authentizität. Eine Authentizität, die sich ergibt, wenn ein bewusst gewähltes individuelles Bild-Symbol in eine Austauschbewegung mit einer bewusst gewählten biografischen Legende tritt. Um diese Austauschbewegung gesellschaftlich zugänglich zu machen und so materielle und spirituelle Zusammenhänge in eine Einheit bringen zu können, schlüpfte Beuys gezielt in die Rolle des archetypischen Heilers, des Schamanen. In eine Rolle also, welche die Gegenwart in die Zukunft projiziert. Selber nannte er diesen Vorgang: *Regression im Sinne der Progression.* Für diesen Vorgang verwendete Beuys auch gezielt Symbole, wie etwa jenes des *Grals* – zeichnerisch umgesetzt als goldglänzende Mondschale, die die Sonne (den Christusgeist) aufnimmt – im Zuge seiner von Rudolf Steiner übernommenen Ikonografie einer spirituellen Kosmologie. Ein anderes wichtiges, auf Steiner zurückzuführendes Symbol, welches von Beuys durch sein gesamtes Werk hindurch verwendet wird, ist das so genannte Schwellenzeichen. Es besteht aus einer konzentrisch-exzentrischen Doppelspirale. Nach Steiners Schriften bezeichnet dieses Symbol den Anbruch eines neuen Stadiums in der Menschheitsgeschichte. Steiner selbst bezieht sich wiederum zumeist auf Blavatsky, wann immer es um die tieferen Deutungen der Symbole geht. In diesem Zusammenhang wäre auch ein Werk wie Beuys *Großer Generator* (1951) zu sehen. Es bezieht sich deutlich auf den *Christus Impuls*, der es dem Menschen ermöglicht, nun direkt das Denkprinzip (Manas) aufzunehmen. Bei seinem 24 Stunden Happening, welches am 5. Juni 1965 in Wuppertal stattfand, dem Ort in Deutschland, der am deutlichsten mit dem Leben von Blavatsky verbunden ist, hielt Beuys während der gesamten Dauer eine mit weißer Plastikplane verhüllte Orangenkiste, unter der sich in einem Glas Wasser eine, im Verborgenen blühende, Christrose befand.

Beuys verstand seine Kunst als Arbeit am Selbst. Sein Lebenslauf war gleichzeitig das Manifest seines Kunstverständnisses. Konsequent verwandelte er sein Leben zu einem Symbol, aus dem dann sein Kunstschaffen hervorgeht. Oder anders gesagt: Seine Kunst ergab sich, weil er sich damit beschäftigte, eine rein symbolhafte Biografie zu schreiben. Eine Mythografie, die sich durch die drei Stationen Krankheit, Verletzung zum Tode und Selbstheilung markieren lässt.

Aufschlussreich in diesem Zusammenhang ist, dass Beuys sich in Gesprächen auch immer wieder deutlich auf bestimmte Begegnungen mit geistigen Wesen bezog. So etwa im Gespräch mit Peter Brügge 1984, wo es heisst: *„Ich hatte eine ganze Reihe von, was man so schön Schlüsselerlebnisse nennt. (...) Dass mir plötzlich ein Wesen gegenübergestanden ist und mir mitgeteilt hat, was ich machen sollte. Und das Merkwürdige ist, dass das, was es mir gesagt hat, als ich so um die vier Jahre alt war, genau das ist, was ich heute machen muss. (...) Ich habe mich immer damit zu befassen, jeden Tag."* Die oben, bei indigenen Völkern aufgezeigte innere Verbundenheit zur Geistwelt hat bei Beuys eine autobiografische Entsprechung. In dieser Hinsicht ist er Vorreiter einer Generation von Menschen, die sich offen zu ihren subjektiven Wahrnehmungen und deren Bedeutung für das Leben bekennen.

In seinen Raum-Bildern machte Beuys in der Veränderung dieser Erlebnisse dann explizit auf die Rolle des Künstlers als stellvertretend Handelnder aufmerksam, der auf eine bewusste Beziehung zu seiner Umgebung hinstrebt. Es ging ihm dabei darum, dass seine Kunst nicht nur betrachtet oder begriffen, sondern aktiv nachvollzogen werden soll. Zu seinen Hirschdenkmälern – das Symbol des Hirsches ist laut einer Selbstaussage des Künstlers die Christusfigur selbst – schrieb Beuys im Ausstellungskatalog zur *Zeitgeist* Ausstellung 1982 in Berlin, *"sie seien Akkulumulationsmaschinen, an denen die Menschen und alle anderen Geister sich treffen, um gemeinsam zu arbeiten und dabei die entscheidenden Gesichtspunkte zu besprechen, die nötig sind, den Kapitalbegriff und damit die Weltlage in die richtige Form zu bringen."*

Bislang hat unsere Kultur die Phase des Warholprozess manifestiert. Das Übergreifen des bislang im Verborgenen blühenden Beuysprozesses auf unsere Gesellschaft, hat in der Breite noch nicht begonnen. Wer feinfühlig ist, vermag vielleicht erkennen, wie dieser zukünftige Prozess dabei ist zu keimen. Etwa dort, wo die Ideen von Beuys, was die Selbstbestimmung, Selbstverwaltung und Dezentralität von Gruppenarbeit angeht im Ansatz verwirklicht werden. Dies geschieht so etwa bei einem Happening demokratischer Kultur wie dem nicht-kommerziell ausgerichteten Kunst- und Künstlerfestival *48 Stunden Neukölln*, welches in den Händen der Belegschaft ist und seit 1999, mit jährlich wachsenden Teilnehmer- und Besucherzahlen, in Berlin stattfindet. Um Machtstrukturen und unnötige Bürokratie zu umgehen wird bei diesem Festival ein pluralistischer Ansatz verfolgt, bei dem gleichberechtigt und nebeneinander autonom arbeitende Gruppen ein gemeinsames Kreativitätspotenzial entdecken können. Um das Prinzip Einheit in der Vielfalt zu verwirklichen, werden in Gruppen Strategien entwickelt, die in Netzwerkstrukturen Multiplikation, Kooperation und Partizipation fördern. Dabei geht es auch darum, Kontakt aufzunehmen zu bereits bestehenden Institutionen sowie zu bildungs- und kulturfernen Bevölkerungsgruppen, um diese zu integrieren. Auf diese Weise werden neue Wege zur Vermittlung kultureller Vielfalt und Offenheit beschritten, und so eröffnen sich variantenreiche Handlungsoptionen unter den Bedingungen erweiterter Wahrnehmungsmuster. Nicht zuletzt ist ein ausgesprochenes gemeinsames Ziel der Beteiligten, möglichst alle Bevölkerungsteile und -gruppen der aus mehr als 160 verschiedenen Ländern stammenden Menschen des Bezirkes anzusprechen und in kulturelle Prozesse mit einzubeziehen.

Die Rückseite von dem, was wir den Warholprozess nannten, zeigt sich uns wohl am deutlichsten, wenn wir vor einer der narrativen Strukturen des Künstlers Mark Lombardi stehen bleiben und beginnen diese zu studieren. Lombardi sagte einmal, er hoffe nie so berühmt zu werden, dass die Händler seiner Bilder entdecken müssten, dass es die kriminellen Netzwerke ihrer Klienten sind, die auf diesen dargestellt werden. Das von Lombardi als sein wichtigstes Werk bezeichnete Bild heißt *BCCI-ICIC & FAB*. Es wurde unter anderem auf der *Dokumenta 13* gezeigt und verdeutlicht anhand von Grafiken die Verbindungen zwischen drei Gruppen: Der *Bank of Credit and Commerce*, der internationalen Politik und dem internationalen Terrorismus. Den Bewusstseinsprozess, der diese drei Gruppen miteinander verbindet, könnte man organisierte Kriminalität nennen. Auch durch die Forschungen von Künstlern wie Lombardi tritt diese so zu bezeichnende negative soziale Kreativität nun an die Oberfläche. So kann zunehmend auch in einer breiten Öffentlichkeit erkannt werden, was diese negative soziale Kreativität bislang für unser aller Zusammenleben bedeutete. In diesem Zusammenhang stimmt der mysteriöse Tod von Lombardi einige Zeit, nachdem sein erwähntes Werk erstmals im Jahr 2001 ausgestellt wurde, allerdings mehr als nachdenklich.

Was können uns solche kartografischen Erzählstrukturen, wie die von Lombardi, über die Rolle des Individuums in einer zunehmend vernetzten Realität mitteilen? Solche Darstellungen können uns vielleicht – jenseits von Spekulationen über irgendwelche Verschwörungen – eben jene Logik des Geldflusses und der weltlichen Macht aufzeigen, den Beuys durch sein

Werk helfen wollte umzulenken, so dass er zum geistigen Wachstum der Menschheit zur Verfügung stehe.

Ein Film, der für ein breiteres Publikum vorgab, den systemischen Charakter der Korruption als Hauptmerkmal der gegenwärtigen kapitalistischen Logik heraus zu arbeiten, war *The International* (2009) von Tom Tykwer. Die im Film zentral fungierende Bank *IBBC* ist dieselbe, die Lombardi als Deckorganisation für viel weiter reichende Verstrickungen ausgemacht hatte, als dies die offiziellen Medien bislang hätten darstellen wollen. Die Ausmaße von Geldwäsche, Waffen- und Drogenhandel im Auftrag von Regierungen, Geheimdiensten und Terrororganisationen übersteigt schlichtweg jenes Potenzial, auf welches die Menschen von den Medien bisher trainiert wurden sich maximal einzulassen. Unmittelbar vor diesem Film hatte die bereits erwähnte Fernsehserie *The Wire* (2002 - 2008) mit ihrer ausufernden Komplexität das neue Hauptthema der Mediendiskussion geholfen durchzusetzen: die allgegenwärtigen Korruption in unserer Gesellschaft. Das Problem mit dieser Fernsehserie und *The International,* sowie mit anderen Filmen des Genres Verschwörungs-Thriller ist die schlichte Tatsache, dass sie nur jeweils dabei sind, eine Allegorie des Konfliktes zu gestalten, anstatt die Grundlage dieses Konfliktes in jedem von uns aufzuzeigen. Statt einen Bewusstseinsprozess innerhalb von Gruppen und Individuen darzustellen, wird der Konflikt auf die Formel des (guten) Individuums gegen das übermächtige (böse) System reduziert. Da wir aber durch diese Darstellungsweise solcher Filme vorsätzlich in der Dualität gehalten werden zwischen zwei alternativen Ideologien – die Geschichte als kontingente soziale Realität oder als eine von unbekannten Kräften manipulierte Realität – bauen sie zunächst einmal den Käfig auf, aus dem sie dann vorgeben mit dem Zuschauer gemeinsam ausbrechen zu wollen.

Wenn wir zwei sich gegenseitig bedingende Faktoren gleichermaßen erkennen, können wir uns den positiven kreativen Aspekten öffnen, die dann das Leben in seiner Gesamtheit bejahen und fördern. Der erste Faktor wäre die Wirkung des privilegierten Teils unserer Gesellschaft, der, ohne dass er dafür autorisiert wäre, mit privater Macht die Regierungen weltweit erfolgreich beeinflusst, indem er über steuerfreie Stiftungen Projekte unterstützt, die grundlegend unsere sozioökonomischen Bedingungen des Zusammenlebens beeinflussen. Der zweite Faktor wäre unsere eigene Unwissenheit über - oder stillschweigende Akzeptanz und Unterstützung dieses privilegierten Teils der Gesellschaft.

Wie der Sozialhistoriker Philippe Ariès feststellte — der nicht nur eine Geschichte der Kindheit, sondern auch eine Geschichte des Todes vorlegte — hat sich unsere traditionelle Vorstellung des Todes während des ersten Jahrtausends nach dem Zusammenbruch des römischen Reiches herausgebildet. Die Menschen des frühen Mittelalters empfanden den Tod als kollektives Geschick und machten kein großes Aufsehen um ihn, weil er, so ihr Bild, alle Menschen wie ein tiefer Schlaf überwältigt, bis sie bei der Wiederkunft Christi, der Parusie, im Paradies erwachen. Zwischen 1000 und 1250 hat sich diese Einstellung dann vom Kollektiv zum Individuum verschoben. Seit dem hat der Tod vor allem dazu gedient, das Bild vom eigenen Selbst zu schärfen. Erst seit dem neunzehnten Jahrhundert stößt der Tod viele der Hinterbliebenen in der westlichen Kultur in ein erschreckendes Reich der Irrationalität. Seit etwa vierzig Jahren könnte man in diesem Zusammenhang sogar von einem tabuisierten Tode sprechen. Was sagt aber diese kulturelle Mutation über uns? Das unser Menschenbild sich ableitet von unserem Bild des Todes und dass dieses im Zusammenhang steht mit unserem Bild der Kindheit. Erst gegen Ende des achtzehnten Jahrhunderts hatte die Familie die Sozialisierung des Kindes übernommen, und die Kindheit selbst wurde zum ersten Mal als ausschlaggebende Phase in der Entwicklung des Individuums angesehen.

Ganz explizit erst zur Zeit von Oscar Wilde, wie wir in dessen Essay *Die Seele des Menschen unter dem Sozialismus* nachlesen können, wird der Mensch im sozialen Kontext und durch Selbsterkenntnis, die sich in Individualismus äußert, zur Freiheit geboren. In diesem Text, der 1891 in der *Fortnightly Review* erschien und danach lange Zeit verschollen blieb, wird das Göttliche im Menschen in Form seiner vollständigen Individualität erkannt und gefeiert. Freud stellte zeitgleich fest, in seiner dunkelsten Einsicht, dass jeder von uns sich selbst der schlimmste Feind ist — eine Einsicht, die sich bereits deutlich bei Shakespeare ankündigte. Für Freud ist jede Handlung eines Menschen symptomatisch, das heißt vollständig konditioniert durch das, was er zuvor erlebt hat. Nach Lacans ab 1940 entwickelter psychoanalytischer Identitätstheorie setzen wir unsere Identität aus den Spiegelbildern zusammen, von denen wir umgeben sind. Unser Selbstbild als Menschen besteht aus unzähligen aufgesplitterten Fremdeindrücken — wie ein kubistisches Gemälde. Unser soziales Ich ist nicht authentisch und nur dazu da, das grundsätzliche Fehlen einer wahren inneren Identität zu verbergen.

Für Roland Barthes war daraufhin jedes Denken eines Menschen gefangen in einem diesem Menschen eigenen Diskurs. Was immer ein Mensch auch sagt, ist nach Barthes eigentlich nichts anderes als nur ein Wieder-Aufnehmen und Weiter-Weben eines ganz spezifischen Denkens, in dem ein bestimmter Mensch eben vollständig gefangen ist. Wie Wilde jedoch schon darlegte, liegt das Göttliche des Menschen in seiner Individualität, die sich erst frei entwickeln kann und ihm ein authentisches Sein und Sprechen erlaubt in einer Gesellschaftsform, die allen Menschen gleichermaßen die Möglichkeit gibt, sich frei zu entfalten. Erst ein wirklich individueller Mensch kann wohltätig auf seine Mitmenschen einwirken, dies die immer noch aktuelle Erkenntnis Wildes. Eine Sensibilität dafür, dass jeder Mensch einen ganz eigenen Ton besitzt und anstimmt, entwickelt sich heutzutage gerade bei jüngeren Menschen rasant. In dem Moment, in dem ein Mensch die Qualität und Energiestruktur seines eigenen Tones (oder zuvor Diskurses) erkennt, gelangt er zu Individualität, Selbsterkenntnis und Gewahrsein.

Das Wesen wahrer Individualität ist Zusammenklang, Harmonie mit anderen und nicht das vorlaute Sich-Bemerkbar-Machen und Opponieren gegen andere. In unserem heutigen Individualitätsbegriff schwingen zumeist noch Ängste mit, von anderen Menschen und der Gemeinschaft ausgenutzt zu werden. Hinzu kommt, dass wir geneigt sind, uns mit konditionierten Eigenschaften und Wertvergleichen zu identifizieren, so dass wir oft gar nicht wissen, was unsere wahre Individualität ausmacht. Wahre Individualität ist unvergleichlich, einzigartig, unverzichtbar und inklusiv.

Die sich zu der Zeit von Wilde ausbildende Psychoanalyse war bereits ein früher Schritt des Durchbruchs dieses geheimen Wissens hinein in unsere westliche Gesellschaft. War für Freud allerdings der Traum darauf beschränkt, ein Engel des Todes zu sein, sahen die Kabbalisten in ihm bereits seit Zeiten seine prophetische Bedeutung, sobald er interpretiert wird. Der *Zohar* (I,183a-183b) sagt uns, dass Gott verschiedene Stufen von Träumen schafft, deren Bedeutung nie direkt erkannt, sondern nur gespiegelt in *Shekhinah* gesehen werden können, dem weiblichen Prinzip der Gegenwart Gottes in der Welt. Der kabbalistische Visionär beschäftigt sich ganz pragmatisch direkt mit *Shekhinah*, welches gleichzeitig Mutter, Braut und Tochter ist und so als Triangulation eine Beziehungsstruktur bildet, über die wir Zugang zur eigentlichen Wirklichkeit haben. Dass was die Kabbalisten *Zelem* nennen, entspricht wiederum dem Individuationsprinzip in jedem von uns, so wie es Jung auffasste - oder unserem unsterblichen potenziellen Licht-Körper. Die Kabbala enthält zudem ein tiefes Wissen über die Wirkungsweise des Prinzips des Teilens. Sie erklärt uns, dass der Weg um wirklich geben und so auch überhaupt empfangen zu können, ein stufenweiser ist, auf dem wir Schritt für Schritt exponentiell immer selbstloser werden, und das geht nur über einen Läuterungsprozess der ganzen Persönlichkeit. Je mehr wir geben, desto mehr können wir auch empfangen. Denn nur, wer sich leer macht, schafft Raum, damit sich die Gaben des Seins in ihn herein ergießen können.

So ist das Teilen auch nur authentisch, wenn es nicht aus der Haltung fehlender Selbstliebe, der Ablehnung, der Kritik, der Unterdrückung eigener Gefühlsmuster oder der Überlegenheit heraus geschieht. Dann, aber auch nur dann, vermag das Teilen aus einer Erkenntnis der Einheit heraus als Haltung und Handlung den Dualismus von Geist und Materie symbolisch aufzuheben. Aber das Teilen kann natürlich im Kleinen jederzeit anfangen geübt zu werden als Praxis der sozialen Kreativität und ist dann Ausdruck der Liebe und zugleich ein offener Prozess, in immer größerem Umfang lieben und teilen zu lernen. Gerade in der Übergangsphase, in der wir leben, ist damit für viele, die das Gute wollen, eine wichtige Lektion verbunden, niemand zu verdammen oder auszugrenzen, sondern selbst immer die offene Hand ausgestreckt zu halten.

Durch das Hereinsickern jener Erkenntnis in die Öffentlichkeit, dass durch die Beschreibung der Welt, also durch Sprache und Gedanken, sich Wirklichkeit herstellen lässt, kommt zunehmend jedem Individuum die Macht der Selbstbestimmung, mit dieser verbunden aber auch Verantwortung im umfassendem Sinne zu. Parallel zu diesem Aufkommen eines neuen Selbstverständnisses der Menschen verwandelt sich unsere Gesellschaft.

Mit der Auflösung der alten Kommunikationsweisen wird der Mensch aus allen tradierten Diskursen befreit und steht mitten in der Herausforderung, sich selbst in seinem Bezug zu anderen Menschen zu erfinden. Die Macht der ästhetischen Neubeschreibung offenbart sich so als göttlicher Kern in jedem Menschen. Dieses göttliche Erbe kann aber nur angetreten werden, wo der narzisstischer Selbstvergötterung innerhalb jeweiliger, durch Weltbeschreibung entstandener Moden, entsagt wird. Solchen Moden zu folgen war aber das Diktat der bisherigen Geldkultur. Die Erweiterung der Möglichkeiten der Kommunikationssysteme und ihre Nutzung im Sinne von rechten menschlichen Beziehungen ist eine Generationsaufgabe. In Spanien gibt es nach offiziellen Angaben im Jahre 2012 über 2 Millionen Menschen zwischen 15 und 29 die weder zur Schule gehen noch eine Arbeit haben oder eine Ausbildung absolvieren. Dies ist ein Phänomen, das sich auf unterschiedliche Weise in sehr vielen Ländern derzeit ausbreitet. Die

Medien sprechen in diesem Zusammenhang gerne von einer verlorenen Generation, so etwa wenn sie die 300 000 Internetsüchtigen in Süd-Korea oder die 10 Millionen im Falle von China erwähnen. Den Ursachen für dieses Phänomen wird aber bislang öffentlich kaum Rechnung getragen. Die Gesellschaftsordnung des Geldes braucht diese Menschen einfach nicht oder instrumentalisiert sie als potenzielle Versorger der älteren Generation. So wollen aber die jungen Menschen von heute sich nicht mehr selber wahrnehmen. Deswegen ziehen sie sich auf unterschiedliche Weise aus der offiziellen Kultur zurück. Sie folgen unbewusst oder bewusst Jesus Warnung, die besagte, wir sollten uns an Lots Frau erinnern und was mit ihr geschah, als sie sich zurück nach dem brennenden Sodom sehnte.

Freud und Jung machten einen Anfang, als sie danach fragten: Was ist das für ein Westen der seine Erlösung im Osten sucht? So etwa in der Folge Malraux, der von einer Synthese rationalistischen europäischen Denkens mit der mystisch hinduistischen Geistigkeit träumte.

Zwei wichtige Einsichten finden nun allmählich auf der Ebene der Gesellschaft zusammen und liefern so womöglich die Grundlage für ein völlig neues Menschenbild. Erstens: Die meisten Probleme der Erde entstehen durch die Auswirkungen von Eigeninteressen auf Kosten des Interesses der Gemeinschaft aller Menschen. Der Ökologe Garret Hardin formulierte diesen Gedanken bereits 1968 in einem Artikel in *Science* nachdrücklich unter der Bezeichnung *The Tragedy of the commons*. Zweitens: Unser Versuch, unser Verhältnis zur Natur durch unseren Verstand und unsere Logik zu bestimmen, führt dazu, ihn als Gefängnis zu empfinden.

Stanley Greenspan und Stuart G. Shanker schreiben in ihrem Buch *Der erste Gedanke: Frühkindliche Kommunikation und die Evolution menschlichen Denkens* darüber, wie die Ursprünge des symbolischen Denkens und Sprechens zutiefst von sozialen Überlieferungen kultureller Praktiken abhängen. Solche kulturellen Praktiken, so diese Wissenschaftler, seien von jeder Generation erneut zu erlernen, um die Stufen des emotionalen Signalisierens zu meistern, die zur Bildung von Symbolen und zu reflektierendem Denken führen. Das Wachsen komplexer Kulturen hängt von Fähigkeiten wie Intimität, Empathie und reflexivem Denken ab und ebenso auch von einem gemeinsamen Sinn für das Menschsein und die Wirklichkeit. All dies sind Fähigkeiten, die den gleichen formativen emotionalen Prozessen entstammen, die zur Symbolbildung beitragen. Solche symbolischen Prozesse befähigen Menschen, in immer größeren Gruppen zusammenzuarbeiten. Hier kann eine neue Psychologie entstehen, die auf gegenseitiger Empathie und Vertrauen aufbaut. Eine Psychologie der umfassenden gegenseitigen Abhängigkeit, die das Verständnis für neue soziale und politische Kräfte erleichtert.

Damit es zu Heilungsprozessen in Gruppen kommen kann, könnte es zuerst sich als notwendig erweisen, dass diese Gruppen den Einfluss der symbolischen Ebene auf ihr Verhalten entdecken lernen. Unsere Worte bekommen erst Sinn durch die Bilder, für die sie stehen. Die Bilder bekommen andererseits erst Sinn durch die tieferen Zusammenhänge, welche sie beschreiben. Wie wirkt sich diese symbolische Ebene der Bedeutungen im Alltag genau auf uns aus? Wir erfassen in der Regel das Vermögen der Archetypen über die Darstellung komplexer Ganzheiten der Natur durch Begriffe wie Typik, Ordnung, Konstante, Individuation, Wachstum und Gleichgewicht. Darüber hinaus beruht aber ihr enormes Vermögen auch in der Steuerung unseres gesamten Moralempfindens. Ohne die Archetypen ist das Phänomen der Moral gar nicht denkbar. Unser freies Handeln wird eben von Normen bestimmt, die, einmal übertreten, Gegenreaktionen auslösen. Insofern sind Krankheiten, und deren Heilung, mit der Polarität von Empfänglichkeit und Rücksichtsnahme verbunden. Je feinfühliger wir durch die gesteigerte Aufmerksamkeit werden, desto stärker sind wir dazu aufgefordert, die in uns hervorgerufenen Empfindungen in bestimmte Bahnen zu lenken, die wie Realkonstanten wirken. Je mehr uns diese Konstanten ins Bewusstsein treten, desto genauer können wir unser Bewusstsein auf die Realität der geistigen Welt ausrichten.

In mythologischen Geschichten erfahren wir oft davon, wie den Helden ein ihnen erscheinendes Bild als innere Vorstellung die Situation, in der sie sich befinden, zu Bewusstsein bringt. Ein solches Bild kann alle möglichen Formen annehmen. Manchmal besteht es aus einem Traumrest, der im Alltagsbewusstsein fortwirkt. Oder es manifestiert sich durch eine reale Erfahrung, die ein großes Echo in einem hervorruft. Es sind solche Erlebnisse, mit denen sich das Verdrängte schließlich zwangsläufig artikuliert. Wir können entweder an solchen Erlebnissen und ihrer symbolischen Bedeutung wachsen, indem wir uns bewusst mit der möglichen Bedeutung auseinander setzen. Oder wir verdrängen diese Nachrichten, was dazu führt, dass sie uns im verzerrten Zustand nur noch stärker verfolgen. Zumeist führt ein hartnäckiges Verdrängen solcher Hinweise aus dem Unterbewusstsein zu Verzweiflung, Irrsinn, Verbrechen und Verderben. Solche Formen des Niederganges erleben auch Kulturen. Und zwar immer dann, wenn sie sich um Symbole zu konstituieren beginnen, die das Verdrängen, Beschuldigen oder Ignorieren zum Wesen eines kollektiven Seins erheben. Wir haben es hier mit einer grundlegenden Psychodynamik zu tun, über die die Symbole all unser Dasein steuern. Einer Psychodynamik, die das Dasein in all seinen Formen im Gleichgewicht hält und gleichzeitig dafür sorgt, dass wir zurückfallen oder uns weiter entwickeln.

Solange wir uns nicht die Wirkungsweisen von Symbolen bewusst machen, leben wir angetrieben von verdrängten Bildern und unbewusst gesteuert von einer äußeren Kultur. Viele unserer Handlungen sind unbewusst Ausdruck tief sitzender Ängste, Schuldgefühle und undurchsichtigen Verlangens. Über die Wirkungsweisen der Symbole sind wir mit unseren Mitmenschen und allen anderen Formen des Seins bewusst oder unbewusst verbunden. Nur indem uns diese Wirkungsweisen bewusst werden, können wir also unsere Einheit mit allem erkennen und auch aufhören, angstgesteuert zu leben.

Unser Gruppenverhalten in einer Kultur der Kommerzialisierung wird über Bilder gesteuert, die nicht diese Einheit mit allem betonen, sondern Unterschiede, über die man sich gegenüber anderen einen Vorteil erhofft. Kinder werden in so einer Kultur etwa durch Bilder von Superhelden auf der Unterwäsche und einem Clownsgesicht auf der Fast Food Verpackung in einen Machtkampf im Sinne des Profitstrebens der Märkte verwickelt. Besonders die Verbindung von Geschlechtsorganen und Nahrungsaufnahme mit Warensymbolen, sowie mit Markenzeichen, bringt eine vollständige unbewusste Ausrichtung im Sinne der Warenwelt hervor. Diese Warenwelt schiebt sich dann zwischen die Menschen und deren Wahrnehmung der Wirklichkeit. Da Kinder wiederum eine symbolische emotionale Wirkung auf ihre Eltern haben, bilden deren Wünsche auch zumeist den Antrieb hinter deren Konsumverhalten. Über diesen Prozess der Verbindung von Bedürfnissen mit in die Leere laufenden Symbolen der Unterscheidung, werden die imaginären Freiräume durch ein reines Konsumversprechen belegt und so die geistige Dimension offenbar aus dem Alltagsleben restlos herausgefiltert. Denn wenn Menschen schon von Kindheit an darauf konditioniert werden, sich mit den Bildern kommerzialisierter Massenproduktion zu identifizieren, sehen sie sich schließlich selbst und andere Kinder und Erwachsene nur noch im Lichte solcher Konsumwerte. Ihre Vorstellungswelt wird, gegen ihren Willen, von den untergründigen Mechanismen des Profitstreben und der Selbstvermarktung angetrieben. Alles wird im Rahmen der Käuflichkeit oder Verkäuflichkeit mit Sinn erfüllt. Die Gesten, die Blicke und die Sprache sind dann ganz auf eine entsprechende Sinnproduktion ausgerichtet. In einem solchen Zustand tritt man dann nicht mehr direkt miteinander in Beziehung, sondern jeder Austausch erfolgt nur noch mehr oder weniger über das

Aufzählen von dem, was man mit Geld gemacht, mit Geld gekauft oder über Geld erfahren hat. Vielleicht zeigt man sich gegenseitig auf neuen teuren Geräten Bilder von im Urlaub gekauften Gegenständen oder gemieteten Fahrzeugen. Wer nicht mithalten kann oder mitmachen will, fällt ganz einfach aus dem Wahrnehmungsraster. Ein Raster, das heißt: Reich werden, indem man mit dem symbolischen Wert einer Sache in Bezug auf seinen Warenwert spekuliert. Die Kommerzialisierung unterwirft auf diese Art alles einem trickreichen Austausch symbolischer Gedanken mit dem Ziel der Bereicherung.

Wir können diese Ausrichtung nur durchbrechen, indem wir gemeinsam mit Gruppen von Menschen die Bilder, die unsere Vorstellungen und unser Verhalten beherrschen, beginnen aus dem Kreislauf der Verwertbarkeit zu befreien. Es gilt also, Bilder der symbolischen Einheit zu entdecken oder zu erfinden und sie aus dem Rahmen des Profitdenkens herauszuhalten. Je mehr Raum solche Bilder in unserem Denken gewinnen, desto stärker kann es zu Heilprozessen in Gruppen kommen. Weltweit gibt es bereits unzählige sich miteinander verbindende Gruppen, die mit ihrem Denken auf kreative Weise dazu beitragen, dass wir nun alle schrittweise aus dem Marktdiktat ausbrechen können.

Gesellschaftliche Institutionen, oder das Gesellschaftssystem als ganzes, beides wird von uns gleichermaßen als etwas wahrgenommen, was wir gemeinschaftlich selbst hervorgebracht haben. Gleichzeitig auch als etwas kosmisch Gegebenes, das wir niemals nur alleine hätten hervorbringen können. Dieser Sachverhalt zeigt uns auf, wie sehr wir uns auf gesellschaftlicher Ebene im Bereich der Magie bewegen. Wie Anthropologen feststellen, sind Menschen in "traditionellen" Kulturen sich der Tatsache oft erstaunlich klar bewusst, dass die Ordnung, in der sie miteinander leben, von ihnen selbst kreiert wurde. Warum sie eine solche Ordnung trotzdem beibehalten und nicht leichtfertig abändern, hängt ganz mit der magischen Wirkung zusammen, die diese Ordnung auf sie ausübt. Die Grundlage solcher Wirkungen bilden bekanntlich Gruppenrituale, die in der Lage sind, Gegensätze zu verbinden. Oft spielen bei solchen Ritualen, bis in unsere heutigen modernen Kulturen hinein, die Hände die zentrale Rolle. Man denke etwa an den Schwur oder an das Berühren von Königen und Stars durch das allgemeine Volk bei Massenveranstaltungen. Die meisten Kulturen bauen auf wenigen Grundprinzipien auf. Bei "traditionellen Kulturen" werden solche Prinzipien etwa *Mana* und *Tabu* genannt. Die jeweiligen übereinstimmenden Definitionen, die Gruppen für solche Prinzipien finden, kreieren erst eine zu beobachtende Gesellschaftsordnung.

Dinge, denen von uns oder gesellschaftlich ein Wert zugeschrieben wird und die so zu Objekten unseres Begehrens werden, locken uns mit einem Machtversprechen. Einem Versprechen, welches eine gespenstische Reflexion unseres eigenen Tätigkeitspotenzials und unserer eigenen kreativen Energien ist. In diesem Sinn beschreibt auch der Anthropologe David Graeber die Situation. Er sieht einen oft unbewussten Zusammenhang von Kreativität und Magie. Für ihn bedeutet Magie sich seiner eigenen Intentionen bewusst zu werden dadurch, dass man seine Welt gestaltet. Macht mit ihren verheerenden Wirkungen kann sich so gesehen genauso auflösen wie die missbrauchende Magie. Für Graeber ist das kreative Potenzial alles, ist es auch noch so schwer zu erfassen. Er bezeichnet es, wie wir denken zu Recht, als die ultimative soziale Realität. Eine Realität, die sich allerdings immer nur in Beziehungsstrukturen artikuliert und deswegen so schwer festzulegen ist. Erst in der Koordination unserer Tätigkeiten mit den Tätigkeiten von anderen Menschen, was in der Regel durch Rituale geschieht, bekommen Kräfte einen bestimmten Wert für uns.

5. Gruppenpsychologie und Geometrie der Gruppe

Jedes Mitglied einer Gruppe sucht unbewusst nach einer Rolle in dieser, sei es, um sich eine bestimmte Stellung zu sichern oder um für die Gruppe eine Aufgabe zu leisten, die dem jeweiligen Mitglied nützlich oder notwendig erscheint. Wissenschaftler haben diese Muster der spontanen Gruppenbildung immer wieder bei Überlebenden eines Schiffbruchs nachweisen können. Wer meint, seine Rolle in der Gruppe gefunden zu haben, fragt gerne einen anderen in der Gruppe, was dieser von einer bestimmten Entscheidung hält. So setzt sich oft in Form einer gruppendynamischen Selbstkorrektur ein Konsens durch. Dies auch im Fall von ungewöhnlichen Positionen, für die es eine gewisse Zeit braucht, um gewürdigt zu werden. Häufig aber endet die Konsensfindung in einer Form der Anpassung, was die Gefahr einer Mittelmäßigkeit in sich birgt.

Erste Grundlagen zu einer Gruppenpsychologie wurden von Freud erarbeitet, um die Beziehungen zwischen dem Führer einer Gruppe und den Gruppenmitgliedern zu beschreiben. Weitere wichtige Beiträge zum Verständnis der psychodynamischen Beziehungen in Gruppen hat der britische Psychoanalytiker Wilfried Bion geliefert. Dieser unterscheidet zwischen Arbeitsgruppen, bei denen die Mitglieder sich eine eigene, differenzierte Struktur geben, und so genannten Grundannahme-Gruppen, die sich um eine gemeinsame Grundannahme herum entwickeln. Bei der Arbeitsgruppe kann die differenzierte Struktur z.B. eine Geschäftsordnung oder vereinbarte Regeln sein; bei den Grundannahme-Gruppen sind Stimmungs- und Affektkonstellationen wichtig. Ein Merkmal der Arbeitsgruppen ist es, dass die Teilnehmer miteinander kooperieren und sich auf eine gemeinsame Aufgabe konzentrieren. Bei den Grundannahmen-Gruppen wiederum stehen die Gruppe als Ganzes und das Wohlbefinden der einzelnen Individuen in dieser im Vordergrund. Nach Bion ist es möglich, dass Gruppen während ihres Bestehens zwischen beiden Gruppentypen hin und her pendeln. Die Zusammenarbeit in der Grundannahme-Gruppe orientiert sich an Wünschen und an inneren Fantasien; bei der Arbeitsgruppe hingegen an äußeren Realitäten. Den Grundannahmen in der Grundannahme-Gruppe gemeinsam sind unbewusste Wirkungsweisen wie Stärkung des Gruppenzusammenhalts, Abwehr gegen archaische Ängste, Führerbezogenheit, Wunschnähe und Stagnation von Entwicklung. Um unterscheiden zu können, welcher Gruppentyp sich in einer Gruppe durchsetzt, gilt es darauf zu achten, ob die Individuen in einer Gruppe mehr auf das Miteinander-Teilen oder auf Abhängigkeit, Flucht und Kampf, sowie das Ausbilden von eingeschworenen Paarungen ausgerichtet sind. Während das Teilen für eine Arbeitsgruppe spricht, deuten die anderen Punkte auf eine Grundannahme-Gruppe.

In der Psychologie wurden, aufbauend auf dem Phänomen der spontanen Rollenbildung in Gruppen, verschiedene Rollentypologien zur Beschreibung von Gruppen und der Gruppendynamik entwickelt. Etwa die Kategorien der Transaktionsanalyse von Berne mit dem Eltern-, Erwachsenen- und Kind-Ich. Oder die Satir-Kategorien mit Beschwichtigter, Ankläger, Rationalisierer, Ablenker. Bekannt geworden ist auch das aus der Transaktionsanalyse heraus entwickelte Dramadreieck von Karpman mit Opfer, Verfolger und Retter, das sich in vielen Märchen und Heldensagen finden lässt.

All die vorgenannten Ansätze haben sich als hilfreich erwiesen, Beziehungen in Gruppen zu analysieren und Empfehlungen für die bessere Gestaltung von Interaktionen abzuleiten. Zum Verständnis der Bedeutung des gegenseitigen Zueinanders von Teilnehmern innerhalb einer Gruppe bietet die Geometrie ein weiteres zusätzliches Forschungsfeld. Von besonderem Interesse hierbei ist die heilige oder hermetische Geometrie als ein von den Weisheitslehren überliefertes Symbolsystem, das aus universellen geometrischen Mustern, Formen und Schwingungen besteht und das als Grundmuster aller biologischen Lebensformen gesehen wird. Als Frage formuliert: Lässt sich die Beziehung von Lebewesen zueinander und die Qualität ihres Zusammenlebens in geometrischen, energetisch wirkenden Mustern abbilden, so dass jemand gemessen an seinen eigenen Qualitäten einen bestimmten Platz in Bezug zu einer andere Person einnimmt? Dieser Bezug würde dann beiden Personen einen genauen Ort innerhalb einer geometrischen Anordnung zuweisen.

Nach der Lehre des *Enneagramm* hat jedes Persönlichkeitsmuster eine bestimmte Weltsicht und betrachtet die Welt durch einen entsprechenden Filter. Diese Lehre, die auf der Symbolik der Zahl 9 gründet und der Prozessdynamik von drei Dreiecken innerhalb eines Kreises, wird heutzutage vermehrt im seelsorgerischen, psychologischen und soziologischen Bereich angewendet, um ein größeres Verständnis für die Verhaltensweisen von 9 verschiedenen Menschentypen mit einem grundlegend anderen Selbstbild zu erhalten: Der Perfektionist: Ich habe recht. Der Geber: Ich helfe. Der Dynamiker: Ich habe Erfolg. Der Romantiker (Individualist): Ich bin anders. Der Denker: Ich blicke durch. Der Loyale: Ich tue meine Pflicht. Der Glückliche (Idealist): Ich bin glücklich. Der Boss (Kämpfer): Ich bin stark. Der Friedliebende (Vermittler): Ich bin zufrieden.

Die Psychoanalytikerin Karen Horney ordnet diese 9 Typen jeweils drei Gruppen zu, sogenannten *Horney Gruppen*, die sich davon ableiten, wie einzelne Menschen spontan gewöhnlich eher auf eine Situation reagieren: durch aggressives Tun (Hinwendung), durch gefügige Anpassung (Zuwendung) oder durch entziehenden Rückzug (Abwendung). Jeder *Enneagrammtyp* neige nach Horney eher zu einer dieser drei Haltungen. So ergeben sich innerhalb des Kreises des *Enneagramms,* wenn man jeweils drei verschiedene Reaktionstypen aufeinander bezieht, drei gleichschenklige Dreiecke:

In einer ersten möglichen Gruppe der Hinwendung und des aggressiven Tuns sorgt der Dynamiker für das Erreichen der Ziele, der Idealist sorgt dafür, sich nach dem Plan (der Vision) auszurichten, und der Kämpfer sorgt für das Anpacken. In einer zweiten möglichen Gruppe der Zuwendung und der gefügigen Anpassung sorgt der Perfektionist dafür, dass korrekt gehandelt wird, der Geber wirkt ein, um andere zu fördern bzw. helfend für andere zu sorgen, und der Loyale wirkt ein, um die allgemeinen Bedürfnisse zu befriedigen. In einer dritten möglichen Gruppe der Abwendung und des entziehenden Rückzugs schließlich geht der Individualist einen Schritt zurück, um kreativ nach neuen Möglichkeiten Ausschau zu halten, der Denker geht einen Schritt zurück, um die Situation und Alternativen zu analysieren, und der Friedfertige geht einen Schritt zurück, um zugunsten einer gemeinsamen Richtung (Konsens) zu vermitteln.

Beim *Mandala* kann der Rahmen (Viereck) in maximalen Dialog mit dem Zentrum (Kreis) treten. So wird es zu einem magischen Symbol für die Anrufung. Der Bühnenraum ist eigentlich auch ein Mandala. Das Theater stammt in seiner Form ja auch von rituellen Kultplätzen, auf denen, durch die geometrische Ausrichtung und entsprechende Worte und Bewegungen, Gruppen von Menschen sich aufeinander abstimmten oder sich gemeinsamen Erfahrungen aussetzten.

Auch die Bühnenform von Shakespeares *Globe Theater* in London, wie Frances. A. Yates nachweisen konnte, bringt wie ein *Mandala* das Viereck, das Sechseck, den Kreis, das Dreieck und den Zwölfstern zusammen. Hier sind wir an dem Punkt an dem Theater, Kunst, Ritual und Magie aufeinander treffen. Das *Globe Theater*, wie der Theatertyp den Camillo für sein Gedächtnistheater vorsah, hatte das klassische Theater, wie Vitruv es beschrieb, zur Grundlage. Dieses Theater von Vitruv spiegelte die Proportionen der Welt. Die Lage der sieben Gassen im Zuschauerraum und der fünf Zugänge zur Bühne sind dabei durch die Eckpunkte von vier, einem Kreis eingeschriebenen, gleichseitigen Dreiecken bestimmt. Der Mittelpunkt dieses Kreises bildet wiederum den Mittelpunkt der *Orchestra*. Diese Dreiecke, so Vitruv, entsprechen der *Trigona*, die die Astrologen in den Zodiak einzeichnen. Die Kreisform des Theaters von Vitruv spiegelt also den Zodiak, der ja auch tatsächlich an die Decke des Proszeniums des *Globe Theaters* aufgemalt war. Die sieben Eingänge zum Zuschauerraum symbolisieren die sieben Strahlen, ein bekanntes Grundkonzept der geistigen Wissenschaften.

Der Römer Vitruv, der im 1. Jahrhundert vor Christi lebte, beeinflusst seit dem 15. Jahrhundert eine Vielzahl, wenn nicht im Grunde alle europäischen Architekturtraktate und die europäische Architekturtheorie. Von ihm stammt auch die neuerliche Erkenntnis der Theorie des wohlgeformten Menschen (*homo bene figuratus*). Mit seiner berühmten Zeichnung bestätigte Leonardo die These Vitruvs, der aufrecht stehende Mensch füge sich sowohl in die geometrische Form des Quadrates wie des Kreises ein.

Wichtige Anhaltspunkte zum Verständnis der Beziehung zwischen Geometrie, Kräften und Qualitäten bietet die östliche Chakralehre. Chakren sind Kraftwirbel bzw. Energiezentren, die den Austausch feinstofflicher Energien regeln und die dem sichtbaren physischen Körper zugrunde liegen. Die Existenz feinstofflicher Chakren wurde von hellsichtigen Personen nachgewiesen. So werden dem menschlichen Körper sieben Hauptchakren zugeschrieben, die dem Körper sieben verschiedene Kraftqualitäten zuführen. Je nach Ausprägung und Konstellation bestimmen die Chakren das psychische Erleben, die Fähigkeiten, den Charakter und die Gesundheit eines Menschen. Der Aufbau der Chakren ähnelt dem von Blüten bzw. Blütenblättern, und hier zeigen sich eben die Verbindungen zur Geometrie.

In der Chakrenlehre liegt der Schlüssel zum Verständnis der Kraftgenerierung, Kraftumwandlung und Kraftverteilung auf allen Ebenen. Chakren sind die verdichtete Nahtstelle zwischen Physischem, Psychischem und Geistigem. Und damit der innere Zusammenhang von leibseelischer Heilung und der materiell-geistigen Evolution, die den Mikrokosmos mit dem Makrokosmos verbindet. Chakren sind trichterförmige Kraftwirbel. Die im Medium des Wassers und der Luft bekannten Wirbelphänomene sind Beispiele eines universellen Prinzips, das sich gleichermaßen im Mikrokosmos und im Makrokosmos findet. Chakren sind die wichtigsten Ansatzpunkte für Kraftregulierung, sei es in einem Menschen oder in einem Superorganismus wie der Menschheit. Hier in diesem Abschnitt geht es um die Wirbelstruktur und die energetisch-geometrische Kraftverteilung in Gruppen. Dabei knüpfen wir an Wissen an, das seine Wurzeln in den indigenen Kulturen und den *Lehren der zeitlosen Weisheit* hat, von dem Kreisen der Energie in indianischen Gruppenzeremonien über das Kreisen des Lichts im Daoismus bis zu verschiedenen Erfahrungen der Autoren in der Arbeit und Begegnung mit Gruppen.

Ist es möglich über Freud und Bion hinauszugehen? Beispielsweise indem wir uns die geometrischen Perfektion bewusst machen, welche die Grundlage allen Seins darstellt? Mit anderen Worten: Lässt sich die Beziehung der Lebewesen zueinander und die Qualität des Zusammenlebens in geometrischen, energetisch wirkenden Mustern abbilden? So dass jemand gemessen an seinen eigenen Qualitäten einen bestimmten Platz in Bezug zu einer anderen Person einnimmt? Dieser Bezug weist beiden Personen einen genauen Ort innerhalb einer geometrischen Anordnung zu.

Hat jemand seine Qualitäten bereits auf einen bestimmten Gebiet mehr verfeinert als eine andere Person, steht er oder sie in Bezug zu diesem auf einer höheren Ebene innerhalb der geometrischen Figur. In Analogie zum Atommodell kann man von einer energiereicheren Innenbahn sprechen. Diejenige Person in einer Gruppe, die auf einem bestimmten Gebiet über die höchste Qualität verfügt, wird innerhalb einer bestimmten Figur zum zentralen Kraftvermittler für die entsprechende kosmische Energie. Eine Energie, die sich wiederum nur durch die bestimmte Qualität dieser Person ausdrücken kann. Sie wird dabei genau so viel Energie aus ihrer inneren Quelle aufnehmen können, wie sie handhaben kann. Umgekehrt wird jede persönliche Schwäche dieser Person sich auf die ganze Gruppe auswirken. Dies, weil sie aufgrund ihrer Schwäche der Gruppe – über die ihren Platz bestimmenden geometrischen Verbindungslinien – entsprechend weniger Energie zukommen lassen kann.

Wenn innerhalb einer Gruppe aus 3, 5, 7 oder 12 Personen alle in perfekter Verbindung mit allen anderen in dieser Gruppe stehen und der Austausch von Energien innerhalb dieser Gruppe funktioniert, so kann man sehen, dass diese Gruppe innerhalb kurzer Zeit zu vollständiger Interaktion fähig wird. Die Gruppe gleicht dann einem rotierenden Kraftwirbel, durch den sie in der Lage versetzt wird, Kraft von höheren Quellen aufzunehmen und harmonisch zu verteilen. Es gibt dann sprichwörtlich nichts was eine solche Gruppe innerhalb ihres Feldes nicht vollbringen kann. Ein klassisches Dreieck der Zusammenarbeit bildeten in diesem Sinne für einige Zeit etwa die Philosophen Hannah Arendt, Carl Jaspers und Martin Heidegger. In der Kulturgeschichte können wir immer wieder ähnliche Verschränkungen zwischen kreativen Persönlichkeiten ausfindig machen, die untereinander oft auch durchaus anerkennen, dass sie einander alles zu verdanken haben. Eine Gruppengröße von sieben Personen hat besondere Bedeutung. Deshalb, weil es sieben verschiedene Charakter-Qualitäten gibt: Selbst-Beherrschung, Altruismus, Dienst, Reinheit, Vertrauen (Glauben), Weisheit (Wahrhaftigkeit) und Hingabe. Diese Grundqualitäten finden sich im Idealfall jeweils durch eine Person in einer Gruppe repräsentiert, die diese Qualität besonders gut ausdrücken kann. Eine Künstlergruppe, die als geometrische Formation in diesem Sinne arbeitete, war zeitweilig etwa jene um Wassily Kandinsky, Alexej von Jawlensky, Franz Mark, August Macke, Robert Deaunay, Sonia Deaunay, Gabriele Münter und Paul Klee, die sich unmittelbar nach dem Tode von Paul Cézannes im Jahre 1906 begann zu formieren. Dieser Gruppe schlossen sich dann auch noch weitere Künstler an, wobei die äußeren Festlegungen der Größe solcher Gruppen – als Vereinigungen unter Namen wie *Neue Künstlervereinigung München* oder *Blauen Reiter* – oft nur sehr provisorisch wirken mögen. Natürlich gibt es auch schwarze Schafe unter solchen Gruppen. Es sind jene, bei denen selbstsüchtige Motive bzw. selbstsüchtige Qualitäten die Oberhand von Anfang an haben oder allmählich gewinnen.

Alle Fehlschläge im Leben kann man darauf zurückführen, dass jemand sein Vertrauen in sich selbst und seine besondere Qualität in Bezug auf seine Gruppe verliert und dadurch einen unmittelbaren Vertrauensverlust auch bei seinen Gruppenmitgliedern innerhalb eines jeweiligen Musters auslöst. Die feinen Gesetze, die alle Energien entlang der Linien von geometrischen Mustern entlang leiten, führen dazu, dass es keine Ausnahme von dieser Tatsache geben kann. Wenn jemand also ohne erkennbaren äußeren Grund auf einem bestimmten Lebensgebiet versagt, liegt dies zumeist nicht direkt an ihm selbst, sondern vor allem auch an den Individuen, mit denen er direkt in Bezug auf das Lebensgebiet, auf dem er versagt, verbunden ist. Dabei ist die Person, die als Auslöser fungiert, oft nicht mal von außen zu erkennen. Dem ist so, weil ein innerer Vertrauensverlust sich in den meisten Fällen gar nicht unmittelbar bemerkbar macht, ja nicht einmal der auslösenden Person selbst bewusst sein oder werden mag. Es ist somit der Vertrauensverlust einer einzigen Person, der zum Rückzug einer bestimmten Energie innerhalb einer Gruppe führt sowie schließlich alle Unternehmungen dieser Gruppe lähmt und zum Scheitern verurteilt. Dies trifft auf verschiedene Arten von Gruppen zu, seien es Familien, Wirtschaftsunternehmen, spirituelle Gemeinschaften oder Arbeitsgenossenschaften. Ausgehend davon können wir feststellen, dass für das positive Gedeihen einer Gruppe die Qualität der einzelnen Gruppenteilnehmer wesentlich wichtiger ist als deren quantitative Größe. Jede neu hinzukommende Person in einer Gruppe, die an ihrer eigenen Qualität zweifelt, ist sofort die größte Gefahr für die ganze Gruppe. Deswegen ist das innere gegenseitige Annehmen und Vertrauen zwischen den Gruppenmitgliedern alles.

Dies macht auch deutlich, welche große Verantwortung ein jeder in einer Gruppe hat – familiär, geschäftlich oder auf andere Art miteinander verbunden – in Hinblick auf seine spezifischen Qualitäten, denen er in diesem Leben beschlossen hat mit Erfolg Ausdruck zu verleihen. Denn es gilt, eben diese Qualitäten durch entsprechende Ideale stark und rein zu erhalten und alle Kräfte, Gedanken und Einflüsse abzuwenden, die diese Qualitäten schwächen könnten.

Gruppen unterliegen wie Organismen einem Lebenszyklus. Demzufolge gibt es Gruppen als Eintagsfliegen und Gruppen, die über Generationen fortbestehen. Die innere Entwicklung einer Gruppe kann sich ganz unterschiedlich gestalten. Eine Gruppe kann zu Beginn eine starke Kohäsionskraft und einen starken Willen zum Teilen entwickeln, insbesondere wenn einzelne Teilnehmer hier stimulierend wirken. Dadurch erhöht sich für alle Teilnehmer kurzzeitig die Schwingung und die Teilnehmer sind von der Wirkung der Gruppe fasziniert. Wenn sich diese Hochstimmung nicht halten lässt, dann treten Ernüchterung und Enttäuschung ein, können sich die Gegensätze zwischen den Teilnehmern verstärken. Dadurch kann es zu einem beschleunigten Zerfallsprozess kommen. Dies ist insbesondere in Gruppen der Fall, wo eine Leitungsperson den inneren Zusammenhalt gestiftet hat. Wenn das Vertrauen zur Leitungsperson stärker ist als das der Gruppenteilnehmer untereinander, sind damit für die Gruppe Gefahren des Zerfallens verbunden, insbesondere wenn es zu Schwierigkeiten kommt.

Das Word Solidarität stammt von dem lateinischen Begriff für fest, *solidus*. Ein *Solid* ist ein Körper, der seine Teile fest und gut zusammengebunden hat, so das keine Kraft von außen in ihn eindringen kann. In der Mathematik ist ein fester Körper einer mit den drei Dimensionen Länge, Breite, Höhe. Im Spirituellen hat ein fester Körper sieben Dimensionen, analog den sieben genannten Chakren und den Charakterqualitäten die, wenn sie zusammenkommen, das maximale Wirken einer Gruppe garantieren.

Der Gruppenbegriff gewinnt noch zusätzliche Bedeutung innerhalb einer Evolutionslehre hin zu einem supramentalen Menschen, der die fortschreitende Selbstmanifestation Gottes in der Entwicklung der Menschheit bedeutet. Eine solche Lehre wurde u.a. aus westlicher Perspektive von Teilhard de Chardin und aus östlicher Perspektive von Sri Aurobindo ausführlich dargelegt. Dies zeitgleich und unabhängig voneinander, denn die beiden Denker sind sich nie begegnet und haben ihre Schriften gegenseitig nicht gekannt. Aurobindo schreibt: *"Die innere Wandlung kann nur dann beginnen, eine kollektive Form anzunehmen, wenn das gnostische Einzelwesen andere findet, die dieselbe Art Inneres Leben haben wie es selbst und mit ihm eine Gruppe bilden können..."* (*Der Mensch im Werden*, S.442)

Auch für de Chardin ist der Einzelne nichts außerhalb der Gemeinschaft und er sieht es als aussichtslos an, weiter an dem überkommenen Individualismus festzuhalten, denn der Weg zum Durchbruch eines neuen Bewusstseins liegt nach ihm in Sozialisation und Integration.

Bislang wenden wir gesellschaftlich den Gruppenbegriff hauptsächlich im Sinne einer Ansammlung von Individuen an. Dass eine Gruppe ein eigenes Individuum, ein lebendiger Organismus ist, sehen wir eher noch als metaphorische Umschreibung. Jedoch ist dies vor allem eine Folge einer materialistischen Weltsicht. Wir neigen dazu die bisherigen Begrenzungen in Gruppen zum Maß der Dinge zu erheben. Dass sich Gruppen genauso wie Einzelindividuen entwickeln können, ist noch eine neue Vorstellung. Vor allem die, dass Gruppen, die vom egoistischen Wunschprinzip zusammen gehalten werden, dieses in geistige Liebe transformieren können. Diese Entwicklung bedeutet für eine Gruppe einen Quantensprung: Es wird dabei ein anderer Kraftwirbel aktiv, der vom Herzen oder der Seele der Gruppe ausgeht. Wenn sich jemand in einer Gruppe mit seiner höchsten Qualität einbringt, dann wirkt er auf der Seelenebene der Gruppe. In einer solchen Situation wird gleichermaßen die Wirkung der Person wie die Wirkung der Gruppe gesteigert. Je mehr Personen in einer Gruppe in diese Richtung tendieren, um so effektiver und wirkungsvoller wird die Gruppe nach innen und außen. Wenn Gruppen dieser Art zunehmen und an Beständigkeit gewinnen, werden sie in der Lage sein, sich im öffentlichen Leben bemerkbar zu machen.

6. Kunst und Friedenskultur als Gruppenauftrag

Die Künstler der Zukunft. Unser uns zu Bewusstsein kommendes tägliches Rollenspiel ist Ergebnis einer zunehmend kreativen Lebensführung, die sich inzwischen bei einer breiten Bevölkerungsschicht durchsetzen kann und die dabei ist, den Antagonismus zwischen Bürgertum und Gegen- und Subkulturen aufzulösen. Kreativität ist zum Hauptmerkmal kultureller Selbstbeschreibungen aufgestiegen. Das Gelingen unseres Lebens ermessen wir durch Interpretationen der narrativen Identität unseres kreativen Selbst. Das Subjekt wird in einem solchen Rahmen durch Selbsterschaffung charakterisiert und begreift sich als ästhetisch-sinnlicher Beobachter eines umfassenden Geschehens. In der Folge davon verschwindet die Grenze zwischen Beruf und Privatleben und eine neuartige ganzheitliche Lebensform entsteht, welche die Bezüge zwischen dem ethischen und ästhetischen mitreflektieren kann. Diese Geburt eines ästhetisch-ethischen Weltbürgertums und Weltverhältnisses ist verbunden mit einer generellen Emanzipation der Kunst vom Marktwert und vom Geniekult, der sich seit der Romantik durchsetzen konnte. Eine solcherart emanzipierte Kunst ereignet sich als Sequenz innerhalb sich ständig verwandelnder Netzwerke. Andreas Reckwitz schreibt über *Mess Hall*, einem Treffpunkt in Chicago, wo darstellende Kunst, Politik, kreatives städtisches Gestalten, angewendetes ökologisches Design und andere Dinge sich gegenseitig überkreuzen und gegenseitig inspirieren: *„Mess Hall, ein experimentelles, lokales Kulturzentrum (...) liefert ein Fallbeispiel für einen solchen Raum für diverse kulturelle Aktivitäten von Laien aus dem Stadtviertel, die*

148

keine Aufführungen für ein Publikum planen, sondern diese Praxis miteinander teilen. Kreativität ist in einer solchen Konstellation kein "knappes Gut", um das ein Aufmerksamkeitswettbewerb stattfindet, sondern ein immer schon im Überfluss vorhandenes öffentliches Gut, das sich etwa in jeder musikalischen, kulinarischen, handwerklichen oder kommunikativen Tätigkeit einstellt. Die Unterscheidung zwischen kreativen Akten und Routinepraktiken, gegen die diese sich abgrenzen lassen, bricht damit zusammen." (*Die Erfindung der Kreativität*, S. 360)

Infolge solcher Entdeckungen werden zunehmend bereits individuelle Künstler von Künstlerkollektiven ersetzt. Diesen Kollektiven geht es nicht mehr so sehr um das Produzieren eines Werks, sondern eher um die Vermittlung komplexer ästhetischer Prozesse. Solchen Vermittlungsarbeiten ist es oft vor allem wichtig soziokulturelle Kontexte verdeutlichen zu können. Das verlangt eine neuartige Universalkompetenz in Fragen der gesellschaftlichen Hervorbringung von Zeichen. Noch einmal Andreas Reckwitz: *„Der Künstler als soziokultureller Arrangeur ist gewissermaßen multikompetent: er ist ebenso quasiwissenschaftlicher Rechercheur und Selbstkommentator, er ist Kurator und Atmosphäreninitiator, schließlich Agent einer politisch-kulturellen Intervention."* (*Die Erfindung der Kreativität*, Seite 116).

Der Weg des Künstlers der Zukunft, so wie er von Dane Rudhyar in seinem Buch *Culture, crisis, and creativity* (1977) beschrieben wird, besteht darin, dass Menschen zu fokussierenden Linsen für geistige Impulse werden. So definiert Rudhyar wahre Kreativität auch als Fähigkeit, im Sinne der Schöpfung vorauszusehen und zu handeln.

Jemand, der in der Lage ist, Gedanken zu formulieren und zu kommunizieren, die kommende Seinszustände vorwegnehmen und so auf kollektive Bedürfnisse antwortet, ist nach Rudhyar ein "hierophanic artist", eine geistige Person, die in der kommenden Kultur dem entsprechen wird, was zu anderen Zeiten ein Mönch, Asket oder ein Priester war. Ein solcher transpersonaler Künstler verwandelt ungelöstes Karma auf der personellen und kollektiven Ebene, indem er magische Formen, Bilder und Geschichten herstellt, die auf die Bedürfnisse seiner Umwelt und der ihn umgebenen Gemeinschaft reagieren und so einen befreienden Einfluss ausüben.

Samen neuer Gedankenkräfte können durch psychologische- oder philosophische Systeme und in Form von abstrakten symbolischen und evokativen Kunstwerken in die Gesellschaft gepflanzt werden. Doch in jedem Fall wird sich diese neue Form künstlerischer Tätigkeit von der bisherigen unterscheiden, die ja vor allem noch zumeist von einer Sehnsucht angetrieben wurde, Emotionen hervorzurufen oder den Niedergang einer Kultur zu reflektieren. Stattdessen wird der kommende Künstler sich darauf konzentrieren, Symbole zu erschaffen, die dazu inspirieren, die Formen einer absterbenden Kultur hinter uns zu lassen.

Kunst wird dann im Einklang mit dem *dharma*, dem Erkennen höherer geistiger Gesetze, ausgeführt und so in der Lage sein, die Wahrheit des Seins zu kommunizieren. So wird eine radikal andere Kultur entstehen können, die vollkommen inklusiv ist. Der einzelne Künstler wird dann zum Vorbild für andere Menschen auf Grund seiner Selbstdisziplin, seiner Fähigkeiten und seines Selbstbewusstsein. Von den Künstlern und Künstlergruppen dieser Art kann dann auf unzählige andere Menschen ein Funken überspringen, der sich durch den Willen, die Dinge zum Positiven zu transformieren, äußert. Der neue Typus des Künstlers zeichnet sich vor allem auch dadurch aus, so Rudhyar, dass er seine eigene Lebensgeschichte mythologisiert und jedes Ereignis und jede Erfahrung einem bestimmten Archetyp zuordnet. Er lebt ein vollständig symbolisches Leben, in dem jedes Vorkommnis als eine notwendige Phase innerhalb eines größeren rituellen und transpersonalen Prozesses gesehen wird.

Das Erzeugen von Musik, Malerei, Literatur, Philosophie oder Astrologie kann so erkannt werden als die Vermittlung von sich ankündigenden historischen Ereignissen, die dabei sind, eine neue Vision von der Zukunft hervorzubringen. Der kommende Künstler ist so auch ein Mythen-Schöpfer, der nicht mehr aus der persönlichen Reaktion auf seine Lebensumstände heraus seine Kunst entwickelt. Vielmehr erkennt er in diesen Umständen Symbole, deren Bedeutung er auf eine Weise auslegen kann, so dass sie ein scharfes Licht auf die kollektive Situation der Menschheit werfen. Indem der kommende Künstler ein symbolisches, alchemistisches, hierofantisches Leben führt, ist er in der Lage, die heilige Natur aller Zustände und Gegebenheiten zu offenbaren. Dies kann er zugleich nur, weil er auf ein Publikum trifft, das ihn genau in dieser Aufgabe ehrt und würdigt.

Green Phoenix Kongress. Der *Green Phoenix Kongress 2012* möge zum Abschluss dieses Abschnittes exemplarisch für die um sich greifende Umwandlung unserer Gesellschaft durch bewusste Gruppenprozesse stehen. Erforscht wurden bei diesem Kongress eine Woche lang die Möglichkeiten eines grundlegenden Systemwechsels hin zu einer globalen Kultur des Friedens. Bei *Green Phoenix* handelt es sich um ein jährliches internationales Treffen im Zentrum der Einheit Schweibenalp, auf 1100 Meter Höhe am Brienzer See gelegen mit herrlichem Blick auf ein traumhaftes Alpenpanorama. Das Thema hieß im Jahr 2012 *Modelle für eine*

Kultur des Friedens. Es wurden vor allem Vertreter von internationalen Bewegungen im Sinne der Nachhaltigkeit und solche von wegweisenden Lebensgemeinschaften eingeladen, aber ebenso auch verschiedene einflussreiche Forscher und Aktivisten. Anwesend waren auch insgesamt Vertreter von 16 sich unterschiedlich definierenden Gemeinschaften wie *Findhorn* (Schottland), *Damanhur* (Italien), *Ananda* (Italien), *Tamera* (Portugal), *Lilleoru* (Estland), *Neot Semadar* (Israel), *Favela da Paz* (Brasilien) und *Comunidad de Paz de San José de Apartado* (Kolumbien). Gemeinschaften, die sich dadurch auszeichnen, dass sie wesentliche Arbeit in den Bereichen Nachhaltigkeit und Bewusstseinsarbeit leisten und gleichzeitig sich für eine neue friedliche Weltkultur einsetzen. Eine Weltkultur wiederum, in der statt nach dem Prinzip der Kommerzialisierung, nach dem Prinzip des Teilens gelebt wird. Es wachsen derzeit weltweit immer mehr solcher Lebensgemeinschaften zusammen, u.a. auch im Rahmen der Vereinigung *Global Eco Villages*, die alle ganz unterschiedliche Schwierigkeiten zu überwinden haben und auf ihrem Weg modellhafte alternative Lebensweisen erforschen. Zudem gibt es auch inzwischen schon mehr als 1000 *Transition-Towns* (frei übersetzt: Städte im Wandel), 75 davon allein in Deutschland. Was all die unterschiedlichen Menschen auf einem solchen Kongress miteinander verbindet, ist die Suche nach ganz praktischen Wegen hin zu einer gerechten Welt, durch die eine ganz neue Lebensqualität auf diesem Planeten etabliert werden kann.

Permakultur-Gärtnerinnen und -Gärtner entwickeln in diesem Sinne etwa Methoden ausgehend davon, dass in der Natur alles mit allem zusammenhängt. Die Permakultur (permanent agriculture) verbindet uraltes Wissen mit neuesten Erkenntnissen, um Landwirtschaft im Einklang mit der Natur zu betreiben. Einfache Lösungen wie Sonnentrockner für Alpenkräuter und Solarspiegel zur Energiegewinnung kommen dabei zum Einsatz und steigern den Ertrag und die Qualität der Ernte – ganz ohne Mineraldünger oder Spritzmittel.

Getrieben werden solche Entwicklungen von der Erkenntnis, dass, wenn wir die Erde nicht weiter zerstören wollen, wir durch naturgerechtes Anbauen unseren Verbrauch von Ressourcen vor allem hier im Westen stark verringern müssen. Bei der *Transition-Town*-Bewegung geht es neben nachhaltiger Landwirtschaft auch um das Miteinander-Teilen von Alltagsgegenständen, um *Reskilling* (das Wiederbeleben alter Handwerkstechniken) und das Etablieren regionaler Wirtschaftskreisläufe. Wesentlich dabei ist zudem aber auch die innere Arbeit im Rahmen von Gruppen, in denen sich Menschen gegenseitig die Gelegenheit geben, sich untereinander – und als Teil der Stadt-Natur – unmittelbar zu erleben.

Erleben fängt dort an, wo alles *du sollst* oder *du musst* aufhört, denn es ist etwas ganz anderes als das Verstehen. Immer mehr, vor allem junge Menschen, treten inzwischen in dieses direkte Erleben ein, um eine erleuchtete Weltzivilisation aufzubauen. Sie tun dies, indem sie sich zum Beispiel der Kontaktimprovisation oder anderen spielerisch im Alltag zu übenden Bewusstseinsschulungen widmen oder sich eben solchen Bewegungen wie *Transition Towns* anschließen.

Virtuelle Gemeinschaften wie das *Shift Network* oder die *Akademie der Wissenschaft der Zukunft*, die sich auf dem Kongress vorstellten, sind dementsprechend dabei, eine Physik des Bewusstseins zu etablieren, die den gemeinsamen Dialog von Mystikern und Wissenschaftlern ermöglicht, sowie die unterschiedlichsten Friedensaktivisten miteinander vernetzt. Dafür stellen sie in ihren Unternehmungen die Universalität des Denkens ins Zentrum der Vermittlung, um so Menschen dafür auszurüsten, den sozialen Anforderungen der Zukunft gerecht zu werden. In einer Zukunftswerkstatt, wie dem *Schloss Tempelhof* bei Kreßberg, werden wiederum zur Zeit gemeinschaftsbildende Prozesse erforscht, die die Eigenreflexion mit Reflexion in Gruppen kombinieren. Solche Forschungen bilden dann jeweils die Grundlage für das Finden und Entwickeln weiterer neuer friedlicher nachhaltiger Lebensmodelle.

Viele Teilnehmer bei diesem Kongress kamen auch aus Regionen, die momentan sehr schwierige soziale Bedingungen aufweisen. Die Gemeinschaften sind dabei sich durch gegenseitiges Fundraising solidarisch miteinander zu verbinden und so das Prinzip des Teilens im Sinne der einen Menschheit direkt umzusetzen.

Philip Munyasia aus Kenia, der uns davon erzählte, wie sein Großvater noch als Schamane arbeitete und darüber in Kontakt mit den Naturgeistern stand, sieht das große Problem bei seiner Aufbauarbeit in Kenia in der religiösen Verwirrung vieler seiner Landsleute heutzutage, die im großen Maße einer nicht mehr authentischen Religiosität folgen. Seine Arbeit als *Independent Farming Professional* bei dem Project OTEPIC, welches er ins Leben gerufen hat und das Frauen und Kindern Permakultur unterrichtet, sieht er so vor allem auch als Quelle, aus der Vertrauen zwischen den verschiedenen Stämmen wachsen kann, um so eine neue friedvolle geistige Kultur einzuleiten.

Eine andere beeindruckende Initiative zur Förderung des Friedens, die sich vorstellte, war die *Peace Research Village Association*, die sich zusammensetzt aus erfahrenen Friedensaktivisten aus Palestina, Israel und Europa. Mehrere Beiträge beschäftigten sich darüber hinaus auch mit dem Ausblick auf einen Gesellschaftswandel, der eingeleitet wird, sobald die Gemeingüter auf allen Ebenen anerkannt und zum Nutzen aller verwaltet werden.

Ein Gast bei *Green Phoenix 2012* war auch der Schweizer Stadtplaner Carl Fingerhuth, der einen Ausblick auf die Möglichkeiten der Stadtentwicklung im Sinne der Spiritualität gab. In einem Gespräch, welches wir mit Carl Fingerhuth führen konnten, sagte dieser, es entstehe jetzt ein Bewusstsein der Verknüpfung von Raum und Zeit und der Einheit von Körper, Seele und Geist. Es entstehe ein Bewusstsein von der Dringlichkeit der Reintegration von Emotionen, Sinnlichkeit und Spiritualität in unser von der Rationalität des Denkens geprägtes Leben. Das alles ist unsere neue Identität. Die zukünftigen Städte werden so errichtet werden, dass sie das Bewusstsein der Harmonie zwischen Mensch und Universum ausdrücken.

7. Netzwerkarbeit und Lebenskunst

Viele, die sich in Netzwerken tagtäglich miteinander austauschen, trennen nicht mehr zwischen Beruf und Freizeit. Ihr Anliegen ist die Veränderung der bestehenden Zustände in Richtung einer besseren Welt. Dazu nehmen sie verschiedene Opfer auf sich, dafür werden sie von Partnern, Freunden und anderen unterstützt. Denn wenn alle, der Logik der von einer Wirtschaftselite aufgezwungenen Knappheit folgend, ihre Zeit mit der Sicherung ihres Lebensunterhaltes verbringen, wer soll sich dann für die Änderung der Zustände einsetzen? Daher geht in Zeiten wie diesen die Kunst der Netzwerkarbeit mit der Kunst des Überlebens, nämlich mit wenig finanziellen Mitteln durchs Leben zu kommen, Hand in Hand. Menschen, die so leben, verbringen etwa ihre Zeit in Bewegungen, unterstützen Projekte oder erstellen Informationen für andere. Dass sie kein leichtes Leben haben, wissen wir von vielen Berichten. Und doch harren sie aus, weil es für sie keine Alternative gibt. Dazu wissen sie zu viel. Dazu hat die Angst zu wenig Macht über sie.

Netzwerker sind in der Regel darauf ausgerichtet, andere Menschen und deren Projekte zu unterstützen und miteinander in Verbindung zu bringen. So können sie Gemeinsamkeiten deutlich machen, die bislang nicht wahrgenommen wurden. Bei diesem Prozess gewinnen alle Beteiligten. Insofern geht es beim Netzwerken nicht etwa nur darum, Projekte zu gestalten, sondern Situationen zu erschaffen, über die Menschen sich gegenseitig in ihren wahren Potenzialen kennen lernen können. Judith Meijer beschäftigt sich mit einer holistischen Methode für die Durchführung nachhaltiger Projekte, genannt *Dragon Dreaming*. Zusammen mit einigen Freunden hat sie das Kulturlabor *Trial & Error e.V* gestaltet, welches ausgerichtet ist auf Leben und Lernen. Gemeinsam stellen sie sich der Herausforderung, das Prinzip des Teilens, Gemeinschaftsbildung und Kreativität zu fördern. Judith fasste ihre Erfahrungen in einem Gespräch so zusammen: „Wenn ich mich in Netzwerken einbringe, versuche ich immer auch, die Dinge aus der Perspektive der Anderen zu sehen und das größere gemeinsame Ziel zu kommunizieren. Uns gegenseitig aus unseren Bequemlichkeiten zu befreien, ist das grösste Geschenk, das wir uns bereiten können. Ich interessiere mich für die Gemeinschaftswelt, im besonderen dafür, wie wir uns selbst wahrnehmen innerhalb von Gruppen und wie wir in diesen zusammen kommen, um neue Wege für eine friedvolle nachhaltige Lebensweise zu erforschen. Also bin ich ständig dazu aufgefordert, die Sprache all der verschiedenen anderen Gruppen auf diesem Gebiet zu erlernen. Mein Ansatz bei der Netzwerkarbeit ist es, nicht in eine bestimmte Rolle zu verfallen oder andere Menschen aufgrund ihrer Funktion bei einer gemeinsamen Tätigkeit wahrzunehmen, sondern stattdessen mich ganz mit dem auseinander zu setzen, was ein Mensch im Moment wirklich ist. Sich so mit der jeweiligen Realität einer Situation zu konfrontieren, was mich darauf fokussiert, so neutral wie möglich zu bleiben und so den Raum zu geben, um unabhängig von Erwartungsmustern die Dinge geschehen zu lassen, die geschehen wollen. Denn wir alle haben unsere ganz eigene Sprache. Wenn wir uns darauf konzentrieren, diese zu entdecken, dann kann etwas geschehen, was weit über den Einzelnen hinausgeht. Es breitet sich dann Harmonie in dir aus, und du beginnst automatisch damit, andere zu inspirieren, ebenfalls ein authentisches Leben zu führen.

Wir als Menschen sind spirituelle Wesen, was bedeutet, dass es schon sehr produktiv sein kann einfach genau zu beobachten, oder sich die Zeit zu nehmen, Träume zu teilen. Über die Worte hinauszuschauen und die Botschaft zu empfangen, die das Wesen einer Person aussendet. Denn worüber träumen wir denn eigentlich? Über solche Fragen kommen wir ins kollektive Bewusstsein, welches ja bedeutet seinen eigenen Träumen zu folgen und anderen auch den Raum zu geben, damit auch sie ihren Träumen folgen können. Auf diese Art hat sich auch meine Vorstellung über das, was Freundschaften sind sehr gewandelt mit der Zeit. Freundschaft ist inzwischen für mich ein sehr flexibler Begriff, weit mehr als nur etwa beste Freunde sein oder ein Liebespaar. Was zählt ist: Einer Beziehung nicht eine statische Bedeutung zu geben, die sie eigentlich gar nicht hat. Denn auf diese Art macht man sich gegenseitig ständig etwas vor. Als Netzwerker lernst du zu erkennen, wo deine wahren Stärken und Schwächen liegen und wie verschiedene Talente miteinander kreativ werden können. Es geht darum, die Dinge die geschehen nicht zu bewerten, denn sie haben ja völlig jeweils nur mit der Situation zu tun, aus der sie entstehen. Das Vertrauen wächst so, dass, was auch immer geschieht, viel kraftvoller und schöner sein wird, als wir es uns jemals vorher vorstellen können."

Aus solchen Aussagen geht klar hervor, dass es beim Networking nicht um die noch weit verbreitete Selbstinszenierung geht, in der es immer etwas zu optimieren gibt, um sich selbst in einem besseren Licht darstellen zu können. Im Gegenteil geht es darum, sich gegenseitig zu helfen, durch die Maske der Selbstinszenierung hindurch das wahre Ich zu erkennen. Nicht um mit dem Finger auf den jeweiligen wunden Punkt zu zeigen, sondern im Vertrauen, dass es nichts gibt, was es zu verbergen lohnt. In der Gewissheit, dass in der verbundenen Kraft des wahrhaft Menschlichen jede Wunde heilt. Auch geht es nicht um das oft bemühte "Teamwork", womit man Druck aufeinander ausübt, sich in eine aufgesetzte Stimmungslage begibt oder sich gegenseitig manipuliert. Ebenso wenig ist lediglich das Mitmachen bei so genannten kommerziellen "sozialen Netzwerken" wie *Facebook* gemeint, die oft eher sozial ausschließend wirken und nur eine künstliche Nähe erschaffen.

Gemeint ist ein Verständnis, dem zu Folge Wahrheiten nicht als eine Form des Besitzes, konfrontativ oder sich gegenseitig ausschließend, wahrgenommen werden. Dies erfordert das Entdecken neuer Lebensräume und Weisen, die unser Zusammentreffen im Alltag und in der Arbeitswelt erweiternd gestalten. Eine Situations-Geografie ist im Entstehen, in der Wahrheit kein Zustand einer Person oder Gruppe mehr ist, sondern ein energetisch, vibrierender Knotenpunkt im Netzwerk anderer, vieler Knotenpunkte. Wahrheit gleicht dann vielmehr einer Momentaufnahme in einem offenen, dynamischen Prozess. Worauf es ankommt, ist nicht das, was in den Personen oder Gruppen stattfindet. Das ist altes Denken. Worum es geht, ist das, was sich zwischen Personen und Gruppen ereignet, nämlich die gegenseitige Durchdringung des Individuellen mit dem Kollektiven im Bereich der Wahrheitsfindung. Dazu bedarf es ganz neuer Fähigkeiten. Etwa die, gegenseitige Abhängigkeit und geistige Verbundenheit wahrnehmen zu können. Oder die, zur Loslösung von einem statischen, dualistischen, selbstzentrierten Wahrheitsbegriff.

Die Erforschung von sozialen Netzwerken, ein Bereich der Sozialwissenschaften, die in Wissensbereiche wie Medizin, Wirtschaft oder Informatik übergreift, hat in der letzten Zeit stark an Aufmerksamkeit gewonnen. Soziale Netzwerke sind Gruppen von Menschen, die miteinander Beziehungen unterhalten und Beziehungen übertragen. In solchen Gruppen können sich Ideen und Verhaltensweisen sehr effektiv weiterverbreiten. Dabei ist die *Transitivität* ausschlaggebend, eine Größe die etwas über die Dichte einer Gruppe aussagt. Sie wird daran gemessen, inwiefern der Austausch untereinander komplex in alle Richtungen erfolgt und zugleich rücklaufend ist. Sind unsere Freunde auch untereinander befreundet? Gibt es in unserer Gruppe "Weak Ties", also Beziehungen zu Menschen am Rande unseres Netzwerks, die auch Beziehungen zu anderen Gruppen haben und deshalb eine wichtige Funktion beim Weiterleiten von Informationen spielen können?

Wer wir sind, oder besser, als was wir uns empfinden, hängt zu einem sehr hohen Prozentsatz von unserer persönlichen sowie geistigen "Vernetzung" ab. Zudem sind wir alle durch die unausgesprochenen Gesetze der sozialen Netze beeinflusst – etwa darüber, was ein Freund unseres Freundes von uns denkt. Die indirekte Wirkung spezifisch um uns aufgebauter sozialer Netzwerke steuert große Teile unseres Lebens. Erst indem wir den Aufbau unserer sozialen Netze beginnen zu beobachten, erhalten wir die Möglichkeit, unser Verhalten und auch die uns umgebenden Netze aktiv mit zu gestalten.

In ihrem Buch *Connected: The Surprising Power of Our Social Networks and How They Shape Our Lives* erläutern Christakis und Fowler ein zentrales Gesetz sozialer Netzwerke, welches sie die drei Grade des Einflusses nennen. Wir beeinflussen nicht nur das Verhalten und die Gefühle direkter Freunde (Nachbarn, Arbeitskollegen etc.), sondern gleichzeitig auch über drei Ecken Menschen, die wir gar nicht persönlich kennen. Und die ganze Sache findet natürlich gleichzeitig auch umgekehrt statt. Was unsere Freunde und deren Freunde meinen und glauben, bleibt nicht ohne Auswirkungen auf unser eigenes Verhalten. Werden unsere Sinne dafür geweckt, uns solche Wirkungsweisen des kreativen Feldes, in dem wir uns befinden, deutlich zu machen, werden wir den Verhaltensmustern unseres nächsten sozialen Umfeldes viel mehr Beachtung schenken.

Wer in Netzwerkgruppen seine Arbeitsweise findet, prägt gleichermaßen sein Netzwerk und wird von diesem geprägt. Dies ist ein sehr subtiler Prozess und lässt sich oft kaum genauer beschreiben oder abgrenzen. Einige Datenerfassungen, was Netzwerkarbeit angeht,

gibt es bereits. So wurde wiederholt festgestellt, dass die maximale Größe eines funktionierenden Netzwerkes ca. 150 Individuen umfasst und dass bei mehr Netzwerkmitgliedern die Kommunikation untereinander chaotisch wird. Die weiterreichende Einflussnahme in einem Netzwerk über drei Ecken führt nämlich dazu, dass bestimmte Stimmungen sich sehr leicht übertragen und das gesamte Arbeitsklima prägen. Insofern hat jeder in einem Netzwerk mit allem,
was er tut oder denkt, tatsächlich die Verantwortung für die ganze Gruppe. Die entscheidende
Frage für unser Leben ist, wer uns faktisch beeinflusst. Unser Befinden wird immer geprägt von
unserer eigenen Position innerhalb von Netzwerken, auch wenn dies uns oft gar nicht bewusst
ist. Für den Netzwerker tritt diese grundlegende Dimension des Seins ans Licht, und dies führt
dann oft zu einer wesentlich bewussteren Lebensweise. Kurz, wir stehen in der Mitte eines
umfassenden Geflechtes, dass es für uns zu entdecken gilt, um zu verstehen, wer, was und wie
wir sind.

Die computerunterstützte Netzwerkumgebung ermöglicht uns heutzutage eine radikal
dezentralisierte, kollaborative Arbeitsweise - die *Commons-Based Peer Production*. Diese basiert auf dem Prinzip des kollektiven Teilens von Ressourcen und weiträumigen Verteilens von
Arbeitsprozessen. Die kooperativ miteinander agierenden Menschen stehen dabei oft nur lose
untereinander in Kontakt, ohne dass sie von einer hierarchischen Position aus gemanagt werden oder auf monetäre Marktsignale reagieren. Sie sind dabei von allein motiviert und nehmen
ihre Aufgaben nach Prinzipien der Selbstselektion, Selbstintegration und Selbstorganisation
wahr. Je mehr Macht geteilt wird in Gruppen, desto mehr Synergien ergeben sich und desto
mehr können sich die einzelnen Fähigkeiten der Teilnehmer gegenseitig befruchten. In diesem
Sinne geht es bei Netzwerkarbeit nie um Quantität, sondern um Qualität.

Die Möglichkeiten des Netzwerkens erweitern so die praktischen menschlichen Fähigkeiten und führen zu mehr Autonomie, sich auch jenseits der gängigen Marktsphäre zu betätigen. Nach Beobachtungen von Yochai Benkler benutzen Individuen diese neue Dimension
gewonnener praktischer Freiheit vor allem, um mit anderen die Kultur auf den Gebieten Demokratie, Recht, Forschung und Gemeinschaftsbildung voranzubringen. Die so genannte Netzwerk-Informationswirtschaft, die die industrielle Wirtschaft ablöst, wird so zur Basis für
alle öffentlichen Belange. Die Menschen können über diese Basis mehr herausfinden, was in
der Welt geschieht, als dies zuvor über die gängigen Medienanbieter möglich war. Gleichzeitig
ermöglicht dies ihnen, beständig an den Diskussionen von Themen, die sie interessieren, sich

direkt zu beteiligen. Es kommt im Zuge davon zu einer Freisetzung von vorverdauten und gefilterten Darstellungen der Wirklichkeit. Indem die Bürger beginnen, alle Darstellungen gegenseitig zu überprüfen, gelangen sie mit der Zeit zu so etwas wie kollektiver Einsicht. Diese ist dann Grundlage für eine viel umfassender informierte und reflektierte Gesellschaft.

Wir erleben gerade auch einen tief greifenden Wandel der Art, wie Menschen an ihrer Demokratie teilnehmen und infolge davon ihre Rolle als Bürger erfahren. Die Menschen befreien sich von der Bevormundung bestimmter Agenten, die Interessen verfolgen, die eigentlich gegen sie gerichtet sind. Statt Agenten, die sich an maximaler Effektivität von Einschaltquoten ausrichten, wird es bald schon solche geben, die sich daran ausrichten, wie sehr sie tatsächlich den Sorgen und Wünschen der Menschen entsprechen. Es werden Agenten sein, die direkt mit den Erfahrungen der Menschen verknüpft sind. Agenten, die Menschen nicht zu blindem Konsum oder passiver Unterhaltung erziehen, sondern dazu, aktive Gestalter der öffentlichen Sphäre zu werden.

Das Spannende an dieser Entwicklung ist, wie sich darüber auch das Verständnis erweitert und neu formt, was eigentlich eine Gruppe ist und ausmacht. Dachte man früher, dass eine Gruppe direkte Face-to-Face-Beziehung, regelmäßige Treffen und klare Regeln verlangt, so zeigt sich heute, dass Gruppen auch ohne diese Form von Begegnung und Präsenz funktionieren. Gerade die Virtualität der Kommunikation wirkt einem Gruppendruck und der Dominanz einzelner Gruppenmitglieder entgegen. Zugleich wird die Vorstellung, dass es so etwas, wie eine Verbundenheit im Geiste gibt, zu einer wahrnehmbaren Erfahrung. Das öffnet für neue, ungeahnte Perspektiven: Die Gruppe als innerer Kraftwirbel, als Möglichkeitsraum, in dem sich Ideen sammeln können und materialisieren lassen. Für ein herkömmliches Zweck-Mittel-Denken scheinen viele Klärungsschleifen in Netzwerkgruppen überflüssig. Jedoch steckt darin eine eigene Logik der Aussonderung dessen, was einer Idee im Wege steht. Wobei es unwichtig ist, ob die Hindernisse in den Gruppenmitgliedern selbst bestehen oder von außen kommen. Was zählt ist die Zusammenarbeit, die selbst das Mittel ist, alle Steine aus dem Weg zu räumen.

Zum Schluss dieses Teils wollen wir noch auf eine Entsprechung hinweisen, die zwischen Raumenergie und Gruppenenergie. Schon seit langem vermutet die Wissenschaft, dass der Raum ein nutzbarer Energieträger ist. Dass in einem Vakuum Kräfte wirksam werden können, konnte bewiesen werden. Bislang war es nicht möglich, diese Energie anzuzapfen und technisch zu verwerten. Kann es sein, dass wir in demselben Maße, wie wir die Raumenergie noch nicht nutzen können, bislang auch die Kräfte, die Gruppen potenziell zugänglichen sind nicht richtig nutzen können? Besteht möglicherweise eine gemeinsame Barriere, eine durchgängige Art Geist-Materie-Schranke? Nach den Weisheitslehren gibt es eine evolutionäre Grundkraft, die den Kosmos durchzieht, die das Bindeglied zwischen Geist und Materie ist. Blavatsky bezeichnet sie als *Geist der Elektrizität, die das Leben des Weltalls ist*". Die Vermutung ist, dass Gruppen, die aufhören, nach innen und außen trennend zu wirken, mit dieser räumlichen Kraft in Resonanz kommen und zugleich eine höhere Form der Intelligenz aufweisen, die auf der Linie dieser Grundkraft liegt. Dadurch kann der Einzelne, mittels der Gruppe ein Gruppenbewusstsein, einer Art höherer Intelligenz und Weisheit Ausdruck verleihen und dieser zugleich dienen. Das bedeutet einen grundsätzlicher Perspektivenwechsel: Das auf sich selbstbezogene Nutzen und Verwerten geht über in ein schöpferisches Dienen und Identischwerden mit etwas Größerem und Höheren. Solange Erfinder von den Motiven angetrieben werden, sie könnten mit der Raumenergie reich und berühmt werden, oder Unternehmer von der Vorstellung, sie können Raumenergie monopolisieren, werden sie den Geheimnissen niemals auf die Spur kommen, hier wirkt die Geist-Materie-Schranke. In dieser Weise laufen die Prozesse zur dienenden Erforschung und Nutzung der Raum- und Gruppenenergie synchron. Schnellere Fortschritte sind in beide Richtungen möglich, wenn sich Natur- und Geisteswissenschaften aufeinander zu bewegen. Denn beide Gruppen halten Teile der Wahrheit in ihren Händen. Die bevorstehende "Auferstehung der Menschheit" verändert nicht nur das Leben und Zusammenleben, sondern das materielle Gesicht der Erde.

TEIL **3** Wirtschaft der Verbundenheit:
Die Synthese aus Wert und Würde

Zu vielen Zeiten haben Menschen Waren hergestellt und Handel betrieben. Die Neuzeit schreibt nicht nur alte Traditionen fort, sondern ist durch etwas grundsätzlich Neues gekennzeichnet: die Durchdringung gesellschaftlicher Bereiche wie Kunst, Wissenschaft, Allgemeingüter mit der ökonomischen Handlungslogik, dem Dreiklang von Kommerzialisierung, Gewinnmaximierung und Privatisierung. Die Entwicklung hat sich inzwischen so verselbstständigt, dass sie eine ernste Bedrohung für das Überleben der Menschheit darstellt. Der 3. Teil beschäftigt sich mit der Frage, von welchem Welt- und Menschenbild eine Wirtschaft auszugehen hätte, die den Interessen der Mehrheit, dem Gemeinwohl und der Erhaltung der Natur dient. Es ist dies zugleich die Frage, wie Vertrauen, Gerechtigkeit und Frieden zur Grundlage einer globalen Kultur werden können.

1. Freiheit und Eigentum als Kampfplätze der Menschheit

Freiheit und Eigentum sind die Leitbegriffe, die es zu verstehen, von Missverständnissen zu befreien und vor Missbrauch zu schützen gilt. Nicht nur im politisch-ökonomischen Sinne, sondern von ihrer geistigen Bedeutung her. Um die vorliegenden Ausführungen kurz zu halten, springen wir in das letzte Drittel des 20 Jahrhunderts, als die Märkte liberalisiert wurden, beginnend mit der Frage: Inwieweit ist die Kommerzialisierung, die Liberalisierung der Märkte Ausläufer, eine Folge *des langen Krieges,* wie ihn Philip Bobbitt bezeichnet hat? Bobbitt vertritt die These, dass sämtliche Kriege, die im 20 Jahrhundert stattgefunden haben, angefangen vom ersten Weltkrieg bis zum Ende der Sowjetunion, eine zusammenhängende Einheit von Konflikten um hegemoniale, wirtschaftliche Nationalinteressen und ideologische Vorherrschaft bilden.

Aus geistiger Sicht lässt sich fragen: Wo sind die Energien hin, die ein knappes Jahrhundert zu militärischer Aufrüstung, zu Zerstörung, zu einer atomaren Drohkulisse, zum Kampf der Wirtschaftssysteme geführt haben? Kann eine solche massive Energie ins Nichts verpuffen? Gilt der Energieerhaltungssatz nur im Bereich der Physik, oder gilt er auch in Bereichen der Ideologie, Gedankenkraft, Emotion? Könnte es sein, dass diese auf Zerstörung und Abschreckung angelegte Energie in die Befreiung der Märkte, in die enthemmte Geldvermehrung, in den Konsumrausch und die Privatisierungswelle eingeflossen ist und seither dort ihr Unwesen treibt?

Könnte die Aggressivität und Skrupellosigkeit, mit der in der Wirtschaft zuweilen Märkte erobert und Wettbewerber ausgeschaltet werden, ein Indiz dafür sein? Und könnte es sein, dass sich die in der Wirtschaft freigesetzte Energie inzwischen gegen Staaten und Regierungen selbst wendet, indem sie sie in Beugehaft nimmt und zum Erfüllungsgehilfen einer globalen Privatisierungs- und Umverteilungsstrategie macht? Dies alles unter dem Banner der Freiheit und dem freiheitlichen Recht auf uneingeschränkten Zugang zu Privateigentum?

Wo aber kommt dieses Streben her, wo hat es seine Wurzel, woraus bezieht es seine Kraft? Hier ist es sinnvoll, sich an den Aussagen der *Lehren der zeitlosen Weisheit* zu orientieren. Diesen Lehren zufolge vollzieht sich die Evolution des Menschen von dem instinkthaften Herdenbewusstsein über die Individualisierung hin zum Gruppenbewusstsein. Im Gruppenbewusstsein zeigt sich die höchste Entfaltungsstufe der Individualität, indem sie sich, mit dem

Besten, was sie zu geben hat, in den Dienst der Einheit stellt. Einheit ist die einzige wahre Wirklichkeit. Das Tier lebt instinktiv darin, der Mensch muss sich über das Lernen aus Fehlern und Rückschlägen zu dieser Wirklichkeit aufschwingen. In dem Prozess der Individualisierung kann es zu übersteigerten Reaktionen im Sinne einer Anpassungsstörung kommen. Nach den *Lehren der zeitlosen Weisheit* sind in der Menschheit seit alters her zwei Tendenzen in dieser Richtung erkennbar. Die eine ist der gesteigerte Drang nach Trennung von anderen, hin zu Privatisierung, und die zweite ist die Selbstsucht, das Streben nach egoistischer Dominanz. Sie zeigen sich gleichermaßen bei Einzelpersonen wie in individualisierten Gruppen, seien es Organisationen, Volksstämme oder Nationen.

Beide Tendenzen – und hier setzt die Übertragung dieses Wissens ein – bilden den Hintergrund dessen, was wir in den letzten Jahrhunderten in der Industrialisierung und Technisierung, in dem Aufkommen und Zusammenprallen der Nationalstaaten sowie politischen und wirtschaftlichen Ideologien gesehen haben. Etwa in der faschistischen Ideologie der Nationalsozialisten, dem Streben nach Weltherrschaft, dem Rassenwahn. Es gibt Überlegungen die besagen, dass die Gruppe um Adolf Hitler nie diese Wirkung bei den Deutschen hätte haben können, wenn in großen Teilen der Bevölkerung nicht noch Reste des Herdendenkens vorhanden gewesen wären. Wären mehr Menschen stärker individualisiert gewesen, wären sie nicht so leicht Opfer der Propaganda und Massenhypnose geworden. In politischer Hinsicht sind die Menschen hierzulande reifer geworden, nicht mehr so leicht manipulierbar. Die Betonung liegt auf „leicht".

Im Krieg der Alliierten gegen die Achsenmächte mögen die beiden genannten Tendenzen der Trennung und der Selbstsucht bei ersteren zeitweise zurückgedrängt gewesen sein, aber spätestens im kalten Krieg flammten sie wieder auf. Und sie endeten nicht mit dem Ende des kalten Krieges. Hier unterscheidet sich die Betrachtungsweise deutlich von der von Bobbitt. Insbesondere in den USA erhielten die trennenden, egoistischen Neigungen, gestärkt durch den scheinbaren Sieg über den Kommunismus, neue Nahrung. Diese Neigungen traten in einem Gewand auf, welches es zumindest im Anfangsstadium unmöglich machte, die wahre Natur zu erkennen: Das Gewand der Freiheit. Im Namen der Freiheit sind Unsummen in den militärisch-wirtschaftlichen Komplex geflossen, vor dem Eisenhower Ende der 50er Jahre und Werner von Braun Ende der 60er Jahre gewarnt hatten. Im Namen der Freiheit wurden in der Ära

Reagan und Thatcher die Deregulierung der Märkte und die Privatisierungswelle vorangetrieben.

Bobbitt hat den liberalistischen Begriff des *Marktstaates* geprägt, um der notwendigen Abkehr vom Sozialstaat nach dem Ende des langen Krieges Ausdruck zu verleihen. Die Abkehr sei notwendig als Anpassung an den Siegeszug der freien globalisierten Wirtschaft, die jenseits der Nationalstaaten operiert. Das Credo des Marktstaates ist die Freiheit der Märkte, um neue ökonomische Wachstums- und Absatzmöglichkeiten zu schaffen. Dies beinhaltet die Privatisierung von allem, was denkbar ist, unter der Maßgabe für die Konsumenten Nutzen zu stiften. Zugleich beinhaltet es den Rückzug des Staates aus dem Bereich der Fürsorge.

Mit dieser Situation hat sich das neue Denken auseinanderzusetzen. Es begreift sie als Erbe der Menschheit, als Höhepunkt in der Entwicklung der Menschheit, bei der sich die Tendenzen zur Trennung (Privatisierung) und zur Selbstsucht herausgearbeitet haben, so dass das Zerstörungspotenzial, das sie in sich bergen, für die breite Bevölkerung als solches erkennbar werden. Und weiter, dass es gegen den Menschen selbst gerichtet ist, den Menschen auf seinen Materieaspekt zu reduzieren und Materie und Geist und Mensch und Natur voneinander zu trennen, dass jede Form der Absonderung als Rasse, als Religion, als Ideologie oder Nation in Krieg und Terror enden. Die gegenwärtige Lage führt auch das Zerstörungspotenzial der Selbstsucht vor Augen, indem privilegierte Gruppen, Kreise oder Nationen so viel Geld, Waren und Ressourcen alleine für sich beanspruchen, so dass als Folge davon nicht mehr genug für alle anderen da ist. Wie man in der Selbstsucht nicht Halt macht vor der Ausbeutung von Menschen und Ressourcen – was zu Umweltzerstörung auf Kosten kommender Generationen führt – so wird im Zuge davon auch in der Wahl der Mittel der Durchsetzung seiner Interessen, sei es Gewalt, Manipulation und Indoktrination, kein Halt gemacht.

Im Freiheits- und Eigentumsbegriff sind die Neigungen zur Trennung und zur Selbstsucht salonfähig, ja legalisiert worden. Es sind dies, wenn man so will, die zu heilenden sozialen Entwicklungskrankheiten der Menschheit. Davon zu unterscheiden sind die selteneren, extremen Formen der unheilbaren Soziopathie und Psychopathie. Dort, wo die daran erkrankten Menschen über Intelligenz verfügen, können diese große Macht erlangen, unvorstellbaren Reichtum ergattern und enormen Einfluss gewinnen. Dabei wissen sie den in der Menschheit vorhandenen egoistischen Nährboden, aber auch Haltungen der Gutmütigkeit, der Naivität usw. geschickt für ihre Zwecke zu nutzen und ihre Interessenssphären, sei es legal oder illegal, auszuweiten. Eine aufgeklärte Menschheit kann die Kreise dieser Menschen eindämmen und in ungefährliche Nischen abdrängen. So weit sind wir allerdings noch nicht.

Treffen vor diesem Hintergrund die Gegensätze, wie sie Hayek formuliert hat, heute noch zu? Nämlich, das die Institution des Privateigentums eine der Hauptvoraussetzungen für jenes begrenzte Maß von Freiheit und Gleichheit ist? Dies mit dem Argument, dass die Verteilung der Macht auf viele besser sei als auf einen Staat oder eine Partei. Wenn 0,1 Prozent der Menschheit, die Superreichen, ohne jemand Rechenschaft abgeben zu müssen, die Geschicke der Welt bestimmen, wie kann man da noch von der Verteilung der Macht auf viele sprechen? Es war gerade der von Hayek verteidigte Freiheitsbegriff, der diese ungeheure Machtkonzentration in den Händen weniger zugelassen hat.

Vielleicht fehlt vielen Menschen das Einfühlungsvermögen, die Vorstellungskraft, sich diese grenzenlose Gier, diesen unersättlichen Machtrausch einer Gruppe von Superreichen vorzustellen. Doch wäre es naiv und kurzsichtig, das Problem auf eben jene kleine Gruppe zu schieben, die vor nichts und niemandem halt macht. Gerade diese Art der Betrachtung auf Stammtischniveau vernebelt den Blick auf die Realität. Könnte es sein, dass in dieser kleinen Gruppe der Superreichen etwas gesteigert nach außen tritt, was in kleinerem Maßstab mehr oder weniger in allen Menschen und insbesondere in der westlichen Welt als Keim vorhanden ist. Dass viele von uns etwas gieriger, unersättlicher sind, als sie glauben es zu sein und es gerne wären, wenn die Gelegenheit dazu da wäre? Es sind gerade die großen Kontraste zu der Welt der Superreichen, die diese Seite im Dunkeln halten. Die Gier und Unersättlichkeit zeigt sich subtil in einem bequemen Lebensstil, der nicht nach Konsequenzen fragt. Es ist bequem, zwischen 20 verschiedenen Waschmitteln wählen zu können. Es ist bequem, im Winter Erdbeeren zu haben. Es ist bequem, einen riesigen Vorrat an Lebensmitteln in den Lagerräumen von Supermärkten ständig bereit herumliegen zu haben, auch wenn davon etliches verrottet oder wegen der Haltbarkeitsgrenze weggeschmissen werden muss. Die Liste ließe sich beliebig fortführen. Und zeigt sich die versteckte Gier und Unersättlichkeit in den Menschen nicht dort, wo es Schnäppchen zu ergattern gibt, wo etwas scheinbar günstig oder sogar umsonst ist?

Der Missbrauch der Freiheit, die Erschaffung einer selbstgefälligen, bequemen, militärisch aufgerüsteten Welt und eine egoistische Vorratshaltung auf Kosten anderer und der Umwelt ist der Schatten unserer Gesellschaft, die Krankheit, an der sie leidet. Erst die Korrektur dieses Missbrauches und die Ausrichtung der Freiheit an der Existenzgrundlage aller Menschen, an der gerechten Verteilung von Ressourcen und der Regenerationskraft der Erde, schaffen einen zukunftsfähigen Freiheitsbegriff. Der von Kant formulierte kategorische Imperativ lautet heute entsprechend: Lebe so, dass dein Lebensstil im Einklang mit der Existenzgrundlage aller Menschen, Tiere und Pflanzen sowie der Regenerationskraft der Erde steht.

Freiheit bemisst sich nicht an dem, was man sich alles herausnehmen kann, sondern an der Freiwilligkeit auf Verzicht zu Gunsten eines höheren Ideals. Freiheit bedeutet die Mündigkeit, auf alles zu verzichten, was dem Ganzen schadet, die geistige Einheit und den inneren Zusammenhalt der Menschen untergräbt. Freiheit beinhaltet das Freisein von der Versklavung durch zu kaufende, zu besitzende und zu konsumierende Güter.

Die zu erringende Freiheit der Menschen besteht in der Entscheidung für einen nachhaltigen, sozialförderlichen, gesunden Lebensstil. Gemessen an dem heutigen Lebensstandard kann dies nur eine radikale Vereinfachung, Verschlankung, Entschleunigung und Sozialorientierung bedeuten. Dabei ist das Verhältnis von Privateigentum und Gemeingütern, den so genannten Commons neu zu bestimmen. Beim Privateigentum ist die Frage zu klären, inwieweit die gesetzlich verbürgte, unbeschränkte Verfügungsgewalt über Eigentum neu geregelt werden muss. Können gemeinnützige, von uns Bürgern verwaltete Stiftungen nicht am besten die Gemeingüter verwalten und verteilen? Sollte Eigentum nicht generell auf Basis einer zeitlich befristeten Lizenz zugesprochen werden?

Notwendige Auflagen und Lizenzen könnten dazu führen, das Wohl der Allgemeinheit zu fördern oder diesem zumindest nicht zu schaden. Dass dieser Gedanke nicht leicht umzusetzen ist, versteht sich von selbst. Den Gedanken aber nur deshalb nicht auszusprechen, weil er derzeit eventuell noch nicht mehrheitsfähig ist, erscheint angesichts der Tragweite der vor uns liegenden Herausforderungen nicht einsichtig. Was man sich z.B. vorstellen kann ist, dass bei Artikel 14, Grundgesetz, die Beweislast auf diejenigen gelegt wird, die im großen Stil Eigentum erwerben oder besitzen. Und zwar dahin gehend, dass sie Nachweis erbringen müssen, dass der Gebrauch des Eigentums dem Wohl der Allgemeinheit dient oder es zumindest nicht schädigt. Eine Schädigung wäre z.B. der Fall, wenn Finanzmittel in Milliardenhöhe dem Wirtschaftskreislauf entzogen würden. Die Spekulation mit Ressourcen, die für Menschen lebenswichtig sind, wäre ein weiterer solcher Fall. Es ist sicher nur eine Frage der Zeit bis solche Punkte, wie sie ja bereits seit längerem von Demokratie-, Friedens- und Umweltbewegungen gefordert werde, von der breiten Bevölkerung aufgegriffen werden.

Stellen wir zur Verdeutlichung dem neuen Denken das alte gegenüber, welches das Freiheits- und Eigentumsdenken mit dem Konkurrenzprinzip verbindet. Das Konkurrenzprinzip wird in dem momentanen neoliberalen Wirtschaftssystem als *Goldenes Kalb* verehrt und beansprucht unangefochten den Mittelpunkt. Die Argumentation ist dabei folgende: Es regelt die Knappheit von begrenzten Gütern. Es hat sich als effektiv erwiesen in bestehenden Märkten die Beziehung zwischen Angebot und Nachfrage transparent zu machen und schnell die Preise zu ermitteln, was beiden Seiten nützt. Dieser Art von Nützlichkeit und Effektivität stehen aber schwerwiegende Nachteile gegenüber. Sie sind bereits in dem Konkurrenzprinzip eingepflanzt: Die Angst, zu kurz zu kommen oder zu wenig zu haben. Die Angst wiederum entsteht aus einem Mangel an Vertrauen und Liebe. Dabei kommt die Angst selbst gar nicht zum Vorschein, sie wird als Eigennutz rationalisiert und mit den Mittel des Ehrgeiz und der Gier ersatzweise beschwichtigt. Der dadurch entstehende Antriebseffekt wird als wünschenswert angesehen, ohne nach den Konsequenzen und den Folgewirkungen zu fragen. Diese ergeben sich etwa aus Entscheidungen und Spekulationen, die kurzzeitigen Gewinn fördern, auf längere Sicht aber katastrophale Folgen für Gemeinschaft, Natur und die friedliche Beziehung zwischen Ländern haben. Kooperation auf internationaler Ebene kann unter dem Konkurrenzprinzip nicht greifen, solange Eigennutz und Altruismus, Individualismus und soziales Eingebundensein, Rationalität und Emotionalität, materielle und immaterielle Bedürfnisse sich nicht im Gleichgewicht befinden. Ein solches Gleichgewicht kann unter dem Diktat der Marktkräfte aber gar nicht entstehen, weil es dem eigenen materialistischen Macht- und Gewinnstreben zufolge als erfolgsschädigend angesehen werden würde. Das Konkurrenzprinzip gibt den Marktkräften freien Lauf, wobei zugleich das Prinzip von Angebot und Nachfrage unhinterfragt vorausgesetzt wird. Es wird als scheinbar wertneutral formuliert, versteckt dabei seine zerstörerischen Elemente elegant. Man unterstellt bei beiden Seiten eine Natürlichkeit und sieht nicht die Systemzusammenhänge. Es geht zum Beispiel bei der Angebotsseite nicht nur um Einschränkungen durch höhere Gewalt wie Missernten, sondern um künstliche Steuerung z.B. durch Verknappung, um den Preis anzuheben.

Ebenso handelt es sich bei der Nachfrage nicht nur um existenzielle Bedürfnisse, sondern um Bequemlichkeit, Besitz- und Konsumstreben als Lebensstil. In einem solchen Umfeld wird dann die Nachfrage künstlich in Sinne des Macht- und Gewinnstrebens gesteuert und manipuliert über die Erzeugung von Mangeldenken und Bedürfnissen gleichermaßen. Geschäftsbeziehungen, die allein auf Gewinnmaximierung programmiert sind, erlangen in einem solchen Kontext grenzenlose Macht. Macht, die genutzt wird, Regeln und Gesetze zur Wahrung der eigenen Interessenssphäre zu verändern und betriebswirtschaftliche Strategien im Markt durchzusetzen. Etwa wenn unangefochtene Markführer durch Marketingkampagnen die Absatzmenge erhöhen oder senken und an der Preisschraube drehen. Dem Konsumenten wird zu diesem Ziele die Idee von Glück und Freiheit verkauft, die darin besteht, unter unzähligen Produkten und Programmen zu wählen, die er nicht wirklich benötigt. Vielmehr handelt es sich zum großen Teil um Ersatzbefriedigungen für eine verlorene echte Lebensqualität. Eine Lebensqualität, die herrschen würde, wenn sich der Wettbewerb nicht an dem Profit der Konzerne und Banken ausrichten würde, sondern an den wahren Bedürfnissen der Menschen. Mit anderen Worten: Die neoliberale Weltsicht betrachtet nur den kleinen Ausschnitt von Angebot und Nachfrage frei von geistigen Prinzipien wie Fairness, Inklusivität, Verantwortung. Von diesen Prinzipien aber befreit sind Angebot und Nachfrage der Freibrief zur Verschwendung von Ressourcen und zur Akkumulation von Geld und Reichtümern in den Händen weniger auf Kosten vieler.

2. Die pseudoliberale Weltordnung: Ein geschichtlicher Abriss

Wie drang das alles in unser Leben? Nachdem es in Chile und Argentinien in den siebziger Jahren zu Militärputschen gekommen war, breitete sich eine pseudoliberale Ideologie nach 1979 durch die Politik von Thatcher und Reagan unter demokratischen Deckmänteln aus, indem der Begriff Freiheit innerhalb des kulturellen Diskurses politisch belegt wurde. Reagans Erscheinen markierte einen echten Wendepunkt in den westlichen Gesellschaften, die seit dem Ende des 2. Weltkrieges zwar noch nicht auf dem Prinzip des Teilens, aber immerhin auf dem der Egalität aufgebaut wurden, was dazu führte, dass die Unterschiede zwischen arm und reich immer kleiner wurden, der Einfluss der Gewerkschaften zunahm und es eine breite Mittelschicht gab. Seit der Zeit als Reagan auf der politischen Bühne erschein, begann sich die Schere zwischen Arm und Reich aber allgemein weltweit zu erweitern.

Bestimmte Medienstrategien der Kulturvermittlung beginnen damals auch außerhalb der USA mehr und mehr, für viele zuerst unmerklich, die gesamte offizielle Wirklichkeitswahrnehmung im Zuge eines immer mehr auf bestimmten Illusionen basierenden Aberglaubens an einen allen Menschen zugute kommenden freien Markt aufzusaugen. Dabei gibt es so etwas wie einen freien Markt ja gar nicht, sondern nur ein Verkommen des Begriffes von Freiheit auf die Bedeutung: Freier aber völlig unfairer Handel. Sämtliche Lebensbereiche werden gleichermaßen von dieser so genannten neoliberalen Ideologie, die eigentlich eine geschickt getarnte Gangster-Ideologie ist, unterlaufen.

Geschickt wird auch die Privatisierung des Fernsehens vorangetrieben. Konzerne, Medien, Universitäten werden mit einbezogen und schließlich ist die gesamte Gesellschaft auch in Mitteleuropa Anfang der 90iger Jahre fast vollständig gleichgeschaltet. Das Wirtschaftswachstum wird im öffentlichen Diskurs nur noch als Orakel und Selbstzweck reflektiert, anstatt zu sehen das Wachstum ein holistischer Vorgang ist, bei dem es darum geht, dass wir unser aller Lebensbedingungen verbessern und so auch die Grundlage für wahren Frieden schaffen. Seit dem Frühkapitalismus bereits hatte sich die westliche Welt einem bestimmten Denken verschrieben, dessen Begrenztheit nun aber langsam offensichtlicher wurde. Auch die härtesten Anhänger des einseitigen Wachstumsglaubens stehen allmählich aber nun vor der Herausforderung, zu erkennen, dass sich Fortschritt nicht mehr länger durch materielles Wachstum definieren lässt, sondern vielmehr jetzt gesehen werden muss in der Verwirklichung der in jedem Wesen angelegten inneren Potenziale.

Weil die USA einen großen Anteil an den Institutionen Weltbank und IWF besitzen, kann sie mit einem Veto deren Entscheidungen protektionistisch einsetzen. Zudem beuten die USA, seit etwa 1970, ärmere Länder gezielt aus, indem diesen Kredite angeboten werden, die nie zurückgezahlt werden können. Spezielle Wirtschaftsberater (so genannte *Economic Hit Man*), die trügerische Angebote im Dienste der USA machen, betreiben dieses Geschäft gezielt im Namen von Firmen der USA wie Bechtel, welche dann die Aufträge bekommen, die durch diese Kredite bezahlt werden. Schon gegen 1980 waren die meisten auf diese Weise in die Abhängigkeit getriebenen Länder, so verschuldet, dass sie nie mehr von sich aus wieder zu finanzieller Unabhängigkeit gelangen konnten. In den offiziellen Medien wurde seinerzeit diese kriminelle Strategie zur Ausbeutung der ärmeren Länder allerdings völlig unzureichend oder schlicht falsch unter der Bezeichnung Schulden-Krise der Dritten Welt abgehandelt.

Die Weltbank und der IWF wurden 1944 eingerichtet mit dem Hintergedanken die Weltwirtschaft zu globalisieren und so Frieden und Wohlstand zu verbreiten. Was taten sie aber nun? Sie begannen sich immer weiter in verbrecherischen Aktivitäten zu verlieren. Immer neue Kredite wurden den verschuldeten Ländern gegeben unter der Auflage, ihre Politik auf bestimmte Weise zu Gunsten der Wirtschaftsmacht der USA und anderer Industrieländer zu gestalten. SAPs (*structural adjustment policies*) wurden so auf über hundert Entwicklungsländer übertragen. Kanada, Deutschland, Frankreich, Großbritannien, Italien und Japan spielten alle wesentliche Rollen bei dieser unfairen Gestaltung der Weltwirtschaft. Denn dieses Vorgehen zwang die Nehmerländer zu neoliberalen Reformen ihrer Wirtschaftssysteme. Zwang sie zu Reformen, die unsägliches menschliches Leid in diesen Ländern anrichteten, ihnen aber nicht im Geringsten wirklich dabei halfen, sich von ihren Schulden zu befreien.

1989 beugte sich auch die Politik in den Geberländern den Vereinbarungen zwischen transkontinentalen Kapitalgesellschaften, Wall Street Banken, FED, IWF und Weltbank. Es kam zu Absenkungen der steuerlichen Belastungen der höchsten Einkommen und zu raschen Liberalisierungen der Finanzmärkte. Zudem wurde der öffentliche Sektor weitgehend zerschlagen und alle Lebensbereiche zunehmend kommerzialisiert. 1991 wird eine winzige Änderung vorgenommen, welche die meisten Menschen gar nicht bemerken, die aber enorme Auswirkungen mit sich bringt: Als Maß für den globalen Wohlstand gilt nicht mehr das Bruttosozialprodukt (BSB), sondern das Bruttoinlandsprodukt (BIB). So wird eine Rechnungsweise eingeführt, die das Ausplündern der Ressourcen in Schwellenländern durch multinationale Konzerne verdeckt. Verschleiert wird in Folge davon auch, wie wahre Gewinne in den Norden geleitet werden und gleichzeitig solche Aktionen als Anzeichen für Wohlstand in den ausgeplünderten Ländern gewertet werden. Diese kleine Maßnahme zur Bilanzverneblung betrifft aber gleichzeitig auch die Bürger in den Wohlstandsländern, denn das BIB wird dort in den Rang einer Doktrin erhoben und macht alle zu Konsumenten. Werte, die den sozialen Zusammenhalt erst ermöglichen, werden im Zuge einer alles ergreifenden Kommerzialisierung radikal dem Markt geopfert.

Gewinner dieser Entwicklung ist eine wachsende Schicht von Superreichen, die sich auf Kosten von immer mehr Menschen in ständig steigenden Geldbergen verbarrikadiert. Die gleichgeschalteten Medien nutzen in ihren Darstellungen das BIB stur als Zeichen der Lebensqualität, dabei weigern sie sich, die Umwelt- und Sozialschäden mit einzurechnen, die eine falsch ausgerichtete Wirtschaftsordnung verursacht.

Genua und Seattle folgen, und breitere Schichten von Menschen beginnen allmählich zu begreifen, dass wir an einem wirklich außergewöhnlichen Moment der Geschichte angelangt sind, an dem wir, wenn wir wollen, die Schande der extremen Armut durch eine gerechte Verteilung der Weltressourcen beenden können. Da aber der Grad an Neoliberalisierung dem IWF und der Weltbank als Maßstab für ein gutes Wirtschaftsklima gilt, verstärkte sich auch weiterhin noch der Druck auf alle Länder, sich neoliberalen Reformen zu öffnen. So setzt auch die *World Trade Organisation* in dieser Zeit programmatisch neoliberale Standardwerte und Regeln für den Verkehr globalen Handelns fest. All das gipfelt in der Mitte der neunziger Jahre im so genanten *Washington Consensus*, der das US und UK Model des Neoliberalismus zur definitiven Antwort auf die globalen Probleme erhebt. Aber Tatsache ist, dass die G8 keine Legitimität irgendeiner Art besitzt. Die G8 drückt die Macht der Mächtigen aus, aber nicht die Stimme des Volkes. Die G8 ist ein selbsterwählter Club der Reichen und Mächtigen. Niemand gab je diesem Club das Mandat oder die Autorität über Wirtschaft - Klima- oder Sicherheitsfragen zu entscheiden, oder das Recht Ländern, die sich nicht nach von der G8 aufgestellten Regeln verhalten, Sanktionen aufzuerlegen. Auch der Sicherheitsrat der UN besitzt keine Legitimität. Auch er sollte radikal reformiert werden, damit endlich die wahre Stimme der Völker das Weltgeschehen bestimmen kann, nach der die Umwelt wahrscheinlich die höchste Priorität hätte und die Verteidigung die geringste.

Natürlich wird von den Medien derweil wohl proportioniert gezeigt, dass es viel Elend in der Wellt gibt, aber dass es Menschen sind, die dieses Elend trifft, Menschen ganz genauso wie alle anderen auch, das wird nicht genug vermittelt. Es stört das Geschäft. Die bewusst inszenierte Trennung von den Armen und das Wohlgefallen in dem auf Absonderung basierenden Wohlstand hat eine tiefere Bedeutung für unsere Zeit. Einer Zeit, in der wir wie selbstverständlich eingekreist sind von Plakaten für irgendwelche Dinge, die eigentlich niemand wirklich braucht.

Inzwischen leben selbst immer größere Teile der Bevölkerung in den reichen Industrieländern in Armut. Und immer mehr Menschen drohen zu verarmen. Die globale Gesellschaft braucht also dringend rechtliche Reglungen, die von global organisierten Instanzen beschlossen werden und die für einen gerechten Weltmarkt sorgen. Es ist vor allem eine wachsende Zahl an Nichtregierungsorganisationen, die inzwischen immer lauter nach einem Weltgerichtshof für Menschenrechte rufen. Ein solcher Gerichtshof könnte wirtschaftlichen Protektionismus verhindern und sich dafür einsetzen, dass Subventionen und Sanktionen auf einem Prinzip der Gerechtigkeit basieren.

Der Vorgang des Ausverkaufes hatte seine Zeit: Nach einer Kultur der Macht und Gewalt erleben wir jetzt so etwas wie einen Übergang zu einer Kultur der bewussten Handhabung unserer Güter und Kräfte. Mehr und mehr Stimmen finden sich zu einem gemeinsamen Ruf nach einer gerechteren Weltwirtschaftsordnung zusammen. Von den *Social Entrepreneurs*, die aktiv dabei sind, überall in der Welt Strukturen zu schaffen, damit Menschen in Not sich selbst helfen können, bis zu Journalisten und Autoren, die mit ihren Recherchen vor allem auch die Macht einer unsichtbaren weltweiten Regierung offen legen, die sich durch Beherrschung der Medien an der Macht hält. Sie zeigen auf, inwiefern jetzt immer mehr Menschen erwachen können aus der selbstgenügsamen Passivität, in der sie bislang die Kontrollstrukturen von Schein-Demokratie gefangen hielten. Denn in dem Moment, wo diese gefährlichste aller Ideologien – die der freien Marktkräfte – allgemein aufgedeckt wird, kann den Menschen auch umfassend deutlich werden, dass Liberalismus und wahre Demokratie nicht dasselbe sind.

Aber wie kam die liberale Ideologie überhaupt dazu, bis heute so viel Macht über so viele Menschen auszuüben? Wenn wir die Literaturgeschichte dazu betrachten, stoßen wir auf das Werk von Ayn Rand. Ob wir es mögen oder nicht, diese Schriftstellerin war eine der einflussreichsten Denkerinnen des 20. Jahrhundert. Um die politischen Realitäten unserer Welt zu verstehen, müssen wir uns die verheerenden Auswirkungen ihrer Begriffe Egoismus und Objektivismus, so zentral für ihre Ideologie, genauer ansehen. Ihr Roman *Atlas Shrugged* ist eines der einflussreichsten politischen Bücher in den USA des 20. Jahrhunderts und eindeutig einer der Wurzeln der gegenwärtigen Macht der liberalen Ideologie und der *Me-Generation*. Außerhalb der USA wurde Rands Werk wie auch dessen objektivistische Philosophie eines atheistischen Materialismus, die es zu vermitteln sucht, kaum wahrgenommen oder für die Verfechtung eines rücksichtslosen Liberalismus kritisiert. Die Gefolgschaft von Rand stand stets hinter dem Staate Israel und unterstütze den Einsatz von Atomwaffen von Seiten der USA, um Israel zu verteidigen. In den USA ist ihr Buch, nach einer gemeinsamen 1991 durchgeführten Umfrage der *Library of Congress* unter US-amerikanischen Autoren, der einflussreichste Roman überhaupt. Wir können die tiefen Denkmuster, die unsere Welt an den Abgrund geführt haben, nun auf einmal deutlicher erkennen, wenn wir die Nebel auch um das Wirken dieser

Frau zu lüften beginnen. Natürlich war sie nicht die einzige Denkerin dieser Art, aber sicher eine der einflussreichsten Vertreterinnen der neoliberalen Ideologie.

Die ganze Geschichte hat auch eine andere, in den offiziellen Medien bislang wenig beachtete Seite. Die 1977 ins Leben gerufene unabhängige Kommission für internationale Entwicklungsfragen, deren Vorsitz Willy Brandt übernahm, veröffentlichte 1980 Vorschläge, die einen Ausweg aus der Sackgasse der Entwicklung der Nord-Süd Beziehungen aufzeigen. Die Kommission hatte zwei Motive: Eine humanitäre Verpflichtung zur Solidarität des Nordens mit dem Süden und das *„gemeinsame Interesse“* von Nord und Süd am *„Überleben der Menschheit“* (W. Brandt), das sie durch Wettrüsten und Umweltzerstörung, verbunden mit weltweiter Wirtschaftskrise bedroht sah.

Die Vorschläge der Kommission zielten auf folgenden Punkt: Hunger und Armut im Süden könnten abgeschafft werden, indem das Wohlstandsgefälle zwischen Süden und Norden beseitigt wird. Gleichzeitig sagte die Kommission voraus, dass so der Weltfrieden gesichert werden könnte. Der *Brandtreport* fand ein weltweites Echo, doch keines der in ihm formulierten Ziele wurde bislang erreicht. Doch nun stehen die Zeichen sehr gut für die Umsetzung dieses Reportes. Die Finanzmärkte brechen seit einigen Jahren zusammen, und gleichzeitig erwacht die internationale Zivilgesellschaft. Das Herzstück der Agenda des *Brandtreports*: die Überprüfung und Neuordnung des internationalen Finanzsystems. In den letzten 28 Jahren kam dies nicht zustande, sehr zum Schaden der Menschheit. Die Politik verlor immer mehr ihre Fähigkeit, konstruktiv zum Wohle der Völker der Welt zu regieren und wurde zum reinen Dienstleister des global agierenden Großkapitals.

3. Vom homo oeconomicus zum vernetzten Menschen

Mit dem Begriff *Networked Individualism* beschreibt Barry Wellman die sich wandelnden Kommunikationsweisen der Menschen. Die Menschen seien inzwischen nicht nur auf lokale soziale Unterstützung angewiesen, um z.B. ihre Ideen zu verwirklichen. Vielmehr stände ihnen eine riesige Zahl globaler Netzwerke zur Verfügung. Individualität zeige sich nach Wellman nun darin, welche Netzwerke Menschen nutzen und wie sie diese auf eine ganz eigene Art kombinieren. Daraus entstehen neue Lösungswege und Lösungsmöglichkeiten, eine eigene

Form von Kreativität hin zu einer *Networked Society*. Im Gegensatz zur Informationsgesellschaft umfasst der Begriff der *Networked Society* kulturelle, ökonomische und politische Faktoren und das Moment des Engagements. Die Kommunikation mittels Netzwerken bedeutet nicht, dass Beziehungen anonymer oder reale Kontakte eingeschränkt werden. Im Gegenteil sind die aktiven Nutzer des Internet oft politisch aktiver, sozial engagierter und verfügen über mehr Freundschaftsbeziehungen, die auch reale Begegnungen einschließen, wie die weniger aktiven Nutzer des Internets.

Wie Michael Gurstein beobachtete, verwandeln die sozialen Medien unsere lokalen Gemeinschaften innerhalb des städtischen Raumes. Dies kann den oben angesprochenen Gesellschaftswandel fördern. Durch die Vernetzung entstehen neuartige Dynamiken, die dabei unterstützen, uns von einer bruchstückhaften, isolierten Wahrnehmung zu lösen und hinzugelangen zu einer organisch und technisch mit der ganzen Welt verbundenen Sichtweise. Aus dem inneren Wissen um diese Verbindung kann eine Kraft hervorgehen, die es nun ermöglicht einzelne Lebensbereiche, und schliesslich die Welt, umzugestalten. Als solcherart miteinander verbundene Gleichgesinnte, als aufeinander verwiesene Gefährten, unterliegen wir nicht länger der lähmenden Entfremdung der bisherigen kalten und ausbeuterischen Informationsgesellschaft.

Auf einem solchen Weg gilt es auch die Logik hinter unserem momentanen Wirtschaftssystem *Konsumieren und Wachstum* zu verstehen. Woher dieser Zwang, ständig zu konsumieren? Weil in diesem System alle persönlichen, sozialen und wirtschaftlichen Bedürfnisse im wahrsten Sinne des Wortes durch Konsum untereinander ausgehandelt werden. Das Beschaffen und Anhäufen von materiellen Werten ist die Sprache mit der sich unsere heutige Gesellschaft selbst mitteilt und versteht. Dadurch erlangen wir eine Identität und gesellschaftlichen Stellenwert. Die Marktkräfte regieren blind über die Menschen zum Schaden dieser und zum Schaden der Natur. Und die Regierungen treiben diesen Wahn an, indem sie den Menschen sagen: wenn du nicht konsumierst, gerät das System aus den Fugen. Um auf diesem Planten weiter leben zu können müssen wir aber einen Ansatz finden, der vom Materialismus und dem Spiel der unregulierten Marktkräfte wegführt. Wir möchten hier andere Möglichkeit vorschlagen, unseren Status in der Gesellschaft auszuhandeln. Möglichkeiten, die auf persönlichen Bindungen basieren und der Lebens-Qualität, die von diesen ausgeht.

Die Vorstellung vom *Berufsmenschen* entstand vor 200 Jahren, gemeinsam mit dem kapitalistischen Wirtschaftsmodell und mit der Programmierung unserer Gesellschaft auf unendliches Wachstum. Der Wachstumszwang ist ein Nebeneffekt unserer sich im 19. Jahrhundert herausbildenden Zeitvorstellung und so eingebettet in den psychischen Aufbau der Menschen. Die Vorstellung der Zeit, mit der wir offiziell immer noch leben, ergab sich aus dem Aufkommen der scheinbar unbegrenzten Möglichkeiten industrieller Produktion und den technischen Transportmöglichkeiten, die zeiträumliche Grenzen auf einmal aufzulösen begannen. Als Träger zunehmend flexibler Biografien treten wir zurzeit, bedingt durch den allgemeinen sozialen Wandel, aus dem Paradigma des *Berufsmenschen* heraus und damit auch aus einem mit diesem verbundenen Zeitgefühl. Lebensläufe werden heute weniger und weniger erwartbar und ereignen sich als Reihe permanenter Vorentwürfe.

Für diese flexible Identität stehen junge Menschen aus allen Tätigkeitsbereichen, die etwa mit ihren Projekten dazu beitragen, eine neue Definition des Arbeitsbegriffes zu inspirieren. Zusammen bilden sie eine Bewegung hin zu einem Lebensstil einer neuen Generation von Schaffenden, jenen Menschen, die ihre Arbeit lieben, motiviert sind durch den Beitrag, den sie für die Gemeinschaft leisten können und mit dem sie sich voll identifizieren wollen.
Diese neuartige virtuelle Lebensweise die nun Arbeit, Alltag und Kunst zusammenbringt, macht junge Menschen mit schier endlosen Möglichkeiten der Identitätskonstruktion vertraut. Es wird auch diese Lebensweise sein, die wohlmöglich uns kollektiv nun aus der Vorherrschaft des Geldes über das Leben befreit und uns so auch aus dem Wachstumsparadigma und der Ideologie des Neoliberalismus herausführt. *Kinder des Internets* zeigen wie der Ausstieg aus verengten, konditionierten Rollenmustern aussehen kann. Das bedeutet nicht, dass diese neue Lebensweise frei von Gefahren oder Fehlanpassungen ist. Wo das Internet zum Lebensinhalt wird, besteht die Gefahr vom ihm vereinnahmt und versklavt zu werden. Auch kann die flexible Identität zur Beliebigkeit, zur Austauschbarkeit, zum Ersatz für das Leben werden. Die Beziehung zum Internet kann viele Fehlformen annehmen, als Ersatzreligion, als Droge oder als Flucht vor der Realität. Aber auch der bisherige gesellschaftliche Bezug zum Geld stellt eine kollektive Realitätsflucht dar.

Das Machtwort Kants: "Der Verstand schöpft seine Gesetze nicht aus der Natur, sondern schreibt sie dieser vor." erhob in der europäischen Tradition den Menschen zum "Gesetzgeber der Natur". Das abendländische Verständnis der Beherrschbarkeit der Natur übersieht aber den fraktalen Charakter der Wirklichkeit. Mit einer fraktalen Auffassung der Wirklichkeit ändert sich auch unser Zeitverständnis, das nach wie vor dem Dogma der Beherrschbarkeit folgt, nämlich: Möglichst viel im linearen, quantitativen, extensiven Sinne aus der Zeit *herauszuholen*, *herauszupressen* wie das so elegant im modernen *Zeitmanagement* heißt. Das Zeitverständnis ändert sich im Sinne einer bewussten, spielerischen Sicht der Identität als eine im jeweiligen Jetzt zu kreierende Rolle. Einer Rolle, die mitbestimmt wird von einem Gegenüber, mit dem wir eine gewisse Realität zu teilen beabsichtigen. Die daraus entstehende neue Identität empfinden wir dann nicht mehr als etwas, das man irgendwie besitzen könnte. Vielmehr als ein flüchtiges Phänomen, welches in einer Begegnung gemeinsam kreiert wird. Kurz: Wir identifizieren uns nicht mehr mit Körper, Geist und Denken und können so in eine Welt jenseits der Zeit eintreten. Wenn wir das Wesen der Zeit und damit unser eigenes nicht erkennen, werden wir elementare Zusammenhänge, Kreisläufe und Rhythmen missachten und Raubbau an der Natur und an uns selbst betreiben. Naturressourcen, Pflanzen und Tiere sind dann wie der Mensch selbst nur noch eine ausbeutbare Mine, die man glaubt durch Manipulation und Kontrolle beherrschen zu können. Wir denken an die lange Liste von Chemie- und Kernkraftunfällen, wovon Tschernobyl, Bhobal und neuerdings Fukushima nur die bekanntesten sind, die das Dogma der Beherrschbarkeit im wahrsten Sinne in Schutt und Asche zerfallen lassen. Das Weltbild des technisch Machbaren und Kontrollierbaren hat seinen Zenit längst überschritten, die Zeit ist reif für ein *biozentrisches Weltbild*. Ein Weltbild, welches auf der Einheit des Lebens aufbaut und welches den Dualismus von Mensch und Natur überwindet. Seit Christopher Stone den Klassiker über Naturrecht *Should trees have standing* (1972) veröffentlichte, verändert sich auch im Westen der Blick auf die Natur und es verbinden sich Ansätze der *deep ecology* mit Ideen wie *Buen Vivir* aus Südamerika. Wir bewegen uns so auf eine Ordnung zu, bei der der Natur Rechte zugesprochen werden, und so kann der Mensch im wirtschaftlichen Rahmen zu einem harmonischen Miteinander mit den anderen Naturreichen übergehen.

Wie leicht sind wir gefährdet, Konzepte, die in anderen Regionen entwickelt werden, in unser Weltbild zu vereinnahmen und bewusst oder unbewusst eine Deutungshoheit zu beanspruchen. Das westliche Denken der letzten 500 Jahre geht stillschweigend von dieser Deutungshoheit im Umgang mit anderen Kulturen aus. Eine andere Denkfalle besteht in der Verklärung, so als ob das ursprüngliche, indigene schon an sich das Bessere, weil weniger degenerierte sei. Diese beiden Denkfallen im Hinterkopf möchten wir uns dem Begriff und dem Konzept des *Buen Vivir* nähern. *Buen Vivir* das *gute Leben*, das klingt vertraut. Groß ist aber die Gefahr, dieses Konzept zu unterschätzen, da es in den unterschiedlichsten Kontexten je eine andere Bedeutung gewinnen kann. Die indigenen Traditionen erschweren ein unmittelbares Verständnis des *Buen Vivir* für diejenigen, die diese Traditionen nicht teilen. Aber die verfassungsgebenden Prozesse in Bolivien und Ecuador rund um dieses Konzept können auch als Versuch der Kommunikation zwischen indigenen und okzidentalen Konzepten verstanden werden. Schließlich besteht ja der Anspruch, indigene Konzepte in einen Staatsentwurf einzuspeisen, vergleichbar dem Vorgang, mit dem die buddhistische Glückbestimmung in der bhutanesischen Verfassung verankert wurde.

Buen Vivir ist scharf abgegrenzt von der Idee des individuellen guten Lebens. Insofern steht es im Gegensatz zum westlichen Modell des guten Lebens und individuellen Freiheiten. *Buen Vivir* entsteht im sozialen Kontext und lebt von der inneren Verbindung mit der Gemeinschaft und mit der Natur. Das tiefe Eingebundensein in eine das Leben spendende Natur, in Ordnung schaffende Naturrhythmen sowie in eine der Entwicklung förderlichen Gemeinschaft befreit von dem Streben nach einem rein individuellen Glück. Die Natur und die Gemeinschaft sind in dieser Vorstellung erweiterte Körper, die es genauso zu schützen und zu bewahren gilt wie den individuellen leiblichen Körper. Alles, was die Harmonie in diesem Dreieck von Natur, Gemeinschaft und Individuum stört, ist zu verhindern und damit die Ausbeutung von Naturressourcen, von Pflanzen, Tieren und Menschen. Wir können *Buen Vivir* also verstehen als eine tiefe menschliche Sehnsucht nach einem einfachen, harmonischen Leben, als archetypisches Urwissen in Bezug auf den tieferen Sinn des Lebens und fundamentale Lebenszusammenhänge.

Insofern kann uns das Konzept inspirieren, Bezüge aufzufinden, die uns helfen unser zerstörerisches Weltbild zu überwinden: Das Streben nach individuellem Glück, verstanden als Freiheit zur selbstsüchtigen Mobilität und zum verschwenderischem Konsum auf Kosten anderer und der Natur.

Das Eingedenken in den fraktalen Charakter der Wirklichkeit bringt die Einheit mit dem Kosmos hervor, denn in diesem ist alles Schwingung und ordnet sich in fraktalen musikalischen Strukturen zueinander, die sowohl arithmetisch wie geometrisch sind. Unsere Lebenswelt gerät ins Ungleichgewicht, bringen wir diese Strukturen durch unproportioniertes Verhalten durcheinander. An dieser Stelle ist wohl eine Kostprobe dessen angebracht, was wir unter lebendigem und fraktalem Wissen verstehen. Die Natur drückt sich nach Dane Rudyar in sieben Oktaven aus und der Geist in zwölf Quinten. Das Verhältnis zwischen Oktaven und Quinten ist wiederum dem analog zwischen Ackerbau (Natur) und Industrie (Geist). Die Industrie steht für den Geist, denn in ihr werden die Kräfte des Feuers umgewandelt, und das Feuer ist bekannter Weise das Symbol für den Aspekt des Geistes. Wenn einer der beiden Aspekte Ackerbau und Industrie übermäßig entwickelt wird, geraten die Dinge aus dem Gleichgewicht. Rudyar führt weiter aus, dass der Verräter Judas der zwölften Quinte analog ist, die den Willen verkörpert, über die Natur hinauszugehen, und so den faustischen Drang rastloser Unzufriedenheit. Judas Selbstmord durch Erhängen an einem Baum – dem Baum der Natur – findet eine musikalische Entsprechung in Wesen der natürlichen Obertonreihe der gleichmäßigen Temperierung. Der fraktale Charakter der Wirklichkeit zeigte sich in diesem Fall darin, wie alle zwölf Apostel auf ihre Art Anteil nahmen an der Sünde des egoistischen Stolzes und des spirituellen Ehrgeizes von Judas. Wie Töne aufeinander einwirken, und sich gegenseitig in ihrer Schwingung einfärben, so auch Menschen. (Siehe hiezu: Rudhyar, *Die Magie der Töne* S. 99 ff)

4. Die wahre Quelle menschlicher Wertschöpfung

Vom Wissen zur Weisheit. *„Wir werden"* - schrieb einst Albert Einstein - *„eine grundlegend neue Art des Denkens notwendig haben, wenn die Menschheit überleben soll."* Seine Überlegungen haben nichts an Aktualität verloren. Im Folgenden versuchen wir, Aspekte dieser neuen Art des Denkens zu skizzieren. Schätzungen zufolge verdoppelt sich heutzutage alle fünf Jahre das gesamte Wissen der Menschheit. Von dieser Wissensexplosion sind alle Lebensbereiche betroffen. Am schnellsten ändert sich das Wissen in den Informationstechnologien. Die herkömmliche quantitative, analytisch-rationale Wissensaufnahme stößt dabei an ihre Grenzen. Immer schwieriger wird es, der wachsenden Komplexität Herr zu werden, Wesentliches von Unwesentlichem zu unterscheiden und Wissen effektiv zu nutzen. In der Wirtschaft hat bereits ein Umdenkprozess begonnen, nachdem sich herausgestellt hat, dass intuitive Manager effektiver sind als jene, die auf ihren logischen Verstand setzen. So treffen intuitive Manager vor allem dann bessere Entscheidungen, wenn wenig, sehr viele oder widersprüchliche Informationen vorliegen. Gewachsen ist auch die Nachfrage nach kreativen Kompetenzen, etwa die Fähigkeit, neue flexible Lösungen für rasch veränderte Situationen zu finden. Eher zögerlich werden die geänderten Anforderungen, die Arbeit, Beruf und Leben heute stellen, vom Schul- und Hochschulsystem aufgegriffen. Wie eine Bildung aussehen könnte, die neben dem Fachwissen Kreativität, Intuition, Empathie, soziale und ökologische Werte fördern kann, ist offen und im Vergleich zu anderen Themen wie Chancengleichheit eher noch etwas randständig. Interessanterweise gibt es sehr wohl alternative Wissenszugänge, die wiederum eng mit dem natürlichen Lernen in der frühen Kindheit verbunden sind. Es sind dies: Einfühlung, Spiel, Ritual, Symbolverstehen. Daneben gibt es die uralten Praktiken wie Yoga und Meditation, die aber nicht eigentlich mit dem Wissenserwerb in Verbindung gebracht werden. Dies sagt aber mehr über unseren verengten Wissensbegriff und unser gespaltenes Wirklichkeitsverständnis aus, als über den Wert und die Reichweite dieser Praktiken. Darüber hinaus bietet die Natur selbst erstaunliche Lösungsansätze, die sich auf menschliche und technische Problemstellungen übertragen ließen. Bergen diese Zugänge, Praktiken und Ansätze vielleicht das Potenzial, einfacher und sicherer zu Erkenntnissen zu gelangen, wie viele der hochtechnisierten Instrumente und systematischen Analyseverfahren? Gäbe es einfachere, kostengünstigere Wege, den Geheimnissen der Wirklichkeit auf die Spur zu kommen, angefangen von den kleinsten Partikeln bis hin zu den Weiten des Weltalls ohne immer größere, kostspieligere Anlagen wie Teilchenbeschleuniger oder Weltraummissionen? Hier ein paar Fragen zur Anregung:

1. Wie schafft es die Distel, harten Asphalt zu durchstoßen?
2. Wie schafft es die Forelle, mitten im reißenden Bach regungslos an der Stelle zu verharren und bei Gefahr pfeilschnell gegen den reißenden Wasserstrom zu entkommen?
3. Wie schaffen es Kleinkinder, trotz vieler Misserfolge leicht gehen zu lernen?

Wer diese Fragen als Denksportaufgabe begreift, sieht sich getäuscht. Sie berühren den Kern dessen, worum es bei den natürlich-kreativen Zugängen geht, nämlich: Um die Überwindung des Dualismus von Gegensätzen und Gegenkräften und seine Überführung in eine höhere Einheit. Dieses dialektische Prinzip machen sich die Distel und die Forelle zunutze. Sie begegnen Druck mit Sog, Schwerkraft mit Levitation. Des Rätsels Lösung: Stete, nach innen gerichtete, zentripetale Flüssigkeitswirbel erzeugen Auftriebs- bzw. Schubkräfte. Bei der Distel findet dieser Vorgang im zellulären Bereich statt. Bei der Forelle tragen ihre ovale Form und ihre Kiemen zur Bildung zentripetaler Wasserwirbel bei, wodurch ein Unterdruck in Richtung eines Vakuums und damit ein raketenartiger Schub nach vorne entsteht. Im Element Luft ist dasselbe Prinzip im Tornado wirksam. Dabei können die Wirbelkräfte so stark werden, dass sie Eisenbahngeleise verbiegen.

Es war Viktor Schauberger, der dieses Kraftprinzip entdeckte, es als Erklärung für Naturphänomene heranzog und darauf bezogen technische Lösungen entwickelte. Wie er dargelegt hat, verwendet die moderne Wissenschaft und Technik das entgegengesetzte, expansive, zentrifugale Wirkungsprinzip. Ein Beispiel ist der Verbrennungsmotor, in dem mit Luft vermischtes Benzin zur Explosion gebracht wird, wodurch ein Druck auf die Kolben ausgeübt wird und umwelt- und gesundheitsschädliche Abfallstoffe entstehen. An dem Verbrennungsmotor kann man sich klar machen, was Schauberger meint, wenn er sagt, dass zentrifugal zerstreute Kraft Krach macht, einen geringen Wirkungsgrad hat, technisch aufwendig ist und schädlichen Abfall erzeugt. Man begegnet diesem expansiven, nach außen gerichteten Prinzip heute an vielen Stellen. Es ist das derzeit vorherrschende Wachstumsprinzip in Wirtschaft und Wissenschaft, dem auch die Wissensproduktion folgt. Unsummen von Geldern werden ausgegeben, um z.B. die Schädlichkeit in der Energieerzeugung zu reduzieren, statt sich auf eine Energieerzeugung ohne Schadstoffe zu konzentrieren. Die rapide zunehmende Spezialisierung und Variantenvielfalt in der Wirtschaft führt zu immer höheren Kosten, zu immer schwerer beherrschbaren Folgewirkungen, zu immer größerer Verschwendung von Ressourcen. Ohne eine gegenläufige, integrierende Erkenntnisgewinnung so wie eine starke Vereinfachung und Konzentration auf grundlegende Prioritäten wird dieses Vorgehen immer fragwürdiger, teurer, riskanter.
Hier setzen die natürlich-kreativen Erkenntniszugänge an. Sie folgen der nach innen gerichteten Spiralbewegung. Mit anderen Worten: Das von Schauberger entdeckte, zentripetale Kraftprinzip hat eine, auf der psychischen und geistigen Ebene bislang noch wenig bekannte Entsprechung. Diese Entsprechung soll hier ins Bewusstsein gerückt werden. Kinder machen sich dieses Wirkungsprinzip intuitiv zunutze. Ihre Lebensfreude ist Ausdruck einer *Leichtkraft*. Sogartig lassen sie sich in die Gegenstände ihrer Wahrnehmung und in ihr Spiel hineinziehen. Beflügelt von ihrem Tun, vergessen sie Zeit und Raum, leben sie im Hier und Jetzt. Dabei werden sie getragen von einer Vorfreude, einer *„Erwartung des Gelingens"* (Nitschke), was z.B. dem körperlichen Aufrichten und Gehen lernen auf eigenen Füssen *psychischen Auftrieb* gibt.

Missgeschicke wie Fallen, Anstoßen, Aufschlagen werden von ihnen schnell vergessen. Ihr Gehirn ist noch *„unbelastet von den tausend Aufzeichnungen des tausendfachen Gestern"* (Krishnamurti). Wie es scheint, werden mit zunehmendem Lebensalter immer stärker Druck und Reibung erzeugende Kräfte wie Zweifel, Ängste, Kritik wirksam, während die Sog bildenden Kräfte verkümmern oder in Misskredit geraten. Dass Erwachsene viel weniger lachen wie Kinder ist eines der offensichtlichsten Hinweise dafür. Sich selbst und anderen auferlegter Druck wirkt mittlerweile wie eine Volkskrankheit. Zuviel Druck macht *sauer*. Und daher krank im körperlichen wie im psychischen Sinne. Deshalb sind die Sog bildenden Gegenkräfte wie Freude, Begeisterung, Wertschätzung, Sinnstiftung, Staunen, Bewegung und Spiel so wichtig. Sie kommen in den natürlich-kreativen Erkenntniszugängen, im schöpferischen Wirken und in der kreativen Ideenfindung zur vollen Geltung.

Vom Erfinden zum Finden. Wie kommt man eigentlich zu Ideen: Finden oder Erfinden? Die Frage beinhaltet eine fundamentale Weichenstellung, die von der Wissenserzeugung bis zur Verwertung und Honorierung von Wissen reicht. Die Wirtschaft und Wissenschaft, allen voran die Technik, sind auf das Erfinden eingestellt. Dahinter verbirgt sich ein mächtiger Mythos, nämlich die komplette Verfügungsgewalt über Natur und Objekte. Getragen von diesem Mythos glaubt man, alles nach Belieben aufspalten, in Einzelteile zerlegen und diese neu kombinieren zu können. Der Mythos beinhaltet die Vorstellung, dass es möglich sei, Kraft des eigenen Willens quasi aus dem Nichts heraus, etwas zu erschaffen, wobei man sich selbst als Urheber der Idee sieht. Aus diesem omnipotenten Denken heraus, das elementare Voraussetzungen, Verbindungen und Abhängigkeiten leugnet, werden Ansprüche, Privilegien und Schutzrechte abgeleitet. So fügt sich das eine zum anderen, bedingt sich gegenseitig und zusammen bringt es die Wirklichkeit hervor, zu der es anscheinend keine Alternative gibt. Ist es nicht merkwürdig, dass sich zwei Personengruppen in ihrem kreativen Schaffen nicht als Erfinder, sondern als Findende erleben: Kinder und Genies! Lässt man sich auf die Welt der Kinder ein, so fallen ihnen Ideen zu, finden sie Bilder in sich vor, stoßen sie auf Dinge, die sie erstaunen. Das Vorgehen von Kindern ist suchend, fragend, beobachtend, experimentierend, wobei der Hauptakzent nicht auf dem Ergebnis, sondern auf dem Tun selbst liegt.
Folgt man den Mitteilungen berühmter Wissenschaftler, Schriftsteller, Künstler und Komponisten, so haben sie die entscheidenden Ideen für ihre Errungenschaften nicht konstruiert, sondern in sich gefunden. Die im Geiste geschauten, gehörten und gefühlten Ideen werden be-

schrieben wie aufgereihte Perlen einer Schnur, wie blitzartige, hoch komprimierte Datenpakete, die es zu entpacken und in geeignete Formen zu übersetzen gilt. Ihre Leistung sehen sie darin, der gefundenen Idee eine geeignete Form zu geben. Einstein kostete es Jahre, die intuitiv erkannte Relativitätstheorie mathematisch auszudrücken.

Ist der Zusammenhang zwischen Kindern und Genies Zufall? Allem Anschein nach nicht. Baudelaire hat gesagt Genie sei die Fähigkeit, nach Belieben in seine Kindheit zurückkehren zu können. Steckt vielleicht in der provokanten Behauptung von Einstein, dass wir im Alter von drei Jahren alles wüssten, was wir jemals an physikalischem Wissen benötigten, eine tiefere Wahrheit? Ist es die Aufgabe des Erwachsenen, das an Wissen zu dekomprimieren, zu entschlüsseln, was er in verdichteter, symbolischer Form in seiner frühen Kindheit aufgenommen hat? Wenn dem so wäre, dann bräuchten wir ein ganz anderes Schulsystem, nämlich eines, das den Kindern und Jugendlichen geeignete Formen anbietet und ihr Formverständnis entwickelt, damit sie das verschlüsselte, in sich aufgespeicherte schöpferische Wissen, in Töne, Farben, Bilder, Worte, Zahlen, Formeln ausdrücken und umsetzen können. Wir müssten Abschied nehmen von einem Modell, junge Menschen wie eine Festplatte mit Wissen zu füllen, damit sie später davon zehren können. Wir müssten aufhören Kinder zu belehren, sondern das, was in ihnen zur Entfaltung drängt, zu fördern. Auch Wissenschaft, Wirtschaft und Technik wären gut beraten, sich auf das Entschlüsseln tieferer Wahrheiten, auf das Finden einzustellen. Finden bedeutet Suchen und Bergen, d.h., man muss eine Ahnung haben, wo und wie es sich zu suchen lohnt und behutsam vorgehen, damit man den Fund bergen kann. Hier setzen die besonderen Begabungen z.B. eine gesteigerte Wahrnehmungsfähigkeit für einen bestimmten Bereich der Wirklichkeit an, die ihre Wurzeln in der Kindheit haben. Dies umfasst neben den äußeren Sinnen die inneren und die höheren, wie sie in den *Lehren der zeitlosen Weisheit* beschrieben werden und fraglos von Genies wie Beethoven eingesetzt wurden. Nach wie vor sind wir stark beeinflusst von einem begrenzenden Wissenschafts- und Religionsverständnis, das uns Scheuklappen und Denkgrenzen auferlegt oder ungewöhnliche Fähigkeiten in das Reich des Aberglaubens und der Esoterik drückt. Das sich eingliedernde Suchen, Aufspüren und Finden benötigt eine offene Haltung und liebevolle Hingabe. Das Finden mündet in der Wahrnehmung von Gesetzmäßigkeiten, inneren Wirkungszusammenhängen und dort, wo wahrhaft Neues, Bahnbrechendes gefunden wird, auch in spirituellen Erfahrungen.

Demgegenüber bedeutet das Erfinden ein Herauslösen aus einem Kontext und Abtrennen innerer und äußerer Verbindungen, weshalb es stets das Risiko negativer Folge- und Nebenwirkungen in sich trägt. Angetrieben von der Illusion der Machbarkeit und einem naiven Fortschrittsglauben erscheint das Erzeugen negativer Wirkungen und von Schadstoffen als der Preis des Neuen, des Innovativen. So wird beispielsweise die Schadstoffe ausstoßende Energieerzeugung mit fossilen und radioaktiven Energieträgern damit gerechtfertigt, dass nur so unser Lebensstandard zu halten sei. Überspitzt formuliert lautet die Logik: Lieber krank als arm. Nach Schumpeter baut ökonomische Entwicklung bekanntlich auf schöpferischer Zerstörung alter Strukturen und der Durchsetzung von Innovationen auf. Die Wirtschaft nimmt das Prinzip *Zerstörung* wörtlich und ordnet z.B. die Zerstörung gesundheitlicher, sozialer und ökologischer Werte dem ökonomischen Fortschritt und technischer Innovationen unter. Was wir derzeit in Wirtschaft und Politik erleben, ist vor allem Symptombekämpfung. Und hier werden Milliarden zur Erhaltung von Strukturen eingesetzt, die dem Untergang geweiht sind. Alles folgt noch der Logik der Druckentlastung, dem Müssen, statt dem der Überwindung von Druck durch die Aktivierung des Willens. Dazu eine provokative These: Wenn Politik, Wirtschaft und Wissenschaft sich von dem expansiven, auf Dominanz und Profit ausgerichteten Streben verabschieden und auf das zentripetale Wirkprinzip, auf Teilen und Gemeinwohl setzen, dann ist der Weg frei, Produkte zu erzeugen, die schadstofffrei, leise, dauerhaft und billig sind. Ja, auch billig sind. Gegenwärtig lassen die Machtverhältnisse und das Bewusstsein der Bevölkerung diese Entwicklung noch nicht zu, sowohl was die Realisierung betrifft als auch den verantwortungsvollen Umgang mir dieser. Da die Wachstumsideologie sowie das Konkurrenz- und Konsumdenken mehr oder weniger noch in den Köpfen aller steckt, würden billige Produkte in dieser Phase zu noch mehr Konsum und Verschwendung von Ressourcen führen. Daher sind die im Gange befindlichen Krisen unausweichlich, um das Bewusstsein in Richtung Genügsamkeit, Gerechtigkeit und Nachhaltigkeit zu lenken und unsere Lebensprioritäten zu ändern.

Was kann der neuen Entwicklung zum Durchbruch verhelfen? Parallel zum Bewusstseinswandel der Bevölkerung und dem Zerbrechen alter Strukturen besteht ein Schlüssel darin, das zentripetale Wirkungsprinzip auf Gruppenbeziehungen zu übertragen, weil dies verlustfreie, alles und alle einschließende Kooperation ermöglicht. Gemessen an diesem Potenzial ist alles, was wir über die Leistungsfähigkeit von Teams kennen wie das Einmaleins im Vergleich zur höheren Mathematik. Wenn zukünftig Gruppen in dieser neuen Qualitätsdimension zusammenarbeiten und ein „*Netzwerk des Vertrauens*" (Berners-Lee) bilden, dann sind nach unserem heutigen Verständnis wahre Wunder möglich. Auf Gruppen, die das Wohl der Allgemeinheit und nicht ihren eigenen Profit und Ruhm im Auge haben, ruht die Hoffnung der Menschheit. Diese prognostischen Aussagen fassen eine Zukunftsvision zusammen. Sie beinhalten aufbauend auf dem immer stärker werdenden Einheitsprinzip dreierlei: neue Ideen und Lösungen, neue Organisationsformen und Qualitätsstufen der Zusammenarbeit und die Verfügbarkeit von bislang unbekannten geistigen Energien und Gruppenkräften. Die damit einhergehende geistige Energiewende bringt die neuen Strukturen und Technologien hervor und nicht umgekehrt. Vieles davon ist bereits im Gange. Vermutlich könnten wir viel mehr davon wahrnehmen, wenn unser Blick nicht so stark von dem eingenommen wäre, was derzeit krisenhaft zerfällt und sich dem Neuen noch in den Weg stellt. Es gilt der Satz: Wo das Alte stirbt, keimt bereits das Neue. Wer den Weg vom Wissen zur Weisheit vollziehen, wer das neue Denken mitgestalten will, wird nicht umhinkommen, sich noch *individueller* mit sich selbst zu beschäftigten: ehrlicher, tiefer und konsequenter wie je zuvor. Die folgenden Ausführungen zeigen, welcher Spur dabei zu folgen wäre: Einfühlung als Weg zur integrierten Erkenntnis.

Von der Neugier zur Neufreude - Von der Einfühlung zur Einswerdung.
Die Einfühlung ist der vielleicht einfachste Zugang für *Findungen*. Einfühlung lässt sich bestimmen als ein vorbehaltloses Verstehen und liebevolle Hingabe. Es umfasst die äußeren, inneren und höheren Sinne, also auch jegliche Form von *Hellsinnigkeit*. Das Wort Einfühlung hat sich sprachlich als Überbegriff eingebürgert. Bei der Einfühlung geht die Aufmerksamkeit immer stärker und tiefer in den zu verstehenden Gegenstand über. Es ist der Gegenstand selbst, der *zieht* und einen Sog ausübt. Und da geht es mit der Begrifflichkeit los. Die Sprache spricht hier undifferenziert von Neugier. Neugier erscheint positiv, doch in Wahrheit wird etwas Positives mit etwas Negativem verknüpft. Die Neugier als das gierige, suchtartige Verlangen nach Neuem sollte klar unterschieden werden von der wertschätzenden Freude am Neuen. Der passende Begriff ist Neufreude. Während sich bei der Neugier die Kraft zerstreut, wird sie bei der Neufreude intensiviert. Lebt nicht die Wirtschaft von der oberflächlichen Sucht nach Neuem, nach wechselnden Trends, nach neuen Stylings, die die Kauflust anregen sollen? Ist es nicht das Wesen dieser Gier, dass sie einen unbefriedigt zurück lässt und zwanghaft zum Neuen fortzieht? Kultiviert nicht die Medienwelt diese Neugierhaltung und lebt gar von ihr.

Bei der Einfühlung geht es um das Verweilen und das spiralförmige Annähern an den zu erkennenden Gegenstand. Die Fähigkeit dazu wird in der Kindheit erworben. Kinder setzen sie spielerisch ein, indem sie Belebtes und Unbelebtes nachspielen. Zum Beispiel erfassen sie einen Stein durch regungsloses Verharren. Es geht aber um weit mehr als um äußerliches, gestisches Nachahmen. Begleitet man Kinder einfühlend auf ihren Entdeckungsreisen, so gewinnt man den Eindruck, dass sie ihr inneres Wesen zum Gegenstand bringen und mit ihm verschmelzen. In dieser Einswerdung gibt der Gegenstand sein inneres Wissen, sein Geheimnis, preis. Das Kind kann dieses Wissen zwar "nur" in symbolischer, d.h. hoch verdichteter Form aufnehmen. Zugleich liegt es bereit, dekomprimiert und entschlüsselt zu werden. Das ist die Wahl, die wir haben: Entweder der Liebe zu den Dingen zu folgen, oder aber sich ihrer gewaltsam zu bemächtigen. Der Erwachsene, der von diesem symbolischen Wissen und Zugang getrennt ist, ist darauf angewiesen, den Dingen ihr Geheimnis zu entreißen. Damit tut er aber nicht nur den Dingen, sondern sich selbst Gewalt an. Vergessen ist die Tiefenverbundenheit, mit der alle Menschen ihr Leben beginnen. Das Wesen der Tiefenverbundenheit ist dem Kind vertraut, da es sich als Säugling als Einheit mit der Mutter erlebt hat. Außerdem ist das kindliche Ich noch sehr elastisch und wandlungsfähig. Für Kinder und Naturvölker gibt es keine unbelebte Natur, und wie es scheint, behalten geniale Personen diese Erfahrung bei und verbinden sie mit der rationalen Betrachtungsweise. Würden wir über die Vorstellung, einem Elektron eine gewisse Intelligenz zuzusprechen, nicht mildtätig lächeln, wenn die Aussage nicht von dem Nobelpreisträger, in diesem Fall von Gerd Binnig stammen würde?

Der bereits erwähnte Viktor Schauberger schildert anschaulich, wie er auf dem Weg der Einfühlung zu seinen Erkenntnissen über das Wasser kam. Indem er sein Bewusstsein dem Wasser überlies, wurde er zu Wasser. So konnte er dessen geheime Kräfte lüften und die erstaunlichen Zusammenhänge entschlüsseln. Auch bei der Vorstellung von Einstein, auf einem Lichtstrahl reitend durch Zeit und Raum zu sausen, scheint die Einfühlung ins Wesen des Lichtes bzw. der Photonen mit im Spiel gewesen zu sein. Die Fähigkeit, das Bewusstsein auf die kleinsten und größeren Aspekte der Wirklichkeit zu richten, wird in der östlichen Meditationslehre beschrieben. In diesem Sinne kann die Meditation als eine systematische Fortführung der Einfühlung beschrieben werden. Viele berühmte Forscher wandten die Einfühlung intuitiv an, als Teil ihre Suche nach Lösungen, nach tieferem Verstehen. Der Chemiker Kekulé beschreibt, wie er im Halbschlaf die Atomketten wie Schlangen vor sich winden sah. Soweit entsprach dies seiner rationalen Modellvorstellung. Doch eines Abends geschah etwas Unerwartetes: Eine der Schlangen erfasste ihr eigenes Ende. Er erwachte und erkannte die Lösung für die Atomstruktur des Benzols als Ringschluss einer Kohlenstoffkette. Die Lösung zeigte sich ihm in symbolischer Form und es bedurfte der Wertschätzung für die bildhaften Assoziationen, um die Entsprechung zu erkennen und zu nutzen.

Wie viele Forscher erhalten von dem Überbewussten symbolische Hinweise, aber ihr rationales und zuweilen dogmatisches Wissenschaftsverständnis lässt die Übertragung auf ein reales Problem nicht zu? Einfühlende Erfahrungen lassen sich auch bei Künstlern und Komponisten finden. Richard Wagner beschreibt, wie er bei seinen Arbeiten für die Oper *Rheingold* im Zustand des Halbschlafes auf dem Grund des Rheins zu liegen glaubte. Er fühlte das brodelnde Wasser über sich hinwegrauschen, wobei die Empfindung musikalische Gestalt annahm. Mehr noch begriff er im Rauschen des Rheines das eigentliche Wesen seiner innersten Natur. Bei Wagner zeigt sich ein Sachverhalt, der auch Kindern eigen ist: Bei der Einfühlung laufen Objekt- und Selbsterkenntnis Hand in Hand und durchdringen sich gegenseitig. Jede Objekterkenntnis, die aus der Tiefe des Bewusstseins geborgen wird, sagt rückwirkend etwas darüber aus, wer man ist, im psychischen wie im geistigen oder religiösen Sinne. Das Kind weiß, dass es sich selbst über die Entäußerung finden muss. Der Erwachsene aber, der glaubt, sich gefunden zu haben, schließt die Suche ab, hört auf zu fragen. Von Personen wie Einstein und Schauberger wissen wir, dass sie nicht aufgehört haben wie ein Kind zu fragen. Sie haben die Welt um sich herum nicht so hingenommen, wie all diejenigen, die aufgehört haben zu fragen. Der tiefere Sinn des Fragens besteht darin, dass in jeder Frage ein Vorwissen, eine Ahnung zur Geltung kommt. Und wo anders sollte dieses Vorwissen, diese Ahnung herkommen als vom als Kind aufgenommenen symbolischen Wissen?

Die Fähigkeit der Einfühlung, die des neufreudigen Fragens, besteht darin, durch das gespeicherte symbolische Wissen des Kindes hindurch auf den Gegenstand des Interesses zu blicken. Dies beinhaltet ein Umschalten, Pendeln zwischen einer symbolischen und rationalen Betrachtungsweise. Daher kann der Erwachsene, der diesen Weg der Erkenntnis geht, gar nicht anders als sich selbst in seinem Gewordensein zu vergewissern. Und indem er dies tut, entfaltet er sich weiter und bringt das Entfaltete in eine verstehbare, mitteilungsfähige Form. Die hier beispielhaft angeführten Personen aktivierten ihre Innensicht, ihr als Kinder erworbenes Symbolwissen und setzen es in Verbindung mit einer konkreten Problemstellung und dem jeweiligen Stand des Wissens. Jedoch: Das Symbol kommt nicht nur als Mittel der Darstellung zu Geltung, sondern mit seiner ganzen Innerlichkeit, Qualität, Tiefe. Das ist es, was der Erwachsene anzapft.

Erlaubt es der Leser, die Leserin dass wir an dieser Stelle etwas mit seinem bzw. Ihrem Wirklichkeitsverständnis „spielen"? Einstein berichtet, wie die Begegnung als Fünfjähriger mit einem Kompass seinen Lebensweg geprägt hat. Wenn wir solche Dinge lesen, dann nehmen wir unsere praktischen Erfahrungen und unser theoretisches Wissen als Erwachsene über den Magnetismus und setzen sie in Beziehung mit unseren Erfahrungen über ein Vorschulkind. Im Falle von Einstein geben wir noch einen gewissen Wissensbonus hinzu. Und nun die Frage: Lässt es das Wirklichkeitsverständnis des Lesers, der Leserin zu, dass Einstein in dieser Begegnung mit dem Kompass als fünfjähriges Kind mehr und tieferes Wissen aufgenommen hat, wie er in seinem Leben je hat umsetzen können? Der Sinn dieser Frage besteht darin, sich in den Grenzen des aufgebauten Welt- und Selbstbildes zu prüfen. Wird die Frage verneint, dann kann alles so bleiben, wie es ist. Wird die Frage aber bejaht oder zumindest doch als möglich angesehen, dann gerät das eigene Wirklichkeits- und Selbstbild ins Wanken. Denn, was für Einstein gilt, gilt auch für den Leser, die Leserin selbst. Mit großer Wahrscheinlichkeit gibt es auch bei ihm oder ihr vergleichbare Initialmomente. Momente, in denen in großer Tiefe und Dichte Wissen symbolisch aufgenommen und für die Zukunft aufgespeichert wurde. Das Leben selbst bringt diese Momente der Verdichtung, der Zusammenschau hervor. Sie mögen vergraben oder vergessen sein, aber niemals verloren. Sie sind so sicher in einem Menschen vorhanden und verwahrt wie bei einem Baum dessen innerste Jahresringe. Und die Erfahrung zeigt, dass auch der Erwachsene der Rückerinnerung und des Zuganges zum tieferen Symbolwissen fähig ist. Wenn, ja wenn er denn will.

An dieser Stelle hilft vielleicht ein Beispiel, sich über unsere Denkgrenzen klarer zu werden. Stellen wir uns vor, uns würden Bildaufnahmen von uns aus verschiedenen Lebensabschnitten vorgelegt, von der Gegenwart zurück bis zur Geburt. Je geringer wir das jeweilige Bild mit unserer Erinnerung und dem visuellen Wiedererkennen zusammenbringen können, desto weniger können wir etwas damit verbinden. Nun stellen wir uns weiter vor, die Aufnahmen gingen weiter zurück von den letzten Phasen der Schwangerschaft bis zur befruchteten Eizelle. Welchen Bezug können wir haben zu einem Zellhaufen, zu einem Embryo, der aussieht wie eine Kaulquappe oder ein undefinierbares Etwas? Wie könnten wir für so etwas Wertschätzung haben? Und doch stehen alle Bilder in direkter Linie zu dem Menschen, mit dem wir uns gerade identifizieren.

Was besagt das? Es besagt, dass wir mit der Außensicht diese Wahrheit nicht voll erfassen können. Unser rationales Denken und all die Dinge, die wir uns angelesen haben, helfen nicht weiter. Was wir brauchen, ist die ganz individuelle, einzigartige Wahrnehmung von innen, ein Wissen und Bewusstsein von innen heraus. Dieses ist in Bezug zum gespeicherten symbolischen Wissen wieder zu erlangen. Kein Wissen der Welt kann uns hier weiterhelfen. Hier sind wir auf uns selbst angewiesen, auf die ganz persönliche, nie endende Suche nach innen und von innen heraus. In dieser Innerlichkeit gibt es eine Tiefe, Weite und Höhe, die jenseits dessen liegt, was wir bewusst erfassen. Wer aus diesem Wissen schöpfen will, muss sich mit sich selbst versöhnen, muss sich das zurückgeben, was er oder sie sich an Selbstliebe vorenthält. Viele werden an dieser Stelle die Achseln zucken. Sie werden sich mit dem begnügen, was sie sind. Einige wenige vielleicht werden mit einem neuen Blick auf sich selbst schauen. Sie werden den Wert der Aussagen intuitiv erfassen, was besagt, dass sie sich selbst in diese Richtung bewegt haben. Damit wird es für sie leichter werden, die Metamorphose des symbolischen Wissens in mitteilungsfähige Formen zu vollziehen. Sie werden die embryonalen Ideen, die auf der Linie ihrer ureigenen Begabung liegen, in sich leichter erkennen, besser wertschätzen können. Sie werden sich auf diese Weise ein Stück näher kommen. Es ist eben der je individuelle, einzigartige Zugang zur Innerlichkeit, der entscheidet, welche Richtung ein Wissen nimmt, ob es sich eher mystisch-religiös, wissenschaftlich, künstlerisch oder wie auch immer äußert.

Hier kommt die öffnende Kraft des Staunens ins Spiel. Das Staunen steht mit den oben genannten Initialmomenten des Lebens in direkter Beziehung. Staunen ist ein Proportionsvergleich zwischen etwas Bekannten und Unbekannten. Im Staunen erweitert sich das Feld des Bekannten hin zum Unbekannten. Als bildhafter Vergleich: Es ist, wie wenn nachts der bedeckte Himmel aufreißt und die Weiten des sternenübersäten Weltalls und die darin enthaltene Ordnung deutlicher erfasst werden wie je zuvor. Die Sterne und die Ordnung waren immer schon da, aber dieses Aufreißen der Wolken lässt unser Bewusstsein anschwellen, so dass sich unsere Aufnahmekapazität kurzzeitig um ein Vielfaches erweitert. Staunen ist der Blick ins Unbekannte, ins Grenzenlose, ins Numinose. Daher ist Staunen etwas für Furchtlose. Es ist so, wie wenn wir kurzzeitig über eine spiralförmige Nabelschnur mit der ganzen Welt verbunden wären. Zugleich ist Staunen ein tieferes Wiedererkennen jenseits des Sprachfähigen. Es ist das

Paradox des unbekannten Bekannten. Das Paradox löst sich auf, wenn wir die Vorstellung zulassen, dass alles, was es je zu Wissen gibt, schon in uns angelegt ist. So wie in einer befruchteten Eizelle der fertige Mensch. Der Prozess des Identischwerdens, der Einswerdung mit einem Wissen, bestätigt dann, was wir tief im Innern immer schon gewusst haben. Im Staunen gibt es einen Teil, der bewusst wahrgenommen wird. Daneben gibt es einen Anteil, der zu neu, zu gewaltig ist, als dass er verarbeitet werden könnte. So wird im Staunen zugleich ein Teil geistig "eingeatmet", der als tiefe Weisheit in uns vorbereitet drauf wartet, eines Tages gelüftet zu werden. Und würde es überraschen, wenn das, was wir bewusst im Staunen wahrnehmen, nur die Spitze eines Eisberges im Wasser ist? Staunen wiederum können nur diejenigen, die sich eine Offenheit, die Gabe der Impression, der Beeindruckbarkeit bewahrt haben. Zugleich diejenigen, die die innere Loslösung besitzen, altes Wissen abzuwerfen wie eine Schlange, die sich häutet. Wenn dies für eine Einzelperson schwer ist, muss es dann unbedingt noch viel schwerer sein für eine Gruppe, ein Kollektiv? Oder gibt es so etwas wie eine sich gegenseitig unterstützende Energie bei einem kollektiven Erwachen?

Halten wir fest: Dort wo wir mit unserer ureigenen Begabung, gestützt auf symbolisches Tiefenwissen, wichtige Zusammenhänge erkennen, führt dies zu äußeren Leistungen und zu inneren Wandlungen, Bewusstseinserweiterungen, spirituellen Erkenntnissen. Die Grenzen zwischen Wissen, Weltanschauung und Religionsverständnis werden fließend, und dies ist eines der Charaktermerkmale des neuen Denkens. Zu diesen Merkmalen gehören auch die Selbsttranszendenz und die Haltung des Dienens. Einstein hat nicht nur die Relativität von Zeit und Raum entdeckt, sondern auch die Relativität des personalisierten Ich, das er als "Illusion" und "Gefängnis" bezeichnet. In seiner kosmischen Religiosität ist kein Platz für ein Ich, das sich zum Maß der Dinge erhebt. Auch die Vorstellung eines personalisierten Gottes, wie ihn Religionen lehren, wird zurückgewiesen. Selbsttranszendenz ist der Weg, den alle großen Persönlichkeiten, die Zeitloses geschaffen haben, gegangen sind. Wie schreibt Leonardo da Vinci: *„Je größer der Mann, desto tiefer seine Liebe."* Je tiefer die Liebe, - so lässt sich ergänzen - desto größer das geistige Fassungsvermögen. Sowohl die Wissenschaft als auch die organisierten Religionen haben ihre Probleme mit der Quelle, aus denen Genies schöpfen. *„Ein Genie"* schreibt Heinz Pagel (*Cosmic Code* S.228) *„ist jemand, der, wie die alten Propheten, eine direkte Leitung zur Gottheit hat".* So antwortete denn auch Beethoven auf die Frage, worin er den Unterschied zu anderen, weniger bedeutenden Komponisten seiner Zeit sehe: *„Ich weiß,* *dass Gott mir näher ist als anderen meiner Zunft; ich verkehre mit ihm ohne Furcht.“* Menschen wie Beethoven sehen sich als Mittler zwischen den Welten. Sie sehen die Welt über sich, unendlich größer als sie selbst. Und sie sehen die Welt unter sich, jene, die dabei sind, in die Ebene hineinzuwachsen, auf der sie sich bewegen. Dabei wissen sie sehr wohl, dass das, was sie für die Menschen als Gemälde, als musikalisches Werk oder als Formel aufbereiten, ihnen in der Essenz selbst geschenkt wurde. Sie sehen sich als Bindeglied, das weder bei ihnen anfängt noch bei ihnen aufhört. Als Bindeglied können sie nicht anders als Dienende im Kreislauf des Ganzen sein. Wie könnten sie sich je mit ihrem persönlichen Ich als den Ursprung all dessen sehen, was durch sie entsteht?

Von der Einfühlung kommen wir so zur umfassenden Impression. Die Rede von den Genies dient nicht einem Personenkult, sondern der Veranschaulichung, der Vorbildwirkung und der Aspiration. So auch bei dem inneren Zusammenhang von Liebe und geistigem Fassungsvermögen. Liebe verstanden als uneigennützige Liebe und Ausdruck der Tiefenverbundenheit mit allem, was ist. Wo diese Liebe groß, stark und fest ist, erwächst daraus die Fähigkeit, kollektives Wissen in großer Komplexität und Tiefe in sich aufzunehmen und sich davon beeindrucken zu lassen. Mit anderen Worten: Die Liebe selbst ist der Magnet, geistige Ideen und kollektive Sachverhalte jenseits von Sprache anzuziehen. Es können dies die drängenden Probleme einer Zeit sein, der Zustand einer Gesellschaft oder das Denken einer Epoche. Wie ein Tornado die feuchten, erwärmten Luftmassen sammelt, so sammelt die Gesellschaft durch die Menschen, die dazu imstande sind, neue Ideen sowie kollektive Gedanken und Gefühle in sich, um sie in geballter Form als Werk und Programm zurückzugeben.

5. Für eine Wirtschaft jenseits von Konkurrenz

Wie aus all dem hervorgeht, kann Wirtschaft mehr sein als das, als was sie gegenwärtig gesehen wird. Was bedeutet dieses mehr? Es nimmt Bezug auf das, was als gutes oder richtiges Wirtschaften angenommen wird. Kurz: Die Auffassung dessen, was Wirtschaft im Idealfall ist und sein soll, wie sie funktioniert und was sie bewirkt. Es geht um etwas, was konkret und praktisch erfahren werden kann. Jeder ist bereits im Ganzen enthalten und mit diesem verschmolzen. In diesem Ganzen ist eine Qualität vorhanden, die im einzelnen Individuum nicht enthalten war. Das Erstaunliche: In diesem Ganzen wächst der Einzelne über sich hinaus und erfährt sich neu. Er kommt in einen kreativen Fluss, der alles das überbietet, was er für sich alleine hervorbringen könnte. Subjektiv ist dies mit höchsten Glücksmomenten verbunden. Wie Interviews mit Musikern zeigen, sind solche Momente selten. Zugleich entwickeln sie eine eigene Faszination, die sie zum Spielen und Zusammenspielen anspornen. Hier wird man einwenden: Wenn diese Erfahrung schon bei professionellen Musikern eher selten ist, wie kann man erwarten, diese Erfahrung in der Wirtschaft zu machen? Handelt es sich nicht um etwas, was sich dem rationalen Denken entzieht? Etwas, das weder planbar, steuerbar noch kontrollierbar ist? Ziel ist es, Bedingungen aufzuzeigen, die *Sound* in der Wirtschaft verhindern und möglich machen. Dies so konkret und praktisch wie möglich. Eine Bedingung wollen wir hier als Beispiel vorwegschicken: Das Vertrauen, individuelle Fähigkeiten selbstlos mit anderen zu teilen. Liegt im Teilen eine Intelligenz verborgen? Ist sie die Essenz dessen, was Kooperation sein kann? Inwiefern unterscheidet sich dieses Verständnis von Kooperation von dem, wie man in der Wirtschaft miteinander konkurriert?

Im Kern geht es darum, ein tieferes Verständnis für das, was Begriffe ausdrücken, zu entwickeln. Denn Begriffe sind eigentlich Zugänge zu geistigen Prinzipien: der Kraft hinter dem Wort. Diese Kraft kann man verfügbar machen, wenn man mit dem dahinter stehenden Prinzip in Resonanz tritt. Voraussetzung dazu sind lediglich widerspruchsfreies Denken und lautere Motive.

Die Zeit, in der wir leben, macht es dringlich, zwei Ebenen des Bewusstseins klar zu unterscheiden. Die eine Ebene ist die der Persönlichkeit, die andere die der Seele. Beide Ebenen überlagern sich. Persönlichkeit lässt sich definieren als Summe aus Körper, Gefühlen und Denken. Indem Menschen von sich als *Ich* sprechen nehmen sie sich als Persönlichkeit wahr. Seele lässt sich definieren als Summe aller Persönlichkeiten über alle Leben als Mensch hinweg. Als Persönlichkeit sind wir eine Teilmenge oder ein Organ der Seele. Die Ebene der Seele macht sich bemerkbar, wenn die Ebene des Persönlichen für sie durchlässig geworden ist. Beide Ebenen können subjektiv wahrgenommen werden. Die Ebene des Persönlichen bildet über viele Leben den Brennpunkt des Bewusstseins. In der Wahrnehmung als Seele verschwindet das *Ich* zugunsten eines *Wir*. Dieses *Wir* enthält ein klares Bewusstsein der inneren Verbindung zu allem, was ist. Das Denken im Rahmen der Persönlichkeit ist selbstzentriert, gepaart mit einem Gefühl des Getrenntseins von anderen. Diese Trennung fördert die Wahrnehmung von Unterschieden zwischen sich und anderen. Bezugspunkt ist stets der je eigene Standpunkt, der ungefragt als richtig angenommen wird. Das verleiht dem Ich seine Absolutheit. Selbstbestätigung ist das vorrangige Ziel des selbstzentrierten Ich. Es tut dies im Akzeptieren und Ablehnen der Meinung anderer. Von höherer Ebene betrachtet, ist das immer wertende Ich gar nicht so offen, flexibel, lern- und wandlungsfähig wie es selbst glaubt.

Sich von anderen und allem getrennt zu wissen ruft Angst hervor. Die Angst treibt eine unablässige Suche an, die leicht in Sucht, Gier und Perfektionszwang ausartet. Das Erstrebte zu besitzen und dadurch erfüllt zu sein, wird zum bestimmenden Ziel. Damit einher geht der Glaube, dass Besitz und Identifikation mit dem erstrebten Glück, Erlösung oder Erleichterung bringt. Das Fehlen des Erstrebten wird leidvoll registriert. Leiden stellt sich ein, wenn das Gefundene sich als leer erweist und Überdruss erzeugt. Andere überzeugen zu wollen gründet auf geistigem Besitz. Sich im Besitz einer empfundenen Wahrheit zu fühlen, gibt dem Ich vor, sich selbst das Recht anzumaßen, andere dazu zu bringen, den Besitz einer bestimmten Wahrheit anzuerkennen. Wer aber den Besitz eines anderen anerkennt, der muss seinen eigenen aufgeben, denn die Wahrheit eines anderen bezeugt die Falschheit der eigenen. Daher ruft Überzeugung zwei pendelartige Reaktionen hervor: Unterwerfung und Rebellion. Lernen findet dann statt, wenn nach vielen leidvollen Erfahrungen beide Reaktionen als untauglich erkannt und aufgegeben werden. Der Versuch des Ich, eine Wahrheit für sich zu reklamieren, vor anderen schützen zu wollen oder andere zu missionieren, ist so aberwitzig wie der Versuch, die Luft, die man atmet, vor anderen schützen zu wollen. Wahrheiten sind Allgemeingut, man kann sie nur miteinander teilen. Erst indem man Wahrheiten miteinander teilt, zeigen sie sich. Mit Hilfe des Verstandes kann aus jeder individuellen Meinung das ausgewählt werden, was zu einer größeren Wahrheit beiträgt. Menschen sind füreinander unersetzlich, weil man sich nur durch den Spiegel der anderen erkennen kann, sei der Spiegel noch so verzerrt. Wenn man sich Menschen als Musikinstrumente vorstellt, so brauchen sie sich gegenseitig, um sich zu stimmen. Erst als solcherart gestimmte Instrumente entsteht ein harmonischer Wohlklang. Das Wesen eines Wohlklanges besteht darin, dass sich die Töne gegenseitig stützen und bereichern. So wie einzelne Lichter sich nicht gegenseitig auslöschen, sondern verstärken.

Durch die Einsicht von Zusammenhängen allein ist das individuelle Ich nicht in der Lage, den Übergang zur Kooperation zu vollziehen. Umgeben von konkurrierenden Personen wäre das ein zu großes Wagnis. Daher halten Personen, solange die Ebene des Persönlichen vorherrscht, sich gegenseitig auf dieser Ebene fest. Und doch trägt die Ebene des Persönlichen den Keim seiner Überwindung in sich. Durch das Leid. Leid ist der Schlüssel und die größte Gewähr dafür, dass es am Ende zur Kooperation kommt. Denn die Alternative zu Kooperation ist in letzter Konsequenz immer Selbstzerstörung. Dies gilt für einzelne Personen wie für Organisationen oder Nationen. Auch hier schafft das zugespitzte kollektive Leid die Voraussetzung für den Übergang. Wettbewerb, und das mit diesem zwangsläufig verbundene Konkurrenzdenken, ist zum Scheitern verurteilt, weil er mit der Zeit immer ineffizienter, sinnleerer, leidvoller wird. Er ist die auf die Spitze getriebene Ebene des Persönlichen, des Getrennten.

Aus Sicht der Persönlichkeit ist Leiden sinnlos, aus Sicht der Seele ist es notwendig, um sich emporzuschwingen, ohne den freien Willen zu verletzen. Alles Leid ist selbst geschaffen und Folge der falschen Anwendung des freien Willens, sei es als Einzelperson oder als Kollektiv. Im Wettbewerb bestehen ohne zu konkurrieren? Dies ist die Frage, die alle, die die Zusammenhänge erkennen, brennend interessieren muss: Wie kann man im Wettbewerb bestehen und zugleich zu dessen Überwindung beitragen. Denn sich passiv dem Leiden zu ergeben verändert nichts. Gibt es also einen Weg, der darin besteht weder passiv zu bleiben noch zu konkurrieren oder ins Abseits gedrängt zu werden?

Die Antwort ist: Ja, es gibt ihn. Es gibt ihn, wenn es gelingt, den Wettbewerb frei von Bewertungen zu betrachten. Ihn zu sehen, ohne dass man davon angezogen oder abgestoßen wird. Der Weg selbst besteht darin, das miteinander Teilen zu lernen. Ist denn das Teilen eine Anti-Wettbewerb-Strategie? Solange Teilen als ein moralisches Gebot gesehen wird, verkennt man seine wahre Bedeutung. Aus Sicht des selbstzentrierten Ichs erscheint das Miteinander teilen ein Umweg für Erfolg und Reichtum. Tatsächlich aber ist das konkurrenzgetriebene Streben der Weg in die Armut. Es gleicht dem langsamen Verdursten inmitten eines Meers köstlichen Wassers. Das Verdursten besteht in der Abtrennung von allem, was einem *lieb und heilig* ist. Die Konsequenzen sind tiefe Depression oder besinnungsloser Rausch. Um sich für das Teilen entscheiden zu können, braucht es einen Vertrauensvorschuss. Wo dieser nicht vorhanden ist, achtet man auf das, was schnell und direkt von anderen zurückkommt. Misstrauen zeigt sich im Haften an äußerlichen Reizen und im Abstumpfen für tiefere Zusammenhänge. Vertrauen ist die Fähigkeit, in dem wahrgenommenen Indiz den Weg zur Wahrheit zu erkennen.

Aufrichtiges Vertrauen endet stets in Gewissheit. So wie Vertrauen sich erfüllt, so bestätigt sich Misstrauen selbst. Es ist der Weg zur gesteigerten Wahrnehmungsverzerrung.

Je stärker, je klarer das Bewusstsein und die Wertschätzung für förderliche Hilfen, für innere Verbindungen usw., um so leichter lassen sie sich erkennen. Erkennen, verwerten und zurückerstatten. Es ist der Weg aus gemeinsamen Erfolgen einen Kreislauf zu machen und das Band zu stärken, was einen selbst stark gemacht hat. Und dies in einem fort im Sinne einer offenen Spirale. Dahinter steht eine Intelligenz jenseits des Verstandes dessen, was ein Mensch erfassen kann. Worum es geht, ist eine natürliche Sicht der Dinge zu reaktivieren, die in jedem Erwachsenen als Kind vorhanden war: Sich als ungetrennter, unersetzlicher Teil seiner Mitmenschen und seiner Umgebung wahrzunehmen. Hingabe ist die Haltung, von sich los zu kommen und diese ungeteilte Sicht einzunehmen. Vor allem im Finden von Lösungen gewinnt Hingabe Bedeutung. Unternehmen, die den Druck des Wettbewerbes spüren, neigen einerseits dazu, sich noch mehr nach außen abzuschotten. Bloß dem Wettbewerber keine Informationen über das eigene Unternehmen preiszugeben. Andererseits werden eifrig alle Information über Wettbewerber gesammelt. Ein ständiger Prozess des Vergleichens tritt in Kraft. Gleichzeitig wird der Druck in Ansprachen und Besprechungen von oben nach unten an Mitarbeiter weiter gegeben. Mitarbeiter werden aufgefordert, ja beschworen, noch härter zu arbeiten. So als ob Härte das adäquate Mittel ist, bei dem Kampf um Kostensenkung, um Kunden und Margen als Gewinner, als Sieger hervorzugehen. Der härteste Wettbewerb entbrennt nicht zwischen Unternehmen, sondern in ihnen. Hier ist es der Wettbewerb um Macht und Meinung, um Stellen und Positionen, um Vorteile und Vergünstigungen.

Wettbewerb kann man nicht an den Firmentoren zurückhalten, er wirkt nach innen wie nach außen. Wettbewerb ist der blinde Fleck der Wirtschaft. Er ist sowohl ein Vehikel, um eine dominierende, gewinnträchtige Alleinstellung zu erlangen, wie das Vehikel, diese Alleinstellung und ihren Missbrauch zu verhindern. Wie kann etwas sowohl für als gegen etwas ein Vehikel sein? Es kann also nur darum gehen, das Wesen des Wettbewerbes zu verstehen. Wettbewerb ist ein anderes Wort für Trennung. Der Trennung dessen, was eigentlich zusammen gehört. Eine Trennung, die verhindert, dass zusammen wächst, was zusammen gehört.

Wettbewerb trennt Menschen von Menschen, macht aus ihnen Gegner, ja Feinde. Wettbewerb basiert auf Separatismus und zementiert Trennungen. Im Wettbewerb hat sich ein Denken verselbstständigt, besser, schneller, raffinierter als andere Wettbewerber zu sein, deren

Schwächen gezielt zum eigenen Vorteil zu nutzen und mit den eigenen Stärken über diese zu dominieren. Da ist es nur selbstverständlich, zwingend, dass die gemeinsamen Wurzeln, gemeinsame Werte und Ziele aus dem Blick geraten.

Kulturell sind wir nicht mehr wirklich in der Lage, die von uns geschaffenen materiellen Güter richtig wertzuschätzen. Uns ist der Bezug dazu verloren gegangen. Wir sind an einem Punkt angelangt, wo wir uns kulturell nicht mehr qualitativ weiter entwickeln. Die einzige Möglichkeit besteht darin, diese Güter mit den Bedürftigen z.B. in den so genannten Entwicklungsländern zu teilen. Die Menschen dort sind umgekehrt oft übervoll mit geistigem Reichtum, aufgeladen mit innerer Freude, mit aufrichtiger Menschlichkeit, die nur sie uns geben können. Nichts brauchen wir so sehr wie diese innere Freude, diese Menschlichkeit. Sie führt uns zurück auf den gemeinsamen Weg, der niemand außen vor und niemand zurück lässt.

Teilen beinhaltet die Loslösung von sich selbst und die Hinwendung zum anderen. Das berührt das Phänomen der Hingabe, das hier in seiner allgemeinen Bedeutung untersucht werden soll. Vielen Fachexperten und Führungskräften ist die Bedeutung der Hingabe bei dem Finden von Lösungen unklar. Dadurch lassen sie sich von Haltungen leiten, die der Qualität von Lösungen abträglich sind.

Das Ziel innovativer Führung ist Integration von Einzelinteressen in Gesamtinteressen. Als Sinnbild: So wie jedes Licht, das zu einem vorhandenen hinzukommt, dieses nicht abschwächt, sondern heller macht. Der Gegensatz dazu wäre, Lichter auszulöschen, d.h. zum Nachteil aller Macht auszuüben. Innovative Führung unterstützt die kooperierenden Personen aus sich heraus und um für sich selbst kompetenter zu werden. Sie tut dies, weil es der gemeinsamen Sache die größte Innovationskraft verleiht. Sie ist getragen von dem Bewusstsein, dass ohne die Achtung des Selbstwertes – unabhängig von Leistung und berechtigter Hierarchie – das schleichende Gift des Neides und der Gier seine zerstörerische Wirkung zeitigt. Innovative Führung zieht keine Grenzen zwischen verschiedenen Wissensbereichen und Lebenswerten. Sie weiß um die Zusammenhänge von Wirtschaft, Wissenschaft, Kunst und Religion. Die Vision innovativer Führung besteht darin, gemeinschaftlich größere Meisterwerke zu schaffen, wie sie in der Vergangenheit von einzelnen Genies geschaffen wurden. Dies gelingt in dem Maße, indem die Genialität der Kooperation verstanden wird.

Der Begriff der Kooperation enthält sowohl beides: das Prinzip des Teilens und das Prinzip der größten Einheit bei größtmöglicher Vielfalt. Beide Prinzipien gehen ineinander über. Teilen setzt beides voraus: eine gemeinsame, übergeordnete Einheit und individuelle Teile, die partnerschaftlich zum Wohle des Ganzen zusammenwirken. Es liegen hierin Unterschiede zum herkömmlichen Verständnis von Kooperation begründet. Wenn man üblicherweise von Kooperation spricht, so wird das übergeordnete Gemeinsame nicht mitgedacht. Vielmehr denkt man an einen Austausch unter Gleichberechtigen und den Transfer von gleichwertigen Leistungen in beide Richtungen. Gemeinhin spricht man von einer Win-Win-Situation. Kooperation als größte Einheit bei größtmöglicher Vielfalt hat noch einen anderen Fokus. Beide Parteien orientieren sich nicht am Gewinn des anderen, sondern das Denken zielt auf die Stärkung der übergeordneten Einheit. Indem sie gestärkt wird, gewinnen rückwirkend alle, die an der Einheit partizipieren (= die Weisheit, alle zu Gewinnern zu machen). Der Gewinn fließt den Beteiligten nicht direkt zu, sondern indirekt über das Gemeinsame, das man sich als Spitze eines Dreiecks vorstellen kann. Kooperation so gedacht setzt Vertrauen in die übergeordnete Einheit, die gemeinsame Spitze des Dreiecks voraus. Warum ist dieses Denken dem, der gegenseitigen Zuteilung auf gleicher Ebene, überlegen? Weil sich in die Zuteilung auf direkter Ebene viel mehr Fehler, Missverständnisse, Vorbehalte einschleichen. Die Orientierung auf einen gemeinsamen Bezugspunkt, die geistige Einheit, bietet eine viel größere Gewähr dafür, dass nichts Verloren geht oder niemand zu kurz kommt. Kooperation verstanden als Weg zur Einheitsbildung ist so gesehen das Prinzip, ungeahnte Kräfte freizusetzen und Wirkungen in Gruppen zu maximieren.

Das momentane kapitalistische Wirtschaftssystem ist dazu verdammt, permanent das Wachstum zu steigern, weil nur so die Schulden zurückgezahlt und die Zinslast getragen werden kann. Aufgrund gesättigter Märkte und Sparzwängen ist in vielen Ländern echtes Wachstum gar nicht mehr möglich. Deshalb wird Scheinwachstum (*bubbles*) vorgegaukelt, damit das System nicht kollabiert. Nach neuesten Daten befinden wir uns auf dem Weg zur so genannten 1: 5 Gesellschaft. Das bedeutet: Nur für jede 5. Person gibt es einen angemessen bezahlten Arbeitsplatz. Der Rest der Gesellschaft wird in der gegenwärtigen Wirtschaftsordnung in gering bezahlte Arbeitstätigkeiten abgedrängt oder lebt vom *Sozial-Transfer*. Die Auswirkungen dieser Entwicklung auf den Bereich Gesundheit und Familie sind eine schleichende Katastrophe.

Vergegenwärtigen wir uns die Entwicklung, die der Mensch in den letzten Jahrtausenden vollzogen hat: Vom Jäger und Sammler über Bauer und Viehzüchter, zum Industriearbeiter, und schlussendlich zum Dienstleister. Der Dienstleistungssektor nimmt derzeit den größten Anteil ein, sowohl in den Beschäftigtenzahlen als auch im BSP (Bruttosozialprodukt). Der Anteil an essenziellen Dienstleistungen (z.B. Medizin) am Ganzen ist hingegen gering. Ein Großteil dieses Sektors ist also eine Arbeitstellen-Seifenblase. Aber... nach dem Dienstleister ist in der mediengesteuerten öffentlichen Wahrnehmung zurzeit kein neues Tätigkeitsfeld mehr in Sicht. Es sei denn wir ziehen uns ins Privatleben zurück. Nach dem Dienstleistungssektor gibt es offiziell derzeit keinen neuen Sektor mehr in welchen übergewechselt oder ausgewichen werden könnte. Dies unter der Prämisse, dass die bezahlte Arbeit zum Lebensunterhalt und zur Teilnahme am gesellschaftlichen Leben reicht. Das wissen auch die Medienmacher und schüren Ängste. Wer seine Arbeit jetzt verliert, verliert sie (in den meisten Fällen) für immer.

Kurzfristige Arbeitsverträge, die darauf ausgerichtet sind die Arbeitnehmer auszuquetschen und sie dann abzusetzen - es gibt genug andere, die warten -bestimmen das traurige Bild des momentanen Arbeitsmarktes. Jungen Menschen wird als einziger Ausweg aus diesem Elend oft nur der Weg in das ein oder andere unbezahlte Praktikum auf Lebenszeit, oder in die ein oder andere *Reality Show* angeboten. Dennoch können wir einen neuen Arbeitssektor entstehen sehen, der auch zunehmend in den offiziellen Medien mit Erstaunen Interesse findet: Der nachhaltige Sozial - und Kreativbereich, der zum großen Teil nonprofit ausgerichtet ist. Der erweiterte Sozialbereich ist wohlmöglich das wichtigste Arbeitsfeld der Zukunft. Es ist das ein weites Übergangsfeld von Betreuung, Erziehung, Bildung, Pflege, Kultur- und Gemeinwesenarbeit, Gesundheitsvorsorge usw.

Nach wissenschaftlichen Studien befinden wir uns am Anfang eines neuen Wirtschaftszyklus unter dem Motto Nachhaltigkeit, Gesundheit und soziales Zusammenleben. Ein Zyklus, in dem auch sozialökonomische Prozesse im Sinne des Gemeinwohls zum Zug kommen können. Gibt es einen *Kapitalismus light* mit menschenfreundlichem Gesicht? Skepsis und Optimismus liegen in dieser Umbruchzeit bei vielen unserer Mitmenschen sehr nah beieinander. Das Thema nachhaltige Kreativität geht jedenfalls einher mit dem Trend hin zu authentischen Produkten, die den Menschen keine passive Konsumentenrolle mehr zuweisen. Darüber hinaus können wir eine Anti-Konsum Bewegung beobachten, die angetreten ist, um Kulturgüter zu bewahren und den sozialen Raum schöner zu machen. Die Rolle des Verbrauchers als Prosumenten in einer Postwachstumsgesellschaft schließt neue Lebenskonzepte und ein neues Wohlstandsverständnis mit ein. Endlich eigenmächtig Dinge im eigenen Leben bewegen, organisieren und kreieren: So lässt sich diese anschwellende Mitmach-Revolution zusammenfassen, die nicht nur zur Teilnahme an direkten Aktionen einlädt, sondern auch der eigenen Kreativität ungeahnten neuen Freiraum eröffnet.

Innovationszyklen der Medienlandschaft verkürzen sich heutzutage extrem durch Netzwerkstrukturen und durch die Demokratisierung der Mediengesellschaft. Die nächste Welle von sozialen Protesten, wenn sie kommt, steigt bei einem sehr viel höheren Netzwerkstatus ein. Vielleicht sind dann erfolgreiche Unternehmen bereits Teil einer geistigen Strömung hin zu grundlegendem sozialem Wandel. Denn nicht nur im Konsum, sondern ja auch in der Arbeitsplatzwahl, hat die neue Suche nach Sinn längst begonnen. Immer mehr Menschen orientieren sich tatsächlich in Richtung Nachhaltigkeit. Beweis dafür ist etwa der Erfolg der Internetplattform *Etsy*, die dem Prosumenten Arbeitsraum und gleichzeitig Möglichkeiten für nachhaltigen Konsum bietet.

Eine Arbeit, die an der Entfaltung der eigenen Begabung und Talente ansetzt, eröffnet ungeahnte Perspektiven. Die Kreativität tritt dabei als die entscheidende, da unendliche Ressource hervor. Als die Ressource des Lebens, die entsteht, wenn die Fantasie angeregt wird, und es so möglich wird, alle Anteile eines Menschen gleichzeitig anzusprechen. Bislang lässt die geldgetriebene Verwertung von Leistung diese Entwicklung nicht zu. Klarheit besteht nach wissenschaftlichen Studien darüber, dass Karrieredenken nur bedingt mit der Kreativität vereinbar ist. Jedes Ungleichgewicht der *Work-Life-Balance* und in der Geld-Daseinsvorsorge vermindert die Fähigkeit, sich ganzheitlich kreativ auszudrücken. Es vermindert insbesondere die sinnstiftenden zwischenmenschlichen Kontakte. Erst solche Kontakte führen aber einen heraus aus den Mustern *Burnout, Workaholic* oder *Schonung* und hinein in das Muster Gesundheit und Lebensfreude. Lernschleifen, die durchlaufen werden müssen beim Verwirklichen von gesellschaftlichen Innovationen sind wie Muster, die Verdichtungen darstellen, durch die Erkenntnisse entstehen und teilbar werden. Es spricht viel dafür, dass sich die starren Grenzen zwischen Arbeit und Freizeit sowie Beruf als Steckenpferd auflösen werden. Dass politisch-administrative Tätigkeiten verschwimmen mit sozialen, soziale mit künstlerisch-kreativen und künstlerisch-kreative mit dem produktiv-unternehmerischen. Solche Querverbindungen erlauben ganz neue Formen von kooperativer und integrativer Zusammenarbeit quer über vormals getrennt agierende Berufsfelder. Dies wird möglich wenn sich die enge Anbindung von Leistungen an Geld und materielle Verwertungsinteressen auflöst und die Förderung des Gemeinwohls zum Knotenpunkt verschiedener Tätigkeiten wird. Und wenn gesellschaftlich etablierte Bewertungsmuster herausgehobener Tätigkeiten im Sinne von Status, zugunsten von breit gefächerter Begabungen und Talenten an Bedeutung verlieren werden.

6. Wirtschaftliches Handeln als Weitsicht und Vertrauen

Weitsicht. Einsicht und Weitsicht sind die Eckpfeiler einer Wirtschaft vom ganzen Menschen aus. Diese bedeutet: Einsicht in geistige Gesetze und Weitsicht in die Wirkungen von Ursachen, insbesondere in das, was man in der Philosophie des Ostens Karma nennt. Das Gesetz von Ursache und Wirkung in die Wirtschaft einzuführen, bedeutet wirtschaftliches Handeln an dem ausrichten, was langfristig Schaden minimiert und sich als förderlich erweist. Das Sanskrit-Wort *karma* leitet sich von der Wurzel *kr* ab und bedeutet im engeren Sinne einfach tun oder handeln. Auch unser Wort Kreativität enthält diese Wurzel. Im Hinduismus wird Karma verstanden als eine geistige oder körperliche Handlung, als Folge früherer Handlungen und als Kette von Ursache und Wirkung. Im Buddhismus ist Karma ein universelles Gesetz von Ursache und Wirkung hinsichtlich des moralischen Tuns. Dabei ist eine Tat, die ein Mensch frei von Gier, Hass und Wahn ausführt, ohne karmische Wirkung. Der Buddha erkannte den Sinn der Wiedergeburt in einer seelischen Kontinuität bis zur völligen Reife des Bewusstseins. Im Christentum gibt es auch bei verschiedenen in der Bibel Jesus zugesprochenen Äußerungen eindeutige Verweise auf das Karmagesetz. (*„Er ist Elias, der wiedergekommen ist.“ „Was du säst, das wirst du ernten.“*)

Nach den *Lehren der zeitlosen Weisheit* kann auch Nichtstun Karma auslösen, es kommt nur darauf an, ob unser Tun oder Nichtstun konstruktiv oder destruktiv motiviert ist. Das eine bewirkt positives das andere negatives Karma. Dabei hängt die Geschwindigkeit mit der Reaktionen auf Taten folgen, von dem geistigen Entwicklungsstand eines Menschen ab. Nach *Maitreyas Lehre* – welche das Teilen als Lösung aller Probleme der Menschheit in den Mittelpunkt rückt – befreit uns innere Gelassenheit zusammen mit Ehrlichkeit im Denken und Lauterkeit im Geist, vom zyklischen Muster von Ursache und Wirkung, das unser Leben völlig beherrscht. Solange wir unseren karmischen Konditionierungen unterworfen sind, wiederholen sich diese Zyklen nach dem gleichen Muster. Konditionierungen ist ein anders Wort für das

Essen von Erkenntnis, auf das die Bibelgeschichte vom Garten Eden anspielt. Konditionierungen löst man auf, indem man Erkenntnis mit Gelassenheit begegnet.

Auch jede Erweiterung des Bewusstseins vollzieht sich durch die Auflösung von Karma. Nach Benjamin Creme schenkt uns die Schwungkraft des Dienens in Bezug auf das Karma Bewegungsfreiheit zur weiteren Entfaltung. Creme weist auch darauf hin, dass die Reinkarnationslehre Teil der westlichen Religionen war, diese aber dem Kaiser Justian und seiner Gemahlin nicht passte, woraufhin sie die Kirchenväter zwangen im 6. Jahrhundert entsprechende Stellen aus der Bibel zu entfernen.

Armut und Leid, die durch Ungerechtigkeit entstehen, können auch durch gesellschaftliche Veränderungen beendet werden. Es ist gerade dieser Vorgang, der befreit von negativem individuellem, familiärem oder nationalem Karma. Aber solange wir dies nicht tun, also unseren göttlichen freien Willen missbrauchen, leiden wir zwangsläufig, und dies geht solange, bis wir gelernt haben, völlig harmlos zu sein. Und Harmlosigkeit bedeutet halt auch Ungerechtigkeiten nicht einfach hinzunehmen.

In der *Bhagvagita* geht es um die Idee, in der Welt zu sein, aber nicht in ihr verhaftet zu sein. Wenn wir Loslassen kann Karma in Form eines Lebensweges, den des *Karma-Yoga*, die spirituelle Entwicklung fördern und zur Befreiung (*moksha*) führen. Es geht bei diesem Loslassen darum, zu handeln, ohne den Früchten der Handlung verhaftet zu sein. Dane Rudhyar beschreibt wie Dharma und Karma die zwei Seiten derselben Sache sind, die man nicht voneinander trennen kann, wobei ersteres die essenzielle Wahrheit des Seins ist, und letzteres die Auswirkungen auf individueller oder kollektiver Ebene von Handlungen aus früheren Inkarnationen.

Karma kann von jedem Menschen hin auf dem Weg zur Meisterschaft selbst getilgt werden, wann immer eine böse Kraft von ihm durch eine gute neutralisiert wird. Böse Kräfte entstehen immer dann, wenn ein Mensch sich gegen sein Höheres Selbst entscheidet zu handeln. Solange der Mensch durch Eigennutz zu Ungerechtigkeit verleitet wird, ist ihm der Pfad zur Meisterschaft und zum auflösen von Karma versperrt. Durch aufgespeicherte Erinnerungen an gute Taten, die er selbst vollbrachte, entwickelt ein Mensch über einzelne Inkarnationen hinweg die Kraft der *Kriyashakti*, oder des Willens, und ist so in der Lage, Trägheit zu überwinden und Widerstände aufzulösen, die ihn daran hindern könnten im Sinne von Weisheit, Barmherzigkeit und Gerechtigkeit zu handeln.

Durch Erkenntnisfortschritt wird geistiges Kapital zwar in der Wissenschaft entwertet, aber diese Entwertung bringt ja gleichfalls immer auch einen Gewinn der ungleich höher ist: Bewusstseinserweiterung. Insofern kann geistiges Kapital nie Wert verlieren, im Gegensatz zu materiellen Kapitalwerten oder spekulativen. Ob wir geistiges Kapital auch mit Selbstwertschätzung und Selbstachtung in Bezug bringen können, zeigt auf, inwiefern wir auch für Selbstkritik und Kritik von Außen zugänglich sind. Wir sind beständig in einer Ökonomie der Selbstwertschätzung verfangen, denn wir leben mit der bewussten oder unbewussten Sorge um den Selbstwert, der eigentlich nur zu unserem eigenen Schutz durch das Karma begrenzt wird. Erst in dem Maße, in dem wir lernen im Einklang mit dem Plan der Evolution zu wirken, lösen sich diese karmischen Grenzen auf, und unser wahres Selbstwertgefühl expandiert. Illusionäres Selbstwertgefühl wie Selbstüberschätzung, Überheblichkeit und Selbstherrlichkeit sperren uns im Gegenteil nur fester in diese karmischen Grenzen ein, bis wir eben auf schmerzhafte Weise erkennen, dass dies so ist. Erkennen wir dies, lassen wir uns immer weniger von außen bewerten und sind auch immer weniger auf solche Bewertungen angewiesen, denn wir wissen für uns selbst, was wir können und was nicht. Es ist gerade diese zunehmend realistische Selbsteinschätzung, diese Befreiung von Fehlspekulationen, die uns dazu bringt, das Geben und Nehmen nicht länger als Spiel betreiben zu wollen, bei dem wir die eigene Aufmerksamkeit einsetzen, um an die Einsätze anderer Menschen zu kommen. Wir haben dann dieses Spiel einfach nicht mehr nötig, denn wir wissen was wir Wert sind, und dass wir nicht durch äußere Bereicherungen diesen Wert steigern können. Im Gegenteil erkennen wir, dass wir durch noch so viel materiellen Wohlstand unser Wohlbefinden nicht steigern können, sobald einmal die Grundbedürfnisse zum Überleben abgesichert sind. Wir durchschauen die Falle, die darin besteht zu denken, man könne sich ein Selbstwertgefühl zulegen, indem man andere übervorteilt. Die Einführung einer neuen Währung könnte in diesem Sinne verbunden sein mit dem Spiel des Teilens von Aufmerksamkeit und des Tauschens. Nicht zur gegenseitigen Übervorteilung, sondern um sich aneinander zu bereichern durch Wertschätzung, die auf tatsächlichen Erkenntnissen beruht, die man über sich selbst gewonnen hat.

In allem, was wir denken und sprechen, und auch wie wir handeln, setzen wir Energie ein und in Gang. Diese Energie (Gedanken, Gefühle und Körperkraft) besteht weiter, wenn wir uns einer anderen oder neuen Sache zuwenden. Diese Energien bleiben gemäß dem Energieerhaltungssatz nicht nur erhalten, sie wirken auf uns zurück. Wobei wie wir hörten nach verschiedenen Weisheitslehren nicht nur die in Umlauf gebrachte Energie eines Lebens auf uns zurückwirkt, sondern auch die aus früheren Leben. Die angesammelte Energie bestimmt das, was man Schicksal nennt: Jenes, was uns ungewollt widerfährt. Zugleich folgt die Energierückerstattung nach einem höheren Gesetz des geistigen Lernens. In diesem Sinne werden wir niemals mit der Gesamtsumme der angesammelten Energie auf einmal konfrontiert, sondern nur mit bestimmten Teilen daraus. So ergeben sich abwechselnd hemmende und förderliche Umstände. Auch wenn wir dazu neigen, diese als Belohnung oder Strafe anzusehen, sie sind wertfrei und für alle Menschen gleich, d.h. gleich gerecht. Bezogen auf einen bestimmten Zeitabschnitt mag es erscheinen, also ob ein Teil benachteiligt und ein anderer begünstigt wird. Aber auf lange Sicht kann es so etwas wie Benachteiligung und Begünstigung nicht geben. Unabhängig, ob zwischen Ursache und Wirkung eine kleine oder große Zeitspanne liegt, das Ziel ist immer dasselbe, das Bewusstwerden des inneren Zusammenhanges von Ursache und Wirkung zu fördern.

So betrachtet tragen sowohl erlittenes Leid als auch erfahrenes Glück zur Bewusstwerdung bei. Die Energie, die wir mit unseren Gedanken, Gefühlen und in unseren Taten in Umlauf setzen, ist eine Investition in unsere Bewusstwerdung, in die evolutionäre Entwicklung. Was wir Bewusstwerdung und Evolution nennen, ist kein gradliniger Weg, sondern ein Weg mit Rückschlägen, mit auf und ab, mit Pausen und Lernschleifen. Das unser Agieren eine Investition beinhaltet, ist uns zunächst nicht bewusst, weil dieses Wissen selbst im Zuge der Bewusstwerdung erworben werden muss. Der Begriff der Investition wird hier in Entsprechung zu dem Sachverhalt gebraucht, finanzielle Mittel einzusetzen, um einen höheren Geldgewinn oder Nutzen zu erzielen. Die Mittel, die wir einsetzen sind Energien. Wir nehmen Energien auf und wandeln sie um.

Welchen Sinn hat es über Karma, das Gesetz von Ursache und Wirkung oder des Ausgleiches, zu sprechen? Gesetze und Gebote haben noch nie Menschen davon abgehalten, sie zu übertreten. Und Menschen lernen vermutlich mehr, indem sie Gesetze und Gebote willentlich übertreten, als wenn sie sie aus naiver Haltung oder aus Angst und Gewissensbissen einhalten. Der Sinn, über Karma zu sprechen, ist ein anderer, nämlich: In einer Welt voller bodenloser Ungerechtigkeit nicht zu verzweifeln, oder sich in Hass und Verachtung zu verstricken. Auch dort, wo wir Zusammenhänge nicht verstehen können und zuweilen aus Protest nicht verstehen wollen, zeigt sich im Gesetz des Karmas ein Hoffnungsschimmer am Horizont, der besagt: Die

Welt muss nicht ungerecht sein, nur weil sie nicht unseren Maßstäben entspricht. Um es mit einem alten Sufi-Dichter zu sagen: *„Die Nacht ist vorüber, und meine Geschichte ist nicht abgeschlossen. Welche Schuld trägt die Nacht daran?"* Die Einsicht, die sich in diesen Worten ausdrückt, gründet auf mehr als naivem Glauben. Es sind nackte Zahlen und harte Fakten, die uns den Weg weisen. Die Welt, die wir vorfinden, hat Äonen gebraucht, um an diesen Punkt zu kommen, wo sie heute steht. Und so viele Zivilisationen vor uns sind aufgeblüht und untergegangen, und die Welt existiert immer noch. Sie wird auch noch lange weiter existieren, wenn alles, was wir erschaffen haben, zu Staub und Asche zerfallen ist. Wie vermessen ist es zu glauben, vollkommene Gerechtigkeit gäbe es in einem Leben, in einer Generation oder in einem Jahrtausend? Zwischen Ursache und Wirkung können lange Zeiträume und große Verwicklungen liegen. Schon der Gedanke einer singulären Ursache oder Wirkung ist eine starke Vereinfachung. Was wir doch eingestehen müssen ist: Unser Fassungsvermögen reicht nicht hin, die Komplexität dieses Gesetzes in Aktion zu erfassen. Jedoch: Ein Gesetz als These abzulehnen, nur weil es über unser Fassungsvermögen hinausgeht, wäre töricht.

Damit ist jedoch nichts verloren oder der Beliebigkeit preisgegeben. Dass wir die gesamte Komplexität des Gesetzes nicht erfassen können, bedeutet nicht, dass wir nicht grundlegende Zusammenhänge oder Richtungen erkennen können. Worauf wir zu achten haben ist, wohin die Magnetnadel der Gerechtigkeit zeigt. Selbst Zerstörung und Zerfall steht nicht im inneren Widerspruch zur Gerechtigkeit, sondern bedingt diese. Das Falsche kann niemals dauerhaft Bestand haben. Es berichtigt sich selbst durch seinen Untergang und in der Geburt einer neuen, besseren Form. Wo sich das Gesetz gegen uns selbst wendet, beklagen wir es. Wo die zerstörerische Wirkung bei anderen auf sich warten lässt, meinen wir nachhelfen zu müssen. Unser Gerechtigkeitsdenken ist allgemein zumeist noch egozentrisch, materialistisch und formverhaftet und wir sehen noch nicht, was sich in und hinter der Form verbirgt: die Qualität, die zu Erfüllung drängt. In unserem formverhafteten Denken schaffen wir selbst die Bedingungen dafür, das Wesen der Gerechtigkeit zu verfehlen. Und damit uns selbst, in dem, was in uns zur Erfüllung drängt. Hier einen kleinen Schritt weiter zu kommen, zu verstehen, welche Qualität sich hinter falschen Formen manifestieren will, ist der bleibende Wert, sich mit dem Gesetz des Karmas zu beschäftigen.

Immer dort, wo wir die Haltung einnehmen über andere Menschen, die Welt und das Weltgeschehen Gericht zu sitzen, klammern wir uns an die Form, fällen wir Werturteile, die uns hindern, uns selbst und tiefere Zusammenhänge zu erkennen. Wenn wir uns gegenüber der jeweiligen Form neutral verhalten, d.h. gelassen mit ihr umgehen, dann erwerben wir die Fähigkeit, durch die Form durch zu schauen. Die Fähigkeit zur Durchleuchtung, zur Transparenz. Aus dem, was von innen heraus sich zeigt, ergibt sich das unverzichtbare, angemessene Handeln. Stehen wir nicht kollektiv an der Schwelle ein über Jahrtausende genährtes egozentrisches Denken in materiellen Ursachen und Wirkungen zu verlassen und uns für ein Karma, das die inneren, geistigen Qualitäten einschließt, zu öffnen? Enthält nicht dieser Zug einen Schritt hin zu einem besseren Verstehen und für weiseres Handeln? Und wenn dem so wäre, wäre das nicht wiederum ein Hinweis darauf in welche Richtung die Magnetnadel der Gerechtigkeit zeigt?

Vertrauen. Kooperation und Teilen brauchen neben der Fähigkeit zur ansatzweisen Durchleuchtung von Ursache und Wirkung jedoch noch etwas anderes, nämlich Vertrauen. Was bedeutet eigentlich Vertrauen? Vordergründig wissen wir alle, was es bedeutet, jemandem zu vertrauen oder nicht zu vertrauen. Aber tiefgründig reicht unser Wissen über ein paar allgemeine Umschreibungen selten hinaus. Dabei wird niemand bezweifeln, dass Vertrauen eine wichtige Sache ist. Allen voran das Vertrauen in die Zukunft angesichts einer Zeit der Ungewissheit, der Umwälzung. Wem oder was kann man in diesen Zeiten noch vertrauen? Den Politikern? Den Medien? Den Wissenschaftlern? Den Seiten im Internet? Den sozialen Netzwerken? Und doch kommen wir ohne Vertrauen nicht aus. Diese Zeilen hätten ohne Vertrauen nicht geschrieben werden können.

Ist es nicht so, dass in Zeiten, wo nichts mehr sicher zu sein scheint, der Bedarf an Vertrauen um so größer ist? Und brauchen wir nicht eine neue Qualität an Vertrauen, um Gruppen noch effizienter, innovativer und sozialförderlicher zu machen? Bedarf es nicht eines ungeheuren Vorschusses an Vertrauen um das angstgetriebene Paradigma des Konkurrenzkampfes, des Verdrängungswettbewerbes zu ersetzen durch Kooperation, durch gerechte Verteilung und Zusammenarbeit zum Wohle aller? Wo aber soll dieses Vertrauen herkommen? Kann Vertrauen aus dem Nichts geschaffen werden wie heutzutage Geld? Offenbar kann Vertrauen nur aus etwas Realem, Reellem kommen. Aus Quellen, die in den Menschen selbst liegen. Quellen, die möglicherweise immer schon da waren, ohne dass sie ernsthaft in Erwägung gezogen wurden? Aus Quellen, die neu hinzugekommen sind, weil die Entwicklung die Menschheit dafür reif gemacht hat? Zu allen Zeiten haben Menschen aus Quellen geschöpft, die für andere zunächst verborgen oder unzugänglich waren. So sind die großen Ideale der Freiheit, der Gerechtigkeit, der Brüderlichkeit in die Menschheit eingeflossen. Auf dem Wege der Bewusstwerdung wurden sie zugleich umgedeutet, dem eigenen Denken und Wünschen angepasst. So wurde Freiheit als Recht der Unterdrückung, der Ausbeutung, der Umweltzerstörung, der Zulassung sozialer Ungleichgewichte verstanden. Gleichzeitig wurde Brüderlichkeit in den Bereich der Philanthropie, der Wohltätigkeit gedrängt, die im rauen Alltag von Wirtschaft und Politik nichts verloren hat. Ist es nicht das Kennzeichen unserer Zeit, die Fehler der Vergangenheit zu berichtigen, die Ideale mit neuem Leben zu füllen und stärker an die Quelle, aus der sie stammen, heranzuführen? Haben nicht die, die etwas über die tiefere Seite des Menschen zu wissen glauben, eine Verantwortung, sich ihren Mitmenschen mitzuteilen? Dies tun sie in dem Vertrauen, Gehör bei denen zu finden, die selbst dafür offen sind und die in der Lage sind die geäußerten Ideen weiter zu entwickeln und weiter zu geben. Tun sie dies aber nicht auch zugleich im Bewusstsein, dass jeder Mensch ein Stück der Wahrheit in Händen hält, wo er oder sie Anderen etwas mitzuteilen hat?

Was also ist Vertrauen? Das Vertrauen verbindet die Innenwelt mit der Außenwelt. Vertrauen ist zunächst das Vertrauen in sich selbst im Sinne eines Zutrauens. Vertrauen enthält ein Wissen darüber, wie etwas ist oder sein kann. Dazu gehört das Vertrauen in die eigene Stärke, in die eigene Urteilskraft, in das eigene Handeln. Vertrauen bejaht und bestätigt etwas als gegeben. Im Vertrauen wird etwas als existent wahrgenommen. Vertrauen hat mit der Sicht der Dinge zu tun. Es umschließt das, auf was es sich bezieht. Es umschließt und stellt etwas als gegeben hin. Im Vertrauen liegt eine Sicherheit, ein Schutz vor der Angst. Wo Vertrauen ist, haben es Gedanken und Gefühle der Angst schwerer, Fuß zu fassen.

Vertrauen ist für eine Einzelperson wie für eine Gruppe ein Angstschutz. Zugleich liegt im Vertrauen eine aufbauende Kraft. Es stellt eine Basis dar, einen tragenden Grund für das Handeln. Auf diesem Boden kann etwas wachsen. Im Vertrauen wird das, was wachsen und sich entwickeln soll, vorbereitet. Vertrauen ist ein Nährstoffverbesserer. Es sorgt für eine gute Zirkulation, eine gute Energieverwertung. Man kann daher sagen: In der Stärke des Vertrauens wächst die Chance zu effizientem Handeln, sowohl einzeln als auch gemeinsam mit anderen. Die Beschreibungen berühren sich mit dem, was Nitschke als die *Erwartung des Gelingens* bezeichnet hat. Im Vertrauen ist man auf das Gelingen ausgerichtet. In dieser Erwartung wird man zum Erfolgssucher, d.h., man richtet den Blick auf das, was den Erfolg bringt. In dieser

Erwartung können Hindernisse und Fixierungen wie Zaudern, Zwang, Zweifel keine Eigenmächtigkeit erhalten, sie werden als Stufen zum Gelingen angenommen. Beim Handeln im Vertrauen ist es so, als ob man eine Bugwelle vor sich herschiebt, die Widerstände aus dem Weg räumt. Die Bugwelle nimmt schon viel ab, daher kann die Haltung der Leichtigkeit beibehalten werden. Vertrauen macht die Dinge leichter, Misstrauen macht sie schwerer. Überdies ist Vertrauen ein Stärkungsmittel für das kreative Potenzial. Das Vertrauen in das kreative Potenzial trägt selbst dazu bei, den Zugang zu diesem offen zu halten. Vertrauen ist ein Türöffner, es weitet oder verbreitert die Wege zum Ziel. Vertrauen macht die Dinge, die in den Fokus genommen werden, heller. Vertrauen ist so gesehen auch ein Aufheller, ein Leuchtmittel.

Im Vertrauen sieht man mehr das, was einem nützt und nützen kann. Misstrauen verdunkelt, Vertrauen *erleuchtet*. Vertrauen hilft Gemeinsamkeiten zu entdecken und Kompromisse zu finden. Vertrauen hat die Eigenschaft, zu verbinden und Verbindungen zu schaffen. Gute, nachhaltige, förderliche Geschäftsbeziehungen wären auf lange Sicht ohne Vertrauen undenkbar. Das Vertrauen sichert den Fortbestand guter Beziehungen und den verlässlichen Zusammenhalt gerade in Teams. Vertrauen ist dem Sehen verwandt. Genau genommen steht es zwischen dem Ahnen und dem Sehen. Das eine ist verschwommen, das andere klar. Vertrauen beschreibt den Weg vom Ahnen zum Sehen. Es ist die Fähigkeit, im Teil das größere Ganze vorwegzunehmen. Vertrauen ist eine Art Vorwissen, Wissen darüber, was konkret möglich ist. Da Vertrauen sich mit positiven realen Möglichkeiten beschäftigt, trägt es dazu bei, Möglichkeiten *heranzuzoomen*. Wobei praktiziertes Vertrauen die Möglichkeit, die in der Zukunft liegt, nicht nur neutral beurteilt, sondern in die Gegenwart zieht. Vertrauen ist wegen dieser Sogkraft ein Förderer für Realisierungen. Oder in einer für den Leser, die Leserin vielleicht weniger vertrauten Form ausgedrückt: Vertrauen ist Liebe, die nach Erfüllung strebt. Vertrauen ist dem Wesen nach eine pulsierende, dynamische Kraft des Werdens.

Vertrauen ist nach all dem also eine reale Kraft, die aber gewöhnlich unterhalb der Wahrnehmungsschwelle liegt. Bei der Frage: Kann ich x in der Sache y vertrauen, wenden wir Erfahrungswerte an und beurteilen kognitiv oder emotional konkrete Reaktionen von x. Für die Wahrnehmung wichtiger sind aber nicht die Reaktionen, sondern die Intentionen dahinter. Wenn Menschen vorgeben, einander zu vertrauen oder eine Vertrauensbeziehung einzugehen, erzeugen sie ein Kraftfeld. Auch wenn dieses, wie bereits erwähnt, unterhalb der Wahrnehmungsschwelle liegt, so mag es eines Tages vielleicht doch möglich sein, solche Kraftfelder sichtbar zu machen und zu messen. Kraftfelder gehen Wachstum voraus. Wo immer etwas wächst, muss zuvor ein Kraftfeld bestehen. Kraftfelder sind vergleichbar einem Magnet und daher unsichtbar. So wie Eisenspäne das Kraftfeld eines Magneten anzeigt, so gibt die Qualität der Kommunikation Aufschluss über das vom Vertrauen erzeugte Kraftfeld. Wichtige Qualitätskriterien sind Ehrlichkeit, Verbindlichkeit und Zielbezogenheit.

Vertrauen erzeugt so ein Kraftfeld für Wachstum. Das Kraftfeld kann man sich wie einen faradayschen Käfig vorstellen, der Blitze an die äußere Hülle ableitet. Es schützt vor negativen Wirkungen nach innen und sichert so das Wachstum nach außen. Daher ist hilfreich zu wissen, welches Kraftfeld man einzeln und zusammen erzeugt und wo die Schwachpunkte und Anfälligkeiten liegen. In der Sprache der Alchemie ausgedrückt, ist Vertrauen ein Wachstumselixier. In der Sprache der Wirtschaft ist es eine immaterielle Ressource, ein geistiges Kapital. Darüber hinaus und in die Zukunft gerichtet ist Vertrauen die Wissenschaft von dem Wachstum in Beziehungen. In dieser Hinsicht ist Vertrauen noch Neuland, doch wo anders als in der Gegenwart beginnt die Zukunft?

Wie alle Werte bildenden Zugänge in Menschen wurde und wird das Vertrauen von der Kommerzialisierung vereinnahmt. Vertrauen auszunutzen, um bestimmte Interessen zu erzielen, scheint eine Form der Cleverness, die sich auf allen Ebenen, in allen Bereichen und in allen Richtungen finden lässt. Das Clevere besteht darin, von anderen mehr Vertrauen zu erhalten, als man selbst zu geben bereit ist. Natürlich kann das auf Dauer nicht funktionieren und in diesem Sinn ist Vertrauen dann auch eine inflationäre Währung, die in Beziehungen permanent missbraucht und entwertet wird. Da auf diese Weise reales Wachstum immer schwieriger zu realisieren ist, muss man auf das künstliche Wachstum der Geldvermehrung und Verschuldung ausweichen. Das Ende ist absehbar: Das Vertrauen in das Geld wird wie eine Seifenblase zerplatzen.

Durch die permanente Erosion des Vertrauens ist eine Kultur der Angst entstanden. Angst ist das schleichende Hintergrundgefühl in allen Bereichen. Angst aber ist ein schlechter Ratgeber, weil in ihr das ganze Augenmerk auf die Abwendung des scheinbar noch Schlimmeren geht. Dadurch wird die Lösungssuche eindimensional, die Kreativität schmalspurig, alles folgt der Logik des *mehr von Demselben*. In solchen Zeiten haben die Kritiker, die Skeptiker, die Druckmacher Hochkonjunktur. Die Wirkung ist fatal: Um eine halbwegs brauchbare Idee zu entwickeln, müssen quasi zehn geniale geopfert werden. Vertrauen zeigt sich daran, dass es sich bewährt, rechtfertigt und erwidert wird. Erst die Bewährungsprobe zeigt letztlich, was das aufgebaute Vertrauen wert ist. Und ob es hilft, kritische Situationen zu meistern. Vertrauen bewährt sich im Zusammenhalt, im Zusammenstehen und Durchstehen kritischer Situationen. Vertrauen ist eine Bindekraft, zugleich eine Antriebskraft für gegenseitige Unterstützung und daher eine weithin unterschätzte Ressource.

Vertrauen ist gut, heißt es, doch Kontrolle sei besser. Verdeutlicht dieser Ausspruch nicht, dass sich unsere soziale Einstellung nicht mehr im Gleichgewicht befindet? Wäre ein Zusammenleben, das auf gegenseitigem Vertrauen basiert, nicht der Notwendigkeit ständiger Kontrollen vorzuziehen? Es mag sein, dass sich viele von uns damit abgefunden haben, dass bei einer immer größer werden Zahl von Mitmenschen negative Eigenschaften, wie Unehrlichkeit, Egoismus, Habgier oder Neid, über das Handeln bestimmen. Vielleicht mag die Einstellung zum Nachbarn, wie sie in entlegenen Dörfern auch heute oft noch gegeben ist, als anschauliches Beispiel dienen. Dörfer, in denen die Haustüren unversperrt bleiben und in denen ein gegebenes Wort noch Gewicht hat. Heute mag es noch wie eine Utopie erscheinen, sich ein Leben in der Großstadt, in der Gesellschaft als Ganzes, vorzustellen, das von Harmonie und gegenseitigem Vertrauen bestimmt wird. Doch beginnt nicht jede positive Entwicklung mit einer Idee, mit einem Traum? Es wäre bloß nötig, dass wir selbst und die Menschen um uns sich diesem Traum anschließen. Wir vertrauen darauf, dass dies eines Tages auch der Fall sein wird.

7. Jenseits der Geldfalle: Kooperation und Organisation

Von hier aus gewinnt auch unser Denken über Geld an Bedeutung. Denn: Das Maß aller Dinge in Wertbeziehungen ist heutzutage ja noch die Transferierbarkeit in Geldleistungen. Das Selbst- und Weltbild von Menschen geht von einer Trennung zwischen zwei Arten von Leistungen aus, geldäquivalente Leistungen und geldfreie Leistungen. Wie konnte der Bezug zum Geld je so stark werden, wie er derzeit noch ist? Keine Frage: Die Macht, die Geld für uns besitzt, die Kraft, die durch es wirkt, bestimmt unser Weltbild. Man muss auf die Ebene der Archetypen herunter steigen, um den Wurzeln des Geldes auf die Spur zu kommen. Archetypisch ist die innere Beziehung von Geld und Gold. Das Geld hat die archetypische Kraft des Goldes in sich aufgenommen. Die innere Verbindung zeigt sich gerade auch darin, dass in Zeiten, in denen das Vertrauen in das Geld schwindet, z.B. durch Inflationsgefahr, die Menschen wieder zum Ursprungswert Gold greifen. In das Geld ist die magische Kraft des Goldes übergegangen. Das Mysterium Gold ist ein kulturunabhängiges Phänomen, der Inbegriff für Reichtum in seinem umfassenden Wortsinn schlechthin. In den alten Kulturen in Ägypten und Süd- und Mittelamerika interessiert der religiöse und symbolische Wert des Goldes, nicht dagegen der Geld- oder Tauschwert. In beiden Kulturen sind die Beziehungen des Goldes zur Sonne und zum Göttlichen offensichtlich. Gold wurde symbolisiert als kristallisierte Tränen der Sonne, als geronnenes Blut der Götter. In der lateinischen Bezeichnung für Gold, aurum, sind die Konnotationen zur Sonne, zu Licht und Glanz enthalten. Im Judentum wiederum steht Gold, wie im alten Testament nachzulesen ist, für das Göttliche, das Unvergängliche und das Reine. In Asien wurden mit der Verbreitung des Buddhismus sakrale Gebäude und Statuen vergoldet, um tieferen Wahrheiten und Weisheiten Ausdruck zu verleihen. In der alchemistischen Tradition stand die Herstellung von Gold aus unedlen Metallen als Sinnbild für die innere Wandlung und charakterliche Läuterung des Menschen. In der Herstellung von Gold als Mittel zu äußerlichem Reichtum zeigt sich der Zug zum materiellen Wert und zum Besitz des Goldes. Dieser Zug war parallel zur sakralen Bedeutung immer latent vorhanden. Immer jedoch war Gold etwas für Auserwählte, für Priester, Adlige usw. Mit dem einsetzenden Goldrausch Ende des Mittelalters, der im 19. Jahrhundert weltweit kumulierte, wurde Gold zu einem Massenphänomen, zu etwas wozu auch die kleinen Leute Zugang haben konnten. Ein Goldfund, ein Claim und ein großes Nugget symbolisierten das große Glück im Sinne eines Lebens in Reichtum, Müßiggang und Unabhängigkeit. Die materielle, profane Seite des Goldes hatte von den Menschenmassen Besitz ergriffen und sie seither nicht mehr losgelassen. Diese Bezüge sind inzwischen auf das Geld übergangen, bis hin zu der Zauberformel der modernen Ökonomen und Finanzleute aus Geld Geld zu machen.

Zusammengenommen haben Gold und Geld eine Doppelbedeutung, indem sie eine sakrale, geistige Dimension aufweisen und eine profane, materielle. Unbewusst schwingt in der heutigen Vorstellung von Gold und Geld die sakrale Dimension mit. Zusammen symbolisieren Gold und Geld ein doppeltes Glücksversprechen. Wer durch Geld zu Glück kommt, fühlt sich nicht nur materiell reich, sondern als Mensch wertvoller. So als ob etwas vom Wert des Geldes auf die Person übergeht. Dieses markiert die Tiefenstruktur und Tiefenwirkung des Geldes. Man kann im Hinblick auf Geld zu Recht von einer Massenverblendung sprechen, aufbauend auf einer Illusion. Die Illusion hat sich verselbstständigt und reichert sich permanent durch die Kommerzialisierung an: Dem Streben, und mithin der Gier, aus allem Geld zu machen und alles auf seinen Geld- und Tauschwert zu reduzieren. Dieser Grundzug dominiert die ökonomische Begriffsbildung. Es war Pierre Bourdieu, der den materialistischen Kapitalbegriff um den des sozialen Kapitals erweitert hat. Damit gelingt es ihm, den Wert von Beziehungen als individuelle Ressource ins Spiel zu bringen. Neuere systemorientierte Ansätze begreifen Sozialkapital als Bündel von Faktoren, die das Zusammenleben und die gesellschaftliche Entwicklung fördern.

Gewöhnlich werden Leistungen im Rahmen von Partner- und Freundschaftsbeziehungen nicht in Geldkriterien transferiert (Geschenke, Gefallen usw.). Wird der Wert von geldfreien Leistungen im Voraus nicht festgelegt, entstehen leicht Missverständnisse. Unterschwellige Muster wie nutze andere aus oder opfere dich für andere auf können dabei Ziele der Zusammenarbeit unterlaufen, ohne dass sich die Partner (Gegner) sich dessen bewusst sind. Kooperationsdilemma: Unreflektierte Schwächen, die ein Partner für sich hat, verstärken sich in einer Kooperation. Dadurch kann eine Kooperation für beide Partner ineffektiver und unproduktiver sein, als wenn jeder Partner allein für sich arbeiten würde. Andererseits: Eine Kooperation bietet die Chance, Schwächen zu erkennen und sich gegenseitig in die Stärke zu helfen. Doch dabei ist zu beachten: Die meisten Kooperationen werden nicht eingegangen, weil die Partner von ihrem Nutzen überzeugt sind. Was Parteien motiviert, miteinander zu kooperieren, ist der Zweifel und die Unsicherheit, ob sie Ziele alleine erreichen können. Niemand kooperiert, wenn er davon überzeugt ist, Ziele alleine zu erreichen. Dies ist heutzutage noch so, weil Kooperationen nicht die Aufhebung des Wettbewerbs bedeuten, sondern gerade ein Mittel sind darin zu bestehen. Viele Kooperationen haben den Status eines Nichtangriffspaktes, um den Rücken frei zum Angriff gegen Dritte zu haben. Unterschwellig versucht jeder Partner, mehr aus der Kooperation zu profitieren als der andere und sich dabei gleichzeitig eigentlich von ihm unabhängig zu machen.

Die größte Gefahr in Kooperationen besteht darin, sich und den Partner zu überfordern. Der gegenseitige Erwartungsdruck führt zu Ernüchterung und Enttäuschungen. Leerlauf, Minder- und Scheinleistungen sind für Kooperationen typisch. Bleiben sie unerkannt, können sie auch nicht beseitigt werden. Werden sie erkannt, werden sie als Selbstschutz gerechtfertigt. Der Lösungsweg ist daher folgender: Die Kooperationen werden in dem Maße effektiver und produktiver, in dem Beiträge und der Transfer reflektiert und verrechnet werden - anfallende Kosten transparent gemacht und kontrolliert werden - die Partner offen und ehrlich miteinander kommunizieren - die Partner sich und den anderen nichts vormachen.

Der eigentliche Fehler des Kapitalismus, in seiner jetzigen Form, liegt in seiner verkehrten Wirtschaftsordnung, die auf einer Wirtschaft basiert, die einen künstlichen Mangel erzeugt. Ein Umstand, der den meisten Menschen kaum auffällt. Es ist aber eine unbestreitbare Tatsache, dass das kapitalistische Wirtschaftssystem in seiner jetzigen Form dann am besten funktioniert, wenn größtmöglicher Mangel herrscht. Dieser Umstand hat seine Wurzel in der Profitgier und einer bestimmten Einrichtung der Marktwirtschaft, die bestimmt, dass wenn die Preise sinken, das Warenangebot steigt. Eine Produktion rentiert sich in der momentanen Wirtschaftsordnung also immer überhaupt nur dann, wenn ein Warenmangel herrscht. Denn je größer der herrschende Mangel, um so höher steigen die Preise. Je größer das Angebot an Waren und Arbeitsleistung, desto niedriger die Preise und Löhne. Bringt nun die Wirtschaft infolge Rationalisierung und Automation immer mehr Waren auf den Markt, so sinken ohne entsprechende Preisregelung die Preise, und es wird tatsächlich ein Punkt erreicht, an dem eine Überproduktion entsteht, nach der es keine Nachfrage gibt. Dies ist jedoch ausschließlich ein Fehler der momentanen Ausrichtung des kapitalistischen Wirtschaftssystems, das nicht in der Lage ist, die Produktion rechtzeitig und gerecht zu verteilen. Statt diesem Teilen der Güter wird, um von vornherein jede Überproduktion zu kompensieren, ein künstlicher Mangel dadurch geschaffen, dass man überschüssige Nahrung vernichtet oder lagert. Bei Konsumgütern geht man bislang so vor, dass ständig neue Kaufanreize geschaffen werden und durch eine vorsätzliche vom Hersteller gewollte kurze Lebensdauer der Produkte (geplante Obsoleszenz) ein ständiger Konsumwunsch und damit ein ständiges Mangelgefühl künstlich angefacht werden.

Zudem herrscht in unserem jetzigen Geldwesen ein fataler Irrtum: das System des Zinseszins. Der entscheidende Faktor ist dabei der Umstand, dass ein Auto etwa, welches man sich in der jetzigen Wirtschaftsordnung als Gegenwert für sein Geld kauft, noch vor Benutzung bei einem sofortigen Wiederverkauf um rund zehn Prozent weniger wert ist, nach einem Jahr vielleicht schon um zwanzig oder dreißig Prozent, das Geld sich aber im selben Zeitlauf nicht verringert, sondern sogar um einige Prozent vermehrt. Den Banken kommt nun dabei die Rolle zu, für die Aufbewahrung des Geldes Zinsen zu nehmen. Das Geld ist bei einer 5%igen Verzinsung mit Zins und Zinseszins nach 15 Jahren bereits doppelt so viel wert, nach 30 Jahren wieder das Doppelte vom Doppelten, also bereits das Vierfache, nach 45 Jahren das Achtfache. So geht es in einer arithmetischen Progression weiter. Hätte man im Jahr 1 nach Christus einen einzigen Cent zu 5 % Zins und Zinseszins angelegt, so wäre (unter der Annahme, dass man 1 kg Gold mit 2.794,- Euro berechnet) dieser eine Cent bis zum Jahre 2000 bis zu 58 Millionen goldener Erdkugeln angewachsen. Dies zeigt den eigentlichen wirtschaftlichen Wahnsinn der Zinswirtschaft gut auf.

Wir müssen uns also sowohl von diesem Wahn befreien, der im Zinssystem liegt, als auch von den Banken als Mittler, die allein durch das Weiterverleihen immense Summen verdienen. Stattdessen muss das Geld direkt der Wirtschaft oder dem Staat zum produktiven Einsatz zugeführt werden.

Da von Kreditrückzahlungen bei der Mehrheit der heute verschuldeten Staaten sowieso ehrlich betrachtet keine Rede mehr sein kann, haben viele Staaten inzwischen ihre Handlungsfreiheit und Unabhängigkeit bereits verloren. Noch gewährte Kredite sind nun nur noch unter dem Diktat bestimmter politischer Bedingungen erhältlich. Demokratie wurde so abgeschafft und eine Diktatur der Finanzmärkte zugelassen.

Dabei dürfte in einer nachhaltigen Wirtschaftsordnung ein Staat überhaupt keine Schulden haben. Dass so eine vernünftige Wirtschaftsordnung im Einklang mit der Natur stände, lässt sich an folgenden Punkten ablesen: In einer solchen Ordnung ist der Staat diejenige Einheit, welche sämtliche Konten verwaltet. Jeder Geldverkehr wäre öffentlich transparent, und so würden Eigenschaften wie Vertrauen und Empathie das Wegfallen der Angst ermöglichen und in Folge davon die gesamte Gesellschaft positiv beeinflussen. Das Geld in einer solchen Ordnung wäre nicht mehr in der Lage gegen das Naturgesetz der Unbeständigkeit zu verstoßen. Es würde wie alles in der Natur mit der Zeit seinen Wert verlieren und also keinen Zinseszins-Effekten mehr unterliegen. Dies wiederum würde den Kreislauf des Geldes beschleunigen und so die psychologische Grundlage für eine Gesellschaft bilden, die auf dem Prinzip des Teilens, statt auf dem der Gewinnmaximierung beruht. Geldanleger stellen in einer solchen Ordnung ihr Geld, sofern sie es nicht vorziehen dieses in der Industrie und im Gewerbe produktiv arbeiten zu lassen, dem Staat zur Verfügung. Durch die Abschaffung des Papiergelds und die Abwicklung des gesamten Geschäftsverkehrs über die staatliche Bank erkennt der Staat täglich, wie viel Geld ihm zur Verfügung steht. Er hat das Recht, mit diesem ihm anvertrauten

Geld zum Nutzen der Gemeinschaft zinslos zu arbeiten. Zudem ist der Staat in der Lage zinslose Kredite zu gewähren. Der Staat ist so bemächtigt, jedes Vorhaben, das im Interesse der Gemeinschaft und der Öffentlichkeit liegt, zu finanzieren, zu verwirklichen und gleichzeitig eine krisenlose, dauernde Vollbeschäftigung zu garantieren und zu erhalten.

Das Geld für all dies ist ja eigentlich vorhanden, aber momentan nur gegen hohe Zinsen zu bekommen, die der Staat, wenn er nicht in Schulden ersticken will, nicht bezahlen kann. In einem Staat, in dem die Gemeingüter wirklich allen gehören, sind Produktion und Arbeitskraft primär und nicht das Geld. Dies erfordert eine Währung, die nicht auf Golddeckung, sondern auf Produktions- und Arbeitsdeckung beruht. Steuern könnten in einem Staat, dessen Wirtschaft nicht von den Markkräften regiert wird, auf folgende reduziert werden: Kapitalsteuer, Einkommensteuer, Umsatzsteuer, Luxussteuer. Der Staat selbst hat dann vor allem die Aufgabe, die Produktion sinnvoll zu steuern und den Geldumlauf maximal zu halten, sodass das Geld ununterbrochen arbeitet. Zudem hat der Staat dafür zu sorgen, dass jedem Bürger ein gewisses Maß an Grund und Boden zufällt und dass bei der Verteilung der führenden Positionen keine voreingenommene Parteilichkeit herrscht, sondern in erster Linie die Leistung für die Gemeinschaft und der Charakter bei der Auswahl berücksichtigt werden.

Eine Gesellschaft in einem solchen Staat hätte einen gestärkten Sinn für das Gemeinwesen. Ein Gemeinwesen, das durch ein Wirtschaftssystem, welches auf dem Wert des gegenseitigen Austausches im Sinne des menschlichen Grundbedürfnisses, geben zu wollen, basiert, die Illusion des Getrenntsein überwinden hilft. Unser Sinn des Getrenntseins würde sich dann als nichts anderes entpuppen als eine kulturelle Konditionierung, aufgebaut durch bestimmte Interpretationen von Mythen, die wiederum bestimmte Ideologien erzeugten. Einer dieser Mythen hängt zusammen mit dem sogenannten Merkantilismus. Einerseits sind sich die Wissenschaftler bis heute überhaupt nicht einig, warum der Merkantilismus die führende wirtschaftliche Ideologie für zweieinhalb Jahrhunderte wurde. In der merkantilistischen Periode etablierten sich aber andererseits eben viele moderne wirtschaftliche Institutionen, wie die Börse, das moderne Bankensystem und die Versicherungswirtschaft, die bis heute unser Zusammenleben so grundlegend bestimmen.

Ein neues Wirtschaftssystem könnte dieses uns unterbewusst beherrschende und vom Merkantilismus abstammende Handelsprinzip durch ein solches ersetzen, welches auf dem Prinzip des Teilens basiert. Dann würden die Menschen auch von dem Zwang befreit werden, ihren Lebensunterhalt durch Dienstleistungen zu erwirtschaften, die ihnen oft gar keine Freude bereiten. Stattdessen würden sie die Gemeinschaft durch Tätigkeiten beschenken, die ihnen selbst und anderen Freuden bereiten und sie inspirieren. Eine so freigesetzte Kreativität in Selbstverantwortung würde auch das Ende von sozialer Entfremdung, Unterdrückung und Ausgrenzung bedeuten. Auch das Gefühl von Einsamkeit – welches daraus entsteht, dass die Menschen sich gegenseitig nicht wirklich brauchen, solange sie durch ein System in dem Glauben gehalten werden, sich alle Dienste besser und einfach kaufen zu können – würde enden, und mit ihm viele Krankheiten wie Depressionen, Burn-out und verschiedene Süchte. Heilung erreicht uns, wenn wir lernen zu empfangen, ohne in die Angst dabei zu fallen, dadurch Schuldner zu werden. Wenn wir die gegenseitige Abhängigkeit gelassen akzeptieren. Denn es gibt die Menschen in einer lebendigen Gemeinschaft, die einfach aus der Freude am Geben mit uns teilen, damit auch wir lernen, voller Freude und ohne Verpflichtung und Zwang irgendwann zurückzugeben. Dann erkennen wir auch, wieso wir im Grunde alle abhängig sind von den Gaben und Geschenken der Natur. Und damit hört unser falscher Sinn des Getrenntseins von dieser auf, und wir würdigen all die Geschenke, die sie uns zu bieten hat, anstatt diese weiterhin auszubeuten.

Nach allgemeinem Verständnis wird der dritte Sektor als Ergänzung des Sektors Staat und des Sektors Markt gesehen. Während der Sektor Staat hoheitliche Aufgaben wahrnimmt und sich durch Steuern und Abgaben finanziert, erfüllt der Sektor Markt die Aufgaben der Produktion und Verteilung von Gütern und Dienstleistung auf Gewinnbasis. Der dritte Sektor ist ein Überbegriff und bezeichnet hybride Mischformen zwischen Gemeinwohlorientierung und Unternehmertum wie auch für rein gemeinnützige, non-profit Organisationsformen.

Allgemein lässt sich ein Trend feststellen, demzufolge sich die starren Grenzen zwischen verschiedenen Organisationsformen wie Verwaltung, Unternehmen und Verein auflösen. Die Entwicklung wird keineswegs unkritische gesehen, dort nämlich, wo ursprünglich staatliche Aufgaben aus Kostengründen in den Bereich privater oder gemeinnütziger Dienstleister verschoben werden. Schon hört man von einer Überforderung des dritten Sektors sprechen, auf den die Krise der Wirtschaft und die Schuldenkrise des Staates abgewälzt werden. Andere führen an, dass Deutschland die alten Vereins- und Verbandsstrukturen noch längst nicht überwunden hat. In eine ähnliche Richtung geht die Kritik, dass es mit der Einführung neuer Begriffe wie Volunteering, Corporate Citizenship noch nicht getan ist, um die Krise des Sozialstaates zu überwinden. Gefordert werden Arbeits- und Lebensformen, die gerade nicht zur Stabilisierung überkommener politischer und wirtschaftlicher Strukturen dienen, sondern sie überwinden helfen.

Selbstähnlichkeit und Selbstorganisation. Was könnte Orientierung geben bei der Suche nach geeigneten Strukturen und Organisationsformen. Geometrische Fraktale wie die Mandelbrotmenge, oder die Juliamenge, werden bildlich dargestellt als harmonisch, als ästhetisch, als schön empfunden. Die gleiche Freude kann man empfinden, wenn man in einem Gesteinsverlauf in einem detailliert strukturierten Steinfindling die Ähnlichkeit mit einer bekannten Form wie einem Lebewesen entdeckt. Vielleicht liegt der Sinn solcher kindlichen Übungen darin, sich in der Wahrnehmung von Fraktalen oder selbstähnlichen Strukturen zu schulen. Das bedeutet zugleich, offen zu sein und achtsam zu werden bezogen auf das, was über der menschlichen Ebene liegt: Der Selbstähnlichkeit des Menschlichen mit dem Göttlichen. Ist das nicht der Sinn, die Aufgabe aller Kunst? Die gottgegebene Schönheit im Verborgenen sichtbar zu machen, damit sie uns bewusst wird? Sind wir möglicherweise für ein Bewusstsein, das über unserem steht, auf ganz ähnliche Weise Augen öffnend wie die Steine für uns: Ein Fenster zur verbogenen Schönheit, zur Wirklichkeit?

Fraktale sind vor unseren Sinnen im Prozess einer permanenten Reorganisation. Spontane Organisationen von Formen treten in jeder Situation des Ungleichgewichts auf. Was Prigogine *dissipative Strukturen* nennt, sind offene Systeme. Es war das Erkennen dieser Strukturen zu Beginn des 20. Jahrhunderts, welches die klassische Wissenschaft, die ihr Prinzip auf die Erklärung von Ordnung und Vereinfachung gründete, in eine bis heute sich ausbreitende Krise stürzte. Ein Wirtschaftssystem wurde im Zuge dieser Krise der Wissenschaft geboren, welches sich immer mehr in Selbstwidersprüchen verlor. Brillouin deckte zu Beginn dieser Krise, um 1956, den transformierenden Charakter nicht nur jedes Experiments, sondern auch jeder Messung auf. Damit war die klassische Physik außer Kraft gesetzt, die den Beobachter und die Beobachtung als nicht kommunizierende Größen auffasste. Nach der Erkenntnis von Brillouin macht eine ausschöpfende Beobachtung eine unendliche Information notwendig. Von Nils Bohr stammt in diesem Zusammenhang die Bemerkung, dass wir in der endgültigen Analyse einen Hund töten müssten, um zu wissen, was ihn am Leben hält. Es gibt aber eine Möglichkeit, den Hund nicht zu töten, und die besteht darin anzuerkennen, dass wir nicht wissen, was alles miteinander verbunden ist. Das Prinzip des Teilens als Grundlage einer neuen Wirtschaft und Wissenschaft heilt den Widerspruch eines früheren Denkens, welches den Beobachter nicht mitberücksichtigen konnte, denn das Wechselverhältnis von Geben und Nehmen im Sinne von Überschuss und Nachfrage schafft nun eine neue Grundlage gegenseitiger Berücksichtigung und Wahrnehmung im Sinne eines fraktalen Bewusstseins.

Indem ein weltweites Wirtschaftssystem etabliert wird, welches feststellt, wo welche Überschüsse hergestellt werden und wo welcher Mangel herrscht, kann es zu einem sich selbst regulierenden Kreislauf der Güterverteilung kommen. Niemand muss dann mehr Mangel leiden und Güter werden auch nicht länger unnötig verschwendet. Jede Ware besitzt dann quasi ein eigenes Bewusstsein, welches sie dort hin steuert, wo sie gebraucht wird. So wird nichts mehr der Willkür von Spekulationen überlassen, genauso wenig wie den scheinbaren Launen der Natur. Engpässe erweisen sich als überbrückbar in einer Welt, die ihre Einheit in der Vielfalt würdigt. Es ist gerade diese Einheit in der Vielfalt, die dem Bewusstsein des Fraktalen entspricht. Einem Bewusstsein, welches nicht auf Konformität abzielt, sondern auf dem intelligenten Kompromiss, der immer einen Weg findet für eine Integration verschiedener Talente und Bedürfnisse im Sinne des gemeinsamen umfassenden und nachhaltigen Gedeihens. Konsensfindung ist ein Prozess der in sich lebendig und kreativ ist und der darüber zu seiner Funktion findet, dass aus unterschiedlichen Perspektiven Ähnlichkeiten gesehen werden, ganz wie es weiter oben am Beispiel des Betrachtens der Steinformationen darlegt wurde. Konsens bedeutet so auch nicht, eine festgeschriebene Lösung zu formulieren, für ein einmal erkanntes Problem, sondern durch beständige Rückmeldung das Problem selbst neu formulieren zu lernen. Indem sich der Blick auf ein Problem gemeinsam verschiebt, tauchen unversehens unzählige neue Lösungsansätze auf, die vielleicht noch zunächst nicht von allen getragen werden können, aber zumindest von einer Mehrheit.

Wenn wir unsere politischen und wirtschaftlichen Strukturen darauf hin ausrichten, dass sie die größte Zustimmung vom Volke erhalten, bedeutet dies nicht mehr Bürokratisierung von Regelungen, sondern im Gegenteil größtmögliche Transparenz und Partizipation bei der Entscheidungsfindung. Ein solches Vorgehen schafft Vertrauen und motiviert zur Teilhabe und zum Mitvollzug. Vertrauen verstärkt sich rückwirkend mit Gerechtigkeit, und die Grundlage dieser Gerechtigkeit ist das Prinzip des Teilens, welches sicherstellt, dass alle Güter dieses Planeten gleichmäßig bei allen sich befinden. Doch zusammen mit dieser Verteilung ist es unabdingbar, überhaupt erst einmal Maßnahmen in die Wege zu leiten, die die Wunden, die das bisherige Wirtschaftssystem dem Planeten zugefügt hat, zu heilen. Auch hier findet wiederum ein rückwirkender Prozess statt, denn die Sorge um die Rettung des Planten und die Sorge um das Wohlergehen unserer Mitmenschen sind ja zutiefst miteinander verbundene Bereiche, die es in ihrer Interrelation immer weitergehend spielerisch und praktisch zu entdecken gilt. So kann es auch zu einer Neudefinition von Arbeit als ein gemeinsamer kreativer Heilungsvorgang kommen.

Was wir das Bewusstsein der fraktalen Natur des Seins nennen können, ist nichts anderes als das Streben im Einklang mit dem Sein unter Berücksichtigung der größtmöglichen Vielfalt bei gleichzeitiger stärkster Einheit. So sind wohl Länder auf ganz unterschiedliche Art in der Lage, eine Regierungsform so zu verfeinern, dass sie allen Bürgern größtmögliche Teilhabe und Freiheit gewähren kann. Denn es gibt ja für den fraktal wahrnehmenden Menschen unendliche Verfeinerungsmöglichkeiten innerhalb der unterschiedlichen Formen. Und durch so eine Wahrnehmung können wir den Weg zu einer globalen Entwicklung hin zu Einheit bei größtmöglicher Vielfalt erahnen. Dies schafft nicht nur Offenheit und Toleranz, sondern auch Kreativität, denn es werden Möglichkeiten zugelassen, die zuvor aus Angst oder Scham unterdrückt werden mussten. Wir alle Streben nach Einheit in der Vielfalt, was ein anderer Begriff für Schönheit und auch für Liebe ist.

Kooperation orientiert sich an der Maxime: größte Einheit bei größtmöglicher Vielfalt; die Überwindung elementarer Gegensätze auf höheren Ebenen mittels Synthesen. Sinnbild für Kooperation sind die Hände: was zählt, sind nicht die einzelnen Finger sondern ihr geniales Zusammenspiel um zeitlose Meisterwerke zu erschaffen. Wie lässt sich nun Kooperation jenseits von Druck, Ehrgeiz, Wettbewerb und Dominanz gestalten?

Indem es darum geht, über die Begrenzungen und Schwächen des Partners hinaus zu denken und ihn in seiner potenziellen Stärke wahrzunehmen. In dem Maße, in dem man dem Partner hilft, seine Begrenzungen zu erkennen und zu beseitigen, werden rückwirkend die eigenen Schwächen erkennbar. Wirkliche Fortschritte und Entwicklungen sind nur möglich, wenn man sie anderen gewährt und mit ihnen teilt. Werden sie verweigert, werden Missstände erzeugt, die auf den Verursacher zurückwirken und Bemühungen zunichte machen. Wichtig ist auch, Hilfen des Partners aus Überheblichkeit oder Minderwertigkeit nicht auszuschlagen.

Das Beste kann dort nicht gegeben werden, wo man sich über- oder unterfordert, zu schnell oder langsam agiert. In jeder Beziehung gibt es ein richtiges Maß, das ein Optimum im

Verhältnis zu allen anderen darstellt. Es ist die offene, ehrliche Kommunikation, die hilft, das richtige Maß zu finden und Ungleichgewichte auszubalancieren. Das Finden des Besten in der Beziehung zum Partner ist ein lohnendes Ziel der Beziehung, das anzustreben beiden nützt. Daher ist Reflexion ein unverzichtbarer Bestandteil von Kooperation. Eine Zusammenarbeit verläuft produktiv, wenn sie vom Können d.h. von Kompetenzen gesteuert wird. Im Erkennen und Beseitigen unproduktiver Muster steckt ein größeres Nutzenpotenzial als in einem kurz- oder mittelfristigen Ziel oder Ergebnis. Lang bestehende Fehler und gewohnheitsbedingten Leerlauf zu beseitigen, ist wichtiger als neue Fehler und zukünftigen Leerlauf zu vermeiden. In der Praxis werden oft Prioritäten genau umgekehrt, wie dargelegt, gesetzt. Die Reflexion der Zusammenarbeit ist darauf hin auszurichten, inwieweit Beiträge der Partner willens- oder kompetenzgesteuert sind. Das Beste kann weder erwartet noch verordnet werden, weil es die Folge unplanbarer und unvorhersehbarer Wechselbeziehungen und Überraschungen ist.

Druck entsteht durch überzogene Ansprüche oder widersprüchliche Annahmen. Wahrnehmung des Druckes und seiner Begleitumstände ist ein sicheres Indiz für Fehler im Denken des Partners, der den Druck erzeugt. Sofern der andere Partner den Druck aufnimmt, übernimmt er den Denkfehler. Darin liegt der Ansatzpunkt für die Reflexion. Nicht reflektierte Erwartungen im Verhältnis der Partner sind Ursache für Reibungsverluste und Fehlentwicklungen in einer Kooperation. Die beidseitige Klärung von Erwartungen ist vergleichbar einer Schutzimpfung, die dem Ausbruch einer gefährlichen Krankheit vorbeugt. Ähnlich wie bei einer Schutzimpfung kann es bei der Klärung von Erwartungen zu Abwehrreaktionen kommen. Vertrauen wächst in dem Maße, indem man dem Partner unangenehme Dinge mitteilen kann.

Die Überlegungen, die diesen Teil abschließen sollen, gehen von dem Begriff der Gemeingüter und des darauf bezogenen Handelns, des Commoning aus. Aus der Sicht des Commoning ist das Dritte System ein System der Akteure selbst. Es dient dazu, selbstorganisiert Güter und Dienstleistungen zu produzieren und zu verteilen, die die Versorgung von Bedürfnissen zum Ziel haben, welche gerade aus dem Staat-Markt-Duopol herausfallen. Dabei ist auch der unheilvolle Gegensatz von ehrenamtlich- marktwirtschaftlich bezahlter Tätigkeit zu überwinden.

Der konventionelle politische Diskurs, selbst ein Artefakt aus einer anderen Zeit, vermag unsere Probleme nicht adäquat zu benennen. Noch vermag er Alternativen zu formulieren oder Visionen zu entwerfen. Die derzeitige dominierende politische Sprache ist in sich selbst gefangen. Gefangen in Marginalien wie Betreuungsgeld. Gefangen in Dualismen wie öffentlich versus privat oder kommerziell versus nicht-kommerziell. Und gefangen in dem Konkurrenzdenken von politischen Siegern und Verlierern.

Die Sprache der Commons demgegenüber denkt in Beziehungen und befreit uns so aus einer verhängnisvollen Naturideologie der Trennung. Der Commons-Gedanke überwindet die Kategorien der herrschenden politischen und wirtschaftlichen Ordnung. Schon in dem Moment, in dem wir die Sprache der Commons nutzen, beginnen wir, eine andere Kultur zu schaffen. Wir hören auf, Kunden oder Manager zu sein und uns permanent mit den Konkurrenten abzugleichen. Wir beginnen, in Beziehung zu sein, als Commoners eine Kultur der Treuhänderschaft, Mitverantwortung und Teilhabe für die gemeinsamen Ressourcen zu entwickeln und zugleich das Recht auf die Gestaltung des eigenen Lebensraums und der eigenen Lebensverhältnisse zu verteidigen. Wir erkennen uns als interaktive Akteure größerer Gemeinschaften und Zusammenhänge.

Die Idee, dass sich jeder soviel vom Ganzen nehmen darf, wie er will, ist ein Wolf im Schafspelz. Der Mythos des sich selbst überlassenen Marktes ist ein Irrlicht. Er ist eine selbstgefällige, gefährliche Täuschung. Er untergräbt die tragende Rolle der Gemeinschaft. Er zerstört die existenziellen Beziehungen zur Natur und zwischen Menschen. Wer den Weg des ungezügelten Marktes geht, ist dem Tode geweiht. Wer den Weg der Commons wählt, wählt das Leben.

Mit den Gemeingütern, und einem diesem entsprechenden Denken, treten wir aus dem System der Trennung und hinein in das Netz der Teilhabe. Und dies, sobald wir uns dazu innerlich bereit machen, etwa indem wir uns mit Mitmenschen zusammentun, die sich schon für diese neue Idee weiter geöffnet haben als wir selbst. Denn die Tatsache der Gemeingüter ist so stark, dass sie sich ständig weiter hervorbringt. Sie ist ja das kreative geistige Prinzip hinter der Natur selbst und verbindet uns so nach längerer Trennung wieder mit dieser. Je mehr wir uns so heilsam für das Neue öffnen und selbst wieder andere Menschen inspirieren, desto mehr werden uns die Grundbegriffe einer neuen Sprache aufgehen, die jetzt Politik, Wirtschaft und Kultur völlig verwandeln wird: Einheit in der Vielfalt und Bezogenheit. Gelingen gleich Konsens. Open Source. Gewinner ist, wer am tiefsten mit der Gemeinschaft verbunden ist. Kultur der Kunst des Lebens.

Nur durch Trusts, also gemeinnützigen selbstverwalteten Stiftungen in der Hand der Bürger, kann im Laufe der Zeit ein umfassendes commons-basiertes Wirtschafts- und Gouvernance-System entstehen. Die Menschen sind gemeinsam dann der Souverän und nicht mehr die Regierungen. Mehrebenen-Entscheidungsprozesse sind notwendig, um über die bisherige Bürokratie staatlicher Institutionen hinaus zu gelangen. Die Menschen werden vom Staat dann als Treuhänder anerkannt, die die Rechte auf ihre Ressourcen auf allen Ebenen gemeinsamen Besitzes einfordern. Das kommende globale Wirtschaftssystem wird also nicht mehr auf den Ansprüchen von Unternehmen oder in staatlicher Souveränität gründen, sondern auf den souveränen Rechten der Menschen auf ihre Gemeingüter.

Die Gemeingüter funktionieren nur, wenn niemand aus der Gemeinschaft herausfällt. Niemand muss bei Commons-Projekten mitmachen, aber viele verändern sich, wenn sie es tun. Denn die Menschen entdecken, sie können in solchen Projekten das leben, was sie eigentlich immer schon sind: gesellschaftliche Wesen, die gemeinsam ihre Lebensbedingungen erschaffen. Dies steht im Gegensatz zur gegenwärtigen Marktlogik des Profitstrebens. Ein zentraler Lernschritt im Commoning liegt also vor allem darin, zu verstehen, dass die eigenen Bedürfnisse nur dann berücksichtigt werden, wenn die Bedürfnisse der anderen ebenfalls in den gemeinsamen Aktivitäten aufgehoben sind. Dieser Aspekt des Lebens nach dem Prinzip des Teilens heißt *strukturelle Inklusion*, oder *Ubuntu*. *Ubuntu* bedeutet in etwa Menschlichkeit, Nächstenliebe und Gemeinsinn. Die *Ubuntu*-Philosophie der Völker der Zulu und Xhosa formuliert dies so: Ich bin, weil du bist, und ich kann nur sein, wenn du bist.

Commoning bedeutet dementsprechend co-kreativer Individualismus, der die Menschen in die Lage versetzt, innerhalb starker, produktiver und selbstverantwortlicher Gruppen zu denken, zu fühlen, neue Fähigkeiten zu erwerben und zu handeln, ohne dabei je die eigene Autonomie aufzugeben. Die Kultur der Gemeingüter ist schließlich so auch diejenige, die tatsächlich mit der aktuellen Wissenschaftserkenntnis übereinstimmt. Die Biologie hat inzwischen erkannt, dass die Natur ein Gemeingütersystem ist, und so besteht konsequenterweise die einzige Möglichkeit, ein beglückendes Verhältnis zu ihr aufzubauen, in einem Haushalt der Gemeingüter. Die Teilchen in der Quantenphysik werden nicht mehr als isolierte, voneinander unabhängige Objekte gesehen, die wiederum isolierte Wirkungen hervorbringen. Die Wahrnehmung der Teilchen ist wie die Wahrnehmung sozialer Akteure nur ein Aspekt der zugrunde liegenden Wirklichkeit. So wie ein Beobachter nur feste Teilchen sieht und nicht die Welle, die diese hervorbringt, so sieht ein Beobachter nur die einzelnen Akteure und nicht die Welle, die durch die Akteure wirkt. Die Gemeingüter sind diese Welle, die ihrem Wesen nach intelligent, koordinierend und harmonisierend ist. Diese Welle regelt die optimale Beziehung der Akteure untereinander.

Eine solche Welle kann man natürlich nicht direkt sehen oder anfassen, sondern nur im Handeln innerlich mitvollziehen. Zugleich bringt sie die optimal an die Umgebung angepassten Akteure hervor. Im Materialismus gibt es nur den Akteur als unabhängiges Teilchen, das sich selbst genügt und auf kein anderes Teilchen Rücksicht zu nehmen braucht. Das brachte eine Geldlogik hervor, der die Objektivität einer unsichtbaren, ordnenden Hand zugesprochen wurde. Damit wurde ein Idealfall unterstellt, den es in der Realität nicht gibt. Denn in der Realität gewinnen diejenigen Teilchen die Oberhand, die über die besseren Anfangsbedingungen verfügen und die aggressiver, selbstsüchtiger und skrupelloser als die Masse aller anderen sind. Das ist die Sackgasse, in der wir uns befinden. In der Kultur der Gemeingüter geht es nicht mehr um Geld als Verfügungsmacht, getarnt als persönliche Freiheit. Vielmehr um die größtmögliche Lebensqualität für alle, die durch Einheit in der Vielfalt entsteht. Einer Vielfalt, die sich aus Subsistenz und dem Entdecken von unbekannten inneren Fähigkeiten und aus kreativen Interaktionen der Akteure ergibt. Es geht um eine Ökonomie der Fülle. Eine Ökonomie, die nicht Knappheit benötigt, um zu funktionieren, sondern analysiert, wie Knappheit sozial hergestellt wird, und nach Wegen sucht, sie aufzulösen. Commoning ist eine Welle, eine Bewegung, die von der Idee der Fülle ausgeht. Denn sie hat erkannt: Die Knappheit wird momentan gesellschaftlich künstlich hergestellt, um die bestehenden Machtverhältnisse zu erhalten. Dies, indem die Quellen der Fülle monopolisiert werden, und zwar aus kurzzeitigem Profitdenken von einigen Menschen auf Kosten der Lebensqualität von uns allen.

Vom Denken in Mangel gibt es keinen direkten Weg in das Denken in Fülle. Man sitzt in der Falle, solange man das, was den Mangel erzeugt, in die Fülle projiziert. Das dem Mangeldenken zugeordnete Fülledenken besteht in der Fülle eines Lottogewinnes, in der Fülle ganz groß heraus zu kommen, den finanziellen Durchbruch in die Welt der Reichen und Mächtigen zu schaffen. Fülle bedeutet nicht dass fortan alle zu Millionären werden, Geld und Waren im Überfluss, ein Leben im Luxus usw. All dies ist nur das Gegenstück zum Mangeldenken. All dieses braucht den Mangel vieler, damit wenige in dieser Art von Fülle leben können. Fülle ist das Gegenteil von Verschwendung, von Maßlosigkeit und dergleichen. Fülle bedeutet Genügsamkeit und Zufriedenheit als geistige-materielle Grundhaltung. Fülle bedeutet in Kreisläufen eingebunden zu sein, die sich selbst tragen und erneuern, die alle einschließen. Fülle ist das, was uns die Natur kontinuierlich vorlebt.

Die Fülle, um die es geht, kann nur erworben werden, wenn wir das Denken des Mangels hinter uns lassen. Vor allem die Erfahrung des Mangels, die wie eine Last auf uns ruht. Die uns das, was wirklich werden kann, vorgibt und unser Denken auf entsprechende Weise konditioniert. Das alles läuft weitgehend unbewusst ab und hat viele Menschen noch fest im Griff. Da äußert jemand etwa eine Idee, die ein anderer mit seiner Erfahrung kontert, vielleicht abschmettert. Der, der die Idee abschmettert, hat diesen Mangel-Fülle-Dualismus im Kopf. Nur wenn die Idee von Beginn an genial, zugkräftig, einfach umwerfend ist und maximalen Erfolg verspricht, lohnt es, sie zu verfolgen. Die Messlatte im Mangel-Fülle-Dualismus ist unerreichbar hoch. Es reicht in diesem Denken nicht, wenn die Idee eine kleine Verbesserung bedeutet. Wenn sie hilft, weitere Potenziale zu erschließen, die das eigene Denken erneuern. Wenn es Kreisläufe in Gang bringt, die eine eigene Dynamik entwickeln. Nein, wenn es nicht direkt und möglichst sofort zur materiellen Fülle führt, lohnt sich der Aufwand, der Weg nicht. Lohnt es sich nicht, den Status Quo zu verlassen.

So ein Mangel-Fülle-Dualismus ist der Tod vieler Ideen. Und die Idee, die aus diesem Denken heraus zum Durchbruch führt, braucht wiederum den Mangel anderer. Wer im Mangeldenken lebt, muss der Fülle misstrauen. Und damit allen Potenzialen. Die Fülle erscheint im Zustand des Mangels widersinnig und gegen die Natur gerichtet. Widersinnig und gegen die Natur gerichtet ist aber nur die Fülle, die den Mangel vieler als Vorbedingung hat. Warum also teilen? Weil Teilen die innere Harmonie in den Menschen herstellt. Weil Teilen Zugänge nach innen öffnet. Weil Teilen ungeahnte Kraftreserven in den Menschen aufschließt. Weil durch das Teilen die Schönheit in der Zusammenarbeit sichtbar wird. Solange Teilen ein theoretisches Konstrukt ist, hat es kein Gewicht. Erst durch praktisches Handeln, kann es seine Kraft entfalten. Teilen schließt die Herzen der Menschen auf, es weitet das Denken. Über Teilen können Lösungen für Probleme gefunden werden, die sonst undenkbar wären. Teilen ist keine Sache, die man aufnehmen und dann wieder beenden kann in dem Sinne: Jetzt haben wir genug geteilt. Teilen wird zum Selbstläufer, der die Teilenden transformiert.

Wettbewerb hat unausweichliche Folgen für die, die zu den Verlieren gehören oder sich als Verlierer fühlen: Verweigerung. Verweigerung ist das letzte Mittel sich gegen die Praktiken des Wettbewerbes zu wehren und dagegen aufzubegehren. In Unternehmen spricht man von innerer Kündigung. Verweigerung oder innere Kündigung geschieht in zwei Richtungen, nach innen und nach außen. Die Verweigerung nach außen mag man teilweise noch unter Kontrolle haben. Das heißt, wenn die Bedingungen sich bessern, nimmt man sie zurück. Die Verweigerung nach innen ist dem Bewusstsein entzogen, d.h. man verweigert sich seinen eigenen Begabungen, Ideen, Idealen. Dadurch schließt man sich innerlich von all dem ab, was zu unverwechselbaren Leistungen führen könnte.

Die derzeitige Wirtschaft lebt vom Wecken und Befriedigen von Begehrlichkeiten. Egoistische Begehrlichkeiten sind der Motor der momentanen Wirtschaft. Begehrlichkeiten befriedigen nicht. Sie erfüllen nicht. Sie geben keine Kraft. Ihr Wert für Kunden reduziert sich auf einen Ersatzwert, dem raffgierigen Anhäufen und schnellen Konsumieren. Mit beidem muss der Verlust des Wertes des Produktes kompensiert werden. Der Sinn des Produktes verkehrt sich ins Gegenteil. Je mehr es begehrt wird, um so abhängiger macht es. Je abhängiger es macht, um so weniger befriedigt es. Unternehmen versuchen, über das Produkt Begehrlichkeiten zu befriedigen. Das verzerrt den Blick auf das Produkt, auf den Kunden. Zugespitzt: Was zählt ist dann das Produkt als Stückkosten und Stückzahl. Was Wert hat, ist der Kunde als Erfüllungsgehilfe für Quartalsziele. Wo so gedacht wird, werden Produkt wie Kunden Wert entzogen. Je stärker dies geschieht, um so abhängiger werden Unternehmen von Kunden. Abhängig davon, dass der Kunde Produkte anhäuft und schnell konsumiert. Jedoch: Je mehr der Kunde sich an diese Spielregel hält, um so weniger befriedigt ihn ein Produkt. Je weniger ihn ein Produkt befriedigt, um so größer und unvereinbarer werden seine Ansprüche. Ansprüche an das Produkt, an das Unternehmen. Im Extremfall: Maximale Wertqualität zu minimalem Preis. Unternehmen wie Kunden ziehen an demselben Strang. Beide gehen von Begehrlichkeiten aus. Keiner kann sie durch den anderen befriedigen. Auf beiden Seiten nimmt die Abhängigkeit vom anderen zu. Die Abhängigkeit wird zur Last. Daher der Versuch, sich ihrer zu entledigen. Die Folge: Die Trennung von Produkt, Unternehmen und Kunden. In Unternehmen trennen sich Mitarbeiter vom Produkt, von ihrem eigenen Tun. Das Tun verselbstständigt sich,

Prioritäten gehen verloren, formale Marginalien erhalten Prioritäten. Die Trennung vollzieht sich zwischen Betriebswirtschaft und Technik, zwischen Entwicklung, Produktion und Vertrieb. Sie setzt sich fort bis hinein in die kleinste organisatorische Einheit.

Zug um Zug trennen sich die Betroffenen von ihrer Begabung, ihren Idealen. Zug um Zug enthalten sie sich selbst und anderen das vor, was die Lösung bringen könnte: ihre Würde. Jede Trennung bedeutet ein Zuwachs an Leid und Krisen. Im Leid liegt die Kraft, jede Trennung zu überwinden. In der Krise liegt die Chance der Entscheidung zum Guten. Wenn die Betroffenen erkennen, dass sie in demselben Boot sitzen. Wenn sie verstehen, dass sie nur gemeinsam mit anderen weiterkommen. Wenn sie lernen, sich in Würde zu begegnen. Sich in Würde zu begegnen heißt: Stärken und Schwächen brüderlich miteinander zu teilen. Die Würde ist dort zuhause, wo die Schwäche ist. Dort wird sie am dringendsten gebraucht. Die Würde nimmt der Schwäche Angst und Schrecken. Wer sich schwach fühlt, trennt die Schwäche von sich ab. Die Trennung von sich ist die eigentliche Schwäche. Die Trennung verschlimmert alles, verlängert alles. In der Trennung gibt es keine Lösung. Nur Leid und Krisen.

Die Würde hebt die Trennung auf. Sie besagt: Nichts kann so schlimm sein, das du dich von dir selbst trennst. Sehe dich in allem, was du tust, als Teil eines größeren Ganzen, das dir allzeit beisteht. Sehe es gerade dort, wo du dich am Boden zerstört, von allen verlassen fühlst. Sich dem größeren Ganzen verbunden zu wissen ist der Wert, der die Kraft gibt, alles zum Klingen zu bringen.

Teil 4 Transformation der Gesellschaft: Ausblick

Im Folgenden wollen wir Ansätze einer Kultur des Teiles vorstellen, den Blick in die nahe Zukunft wagen und realistische Szenarien skizzieren. Die Internetszene bringt jeden Tag neue Ideen hervor, die Menschen zum Teilen von Ressourcen bewegen. Die Möglichkeiten des World Wide Web werden verbunden mit praktischen Lösungen. Teilen wird in der Öffentlichkeit präsenter. Als ein Prinzip, das Gruppentätigkeit und neuartige Formen sozialer Beziehungen fördert und soziale Kreativität hervorbringt. An vielen Orten suchen Künstler, Sozial- und Netzwerkarbeiter sowie Städteplaner nach Lösungen. Sie alle sind erfüllt von dem Verlangen, die Lebensqualität zu verbessern und die Städte zu ökologischen Nachbarschaften umzubauen. Sie tun dies im Rahmen ihrer Möglichkeiten und leisten Großartiges. Dies ungeachtet dessen, dass manche Aktion, manches Projekt besser koordiniert und vernetzt werden könnte. Jede Aktion, jedes Projekt ist für sich ein Gewinn. Für die Betroffenen selbst und für alle anderen. Das Teilen als soziale Kreativität setzt zwischenmenschliche Synergien frei. So können nachbarschaftliche Beziehungen vertieft, die freier Wissensvermittlung gefördert und eine regionale, nachhaltige Wirtschaft gestärkt werden. Gleichzeitig wird die bisherige Logik der kommerziellen Ausrichtung aufgelöst: Qualität steht vor Quantität, die Entfaltung vor Ausbeutung, Gemeinwohl vor Privatinteressen. Systemimmanente Zwänge der Gesellschaft, wie die zu Konsum und Wachstumszwang, werden überwindbar. Durch einen kulturellen Transformationsprozess, bei dem Verteilungsgerechtigkeit eine höhere Priorität hat als betriebswirtschaftliches Profitstreben. Auf diese Weise können auch Ökonomie und Ökologie miteinander in Einklang kommen. Bislang werden Gewinne privatisiert und Folgekosten sozialisiert. Indem Leistungen nach gesellschaftlichem Nutzen entgolten werden, wird soziales und ökologisches Denken gefördert.

1. Gefahren eines digitalen Materialismus

In der soziologischen, philosophischen und ökonomischen Diskussion wird gegenwärtig die Frage des Teilens immer enger mit wirtschaftlichen und sozialen Fragen verknüpft. Die Wirtschaftskrise seit 2008 hat eine Diskussion bezüglich des Teilens und der Solidarität befördert. Das Teilen gilt inzwischen über die Disziplinen hinweg, und diese zusammenführend (Jeffrey Sachs, Andrea Braggio, Luce Irigaray, Raj Patel, Jeremy Rifkin etc.), als ein möglicher Weg, um die grundlegenden Probleme der modernen Welt zu lösen. So setzt sich auch immer mehr die Einsicht durch, dass der Hunger in der Welt absolut nichts mit der Lücke zwischen der Menge der Nahrung, die zur Verfügung steht, und der Zahl der hungernden Menschen zu tun hat. Derzeit produziert die Erde genügend Nahrungsmittel, die das Eineinhalbfache der gesamten Weltbevölkerung ernähren könnten. Während viele nichts zu essen haben, weil das Essen über den Markt verteilt wird, als Privateigentum, sterben diejenigen an Hunger, die zu arm sind, um sich ausreichend Nahrung leisten zu können. Selbst wenn die Weltbevölkerung kleiner wäre, würden bei der derzeitigen Nahrungsverteilung die Armen immer noch hungrig bleiben. Deswegen ist eine Lösung dieses grundlegenden Menschheitsproblems, in dem man auch die Ursache für kriegerische Konflikte und Terrorismus erkennen kann, nur durch eine gerechte Aufteilung aller Güter der Erde zu erreichen.

Der einflussreiche Ökonom Jeremy Rifkin erklärte unlängst, dass die Bevölkerungsexplosion, die wirtschaftliche Integration der Entwicklungsländer und der Niedergang fossiler Brennstoffe zu einem dramatischen Problem der Nachhaltigkeit in der Industriegesellschaft führen werden. Nach dreißig Jahren des Studiums und der Feldaktivitäten nennt Rifkin die Lösung eine *dritte industrielle Revolution*. Diese weist nach ihm den Weg zu einer gerechteren und nachhaltigen Ordnung, in der die Menschen auf der ganzen Welt durch nachhaltig zu Hause produzierte grüne Energie sich selbst versorgen können. Diese neue Energieproduktion, nicht mehr zentralisiert und hierarchisch, sondern verteilt und kooperativ, baut auf einer Vereinigung der Stromnetze über fünf Kontinente in einer Art *Inter-Sharing-Netzwerk* auf. Nach Rifkin ist eine solche Demokratisierung der Energie einer der wichtigsten Schritte hin zu einer neuen nachhaltigen gesellschaftlichen Ordnung. Der Zugang zu Energie wird so zu einem unveräußerlichen sozialen Recht. Laut Rifkin sollte jeder Mensch das Recht und die Möglichkeit haben, die eigene Energie vor Ort zu produzieren und mit anderen zu teilen. Eine neue Generation wird dementsprechend in einer Gesellschaft aufwachsen, die mehr miteinander verbunden ist. Eine solche Gesellschaft ermöglicht ein neues Seinsverständnis und ein erfülltes Leben, welches auf Altruismus und Solidarität basiert und nicht auf Egoismus und Individualismus um des Individualismus willen.

Eine aktuelle Studie im Auftrag der *New York Times* unter dem Titel "The Psychology of Sharing: Why do people share online?" untersuchte erstmals Zyklen und Kreisläufe des Teilens sowie die Motivation zu teilen. Dabei ergab sich ein Bild, welches die Menschen in sechs unterschiedlichen Personentypen aufteilt, abhängig davon, ob die Gefühle mehr zum Teilen veranlassen, die Selbstdarstellung, die Rolle des Teilens im Leben allgemein oder der Wert, selbst mit dem Kreislauf des Teilens zu starten. Dabei stellt diese Studie, durchgeführt mit 2500 Menschen, die mittelmäßig bis viel online mit anderen teilen, fest, dass Menschen immer öfter und immer mehr Inhalte teilen, mit immer mehr verschiedenen Menschen, aus immer mehr unterschiedlichen Quellen und das immer schneller.

Was bei dieser Studie auffällt, ist ihr zielbewusster Untertitel: „Die Motivation hinter dem Teilen zu verstehen hilft Firmen, besser ihre Angebote unter die Leute zu bringen." Dass hier die Marktrelevanz des Verhaltens der Personen im Vordergrund steht, sollte nicht verwundern, denn die Absicht hinter solchen Studien ist all zu klar: Die Menschen selbst noch in ihrem nicht vom Mark bestimmten Verhalten des Teilens weiterhin als Konsumenten zu erfassen. Zugleich stellt die Studie aber fest, dass unser Verhalten, immer bereitwilliger zu teilen, ein Effekt des aufkommenden Informationszeitalters sei und dass es beim Teilen eigentlich um das Vertiefen von zwischenmenschlichen Beziehungen ginge. Denn das Teilen bringt wertvolle Informationen zu unseren Mitmenschen und hilft gleichzeitig dabei, uns selbst zu definieren aufgrund der Auswahl der Dinge, die wir bereit sind zu teilen. Eine entsprechende Auswahl hilft uns, Beziehungen erfüllender zu gestalten, bringt Selbstbewusstsein und macht auf wirklich relevante Themen aufmerksam die von allgemeiner sozialer Relevanz sind. Eine Befragte gab in diesem Sinne etwa an: *Ich teile, um das Leben meiner Mitmenschen zu bereichern."* 73 % bei Mehrfachnennungen der Befragten sagten, sie nähmen die Dinge, die sie teilen auch selber bewusster wahr. 85 % der Befragten gaben an, die Reaktionen von anderen auf das, was sie geteilt haben, helfe ihnen besser, die größeren Zusammenhänge von Inhalten zu verstehen. 84 % der Befragten teilen, um andere aufzufordern sich an Aktionen zu beteiligen, die ihnen selbst am Herzen liegen. 69 % der Befragten teilen Dinge, weil sie sich dann mehr einbezogen in das Weltgeschehen fühlen. 49 % der Befragten teilen, um andere über die Vorzüge oder Nachteile von bestimmten Dingen zu informieren. 68 % teilen, damit sie anderen vermitteln können, wer sie sind und für was für Belange sie sich interessieren. Und 78 % teilen, weil ihnen dies hilft, mit Menschen in Kontakt zu bleiben, zu denen sie ansonsten den Kontakt leicht verlieren könnten.

Wie wir sehen, wird Teilen von vielen Seiten als Trend inzwischen durchweg positiv angesehen. Wer teilt, handelt sozial, so die gängige Meinung. Es gibt allerdings bei diesem Sharingtrend eine bedenkliche Seite. Vor allem in Verbindung mit Content Sharing und Medienkonsum über (mobile) elektronische Geräte: Teilen als

- Erwartungsdruck, in sozialen Medien präsent sein zu müssen
- Angst, etwas Wichtiges zu verpassen oder zu kurz zu kommen
- beschleunigte Informationsverarbeitung und Informationsüberreizung
- Trivialisierung des Alltags und der Lebenswelt

- Kommerzialisierung aller Lebensbereiche
- Beeinflussung und Manipulation
- Augenblicksinteressen
- Rund-um-die-Uhr-Präsenz
- digitale Wohlfühldroge
- suchtartiger Konsum von Informationen

Teilen beinhaltet noch nicht notwendigerweise niveauvolles, geistvolles, gesundes und nachhaltiges Teilen. Zwei Arten des Teilens sind zu unterscheiden: Teilen, das zur Entfremdung, Bewusstseinstrübung, Abhängigkeit und Entmenschlichung führt. Und Teilen, das zu Verbundenheit, Gewahrsein und Sinnstiftung führt. Als *Smashed Sharing* könnten wir die erste Art bezeichnen: ein Teilen, das die Menschen voneinander trennt und sie ausbeutet. Zugleich ein Teilen, das Werte zerstört, zu entmündigendem Verhalten verführt und psychischen Störungen hinterlässt, als digitale Hysterie, Manie, Sucht, Depression und Einsamkeit. *Smashed Sharing* meint zugleich die Art und Weise wie Unternehmen und Marketingspezialisten versuchen, den Sharingtrend für ihre Zwecke auszunutzen und ihn dabei gezielt einzuengen, zu missbrauchen und ins Gegenteil zu verkehren. Dabei gehen sie so raffiniert und subtil vor, dass sie selbst glauben mögen, Teil einer positiven Entwicklung zu sein. Und teilweise voller Zynismus, indem sie Vertrauen, Unwissenheit und Spezialwissen schamlos für ihre Zwecke ausnützen.

Nur wenn die Menschen gegenüber den offenen und versteckten Botschaften der Waren- und Medienwelt, gegenüber dem Besitz- und Konsumstreben sowie gegenüber den Verlockungen der Technik immun werden, kann Teilen seine positive Kraft entfalten. Rudolf Steiner hat die Gefahren gesehen und vorweggenommen. Er schildert anschaulich die Gefahren einer zersetzenden Digitalisierung und Virtualisierung, die mit den Kräften des Todes arbeiten. Diesen Gefahren stellt er eine "moralische Technik" gegenüber. Die moralische Technik zu fordern ist das eine. Was der Mensch im Informationszeitalter benötigt, ist ein symbolisches Bewusstsein. Ein Bewusstsein, das Wirkungen und Gefahren einzuschätzen weiß. Ein Gespür für subtile Kräfte und für das, wohin sie führen. Neben einer Feinfühligkeit braucht es auch eine Unerschrockenheit schädlichen Tatsachen ins Auge zu blicken. Symbolisches Bewusstsein ist die kommende Kulturfähigkeit, um im Cyber Age "heil" zu bleiben und sich nicht in den Fängen eines digitalen Materialismus zu verlieren.

Wagen wir es doch, einmal einen Ausblick darauf zu geben, worin – von in 20 Jahren aus zurückgeblickt – das wahre Potenzial der Internetrevolution bestanden haben mag. Das Internet könnte dann bereits zu einem Ausdruck der stärksten Kraft der Welt geworden sein, ein Ausdruck eines unbestechlichen, da gut informierten Weltbürgertums. Ein Ausdruck der Stimme des Volkes. Zu dieser Stimme finden wir durch die Unterstützung des Internets und das Gewahrwerden geistiger Kräfte und Gesetze, die hinter allem stehen. Wir können diese Stimme des Volkes als einen freiwilligen, emanzipatorischen und inklusiven Prozess verstehen. Als einen Akt der kollektiven Selbstbestimmung der in Freundschaft miteinander verbundenen Völker der Welt. In dieser Richtung wurde dieser Wille bereits vorgezeichnet im philosophischen Kontext der letzten zweihundert Jahre, und zwar u.a. durch Rousseau, Kant, Fichte und Hegel. Das Volk ist in diesem Sinne jene Größe, die in einer gegebenen Situation herausfindet, was für die Allgemeinheit am Besten ist. Insofern agiert es völlig in den Richtlinien von Gleichberechtigung und Inklusivität.

Zeitgenössische Kulturkritiker neigen noch oft dazu, im Fahrwasser der zynischen Postmoderne, den Willen zumeist als einen problematischen Ausdruck der Selbstkorruption des Menschen zu betrachten. Sie verfehlen so den Willen der Menschen als etwas zu erkennen, das, um zu sich zu finden, kollektive Aktion und direkte Partizipation erfordert. Der Wille des Volkes, so wie ihn etwa Peter Hallward beschreibt, ist aber eine Kraft, die die Menschen in ihrer Kreativität bestärkt. Es ist nicht eine Kraft der Autorität, der Repräsentation oder der Legitimierung. Es ist die Kraft des Mitmachen-Wollens, bei der sich niemand selbst ausschließen mag. Wir können wahre Demokratie nur erschaffen, eben durch den täglichen Prozess an dieser gemeinsam zu arbeiten. Was bisher die Gesellschaften spaltete, war der unterschiedliche Zugang zur Beteiligung der Menschen an der aktiven Gestaltung ihrer Lebensbedingungen. Und diese Spaltung kann überwunden werden.

Der Bewusstseinswandel durch das Teilen wird das Ende der fossilen Energieträger Kohle, Erdgas und Erdöl beschleunigen. Energie ist nicht nur ein Kostenfaktor und Umweltfaktor, sondern ein Demokratiefaktor. Bislang wurden autonome Energietechnologien, die die Kunden von einer zentralisierten Energieversorgung befreien, durch die Interessen aus Wirtschaft, Wissenschaft und Politik erschwert. Allerdings fehlt es auch an einem Druck aus der Bevölkerung, autonome, nachhaltige und kostengünstige Energietechnologien einzufordern. Umweltfreundliche Solar- und Windenergie konnten in den letzten Jahren zwar einen Zuwachs verzeichnen, jedoch sind beide Energieformen nach wie vor in den Händen der Energiekonzerne und Netzbetreiber und von staatlichen Fördermaßnahmen abhängig. Auch entsprechen sie nicht der Vorstellung einer kostengünstigen Energieversorgung. Wie im 3. Teil ausgeführt stehen neue Energietechnologien und Energiesparkonzepte an der Schwelle zur Marktreife, die auf ganz neuen Wissenschaftsansätzen beruhen: Technologien wie beispielsweise im Bereich der kalten Fusion sowie in der Raumenergie. Auf ihnen ruhen die Hoffnungen für die Zukunft. Es lassen sich drei zeitliche Entwicklungsszenarien erkennen.

Stufe 1: Technologiegeneration – Markteinführung

Die Technologien werden in den Markt eingeführt, wobei die Kosten sich in der Größenordnung herkömmlicher Geräte und Anlagen bewegen werden. Die Kostenvorteile der ersten Gerätegeneration liegen in den deutlich geringeren Verbrauchskosten gegenüber herkömmlichen Geräten. Die Geräte werden vorwiegend zur Wärmegewinnung für Heizung und zur Warmwasseraufbereitung zum Einsatz kommen.

Die Einführung wird wesentlich begünstigt durch intermediäre Gruppen (Vereine, Arbeitsgemeinschaften, Genossenschaften, Organisationen), die gegenüber den Verbrauchern aufklärend und vertrauensbildend wirken. Diese Gruppen haben einerseits ein Interesse, die Entwicklung kapitalistisch-monopolistischer Strukturen in der Herstellung und im Vertrieb dieser neuen Technologien zu verhindern und im Dialog mit der Politik die Rahmenbedingungen für ihre Einführung in den Markt zu verbessern. In Verbindung mit interessierten Kunden im Sinne von Prosumenten werden diese Gruppen wichtige Impulse für die technische Optimierung der Geräte und Anlagen liefern.

Stufe 2: Zweite Technologiegeneration: Marktdurchdringung und
Technologie- und Kostensprung

Die zweite Technologiegeneration wird durch einen Technologie- und Kostensprung eingeleitet. Durch vereinfachte, optimierte Herstellung der Geräte und Anlagen werden sie für die Großkunden und Endnutzer wesentlich preiswerter werden. Zugleich wird sich der Wirkungsgrad drastisch verbessern. Es werden neue Anbieter mit zum Teil ganz neuen, vielleicht sogar revolutionären Ansätzen und Anwendungsgebieten auf den Markt kommen. Die zweite Generation macht die autonome Energieerzeugung wirtschaftlich, so dass die Unabhängigkeit von der zentralen Energieversorgung das Nahziel vieler Verbraucher sein wird. Es werden auch Lösungen für den Einbau in Fahrzeuge vorliegen und zum Einsatz kommen. Die neuen Energietechnologien werden sich gegenüber alternativen Energiesystemen wie Solar- und Windkraftanlagen durchsetzen und zunehmend den Markt durchdringen. Sie werden als *Game Changer* nicht mehr aufzuhalten sein.

Stufe 3: Dritte Technologiegeneration: Quantensprung in Wirtschaftlichkeit, Anwendungsvielfalt, Nachhaltigkeit und Komfort

Die Beschreibung der dritten Technologiegeneration entbehrt nicht einer spekulativen Note und kann hinsichtlich des Zeitraums auch nur unscharf eingegrenzt werden. Brachte die zweite Technologiegeneration schon einen Sprung, so wird der, den die dritte Generation zu Folge hat, noch um ein Vielfaches größer ausfallen. Die Geräte und Anlagen werden nur noch ein Bruchteil der Heutigen kosten, wesentlich verkleinert sein, vollkommen automatisiert laufen und mit allen möglichen Anwendungen kombiniert werden, die wir uns heute nicht einmal vorstellen können. Die beinahe kostenlose Bereitstellung von sauberer Energie wird in Verbindung mit anderen neuen Technologien alle Lebensbereiche verändern. Vor allem die Wirtschaft, die sich dann als Dienst an der Menschheit verstehen wird. Zum einen, weil es bis auf einige wenige Luxusbereiche nichts mehr gibt, mit dem sich große Gewinne erzielen lassen, zum anderen, weil eine aufgeklärte, sozial engagierte Bevölkerung dies gar nicht mehr zulässt. Statt eines Verschwendungswahns wie bei den fossilen Energieträgern, der nur durch den Preis eingedämmt werden kann, wird man trotzdem verantwortlich und sozialbewusst mit dem Faktor Energie umgehen, als Ausdruck der neuen Genügsamkeit und des gewachsenen Sinnes für Werte. Energie wird u. a. zur Gewinnung von Trinkwasser aus Meerwasser und zur Begrünung von Wüstengebieten eingesetzt werden.

3. Geldsystem

Geld nimmt, wie wir weiter oben dargelegt haben, in dem materialistisch-dualistischen Weltbild eine Schlüsselrolle ein. In der Art wie Geld verwendet wird, trägt es dazu bei, das Kraftdreieck von Besitzen, Dominieren und Verknappen aufrecht zu erhalten. Der Besitz von Geld bestimmt, wer wie am gesellschaftlichen Leben teilnehmen darf. Außerdem regelt Geld den Zugang zu lebenswichtigen Ressourcen wie Nahrung und Energie. Geld ist das materielle Machtmittel, Kontrolle über Menschen, Medien, Technologien und Ressourcen auszuüben. Zugleich hat der Missbrauch von Geld in Verbindung mit den Fehlern, die dem Geldsystem anhaften, zu großen globalen und nationalen Verwerfungen geführt. Dadurch hat sich die Schere zwischen Arm und Reich in den letzten Jahrzehnten bedrohlich geweitet. Wie wir festgestellt haben, besteht ein Systemfehler darin, dass Privatbanken den Zugang zum Geld regeln, weshalb sich Staaten gegenüber privaten Gläubigern verschulden können. In Verbindung mit dem Zinseszinssystem sind Staaten wie Unternehmen und Privatpersonen dazu verdammt permanent Wachstum zu erzeugen, um einer wachsenden Verschuldung zu entrinnen. Zugleich ist Geld vom Tauschmittel zu einem Spekulationsmittel verkommen, was dazu geführt hat, dass ein Vielfaches an Geld im Umlauf ist, vom Wert realer Waren, die es zu kaufen gibt. Nach wie vor werden der Öffentlichkeit die wahren Missstände der Geldschöpfung und Geldumverteilung vorenthalten, wobei Politik, Wirtschaft und Wirtschaftswissenschaften eine Phalanx bilden. Berechnungen zufolge gehen in den Lebenshaltungskosten bis zu 40 % auf das Konto von Zins und Schulden, was gerade die Menschen mit geringerem Einkommen sehr belastet. Doch nicht nur das. Dadurch, dass sich das meiste Geld in den Händen von 10 % der Bevölkerung befindet, sind sie die größten Nutznießer des Zinseszinssystems. Dies führt zu einer realen

Umverteilung von Arm zu Reich und erweitert ständig die Schere zwischen beiden Gruppen. Von den 10 % der Reichen wiederum hält eine Finanzelite von ca. 1 % die Fäden in der Hand, weil sie den Geldfluss vollkommen dominieren und nach Belieben verknappen kann. Damit können sie aus der Notlage von Staaten Kapital schlagen.

Man hat den Kreislauf von Geld mit dem Blutkreislauf verglichen, und in der Tat gibt es zwischen beiden Phänomenen große Entsprechungen. Bekanntlich führt Blutverlust zu Ermüdung und Folgeerkrankungen des Körpers. Ähnlich verhält es sich, wenn dem Geldverkehr permanent Geld entzogen und Geld künstlich verknappt wird. Im Umfeld der Geldwirtschaft hat sich in den letzten 100 Jahren eine Intelligenz der virtuellen Geldvermehrung entwickelt. Sie zielte darauf, immer abstraktere spekulative Elemente in den Geldverkehr einzuführen, die eine Umlenkung großer Geldsummen in Privatbesitz bewirkte. Als Höhepunkt dieser Entwicklung haben wir im 3. Teil dieses Buches die Deregulierung- und Privatisierungswelle beschrieben, die Mitte der achtziger Jahre des vorigen Jahrhunderts einsetze. Sie brachte die kommerzielle Durchdringung aller Lebensbereiche mit sich. Dies hat ein Besitz- und Dominanzdenken entstehen lassen, das darauf abzielt, zwischenmenschliche Beziehungen unter einer Nutzen- und Geldbrille zu betrachten und aufrechtzuerhalten. Daher sind heute alle Lebensbereiche *geld- und konsumverseucht*, ohne dass den Menschen dieser Seuchencharakter bewusst ist. Nicht ohne Grund haben wir in der Einleitung den Film *Lornas Schweigen* vorgestellt, der dieses Zeitphänomen sehr eindringlich und realitätsnah beschreibt. Gefangen in der Geldfalle, fällt es schwer aus dem soziale Werte zerstörenden System auszusteigen.

Die Geschichte ist voll von Beispielen, wonach der Verleih von Geld gegen materielle Sicherheiten in Verbindung mit einem Zinseszinssystem zur Verarmung, Enteignung bis hin zur Versklavung geführt hat. Die Geschichte hält aber auch Beispiele bereit, wonach der freie Fluss von Geld als reines Tauschmittel Wohlstand und Kulturschätze hervorgebracht hat. So sind die mittelalterlichen Städte und Kirchen entstanden. Und es hat nicht an theoretischen Erörterungen und praktischen Vorschlägen gefehlt, wie Fehlentwicklungen im Geldsystem vermieden und korrigiert werden können. Indem Maße, wie dieses Wissen aufgegriffen und öffentlich gemacht wird, nimmt die Zahl derer zu, die Änderungen fordern und an praktischen Lösungen arbeiten. Zwei zeitliche Szenarien lassen sich beschreiben. Das erste Szenarium ist bereits im vollen Gange und zielt darauf ab, sich von der kommerziellen Durchdringung aller Lebensbereiche und der Monopolstellung des öffentlichen Geldes und von der Zinseszinslogik zu lösen. Das Denken geht dahin, Nischen und alternativer Transaktionsformen parallel zum öffentlichen Geldsystem zu finden. Etwa durch Regionalwährungen oder Komplementwährungen, die regionale Wirtschaftskreisläufe fördern und sozialen, kulturellen und ökologischen Zwecken dienen. Regionalwährungen, auch Regiogeld genannt, sind ein über soziale Übereinkunft geschaffenes Medium, das in einer Region als Zahlungs- Investitions- und Schenkungsmittel verwendet wird. In dem Regiogeld ist der Ursprungsgedanke des Geldes noch stärker präsent als im öffentlichen Geld. Der Gedanke nämlich, dass Geld eine soziale Konstruktion ist und auf Vertrauen basiert. Ungeachtet dessen werden Regional- und Komplementärwährungen zuweilen noch belächelt. Im Falle eines Zusammenbruches des Euro werden sie es sein, die in der Lage sind, regionale Wirtschaftskreisläufe aufrechtzuerhalten. Für die durch hohe Staatsverschuldung und drastische Sparmaßnahmen gebeutelten Staaten wie Griechenland wurde parallel zum Euro eine nationale Parallelwährung vorgeschlagen.

In eine andere Richtung gehen Lösungen, die darauf hinauslaufen, im privaten und im Freizeitbereich auf Geld soweit wie möglich ganz zu verzichten. Dass es auch in unserer Zeit möglich ist, ganz ohne Geld zu leben, ohne auf einen gewissen Lebensstandard zu verzichten, belegen Einzelfälle. Bekannt geworden ist hier das Experiment von Heidemarie Schwermer mit ihrer Gib-und-Nimm-Philosophie. Damit bewegt sie sich ganz auf der Linie des Teilens und des neuen Weltbildes. Eine Stufe über solchen Einzelbeispielen sind die angesiedelt, bei denen es um die Einrichtung regionaler geldfreier Zonen geht. Hier geht es über die Einschränkung von Geld als Zahlungsmittel hinaus darum, den Einstieg in eine Geschenkkultur im direkten Kontakt miteinander einzuüben. Diese Ansätze stehen wiederum in Verbindung mit der Haltung des schonenden Umganges mit Ressourcen und einer bewussten Lebensführung. Ziel ist es, auf sinnleeren, überflüssigen Konsum zu verzichten und die Menschen aus einer passiven Zuschauerrolle herauszuholen. Es ist nicht zu erwarten, dass solche Mitmachexperimente überall gleich angenommen werden und in allen Aspekten funktionieren. Viele dieser Experimente werden sich zunächst in homogenen Umwelt- oder Kulturgruppen abspielen, ehe sie auf eine breitere Bevölkerung übertragen werden. Vielleicht ist es sinnvoll, die *Geldfreie Zone Bewegung* an einem konkreten Beispiel zu verdeutlichen. So wird die Philosophie für ein jährlich stattfindendes, geldfreies Feuerfestival wie folgt beschrieben:

„Das Feuerfestival probt, was zu tun ist, wenn das heutige System scheitert. Wir versuchen den Neubeginn. Mangel überbrücken wir mit Zusammenarbeit. Statt in Habgier und

Gewalt zu verfallen, setzen wir auf Verbrüderung und Herzlichkeit. Aus knappen Ressourcen schaffen wir Fülle - dank Kreativität, Nachhaltigkeit und Recycling. Eigenverantwortung ersetzt Gesetze. Statt zuzuschauen, packen wir es an.

Am Feuerfestival erschaffen die Teilnehmer aus dem Nichts eine neue Welt. Sie proben, wie ein anderes System aussehen könnte. An einem entlegenen Ort bauen wir für eine Woche eine Zeltstadt, eine eigene Realität. Ein Tummelfeld für neue Gesellschaftsformen und Wirtschaftsmodelle, ein Spielplatz voller Kunst und Kuriositäten. Dieses Festival ist ein Feldversuch: Vieles wird funktionieren, vieles grandios scheitern."

(http://www.feuerfestival.org/de/node/16)

Das Beispiel, das nur eines von vielen ist, verdeutlicht, wie das Geldthema überleitet zum Thema einer neuen Lebenskunst. Die vom Geld verursachten Einschränkungen werden immer besser verstanden und bewusst gemacht. Die bisherige Geldverwendung wird als eine Barriere zwischen Menschen erkannt. Die neue Lebenskunst besteht darin, auf Geld soweit wie möglich zu verzichten, im Wirkungsbereich einzugrenzen und seine soziale Wirkung zu hinterfragen. Dass viele Dinge gerade dann gehen, wenn kein Geld fließt, wird eine interessante Erfahrung sein.

Als geldfreie Zonen lassen sich auch Tauschringe und Zeitbanken verstehen. Auch hier steht der regionale Gedanke im Vordergrund, in dem gegenseitige Leistungen auf der Grundlage eines geldlosen Tausches bzw. eines Zeit- oder Verrechungswertes erbracht werden. Während sich die Tauschringe auf den Tausch von Dienstleistungen konzentrieren, die unmittelbar eingelöst werden, geht es bei den Zeitbanken darum, Dienstleistungen für die Zukunft anzusparen. Typische Leistungen, die im Rahmen von Zeitbanken erbracht werden, sind Betreuungs-, Pflege- und Unterstützungsaufgaben im häuslichen Bereich. Da aufgrund des demoskopischen Wandels das bestehende System der Altersversorgung finanziell nicht zukunftsfähig ist, werden Zeitbanken weiter an Bedeutung gewinnen. Neben dem monetären Aspekt geht es auch um die Solidarität zwischen Generationen und um das Aufbrechen anonymisierter Strukturen zur Steigerung der Lebensqualität. Lebenskunst im Sinne psychosozialer Gesundheit wird auch hier das Leitthema sein, und damit lassen sich all die Missstände, die die derzeitige Alterspflege kennt, eindämmen. Viele Formen der Altersdemenz, die wir derzeit haben, werden dann auf ein Mindestmaß begrenzt werden können.

Um den Lebensunterhalt aller Bürger zu sichern, wird früher oder später ein *bedingungsloses Grundeinkommen* kommen. Die Einführung wird um so schneller erfolgen, je eher man aus dem wachstumsgetriebenen Geld- und Wirtschaftssystem aussteigt und die Spirale der Umverteilung umdreht. Dies wiederum setzt die Änderung des ungerechten Steuersystems sowie des ineffizienten Sozialsystems voraus. Dieser Wechsel beinhaltet nichts Geringeres als den von einem Angstsystem in ein Vertrauenssystem. Mit diesem Wechsel wird die Ankurbelung der sozialen Kreativität in Gang kommen, die wir in diesem Buch beschrieben haben. Wenn die Kreativität darauf gelenkt wird, langlebige, preiswerte, ökologisch unbedenkliche Technologien und Produkte zu entwickeln, werden die Menschen von der Last befreit, für die Grundversorgung in hohem Maße Geld aufzuwenden. Hier greifen die Überlegungen, die schon beim Thema Energie vorhergesagt wurden.

Beim zweiten Szenario, das oben erwähnt wurde, geht es darum, nicht nur regional, sondern international auf Geld zu verzichten und geldfreie Tauschformen zu implementieren. So gibt es Vorhersagen, wonach der geldbasierte Warenverkehr zwischen Unternehmen und zwischen Nationen im nächsten Jahrzehnt vermutlich durch ein komplexes Tauschsystem ersetzt werden wird. Vieles wird von dem Zeitpunkt und dem Ausmaß abhängen, in dem das derzeitige Geldsystem zusammenbricht. Dabei geht es nicht allein um den Verzicht auf Geld als Spekulationsmittel, sondern um eine gerechtere Verteilung von Gütern. Das Warentauschsystem wird sich vermutlich auf die globale Existenzsicherung und die Gewährleistung von Infrastrukturen konzentrieren. Eine globale Geldverwendung sowie Geldverschwendung, ohne soziales Gewissen und ohne Ausrichtung auf menschliche Prioritäten, wird damit ein Ende finden. Eine These ist, dass die UNO zu einer globalen Institution heranreift, unter deren Aufsicht die Ressourcen der Welt gerecht verteilen werden können. Zu dieser Entwicklung kann es nur kommen, wenn die Politik dazu gezwungen wird und die Macht der Finanzelite, die derzeit die Fäden in der Hand hält, auf demokratischem Weg gebrochen wird. Demokratisierung im Sinne autoritäre Herrschaftsstrukturen durch gesellschaftliche Mitbestimmung zu ersetzen. In diese Richtung gehen Ansätze wie das *Ubuntu Liberation Movement*. Die Bewegung entstand ausgehend von der Erforschung der Überreste antiker Kulturen und ihrer Technologien in Südafrika im Jahre 2005 im Umkreis von Michael Tellinger. Kerngedanke ist eine (geld-)freie Gesellschaft mit kostenlosem Zugang zu allen Ressourcen und miteinander verbundene Gemeinschaften, in die alle ihre Talente einbringen. Die Bewegung ist ein praktisches Beispiel dafür, wie mittels Aufklärung und politischer Betätigung die Transformation in eine Kultur des Teilens vorangebracht werden kann.

Kooperation und freie Selbstbestimmung der Bevölkerung zu etablieren ist der Ausdruck eines von der Angst befreiten Willens. Dieser Wille wird noch stärker und umfassender erwachen, als er bislang schon z.B. in Ägypten offenkundig geworden ist. Er umfasst alle Formen des zivilen Ungehorsams, der kollektiven Meinungsbekundung, der aktiven Selbstverwaltung und kooperativen Lösungsfindung insbesondere in Verbindung mit den sozialen Medien.

Im Zuge dieser zweiten Welle wird vermutlich erst das ganze Potenzial der sozialen Kreativität bezogen auf das Geldthema erschlossen werden können. Dann, wenn es mit dem Aspekt der Allgemeingüter, eines am Gemeinwohl orientierten Wirtschaftens und dem Gruppengedanken verbunden werden wird. Geld, Lebensführung und Grundsicherung liegen derzeit in den Händen jedes Einzelnen und des Staates, oder es wird den gesetzlichen und privaten Versicherungen anvertraut. In Zukunft werden subsidiäre, intermediäre Gruppen die Aufgaben des Staates bzw. von Versicherungen übernehmen. Dies wird die Überregelung vieler Bestimmungen sowie Formen der Verschwendung und des Missbrauches sozialer Leistungen eindämmen. Die Eingliederung von Menschen in Gruppen und die Vernetzung von Gruppen vermag am besten zwischen den Interessen jedes Einzelnen und der Gemeinschaft zu vermitteln. Dies wird auf allen Ebenen zu intelligenten Kreisläufen führen. Ausgeklügelte Produktions-, Verteilungs- und Recyclingsysteme werden Wirtschaftskreisläufe stärken und mit sozialen, kulturellen und ökologischen Aspekten verschmolzen werden. Man wird dann in integrierten und aufeinander abgestimmten organischen Einheiten denken. Kreativität wird selbst den Charakter einer geldfreien Währung erhalten, sich selbstbestimmt und lösungsorientiert in die Gemeinschaft einzubringen.

4. Rechtsprechung und Gerechtigkeit

In Zukunft wird die Frage nach einer gerechten Verteilung, bezogen auf Grundbedürfnisse und verfügbarer Ressourcen, noch an Bedeutung zunehmen. Dabei sind die Spielregeln des Marktes neu zu bestimmen. Denn solange der Markt auf Basis des Rechtes des Stärkeren über Schwächere organisiert ist, trägt er permanent zur Ungerechtigkeit bei. Das zukünftige

Marktverständnis wird zwei Elemente miteinander verknüpfen: den kreativen Freiheitsaspekt auf der einen Seite und den schützenden Regulierungsaspekt zur Gewährleistung einer sozialen Grundsicherung auf der anderen Seite. Generell ist davon auszugehen, dass der Markt als freies Spiel der Kräfte an Bedeutung verlieren und mehr auf der Basis demokratisch ausgehandelter und legitimierter Prioritäten organisiert werden wird. Das Ergebnis einer solchen kollektiven Entscheidungsfindung beträfe zum Beispiel folgende Frage: Wie können die Kräfte der Kommerzialisierung so reguliert werden, dass die schädigenden Grade der Ungleichheit für bestimmte Bevölkerungsgruppen und Nationen nicht mehr auftreten? Oder: Wie kann der grenzenlose Reichtum einer kleinen Machtelite eingedämmt werden? Dabei kann es nicht darum gehen, Gleichheit zu verordnen, sondern einen offenen und zugleich pragmatischen Optimierungsprozess zu gestalten. Leitlinie dafür können die oben genannten Prioritäten wie z.B. die weltweit gerechte Verteilung von Nahrungsmitteln sein. Der Begriff der Priorität beinhaltet zweierlei, eine Entscheidung und einen erklärten Willen. Die Entscheidung ist an demokratische Regeln gebunden, während der Wille an das jeweilige Bewusstsein gekoppelt ist.

Dass sich die Menschheit für das Teilen öffnet, zeigt, dass sich ein evolutionärer Schritt vollzogen hat, dem Willen zum Guten Geltung zu verschaffen. Als Ideal war dieser Wille immer vorhanden, doch erst in unserer Zeit erhält er den transformierenden Nachdruck. Durch Schaffung gerechter Zustände wird das Ideal des Guten auf den Boden und zur Anwendung gebracht. Teilen ist der Prozess, der der Gesellschaft einen beständigen und nachhaltigen Gesamtgewinn an Gleichheit garantiert. Für diesen Prozess stehen bereitliegende Reformprogramme wie der bereits erwähnte Brand Report als Initiativkräfte bereit und können jederzeit den Rahmen für eine vertrauensbildende Neuverteilung schaffen.

Die zu erwartenden gesellschaftlichen Veränderungen werden sich auch in der Rechtsprechung bemerkbar machen. Dadurch wird es zu einer Neubewertung der Frage kommen, wie mit Verstößen gegen geltendes Recht umgegangen werden soll. Begriffe wie Schuld und Schuldfähigkeit werden durch die Integration der an die Neuzeit angepassten Karmalehre erweitert werden. Mit der Analyse von Täter-Opfer-Beziehungen hat sich die Kriminalistik der Karmalehre bereits angenähert. Was noch fehlt, ist das Verständnis für die Verbindung mit der Reinkarnation, soweit dieses Verständnis Gemeingut werden kann, und so mit in die Gesellschaft übergreifenden Wirkungszusammenhängen. Sind diese Brücken gezogen, wird man zu einem besseren Verständnis unheilbarer sozialer Krankheiten gelangen, die sich in einem Gewaltpotenzial und in Verbrechen niederschlagen.

Wie wir im 3. Teil anhand des Karmabegriffes versuchten darzustellen, können wir unser Selbstbild anhand eines universellen Verständnisses darüber, was es heißt, Kontrolle zu haben, in Einklang mit dem Kosmos setzen. Nach einem solchen Verständnis haben wir Kontrolle über unser Leben, wenn wir in der Lage sind, bewusst zu wählen und Entscheidungen nach dem Prinzip der Harmlosigkeit zu treffen. Eine solche Freiheit, wie anhand des Karmabegriffs deutlich wird, kann nur in dem Maße von einem Individuum oder einer Gemeinschaft wirklich erreicht werden, wie man sich gewohnheitsmäßiger Emotionen und mit diesen zusammenhängender Konditionierungen bewusst wird. Ein solches Fähigkeitsverständnis von Kontrolle befreit uns aus dem Gefängnis eines vorgeblich rational-kausalen Weltbildes, welches immer mit der einen Latte misst und mit einer anderen willkürlich bewertet, und versetzt uns in die Lage Ethik, Ästhetik und Wissenschaft (Seele, Geist und Körper) innerhalb eines komplexen fraktalen Weltbildes zusammen zu denken. Verantwortung wird durch so ein Fähigkeitsverständnis von Kontrolle nicht mehr blind an Außenstehende abdeligiert, denen man gezwungen ist blind zu vertrauen, sondern sie wird vorurteilsfrei, und deswegen aktiv, im alltäglichen Leben als ständige spielerisch-kreative Herausforderung erfahren.

Die Grundlage von vielem kriminellem Verhalten wird bislang gar nicht entsprechend vom Rechtssystem aufgegriffen. Diese Grundlage ist das blinde Festhalten an selbstsüchtigen Ideen, mit dem andere Menschen infiziert und so blind ergebene Gefolgsleute erschaffen werden. Machtmenschen tun alles für ihren Erfolg. Es sind dies bisher gesellschaftlich nicht ausgemachte psychopathische Typen, die an einer Krankheit leiden, die auch ihre Mitmenschen ansteckt. Solche Menschen vorbeugend als eine Bedrohung für die Allgemeinheit auszumachen und so die Infektionsgefahr von seelischen Störungen gering zu halten, dahin gehend könnte ein kommendes Rechtssystem ausgelegt sein. Es wäre ein System, welches ein Fähigkeitsverständnis von Kontrolle besäße. Da nach Macht strebende Psychopathen sehr intelligent sind, wissen sie, wie sie nach außen gesund und normal erscheinen können. Hier sind neue Mittel der Zusammenarbeit zur psychischen Aufklärung der Gemeinschaft notwendig. Das Prinzip Heilung statt Strafe kann Menschen zum Beispiel dazu ermächtigen, an sich selbst festzustellen, ob ihre gesamten Fähigkeiten nur in eine einzige Richtung, wie etwa die des geschäftlichen Erfolges zielen. Wenn solche psychologischen Probleme in der Gemeinschaft als Machtstreben ausgemacht werden können, werden sie auch als Integrationsprobleme heilbar oder zumindest regulierbar. Integration als Heilung bedeutet in einem solchen Fall die gesamtgesellschaftliche Aufhebung der Idolisierung von Erfolg auf Kosten anderer Menschen und der Natur. Sie bedeutet auch das Ende jeder Propagierung einseitiger Fach- und Berufsarbeit im Rahmen einer Konsumkultur/-ideologie. Denn das Weiterbestehen der kapitalistischen Machtmenschen und ihres uns dominierenden Weltbildes ist daran gebunden, dass wir mehr arbeiten, um mehr zu konsumieren. Es muss vonseiten der Psychopathen mit allen Mitteln ein Bild symbolisch den Massen eingebläut werden, dass Konsum an sich erstrebenswert sei.

Es ist dieses Rattenrennen aus Arbeit um der Arbeit willen und des daran gebundenen Konsums um des Konsums willen, das uns im Unbewussten und in Angststrukturen der Unfreiheit gefangen hält. Gesetzlich könnte verboten werden, auf solche Art auf die Massen einzuwirken, wie es etwa in der brasilianischen Stadt Sao Paulo, der viertgrößten der Erde, schon 2007 ansatzweise geschah, als alle Werbung per staatlichem Erlass aus dem öffentlichen Raum verbannt wurde. Industrie und Medien verbreiten durch Symbole die Botschaft, dass nur ein Leben im Konsum ein gutes Leben sei. All dies wird zusammengehalten durch einen inneren Zirkel im *Big Business*, einer transnational agierenden Kapitalistenklasse, die bestens mit nationalen Akteuren und Institutionen vernetzt ist, oder sollte man sagen, diese unterwandert hat? Diese Klasse teilt Interessen miteinander, sie interessiert sich nicht für das Wohlergehen des Volkes. Die Regierungen sind von dem Geldfluss dieser Klasse abhängig und deswegen steuerbar, und das, solange wie die Staaten sich bei privaten Banken verschulden müssen und nicht selbst über den Geldfluss bestimmen können.

Längst ist bewiesen, dass es so eine Elite gibt und wie sie sich über bestimmte Verbindungen gegenseitig stützt. Stiftungen, Denkfabriken und Expertentum helfen der Elite, ihren Interessen Geltung zu verschaffen. Und das jenseits der Gesetze, denn, wo Geld vorhanden ist, lassen sich diese bislang endlos dehnen. Leslie Sklair teilt die transnationale Kapitalistenklasse in vier Hauptgruppen, die zusammen sich in einer Frontstellung gegenüber jenen Menschen befinden, die ihre Machenschaften durchschauen:

1. Das Führungspersonal der transnationalen Unternehmen und ihre lokalen Verbündeten
2. Die global ausgerichteten Bürokraten und Politiker (die den Staat repräsentierenden Gruppen)
3. Die global ausgerichteten Fachleute (die für das Expertenwissen zuständige Gruppe)

4. Geschäftsleute und Medien (die für den Konsumismus zuständige Gruppe)

Das Zusammenspiel zwischen diesen Gruppen wird durch Verflechtungen untereinander aufrechterhalten, etwa in Form von einer Personalunion in den Vorständen und Aufsichtsgremien mehrerer Unternehmen. Die Zivilgesellschaft wird durch dieses korrupte Spiel bislang völlig in den Dienst von Unternehmensstrukturen und deren Interessen gestellt. Wo dies nicht gelingen will, kommen eine den Machtinteressen der Elite entsprechende Rechtsprechung, Armee oder Polizei zum Einsatz. Ganz in diesem Sinne besteht eine der wichtigsten Aufgaben für die Elite darin ein Meinungsklima zu erzeugen, welches den Menschen den Gedanken vermittelt, dass die Anliegen der Wirtschaft auch die der Gesellschaft sind.

Die allgemein verbreitete Korruption, in Form eines systemischen Ausmaßes an Bestechlichkeit, lässt sich nur rechtlich eindämmen, wenn zunächst erkannt wird, dass sie Folge unserer Wirtschaftspolitik und insofern Produkt unserer Weltwirtschaftsordnung ist, die in den letzten Jahrzehnten immer extremere Ungleichheiten zwischen Arm und Reich herausgebildet hat. Eine Politik, die eine egalitäre Gesellschaft fördert, wird natürlicherweise an partizipatorischen Einbindungen interessiert sein. Solche Einbindungen wären erst in einem System eines wohlwollenden Machtgebrauchs ab einem bestimmten Grade nicht mehr nötig, bei einem Grad der Eigentums- und Machtgleichheit verwirklicht, die sich dann weiter selbst bestätigt.

Die transnationale Klasse des Kapitals würde an einer solchen Stelle der Entwicklung den Globus nicht mehr tyrannisch beherrschen, und neue kleine Tyrannen könnten schnell von der Gemeinschaft ausgemacht und einer angemessenen psychologischen Heilung übergeben werden. Dass wir hier nicht von rabiaten Methoden der Bewusstseinsmanipulation sprechen, dürfte sich von selbst verstehen. Mit angemessen meinen wir zum Beispiel Heilmethoden in Gruppen im Sinne der Entwicklung von Empathie und der Förderung der Selbsterkenntnis. Die Missachtung von Menschenrechten wäre bei solchen Methoden ausgeschlossen.

Da die Klasse des transnationalen Kapitals zur Zeit nicht als sichtbare Regierung herrscht, aber so mächtig ist, dass keine Regierung lange überleben kann, die gegen ihre Macht sich stellt, gilt es, sie als Netzwerk auszumachen, welches seine Herrschaftsgewalt über militärische, ideologische oder religiöse Organisationen und Symbole ausübt. Nur so kann es jenseits der Propaganda einer Kultur des Konsumismus, die von den Machtinteressen des transnationalen Kapitals gesteuert wird, zu einem Übergang hin zu einer Kultur globaler Teilnahme kommen. Dass es zu so einem Übergang kommt, dafür spricht u. a. die offenbare Krise unseres derzeitigen Weltbildes, heraufbeschworen durch den blinden Konsumismus in allen Lebensbereichen. Oder auch die Tatsache, dass die Menschenrechte sich als grundlegende und weltweit gültige Idee durchsetzen konnten, auch wenn sie bislang noch nicht praktisch verwirklicht wurden. Dies liegt auch daran, dass in den Gefängnissen weltweit Menschen zu Unrecht sitzen, die sich für mehr Gerechtigkeit einsetzen und deswegen den Machthabern unbequem sind. Folgende Tendenzen lassen sich erkennen:

1. Ein besseres Verständnis der Zusammenhänge wird es in Zukunft erleichtern ein bestimmtes Geschäftsgebaren als unerwünschtes Verhalten zu klassifizieren und einen entsprechenden Verhaltenskodex niederzulegen.

2. Man wird aufgrund von Personenstudien und Gesellschaftsanalysen die negativen Folgen von Praktiken, die sich in einer Grauzone bewegen, deutlich und unmissverständlich aufzeigen. Damit wird es für Einzelne schwerer werden ihr (Fehl-)Verhalten durch Unwissenheit zu rechtfertigen.

3. Es werden demokratisch legitimierte Stiftungen gebildet, deren Aufgabe es sein wird, Gemeingüter zu verwalten, aufklärend zu wirken und eine gewisse Kontrollfunktion auszuüben.

4. Langfristig könnte diese Entwicklung dahingehen, dass für wirtschaftliche Betätigungen Lizenzen vergeben werden. Die Lizenzen definieren den Nutzungsrahmen und konkretisieren die Auflagen, die zu erfüllen sind. Ein gravierendes Fehlverhalten würde zum Entzug einer Lizenz führen oder dazu, dass sie nicht verlängert wird.

Da es im so medial anbrechenden globalen Zeitalter kein "Außen" mehr geben wird, wächst auch das Bewusstsein für Ungerechtigkeiten. Durch die weltweite Ausdehnung sozialer Handlungszusammenhänge, die Allgegenwart der Verdichtungen von Interaktionen der Aktivisten und sonstiger kreativer Menschen werden Muster herausgebildet, die neue Wahrnehmungs- und Erfahrungsräume auch für das Empfinden von Gerechtigkeit bewirken. Die Lebensbedingungen der Mitmenschen, auch in entfernten Regionen, treten so zu Bewusstsein und werden im Kontext der eigenen Lebensweise reflektiert. Der Begriff der *Glokalisierung*, der gegen 1995 von Ronald Robertson vorgeschlagen wurde, und der die Verknüpfung von Globalem und Lokalem betrifft, ist auch relevant im Sinne von transnationalem Verantwortungsraum, kosmopolitischem Alltagsleben und Unrechtsbewusstsein. All dies sind vorbereitende Schritte hin zur Etablierung globalgesellschaftlicher Normen des rechten Zusammenlebens und des Eröffnens neuer Räume der Imagination jenseits von trennenden religiösen oder wirtschaftlichen Ideologien. Imaginative Potenziale sind Vorbedingungen für die Fähigkeit, mit der Weltgemeinschaft als Ganzer auch emotional in Resonanz treten zu können. Die Einbeziehung "des Fremden und des Anderen" vollzieht sich über ein entsprechend erwachtes Bewusstsein, welches auf die symbolischen verbindenden Strukturen, die alles im Kosmos durchdringen, entsprechend reagieren kann. Dass sich ein solches Bewusstsein durchsetzt, konnten wir anhand der Entwicklungen innerhalb der Künste und der Wissenschaften verfolgen, zwei Bereiche, die während dieses Prozesses des Erwachens immer mehr miteinander verschmelzen.

Für ein solches Verschmelzen stehen zurzeit auch unzählige Projekte, wie etwa der *Living Earth Simulator*, ein Projekt welches Offenheit, Transparenz und Partizipation anstrebt. An diesem Projekt sind 84 Institute aus 25 Ländern beteiligt. Dieses wohl größte gesellschaftswissenschaftliche Projekt, welches je in Angriff genommen wurde, ist dabei die Soziologie zu einer neuen, der Physik vergleichbaren Wissenschaft zu machen, die auch die Politik massiv verändern kann, indem es die globale Gesellschaft auf Supercomputern simuliert. So entsteht ein "Planetary Nervous System" (PNS): Ein Echtzeitmodell der globalen Gesellschaft, das dazu beiträgt, komplexe Entscheidungsfindungen zu unterstützen.

5. Kunst und Wissenschaft

Kunst beginnt wo Ausdruckskraft geteilt wird und Kommunikation ansetzt, neue Bahnen aufzuzeigen. Kunst macht das Allerprivateste und zuvor Versteckte plötzlich teilbar, mitteilbar. Durch so einen Akt befreit sich der Künstler – und durch ihn die ganze Gesellschaft, in der er wirkt – von bestehenden unnötigen sozialen Eingrenzungen. Indem Kunst mitteilt, entgrenzt sie. Die ganze geheime Macht der Kunst liegt in diesem Akt der Entgrenzung.

Die große Frage lautet also: Wie entsteht Kunst? Muss jeder Mensch sie aus sich selbst schöpfen, woraus sich dann der Originalitätsmythos ableitet und die Begründung des Wertes eines Kunstwerkes aufgrund seiner Einzigartigkeit auf dem Markt? Oder entsteht sie nicht vielmehr aus unzähligen sozialen Interaktionen, bei denen so viel miteinander geteilt wird wie möglich? Entsteht Kunst vielleicht tatsächlich immer aus grenzenloser Zusammenarbeit und Interaktion?

244

Kunst ermöglicht durch das Offenbaren innerer Wahrnehmungen, dass wir die Realität miteinander teilen können. Nur in dem Maße, wie wir unser Leben ganz für uns persönlich beanspruchen, schließen wir die Kunst aus ihm aus. Jedes Leben verwandelt sich in Kunst, sobald es sich frei mitteilt. Als Autoren unseres eigenen Lebens erzählen wir unsere Geschichten falsch, sobald wir sie rein persönlich nehmen. In dem Maße, in dem wir unser eigenes Leben als universelles Leben sehen, können wir es auch mit anderen teilen. Und in dem Maße, in dem wir es teilen, erzählen wir es richtig.

Kunst beginnt sich heutzutage neu zu definieren als ein Prozess, an dem Künstler, das Kunstobjekt und der Betrachter in einem offen bleibenden Spiel gegenseitigen Erschaffens und Interpretierens beteiligt sind. Kunst tritt so hervor nicht mehr als Ware, Selbstausdruck, Therapie oder sozialer Kommentar, sondern als Tätigkeit des freien Geistes.

Die Kunstmedien haben einen entscheidenden Beitrag bei der Entstehung eines neuen Gerechtigkeitssinnes zu leisten. Entsprechend ausgerichtet liefern sie die Grundlage eines grenzenlosen *moral space*. Dabei ist es wichtig, dass die Zuschauer aus der passiven Haltung des Konsums heraustreten und über ihre symbolische Manipulierbarkeit hinauswachsen. Medien könnten im künstlerischen-wissenschaftlichen Sinne dazu dienen, die Dinge beständig weiter infragezustellen und so auch Sehgewohnheiten tiefgründig zu reflektieren. Die Verantwortung liegt auf der Seite der Medien, zur Reflexion anzuregen, anstatt antrainierte Gewohnheiten zu bedienen. Es geht dabei um nicht weniger als das Entstehen einer Kultur der Perspektivität sozialen Denkens, Fühlens und Handelns.

Wir treten nun mit jedem Tag in eine Wirklichkeit ein, in der die Grenzen zwischen Autor und Leser weitergehend verschmelzen und in der die Konsumenten selbst die Kontrolle übernehmen über das, was sie konsumieren. Diese neuen Prosumenten werden dann solche sein, die nicht mehr von einer fixierten Realität definiert werden, sondern von einer fortwährenden Interaktion. Wir werden nicht mehr in linearen Texten feststecken, sondern uns frei bewegen können in Gärten aus miteinander verbundenen Texten und Grafiken, die wir je nach Gegebenheit neu zueinander anordnen können. Wir werden uns nicht mehr über unseren Besitz oder unseren sozialen Status von außen her und fremd bestimmt definieren, sondern von innen und aus unserer erlangten Fähigkeit her, mit anderen voller Freude zu teilen. Die Synthese der verschiedenen Kulturen und Religionen ergibt sich dann ganz natürlich aus der Zusammenschau der bislang fein säuberlich voneinander getrennten Legenden, Mythen und

Glaubensvorstellungen. Die gemeinsame Grundlage des bislang aufgesplitterten Schatzes an Wissen tritt hervor. Die Familie der Menschheit entdeckt sich in ihrer Einheit, und ein tief greifender Heilungsprozess der Menschheit und des Planeten Erde beginnt.

Die weltweite Krise der Legitimität der herrschenden Politik beruht nicht nur auf der in fast allen Ländern weit verbreiteten Korruption, sondern hat ihren gleichzeitigen Ursprung auch in der immer durchsichtiger werdenden Strategie der Medienpolitik selbst. Das Konzept, durch welches Medien den Raum abstecken, in dem über Macht entschieden wird, beruht auf der Verknüpfung eines Gesichts mit einer Botschaft. Durch diese emotionale Methode wird eine symbolische Verbindung des Vertrauens aufgebaut. Wenn nun aber solche Methoden des politischen Marketings, zusammen mit ihren moralischen Werten und ihrer Vertrauenswürdigkeit weltweit in Frage gestellt werden, tritt auch eine neue Macht zutage. Und mit ihr eine unbestechliche Weisheit, die Stimme des Volkes selbst, die dann nicht mehr gelenkt wird von grundlegenden Kräften wirtschaftlicher und politischer Macht, sondern vom Verlangen nach einem Gemeinwohl und dem tiefen Bedürfnis nach der Freiheit des Teilens der Gedanken.

Die wissenschaftliche Revolution und die spirituelle Transformation gehen Hand in Hand. Wir stellten einige Impulsgeber dieser Entwicklung vor, zu denen wir hier noch Hans Jenny (1904-1972) anfügen möchten, der mit seinen Entdeckungen der von ihm sogenannten *Cymantik* die Relationen zwischen Schwingungen und Geometrie nachweisen konnte und so mithalf, ein neues Verständnis des Zusammenhangs von Geist und Materie zu etablieren. Jenny führte die Forschungen von Buckminster Fuller (1895-1983) weiter, der bereits die Einsichten Kepplers in die Korrespondenz von Musik und Geometrie weiter vertiefen konnte.

Das Symbol für das innere Maß, welches für diese Korrespondenz steht, ist von alters her der Stab. In der Malerei der Renaissance kommt es immer wieder zu verstecktem Symbolismus, etwa wenn die sogenannte *Elle des Engels* als Stab des Hofmalers auftaucht, der das Vermögen symbolisiert, die Schöpfung rekonstruieren zu können mit der Kunst. Verhüllte Symbolik, innerhalb von hermetischen Bildern, in denen alles auf den verborgenen Sinn von Symbolen verweist, dies ist die Sprache der Sichtbarkeit des Unsichtbaren. Das Geheimnis aller Kunst und die Verbindung zwischen Kunst und Wissenschaft finden sich in jenem inneren Maß, denn Erzeugung und Kreativität leben nur von und durch dieses innere Maß.

Die Einbeziehung "des Fremden und des Anderen" vollzieht sich über ein entsprechend erwachtes Bewusstsein, welches auf die symbolischen Strukturen, die alles im Kosmos durchdringen, entsprechend reagieren kann. Dieses Bewusstsein ist ein fraktales Bewusstsein. Ein Fraktal ist ein Teil eines Ganzen, was bedeutet das jedes Teil nicht nur bestimmend zum Ganzen beiträgt, sondern tatsächlich eine seiner Ebene entsprechende elektromagnetische Reflexion des Ganzen ist. Dies ist so, weil elektromagnetische Wellen auf subatomarer Ebene alles im Universum miteinander verbinden. Solche Wellen reagieren aufeinander durch die Steuerung der Fibonacci Reihe in Verbindung mit der geometrischen Proportion des sogenannten Goldenen Schnitts. So sind etwa die 5 berühmten ineinander passenden platonischen Körper Fraktale voneinander. Durch die aufeinander wirkenden geometrischen Formen und durch die diesen Formen zugrunde liegenden Zahlenverhältnisse wird eine höhere geistige Harmonie und Ordnung in allem angestrebt. Dieser Sachverhalt bildet auch die Grundlage aller Symbologie und dafür, wie Symbole das Bewusstsein steuern. Denn aufeinander einwirkende elektromagnetische Wellen, die Fraktale ausbilden, sind der Ursprung des Bewusstseins.

Wie in diesem Buch dargelegt wurde, weiß man in der Öffentlichkeit und selbst unter Fachleuten wenig über die symbolische Wirkung von Kunst. Wie wir darüber hinaus zeigen konnten, ist eine solche Wirkungsanalyse einer wissenschaftlichen Betrachtung zugänglich. Alle Kunstwerke, die diesen Namen verdienen, beziehen sich auf im kollektiven Unbewussten angesiedelte Urbilder und Urerfahrungen, die uns miteinander verbinden. Über die jeweilige künstlerische Form treten sie in Resonanz mit dem, was wir individuell an diesem gemeinsamen Fundus von Wissen in uns verfügbar machen können. Das je aktivierte Wissen gibt Auskunft darüber, inwieweit wir mit dem kollektiven Feld der Archetypen und Mythen in bewusster Verbindung stehen. Gemessen daran lässt sich sagen, dass die Masse der Menschen im geistigen Sinne schläft. Es fehlt bislang noch das kreativ-belebende Moment der Selbstermächtigung. Selbstermächtigung ist dort gegeben und möglich, wo man in der Lage ist, Symbole auf geistigen Ebenen zu deuten und deren Sinngehalt in sich zu evozieren. Das geht über das, was man Vorstellungen nennt, hinaus. Vielmehr kommt man in Berührung mit Licht, Kraft und Wärme spendenden Ideen, mit einem hohen Kreativitäts- und Aktivitätspotenzial. Während man Vorstellungen mit Schwachstrom vergleichen kann, handelt es sich bei Ideen dieser Qualität um Starkstrom. Im Verlauf dieses Buches haben wir wiederholt auf solche symbolische Wirkungen von Kunstwerken aus den Bereichen Malerei, Musik, Literatur und Film hingewiesen. Während das Wissen darüber in der Vergangenheit einer kleinen Minderheit von Personen im Umfeld von Mysterienschulen und Weisheitslehren vorbehalten war, so wird es nun einer breiteren

Öffentlichkeit zugänglich. Zugleich sind heute mehr Menschen in der Lage, mit diesem Wissen zu arbeiten und es im Sinne des Teilens aufzubereiten, weiterzugeben und zu nutzen.

Eine solche Aufklärung 2.0 mit einzuleiten ist eines der wesentlichen Anliegen dieses Buches. Teilen selbst ist, wie wir dargestellt haben, ein symbolischer Akt, um mit geistigen Kräften in Berührung zu kommen und um ihnen Durchlass zu gewähren. Diese Erfahrung ist nicht an Glauben, sondern an Wissen gebunden. Unser Ziel ist es, Menschen auf diese Erfahrung hin vorzubereiten und zu öffnen. Sie lässt sich in und über Gruppen am leichtesten machen, insbesondere wenn die Gruppe die Prinzipien der Selbstorganisation und der Uneigennützigkeit beherzigt. Unsere Vorhersage ist, dass die Verbindung des Einzelnen zur Gruppe und die verschiedener Gruppen untereinander sich in Zukunft mit den Mitteln der höheren Geometrie beschreiben lassen werden. Und zwar als geometrische Resonanzkörper, die wiederum als Raumkonverter für formlose geistige Kräfte fungieren. Dies wird einer neuen harmonischen Gesellschaftsordnung Gestalt geben und sich in allen Lebensbereichen reinigend, ausgleichend und kreativ-stimulierend auswirken.

Dass wir an der Schwelle stehen, Raumenergie technisch zu nutzen, kommt nicht von ungefähr. Möglich wird dies, weil die Menschheit begonnen hat, sich für die feineren Räume zwischen den Menschen zu öffnen. Teilen nutzt die Energien des kollektiven Feldes, denn es bedeutet das Evozieren der evolutionären, Synthese bildenden Einheitskraft, die danach strebt, Materie zu vergeistigen. Die neuen Energietechnologien wirken nach demselben Prinzip, nämlich auf materieller Ebene Niederes in Höheres zu verwandeln (z.B. Nickel in Kupfer), bzw. technische Apparate als Sammelbecken für ätherische Raumenergien zu verwenden. Das ist zwar unwissenschaftlich ausgedrückt, jedoch so klar, dass es alle verstehen können. Es ist dies dasselbe Prinzip, nach dem alle großen Künstler geschöpft und symbolische Formen hervorgebracht haben.

6. Erziehung

Das momentane Schulsystem ist daraufhin ausgelegt, den Menschen grundlegend Dinge beizubringen, damit die Menschheit als Gesamtheit dieselben Fehler, die sie seit Jahrhunderten begeht, weiterhin begehen kann. Kurz gesagt wird gelehrt: Sorge dich zuerst um dein eigenes Wohl, wende dabei Mittel an, die dir Vorteile verschaffen gegenüber allen anderen. Diese Konditionierung auf Selbstsucht, die unsere Bildungsanstalten oft unbewusst betreiben, wird inzwischen von immer mehr jungen Menschen erkannt und intuitiv abgelehnt. Deswegen verweigern sie sich auf die unterschiedlichsten Weisen dem momentanen Schulsystem. Verhaltensauffälligkeiten dieser Art werden von der Gesellschaft wiederum in ihren wahren Ursachen nicht erkannt, sondern werden durch Medikamente, die zu blinden Stillhalten und Gehorsam verdammen, zu unterdrücken versucht. Die Pharmaindustrie spielt momentan eine ebenso entscheidende Rolle beim aussichtslosen Versuch, den gegenwärtigen Zustand aufrechtzuerhalten, wie das Bildungssystem. Beide Bereiche arbeiten zunehmend Hand in Hand.

Wenn in der Schule der Weg der Einheit in der Vielfalt und der der Mitverantwortung gelehrt würde, würde sich sofort unser ganzes Gesellschaftssystem transformieren und all unsere Probleme würden sich auflösen. Ein solcher Weg würde auch die Möglichkeit schaffen, über die eigentliche göttliche Basis allen Seins aufzuklären, sowie die Notwendigkeit der Lehre der Selbsterkenntnis zu verdeutlichen. Denn nur durch Selbsterkenntnis kann ein Mensch zu Glück und Selbstbeherrschung gelangen und davon ausgehend auch eine ganze Gesellschaft. Der notwendige Umwandlungsprozess kann nur einsetzen, wenn den Menschen in der Schule schon das richtige Verhalten gegenüber der Natur beigebracht wird, denn dieses ist immer ein Spiegel für das Verhalten zu sich selbst und seinen Mitmenschen. Die Selbstsucht der Menschen wird über ein gesundes Verhältnis zur Natur umgewandelt in einen für die Gemeinschaft wertvollen Idealismus, der nicht fanatisch oder dogmatisch ist, sondern inklusiv und zum ständigen Dazulernen bereit.

Die Kinder in den Schulen sehen oft schon deutlicher als die Lehrer, dass wir nicht so weiter machen können, wie wir wollen. Wir können nicht auf unseren eigenen Vorteil nur weiter orientiert leben, sonst würden wir uns alle zerstören. Nur durch das Teilen miteinander von allem steht uns die Zukunft offen. Diese Einsicht entspräche einer Erziehung, die die höchste spirituelle Entwicklung des Einzelnen innerhalb von Gruppen zum gegenseitigen Nutzen fördert und an einer solchen grundlegend ausgerichtet ist. Eine Erziehung, die ausgerichtet ist an inneren Werten und an höheren geistigen Gesetzen, die dem ganzen Leben zugrunde liegen und die es vor allem zu erforschen gilt. Diese Gesetze hängen mit dem Grundaufbau des Universums und mit den 5 Elementen und den aus diesen sich ergebenden harmonischen geometrischen Formen zusammen. Und mit Energien, die durch diese Formen gesteuert und auf uns zurückgeworfen werden. Eine Erziehung, die untergründig auf die Dominanz über andere ausgerichtet ist, kann nicht anders, als die Existenz solcher Gesetze zu ignorieren, sie würde sich ansonsten selbst abschaffen. Es ist also an jedem von uns, diesen Bann zuerst in sich zu brechen, unabhängig von dem gegenwärtigen äußeren Gebaren der etablieren Institutionen. Dann kann sich auch Stück für Stück eine Erziehung durchsetzen, die erkennt, dass wir niemals wirklich dominieren können (dies ist eine große Illusion, die von dem gegenwärtigen System mit allen Methoden aufrechterhalten wird) sondern nur kooperieren, teilen und demütig bestaunen.

Eine Erziehung, die uns in Harmonie mit dem Kosmos bringt, steht, wie wir grundlegend in diesem Buch darstellten, in Verbindung mit zeitlosen Weisheitslehren, wie sie über das alte Ägypten an uns weiter getragen wurden. Im ägyptischen Pantheon ist Thoth als Messender, als Teiler der Zeit, Herr über das richtige Maß. Die heilige Elle verbindet die Menschen mit einer ewigen unabänderlichen Ordnung, die in der Natur wie im Sittlichen herrscht. Diese doppelte Rolle des richtigen Maßes steht mit dem in Verbindung, was wir fraktales Bewusstsein nannten, denn dieses bringt Zeit- und Raumorientierung in Einklang. Ein Symbol für diesen Prozess sind die drei Würfel, die die holografische Natur des Universums darstellen: die Verbindung zwischen Mensch, Erde und Kosmos. Drei Welten, die gemeinsam eine Wirklichkeit teilen, indem sie als fraktale Struktur zusammen in Resonanz treten.

Ein diesem Weltbild entsprechendes integrales Bewusstsein hat Zugang zu höheren Dimensionen, die auf alle niederen Dimensionen bestimmend einwirken, und ermöglicht so einen umfassenderen Begriff von Erfahrung, der sowohl wissenschaftliche als auch intuitive, ästhetische und meditative Dimensionen umfasst.

Durch einen solchen umfassenden Begriff von Erfahrung kann dann auch eine Kunst des miteinander Teilens und eine damit verbundene Kunst des Lebens Grundlage des Lehrplans in Schulen und Universitäten werden. Wir sind orientierungslos, wenn wir die Lebensgesetze nicht kennen, denn dann können wir auch nicht in Einklang mit ihnen leben. Alle Verwirrung und alles Leid entstehen aus der Ignoranz gegenüber diesen Gesetzen.

Das erste dieser Gesetze ist nach den *Lehren der zeitlosen Weisheit* das Karmagesetz von Ursache und Wirkung. Jede Ursache zieht eine Wirkung nach sich. Wir Menschen setzen ständig Ursachen in Bewegung, mit allem, was wir denken, sagen und tun. Sind wir im Einklang mit unserer inneren Natur, durch Ehrlichkeit im Denken, Selbstgewahrsein und Gelassenheit, werden es auch die daraus entstehenden Wirkungen sein. Ist dies aber nicht der Fall und wir handeln verletzend, werden wir entsprechende Wirkungen früher oder später erfahren. Dies nicht als eine Art göttliche Strafe, sondern als einzige Möglichkeit uns wirklich weiterentwickeln zu können, indem wir bereit werden aus unseren Fehlern gegenüber einer höheren Gerechtigkeit zu lernen.

Das zweite Gesetz ist das der Wiedergeburt. Es sorgt für ausgleichende Gerechtigkeit, denn die Seele verkörpert sich über einen Zyklus von vielen Leben immer wieder, solange bis der Mensch aus all seinen Fehlern gelernt hat und sich so vollkommen vergeistigt hat und keine negativen Ursachen mehr auslöst. Dann ist seine Evolution auf diesem Planeten abgeschlossen, und er setzt als ein Bodhisattva, oder Meister der Weisheit, eine höhere Evolution fort, ohne weiter inkarnieren zu müssen.

Das dritte Gesetz ist das des Nichtverletzens. Eine echte Harmlosigkeit besteht darin, intuitiv zu wissen, was zu tun ist in jedem Moment. Etwa auch anderen keinen Schaden dadurch zuzufügen, dass man Hilfeleistungen unterlässt, die man eigentlich ausführen könnte. So eine Intuition für echte Harmlosigkeit ergibt sich aus innerer Gelassenheit. Und diese kann man entwickeln, indem man sich nicht mit seinem Körper, seinen Gefühlen und seinen Gedanken identifiziert, sondern mit dem höheren Selbst. Ob und wie weit wir harmlos sind, können wir jeder Zeit selbst beeinflussen, sobald wir genügend Gelassenheit und Gewahrsein entwickelt haben. Dann ist es auch möglich, sich Schritt für Schritt von den negativen Auswirkungen des Karmas zu befreien und somit auch, wie dargestellt, auf das Gesetz der Wiedergeburt einzuwirken.

Mit all diesen drei Gesetzen ist auch das vierte Gesetz verbunden, das Gesetz des Opfers oder Verzichts. Dabei geht es nicht vordergründig um schmerzvolles Entsagen, sondern um einen aktiven inneren Prozess. Indem man auf das verzichtet, was man nicht mehr braucht, verändert sich das eigene Wesen. Durch Verfeinerung des physischen Körpers, der Emotionen und Gedanken findet eine Transformation statt. Der Mensch lässt die Materie hinter sich und zieht mehr und mehr Licht an. Nur durch eine solche Entwicklung kann man schließlich höhere Grade an Gelassenheit und echtes umfassendes Nichtverletzen erreichen. Auf diesem Weg löst sich schliesslich alles negative Karma auf und der Zwang zur Wiedergeburt.

Es gilt eine innere Verbindung zwischen diesen einzelnen Gesetzen zu erkennen, und dadurch direkt zu erfahren, wieso es wichtig ist sein Leben nach ihnen entsprechend auszurichten, eben darin besteht die Kunst des Lebens.

Komponisten wie Bach, Beethoven oder Mozart loteten in ihrer Musik das oft in den Künsten auftauchende Verhältnis des Goldenen Schnitts mit wissenschaftlichen Methoden aus. Solche universelle Harmonielehre wirkt sich genauso auf die Proportionen in der Baukunst aus. Wir können sie auch wiederfinden in Zahlensystemen, Alphabeten und allem zugrunde liegenden Schwingungs- und Farbananalogien. Eine solche Harmonielehre bestimmt eben auch nach gewissen Gesetzen ganz konkret alle Aspekte unseres Alltagslebens. Unsere Würdigung dieser Gesetze bringt unfehlbar ein Dasein hervor, das, weil es eben im Einklang steht mit höheren geistigen und kosmischen Abläufen, durch wahre Schönheit und gelebte Spontanität geprägt ist. Ein Leben frei von einengenden Doktrinen, durch das sich, auf harmlose Weise, die jedem Menschen zugängliche kreative Inspiration entfalten kann.

7. Heilung

Aus dem Einheitsverständnis heraus ist Heilung ein mehrdimensionales Geschehen, das medizinische, psychotherapeutische, religiöse und künstlerische Formen annehmen kann. Heilung kann sich auf eine einzelne Person, auf Gruppen, auf Nationen und schließlich auf die gesamte Menschheit beziehen. In der Bibel ist die Rede von den Bäumen des Lebens, die der „Heilung der Völker" dienen. In einer anderen Textstelle bezeichnet sich Jesus Christus als „Brot des Lebens". Teilen als Bindeglied zwischen der Welt des Materiellen und der des Geistigen ist der Weg der Heiligung, der Ganzwerdung für das Individuum wie für die Nationen. Dies betrifft zugleich den Weg, den die Menschheit in den letzten 2000 Jahren gegangen ist.

Mit der Entdeckung der Neuen Welt, für die das Jahr 1492 steht, war ein Gegenmodell zur zivilisierten Welt gegeben. Die naturnahen Lebensformen von Eingeborenenstämmen bildeten einen Kontrast zur beginnenden Verstädterung und Technisierung im ausgehenden Mittelalter. Und damit setzte eine anhaltende Diskussion dessen ein, was „natürlich" sei und ob der Fortschritt den Menschen von seinem wahren Wesen trenne. Stellvertretend für die Gesellschaftskritik einer ganzen Epoche steht Jacques Rousseau (1712 -1778). Für ihn war es ausgemacht, dass die Errungenschaften der etablierten Kultur, ja die Vergesellschaftung des Menschen schlechthin den Menschen nur eitel und verderbt machen kann.

Eine Gesellschaftskritik anderer Prägung legte im 19. Jahrhundert Karl Marx (1818 - 1883) vor. Sein Fokus waren die beschleunigte Industrialisierung, der Kampf zwischen der Klasse der Besitzenden (den Arbeitgebern) und Besitzlosen (den Arbeitern), die erzwungene und daher entfremdete Arbeit und das gestörte, verblendete Verhältnis zu Geld und Waren.

Die Welt des 21. Jahrhunderts kennt ein breites Spektrum an alten und neuen Themen, die den technischen Fortschritt und die weitere Entwicklung der Menschheit in Frage stellen wie: Wirtschafts- und Geldkrise, Umwelt- und Klimakatastrophe, Gefahren der Technisierung und der virtuellen Welten, Kluft zwischen Arm und Reich, Überbevölkerung, Verstädterung, Verknappung der Ressourcen. Spiegelbildlich dazu ist die multimediale Verarbeitung der Themen, die von Kriegsspielen, über Verschwörungstheorien bis zu Untergangsszenarien reicht. Der Science-Fiction-Film *Avatar* rekapituliert gleichermaßen 500 Jahre Gesellschaftskritik und Wissenschaftsentwicklung, wie er den Schatten wirft auf den Untergang einer hochtechnologischen, geistig verarmten Menschheit. Die Lösung, die der Film anbietet, gereicht Rousseau zu Ehre: Der technologiemüde, herzensgute Held, der frühere US-Marine Jake Sully, verlässt mithilfe des neuronalen Netzwerkes des Planeten Pandora seinen menschlichen Körper und lebt fortan im Körper eines edlen Wilden in völliger Harmonie mit seinesgleichen und der Umwelt.

Das Bild, welches dabei bemüht wird, ist dieses: Die Menschheit muss wählen, zwischen einer Lebensweise frei von allen technischen Errungenschaften oder Verfall und Untergang. Dieses Bild beinhaltet ein großes Missverständnis der menschlichen Evolution. Es verkennt den inneren Zusammenhang, der die untermenschliche Ebene mit der menschlichen und übermenschlichen Ebene verbindet. Und so wird davon ausgegangen, dass die Menschheit sich ohne Plan und Ziel, frei jeglicher Führung und Unterstützung, vor sich hin entwickeln würde. Wer sich die Mühe macht, die *Lehren der zeitlosen Weisheit* zu studieren, der kann manch Erhellendes zu diesem Thema finden. Dies an Stellen, wo man es nicht vermutet. So etwa wenn Jesus spricht: *„Weiter sage ich euch: wo zwei unter euch eins werden, worum es ist, dass sie bitten wollen, das soll ihnen widerfahren von meinem Vater im Himmel. (Markus 11.24). Denn wo zwei oder drei versammelt sind in meinem Namen, da bin ich mitten unter ihnen."* (Matthäus, Kapitel 18, 19 -20.) Gewöhnlich werden diese Zitate religiös gedeutet, als Ausdruck dessen, was ein starker Glauben zu leisten vermag. Gleichwohl lassen sie sich auch wissenschaftlich verstehen. Dies in dreifacher Weise: 1. Im Sinne eines Zusammenhanges von Ursache und Wirkung. 2. Als Beziehung zwischen der menschlichen und übermenschlichen bzw. göttlichen Ebene. Und 3. Als Verstärkerprinzip.

Jesus steht hier als Repräsentant der geistigen Hierarchie, die der menschlichen Ebene übergelagert ist. Zugleich gehört er der menschlichen Ebene an. Mit einem Teil ist er menschlich, mit dem anderen ist er übermenschlich. In diesem Übergangsstadium befinden sich den *Lehren der zeitlosen Weisheit* zufolge alle jene, die in allen Lebensbereichen an der Speerspitze der Menschheit stehen. Es ist der Weg, den alle früher oder später gehen werden. Die Aussage: *„Denn wo zwei oder drei versammelt sind in meinem Namen, da bin ich mitten unter ihnen,"* bezeugt das Band zwischen der menschlichen und übermenschlichen Ebene. Dieses Band steht für geistige Führung und Unterstützung zum Wohle eines größeren evolutionären Planes, dem beide Ebenen kooperativ dienen. Das Band wiederum gründet auf Vertrauen, genauer Urvertrauen.

Durch Teilen kommt der Plan voran, weil es Trennungen überwindet und alle an den gemeinsamen Weg der Bewusstseinsentwicklung anbindet. Teilen ist der Einstieg ins Gruppenbewusstsein, sozusagen die unterste Stufe. Daran wird deutlich, warum jemandem, der sich an sein Bewusstsein als Einzelmensch heftet, das Teilen nicht in den Sinn kommt, ja ihm geradezu widersinnig erscheint. Und es wird deutlich, dass der Weg hin zum Teilen mit dem Loslassen eingefleischter Denkweisen zu tun hat.

Damit unterstellen wir, dass es so etwas wie Urvertrauen als inneres Gefühlswissen gibt, das um die Beziehungen zur Einheit von allem weiß. Dieses Urvertrauen ist unser gemeinsames spirituelles Erbe, wenn wir das Leben mit der Geburt beginnen. Es ist ein Urvertrauen, indem es noch vor dem Vertrauen liegt, das Menschen uns geben können. Es überbrückt – als These formuliert - die Phase der gefühlten Einheit mit Gott, bis sie zur erfahrenen Gewissheit wird. Dieses Vertrauen ist im Hintergrund verborgen stets gegenwärtig, so sehr es auch im äußeren Leben vergessen und verschüttet sein kann. Und es ist im Bewusstsein eines Säuglings gegenwärtig. Wie wenig weiß man um das Bewusstsein eines Säuglings, wie sehr legt man ihn auf seine körperlichen Begrenzungen fest? Das Wissen um diese früheste Phase des Lebens scheint unzugänglich, verloren und daher einer näheren Betrachtung nicht der Mühe wert. Muss man nicht aufhorchen, wenn ein indischer Yogi, Philosoph und Schriftsteller in seiner

Autobiografie detailliert seine Empfindungen als Säugling und Kleinkind beschreibt? Dass es ein Bewusstsein jenseits von Sprache, ja unabhängig von der Gehirnentwicklung geben soll, dessen einziges Handicap es ist, dass es sich nur in Lachen und Weinen mitteilen kann? Ein Bewusstsein, das um seine eigene Existenz weiß und daher in einem Vertrauen gründet, das jenseits von sinnlicher Erfahrung und menschlicher Nähe liegt?

Nach Yogananda sind seine Erinnerungen als Säugling kein Einzelfall, und er verweist auf die immaterielle und allgegenwärtige Seele als Quelle seiner Erfahrung und Erinnerung. Als Urvertrauen kann diese Erfahrung, auch dort, wo sie vergessen wird, fortleben. Zugleich hilft es, besser zu verstehen, was bei dem Gruppenheilen, das auf der Einswerdung der Teilnehmer aufbaut, vor sich geht und an welchen Ebenen es ansetzt. Und warum es über die psychologische Ebene hinausgeht und eine spirituelle Erfahrung mit kollektiver Reichweite ist. Und zwar deshalb, weil es – ganz im Sinne dessen, was Jesus meint - auf der inneren Verbindung zwischen der menschlichen und übermenschlichen Ebene aufbaut und deren Einheit bezeugt. Weil allem Anschein nach Heilung geschieht, indem sich Energien von der übermenschlichen Ebene aus in die menschliche Ebene ergießen. Und weil Heilung in diesem Sinne ein Gemeinschaftswerk verschiedener Ebenen ist, die sich gegenseitig zum Wachstum, zur Vervollkommnung benötigen. Bei der Gruppenheilung, also immer dort, wo viele Menschen mit einem Heilungswunsch zusammenkommen, können sich Heilwirkungen gegenseitig potenzieren, und so kann sich synergetisch ein einheitliches Heilungsbewusstsein aufbauen. Dabei ist unter anderem entscheidend, dass ein gemeinsamer Bewusstseinszustand der bedingungslosen Liebe und des vollkommenen Friedens aufgebaut und über eine gewisse Dauer aufrechterhalten wird. Es gibt auf diesem Gebiet noch viel zu erforschen, aber die ersten Schritte in diese Richtung werden gerade weltweit unternommen. Es wäre wünschenswert, wenn von staatlicher Seite solche Forschungen unterstützt und nicht bekämpft werden würden, auch wenn sie sicherlich nicht im Interesse bestimmter kommerzieller Heilungsanbieter sind.

Heilung im Zeitalter des Teilens gestaltet sich anders als bisher. Der neue Heilungsbegriff geht von der Einheit von Körper, Psyche (Persönlichkeit) und Geist (Seele) aus und anerkennt die Wechselwirkung zwischen diesen Bereichen. Heilung im Sinne von Gesundwerdung ist mehr als die Beseitigung von Schmerzen und Rückgewinnung von körperlicher und psychischer Funktionalität. Und mehr als das passive sich in Obhut Geben von heilkundigen Personen, sei es im Bereich der Schulmedizin, der Alternativmedizin oder der Geistheilung. Heilung ist ein selbst veranlasster, aktiver Lern- und Bewusstseinsprozess. Insofern ist vieles, was heutzutage unter dem Stichwort Heilung läuft, keine Heilung im Sinne des neuen Heilungsbegriffs, sondern Symptombekämpfung, Symptomverschiebung, Linderung usw. Jede Krankheit kann ein willkommener Anstoß sein, um tief gehende Unstimmigkeiten in der Gesamt-Persönlichkeit zu erkennen und zu heilen. Denn alle Krankheiten haben karmische Ursachen. Heilung ist immer mit der Überwindung von negativem Karma verbunden und führt ein Stück voran auf der Suche nach der Einheit mit dem Universum. Ohne negatives Karma kann uns nichts etwas anhaben. Selbst die leichtesten, die kleinsten Störungen sind karmische Konsequenzen unserer ehemaligen negativen Handlungen – wobei Gedanken auch als Handlungen zu verstehen sind.

Heilung ist so auch immer verbunden mit einer geistigen Transformation, die uns hin zu einem Dasein in Harmonie mit den genannten Lebens- und Naturgesetzen führt. Als Heilung können wir in diesem Sinne jede Handlung – jede Form von Kunst, von Ritual, von Technik – bezeichnen, die durch die Erzeugung eines positiven Karmas negatives Karma auflöst oder ausgleicht.

Dass jedes Leiden und jede Krankheit zu einem persönlichen Entwicklungsplan gehört, bedeutet aber nicht, dass wir nicht negatives Karma unweigerlich auf uns ziehen, sobald wir anderen helfen könnten, ihr Leiden, entstanden aus globaler sozialer Ungerechtigkeit, zu mindern, es aber unterlassen. Viele Krankheiten bestehen in den reicheren Gesellschaften heute, weil die Menschen sich dort von dem Elend in der Welt absondern und nicht in entsprechendem Maße wie sie es könnten Hilfsbereitschaft zeigen.

Bei all dem geht es aber nicht um eine Bekämpfung des Todes an sich, wie es dem momentanen Medizinsystem entspricht. Eine geistige Sterbebegleitung kann als ein Akt der Heilung betrachtet werden.

Heilung beinhaltet Heiligung im Sinne der Anerkennung von Lebensgesetzen. Die Lebensgesetze werden dort missachtet, wo von Seiten des Heilpersonals der Anspruch einer Machbarkeit gehegt oder den Patienten suggeriert wird. Der wahre Sinn der Heilung ist die Berichtigung eines Fehlers, der sich als Krankheit manifestiert. Dabei handelt es sich nicht nur um individuelle Fehler, sondern um kollektive, die z.B. der Menschheit als Empfänglichkeit für bestimmte Krankheiten einwohnen. Dass eine Krankheit vorliegt, berechtigt zu der Annahme, dass es karmische Ursachen gibt. Die Heilabsicht geschieht ohne vollkommene Kenntnis aller karmischen Fakten, aber dennoch nicht naiv und gutgläubig. Probleme entstehen dort, wo

Heilmaßnahmen aus einem verengten Denken oder aus falschen Motiven erfolgen oder unterlassen werden. Etwa aus Gründen einer materialistischen Einstellung zum Leben oder der Tabuisierung von Sterben und Tod. Im Zuge der Ökonomisierung und Verrechtlichung der Medizin sind heutzutage viele Behandlungen profit- und rechtsgesteuert.

Ohne Leiden würden wir nicht die Hinwendung zum Ganzheitlichen suchen, und diese Hinwendung ist aus dem ganzheitlichen Bewusstsein heraus gesehen die wichtigste Tätigkeit im Leben. Alle Menschen erahnen irgendwie wage in bestimmten Momenten ihres Lebens, dass sie eigentlich zu einer erhabeneren Existenz berufen sind, sie lenken sich aber meist gezielt von dieser Einsicht ab oder lassen sich von anderen ablenken. Dies immer solange, bis ausgelöst von leidvollen Erfahrungen oder Krankheiten, ihnen erneut Möglichkeiten geben werden, den eigentlichen Sinn des Lebens tiefer zu hinterfragen und so den Motor ihrer spirituellen Entwicklung anzuschalten. Die Alten sprachen deswegen vom *amor fati*: Liebe dein Schicksal, denn es will dir Gutes.

Ganz geheilt sind wir nicht wenn unsere Körper gesund sind, sondern wenn wir keinerlei Heilung mehr benötigen, weil wir ganz in ein geistiges Einheitsbewusstsein eingegangen sind. Einige wichtige Punkte, die bei solchen ganzheitlichen Heilungsprozessen eine entscheidende Auswirkung haben:

1. Die gelassene Einstellung gegenüber der Krankheit

2. Die Qualität der Gedanken, sind sie voller Liebe oder eher voller Hass etc.

3. Die Art des Karmas, das hinter der Krankheit steht

4. Der Einfluss von Orten und anderen Menschen mit denen der Kranke zusammentrifft

5. Das Vertrauen in die mögliche Heilung

6. Die Fähigkeit, Dankbarkeit zu empfinden und zu vergeben

7. Die Fähigkeit, in Liebe die Gedanken hin auf eine höhere heilende Kraft auszurichten, durch die man sich nicht durch festgefahrene dogmatische Vorstellungen getrennt fühlt, sondern die man authentisch erfährt

Ein Kurieren ohne ganzheitliche Heilung führt nur dazu, dass die Krankheit in immer wieder neuen Formen erscheinen wird. Ein Gesundheitssystem, bei dem die Medikamentenhersteller, Ärzte, Heilpraktiker, Psychologen und Psychotherapeuten sowie geistige Heiler sich gegenseitig unterstützen und ihre Erfahrungen zum Wohle der Patienten und der Gesellschaft miteinander teilen, wäre die Lösung für alle Probleme unseres Gesundheitssystems. Damit diese verschiedenen Bereiche der Heilung sich nicht mehr in Konkurrenz zueinander sehen, sondern erkennen, dass es da eine tiefere Einheit in der Vielfalt gibt, die es anzustreben gilt, wird von allen Seiten Toleranz zu lernen sein, denn sonst sind diese Seiten dazu verdammt, Dinge abzulehnen, nur weil sie sie nicht verstehen können. Teilen bedeutet auch das Beisteuern von Erkenntnissen aus verschiedenen Disziplinen und das Vereinigen von Kompetenzen. Dies schließt die Verbindung zur geistigen Welt und von Fähigkeiten wie Hellsichtigkeit mit ein. Heilung im neuen, erweiterten Sinne steht nicht unter dem Vorzeichen der Lebensverlängerung, sondern unter dem der Bewusstseinsentwicklung oder des ganzheitlichen Lernens. Gesunderhaltung und Heilung beinhaltet die erzieherische Aufgabe, Menschen darin zu unterstützen, die Lebensgesetze zu verstehen und zu würdigen. Wobei der Begriff der Gesundheit die psychosoziale und geistige Gesundheit umfasst. Wie wir festgestellt haben, erscheinen viele Menschen heute zwar körperlich nicht krank, aber gemessen an den Absichten der innewohnenden Seele sind sie es sehr wohl. Indem man dies immer besser erkennen wird, wird man dem inneren Zusammenhang von Erziehung und Heilung besser Rechnung tragen können.

Medizin in einem ganzheitlichen Sinne wird in Zukunft vor alle auch darin bestehen, Menschen zu helfen, sich von Erinnerungen an Schuldgefühle und schlechte Erfahrungen zu trennen und sich mit einer grenzenlosen Liebe zu identifizieren, die nicht durch Körper, Denken oder Geist begrenzt ist. Diese grenzenlose Liebe erreicht man nicht durch Lernen, nicht durch Wissen, sondern durch Erkennen. Während in den Wissenschaften bisher Wissen vor allem durch (intellektuelles) Lernen und Experimente gewonnen wurde, wird es in Zukunft mehr um direkte Erkenntnisse gehen. Erkenntnisse, die nur durch das Einswerden mit dem Ganzen erlangt werden können.

Wir haben im Rahmen dieses Buch eine neue evolutionäre Kraft postuliert, die sich als Hinwendung zum Teilen bzw. als soziale Kreativität manifestiert. Für das Wirken dieser Kraft haben wir versucht Indizien zusammen zu tragen. Parallel dazu wurde auf die zeitlosen Weisheitslehren hingewiesen, die einen zyklischen evolutionären Kraftwechsel beschreiben und einen solchen auch für unsere Zeit voraussehen. Dass es diese Wechsel gibt, und dass wir uns am Anfang eines solchen befinden, kann über Indizien belegt werden. Unser Ziel war es, zu zeigen, wie die neueren Denk- und Forschungsansätze in Wissenschaft und Kunst bereits sich beachtlich den in den Weisheitslehren vertretenen Ansichten annähern. Nach den Weisheitslehren verläuft die Evolution des Bewusstseins vom tierischen Instinkt über die menschliche Vernunft zur übermenschlichen Intuition. Letztere entspricht der reinen Vernunft oder Platons Welt der Ideen. Wir dürfen annehmen, dass dies die Ebene ist, aus der alle großen Denker ihre Ideen geschöpft haben. In diesem Sinne lassen sich auch viele ihrer autobiografischen Mitteilungen verstehen.

Welche große Idee zu einem bestimmten Zeitpunkt aufkommt und Gestalt annimmt, folgt nach Maßgabe der Weisheitslehren dem zyklischen Wirken evolutionärer Kräfte. Deren Ausrichtung ist an Pläne gebunden, die die Entwicklung der Menschheit mit planetarischen und kosmischen Zielen verbindet. Danach entwickelt sich nichts im Universum aus sich selbst und für sich selbst. Vielmehr dient alles Geringere einem Höheren und umgekehrt bis hinein in Regionen einer Galaxie und darüber hinaus. Nach den Weisheitslehren hat die evolutionäre Kraft in den vergangenen zweitausend Jahren dahin gehend gewirkt, ein in der Menschheit angelegtes Potenzial zur Bildung von Idealen nachhaltig zu fördern. Dadurch sind die großen Ideale etwa der Individualität, der Nächstenliebe oder der Aufklärung zum Vorschein gekommen. Zugleich hat die Anhaftung an diese Ideale in hohem Maße trennend und verzerrend gewirkt und zu Fanatismus und zu Selbstsucht geführt. Im Rahmen dieses Buches haben wir dies u.a. an der Ausweitung und dem Missbrauch des Freiheits- und Eigentumsbegriffes aufgezeigt. Dieser Missbrauch hat einer Geldelite erlaubt, immer mehr Macht an sich zu reißen und große Bereiche des heutigen Lebens zu kontrollieren. So wurde das Ideal der Individualität im Sinne einer machthungrigen, gierigen Persönlichkeit ausgelegt, die das Recht hat, sich das zu nehmen, was sie will. Zur Begründung dieser verzerrten Ideale wurden und werden u.a. Theorien wie die des Darwinismus herangezogen. Danach setzen Wettbewerb und Konkurrenz beim Menschen fort, was im Tierreich als natürliche Auslese und als Anpassung angesehen wird. Im Zuge des Aufstieges der Nationalstaaten kamen die trennend wirkenden Ideale als politische und wirtschaftliche Ideologien zur Geltung, die im Wettstreit miteinander stehen und nach Sicherung und Mehrung ihrer Macht streben. Im Namen dieser Ideologien wurden Machtverhältnisse und elende Zustände gerechtfertigt und Kriege geführt. Die Spannungen in der Welt sind immens: In Verbindung mit den Massenvernichtungswaffen ist eine gefährliche Situation entstanden. Neben einer Welt der Verschwendung, des Luxus, der technologischen Aufrüstung und der kommerziellen Durchdringung aller Lebensbereiche gibt es eine Welt bitterer Armut und krasser zivilisatorischer Rückständigkeit.

Die letzten zweitausend Jahre haben alles in allem ein materialistisch-dualistische Weltbild hervorgebracht. Hat sich damit die evolutionäre Kraft als Fehlschlag erwiesen? Viele mögen dies glauben, und all die eben nochmals aufgezählten Aspekte könnten in diesem Sinn ausgelegt werden. Wir sind entschieden anderen Wissens und nehmen es in Kauf, als Optimisten bezeichnet zu werden. War es doch unser Anliegen, in diesem Buch zu zeigen, dass sich das evolutionäre Rad weiter gedreht hat und die Welt sich durch einen Zustrom neuer evolutionärer Energien zu wandeln begonnen hat. Zugleich lässt sich feststellen: Das materialistisch-dualistische Weltbild hat der Menschheit große Fortschritte und große Errungenschaften erbracht und große Perspektiven eröffnet. Ein Fehlschlag wäre es, wenn es weiter geführt würde und wenn reaktionäre Tendenzen weiterhin die Oberhand behalten würden. Mit anderen Worten, das Gute wandelt sich zum Bösen, wenn es unzeitgemäß wird und dem Wechsel der evolutionären Kraft und evolutionärer Ziele zu trotzen versucht. So mag das Böse in Zeiten des Überganges das Gute verzögern, niemals aber vermag es das Gute letztendlich ganz aufzuhalten.

Die neue evolutionäre Kraft, die nun vermehrt auf die Menschheit einströmt, wirkt in einem doppelten Sinne verbindend und erdend. Diese erlaubt es, gegensätzliche Ideale wie Individuum und Gemeinschaft in Form von Synthesen zusammen zu bringen und zugleich praktisch werden zu lassen. Eine solche erkennbare Synthese, die wir in diesem Buch beschrieben haben, deutet sich als neuartiges Gruppenbewusstsein in Netzwerken an, bei denen der Einzelne über eine Gruppe mit anderen Gruppen und deren Netzwerken verbunden ist. Das

Wesen des neuen Gruppendenkens ist es, dass es inklusiv, integrierend und einheitsbildend ist. Nach unseren Erkenntnissen ist es möglich, über dieses Gruppendenken mit der sich nun durchsetzenden evolutionären Kraft des Teilens in Berührung zu kommen. Und wir gehen davon aus, dass dies bei den in diesem Buch beschriebenen Vorreitern und Wegbereitern dieser Kraft der Fall war. Die Voraussetzungen dazu sind Haltungen wie Inklusivität, Uneigennützigkeit und Engagement für Gruppenbelange. Die Kraft, die sich über solche Haltung über konkretes stimmiges Tun evozieren lässt, wirkt sozial verbindend, ausgleichend, inspirierend und transformierend.

Viele reagieren auf diese Kraft unbewusst, spontan, angetrieben von dem Verlangen, inneren Bedürfnisse und Ideen eine passende Form zu geben. Diese Ideen knüpfen u.a. an dem an, was in indigenen Völkern instinktiv als richtige Lebensweise vorhanden war: Schonender Umgang mit Ressourcen, Teilen und gegenseitige Unterstützung. Auf einer höheren Windung der Spirale lassen sich diese Ideen nun intellektuell formulieren und mit den Möglichkeiten der modernen Technologien verbinden. Dadurch wird es möglich, die entstandenen Fehlhaltungen des Strebens nach Besitz, Dominanz und Verschwendung zu korrigieren. Das instinktive Herdenbewusstsein wird fortgeführt auf einer höheren Bewusstseinsstufe als intelligentes Gruppenbewusstsein, das an der entwickelten Individualität jedes Gruppenmitgliedes ansetzt und diesem bezogen auf das Zusammenwirken in der Gruppe seine wahre Bestimmung gibt. In diesem Sinne ist jeder Mensch eine Bereicherung und hat seinen Platz im großen Ganzen.

Wir können nicht erwarten, dass sich die neue Entwicklung gleich in ihrer ganzen Schönheit, Vollkommenheit und Tragweite zeigt. Und in der Tat sind viele der heutigen Ansätze noch eine Mischung der beiden aufgezeigten Weltbilder.

Viele ändern, kaum bemerkt von den Medien, heute ihre Einstellungen gegenüber dem Leben. Dies kann sprunghaft und plötzlich sein oder graduell und allmählich. Die Umstände allein sind es nicht. Vielmehr brechen die Menschen aus einer Haltung aus, die bestimmte, wie sie in der Vergangenheit auf Umstände reagiert haben. Vor allem aus der Haltung der passiven Ergebenheit. Viele wissen oder ahnen, dass die Umstände nicht notwendigerweise so sein müssen, wie sie sind. Und sie spüren, dass die propagierten Rezepte und Lösungen nicht so alternativlos sind, wie Politiker und Experten glauben machen wollen. So schwindet die Bereitschaft, ungerechte Situationen hinzunehmen. Angst und Kontrolle verlieren ihre Wirkung. Wir sehen uns berechtigt, von einem neuen Freiheitserwachen zu sprechen, das die

Welt durchzieht. Als ein äußeres Symbol dafür stehen der arabische Frühling und die Ereignisse auf dem Tahirplatz. Wer in Komplettlösungen denkt, dem entgeht die wahre Bedeutung solcher Ereignisse. Die Welt schreitet in Teillösungen voran, zu denen Rückfälle und Umwege gehören. Das neue Freiheitserwachen hat viele Gesichter, es ist nicht eindimensional politisch oder wirtschaftlich. Es konkretisiert sich an den jeweiligen Gegebenheiten und ist gleichermaßen individuell und kollektiv. Es bezieht sich auf die Wahrnehmung von Rechten, die eingeschränkt oder gesellschaftlich nicht opportun waren, etwa die Rechte zur Selbsterlösung, zur Selbstheilung, zur Selbstversorgung und zu Selbstverwaltung. Vordergründig waren solche Freiheiten – zumindest hierzulande – immer oft gegeben, aber sie wurden nicht genutzt, waren reglementiert und unterlagen der Kontrolle durch Kirche, öffentliche Verwaltung, Expertensysteme, Wissenschaft und Wirtschaft.

Das neue Freiheitserwachen geht über das hinaus, was wir bislang unter Freiheit verstehen wie Redefreiheit, Reisefreiheit oder Berufsfreiheit und wie sich diese Rechte bisher in der freien Betätigung nach außen und im öffentlichen Raum auswirkten. Oder anders ausgedrückt geht es über die Freiheit, etwas zu Tun, zu Nehmen und zu Erhalten hinaus. Die neue Freiheit besteht im Loslassen, im Geben und im Verzichten. Die neue Freiheit ist nicht etwas, was man sich nach außen erkämpfen muss, sondern was man sich selbst gewähren kann. Allem voran geht es dabei um das Erkennen des Zusammenhangs von Angst und Formverhaftung. Angstfreiheit und Freiheit von der Abhängigkeit und Versklavung durch materielle Formen sind die Schwergewichte in dem neuen Freiheitserwachen. Diese Angstfreiheit ist der wahre Grund für den gesellschaftlichen Wandel hin zu mehr Demokratie und hin zu einer neuen Ökonomie des Teilens.

Seit Menschengedenken hat Angst die Menschen im Bann gehalten, hat sie ungerechte Zustände ertragen lassen, hat ihre Zugänge zu ihrem inneren Potenzial blockiert. Angst und Schuld waren die heimlichen Machtmittel aller organisierten Religionen. Das Schüren von Angst gehört zu dem wichtigsten Mitteln in Politik und Wirtschaft, um Menschen gefügig zu machen und selbstsüchtige Interessen durchzusetzen. Die Formverhaftung wiederum nährt diese Angst, der offensichtlichste Beweis dafür ist die Todesangst durch Identifikation mit dem leiblichen Körper. Die kommerzielle Durchdringung aller Lebensbereiche ist der äußere, sichtbare Beweis für die formverhaftete Versklavung durch blinde Marktkräfte. Angstfreiheit und Freiheit von Formverhaftung sind die Säulen des neuen Freiheitserwachens, die den Weg hin zum Teilen gebahnt haben und die dazu beitragen werden, ihn in Zukunft zu verbreitern. Was wir erleben, sind die ersten Pulsschläge dessen, was es bedeutet, sich von alten Bindungen zu lösen. Die Bindung an Macht, Besitz, Geld, Konsum, Komfort, Wachstum. Die Liste lässt sich beliebig fortführen. Und indem wir uns für diese Freiheiten öffnen, erkennen wir zugleich, was bislang verhindert wurde: Ein größerer Zustrom an Liebe, die alles verändert und heilt. Auf diesen Zustrom reagieren die Menschen im Ausmaß der individuellen und kollektiven Bewußtseinsreife. Diese Kraft verstärkt gleichermaßen das Beste und Schlechteste in ihnen, und daher haben wir die teils verwirrenden, teilweise antagonistischen Zustände.

Die Kraft der Liebe selbst ist die sicherste Gewähr dafür, dass die Dinge sich zum Guten wenden. Sie modifiziert gleichzeitig den Willen und die Intelligenz. Sie verleiht dem Willen Bewusstsein, damit er sich nicht blind auswirkt. Sie verleiht der Intelligenz Weisheit, damit sich das Handeln weitsichtig ausrichtet. All dies erfahren in dieser Zeit Menschen, ohne dass sie die Gründe kennen und die Zusammenhänge verstehen. Befreit von Angst und Formverhaftung, reagieren sie auf Impulse und Eingebungen ihrer eigenen Seele und aus der geistigen Welt. Befreit von diesen Bürden, werden sie zugänglich für ungewöhnliche, kreative Lösungen. Straftäter erfahren eine spirituelle Transformation, Menschen mit AIDS sind in der Lage, sich selbst zu heilen. Menschen organisieren und verwalten sich selbst in Gemeinschaften. Gruppen starten soziale, künstlerische oder ökologische Initiativen. Oder ändern einfach nur ihre Einstellung zu Besitz und Konsum. Und das ist alles nur der Anfang.

Wer das, was wir anzudeuten versuchen, noch eine Spur konkreter, praxisnaher und persönlicher haben möchte, dem oder der können wir zurufen: "Sieh hin, soviel verändert sich schon um Dich. Alles was es braucht, ist Deine Offenheit. Lasse Dich anstecken von dieser Kraft. Lasse die Angst und das Anklammern an Formen hinter Dir. Gehe in die Kraft und drükke sie im Rahmen Deiner Möglichkeiten aus!"

Von verschiedener Seite konnten wir uns freuen, bei der Arbeit an diesem Buch Unterstützung zu erfahren. Unser besonderer Dank gilt vor allem Paul Degen, Josef Amling, Stefan Laug, Andreas Beutel, Mareen Scholl, Peter Sutter, Helmut Schrieder, Andrea Hessel, Marco C. Steiger, Natsuyo und Rica Koizumi-Wiesmann, Julia Meijer, Raphael Fellmer, Charles Eisenstein, Margrit und Declan Kennedy, Elisa und Lars Graf, Noha Fischer, Tal Berry, Daniela Canton, Claus W. Turtur, Albert Alibashah, Marion Lux, Patricia Kropp-Weis, Gerhard Füger, Helga Füger-Werber, Dagmar Kuhn, Verena van Zyl-Bulitta.

Bibliographie

Aurobindo G. (1955) Zyklus der menschlichen Entwicklung. O. W. Barth Verlag, (Erstveröffentlichung 1918)

Bailey, A.A../Khul, D. Esoterische Philosophie. Lucis Verlag Online: netnews.helloyou.ch/bkgr/toc.html

Bauwens, M. (2005) P2P and Human Evolution: Peer to peer as the premise of a new mode of civilization. Online: networkcultures.org/weblog/archives/P2P_essay.pdf

Benkler, Y. (2006) The Wealth of Networks. Yale University Press

Beutel, A. (2011) Die Blume des Lebens und der Quantenraum. DVD, Koha (AL!VE)

Bishop, C. (Hrsg.) (2011) Artificial Hells: Participatory Art and the Politics of Spectatorship. Verso Books

Bronfen, E. (2011) Crossmappings: Essays zur visuellen Kultur. Scheidegger & Spiess

Cavell, S. (1997) Contesting Tears: The Hollywood Melodrama of the Unknown Woman. University of Chicago Press

Cassirer, E. (2010) Philosophie der symbolischen Formen, Erster Teil - Die Sprache, Zweiter Teil - Das mystische Denken, Dritter Teil - Phänomenologie der Erkenntnis. Meiner Verlag (Erstveröffentlichung 1923, 1925, 1929)

Castells, M. (2009) Communication Power. Oxford University Press

Christakis, N.A./Fowler, J.H. (2010) Connected!: Die Macht sozialer Netzwerke und warum Glück ansteckend ist. Fischer Verlag (Erstveröffentlichung 2009)

Clausen, M./Müller-Frank, S./Shaw, R. (2012) Prinzessinnengärten. Anders gärtnern in der Stadt. Dumont Buchverlag

Coats , C. (2001) Naturenergien verstehen und nutzen: Viktor Schaubergers geniale Entdeckungen. Omega Verlag (Erstveröffentlichung 1999)

Creme, B. (2009) Die Kunst zu leben: Leben im Einklang mit den Lebensgesetzen. Share International Deutschland (Erstveröffentlichung 2006)

Deacon, T. (1998) The Symbolic Species: The Co-Evolution of Language and the Brain. W W Norton & Co

de Geus, A (2008) Jenseits der Ökonomie: Die Verantwortung der Unternehmen. Schäffer-Poeschel Verlag (Erstveröffentlichung 1998)

Donald, M. (2008) Triumph des Bewusstseins: Die Evolution des menschlichen Geistes. Klett-Cotta Verlag (Ersterscheinung 1991)

Douglas, M. (2004) Ritual,Tabu und Körpersymbolik. Fischer Taschenbuch Verlag (Ersterveröffentlichung 1969)

Eisenstein, C. (2012) Die Renaissance der Menschheit: Über die große Krise unserer Zivilisation und die Geburt eines neuen Zeitalters. Scorpio Verlag (Ersterscheinung 2007)

Eisler, R. (2005) Kelch & Schwert, Unsere Geschichte, unsere Zukunft. Weibliches und männliches Prinzip in der Geschichte. Arbor-Verlag (Ersterscheinung 1988)

Fatheuer, T. (2009) Buen Vivir. Heinrich-Böll-Stiftung

Franck, G. (2005) Mentaler Kapitalismus: Eine politische Ökonomie des Geistes. Carl Hanser Verlag

Frith, C. (2010) Wie unser Gehirn die Welt erschafft. Spektrum Akademischer Verlag (Erstveröffentlichung 2007)

Gablik, S. (1994) The Reenchantment of Art. Thames & Hudson (Erstveröffentlichung 1991))

Galenson, D.W. (2006) Old Masters and Young Geniuses: The Two Life Cycles of Artistic Creativity. Princeton University Press

Geppert, A.C./ Kössler,T. (Hrsg.) (2011) Wunder, Poetik und Politik des Staunens im 20. Jahrhundert. Suhrkamp Verlag

Graeber, D. (2012) Die falsche Münze unserer Träume: Wert, Tausch und menschliches Handeln. Diaphanes Verlag (Erstveröffentlichung 2001)

Greenspan, S./Shanker, S.G. (2007) Der erste Gedanke: Frühkindliche Kommunikation und die Evolution menschlichen Denkens. Beltz Verlag (Erstveröffentlichung 2004)

Girard, R. (2011) Shakespeare: Theater des Neides. Carl Hanser Verlag

Girod, B. (2010) Green Change. Zytglogge-Verlag

Gurstein, M. (2000) Community Informatics: Enabling Communities with Information and Communications Technologies. Igi Global

Hallward, P. (2009) The Will of the People: Notes Towards a Dialectical Voluntarism. Radical Philosophy May/June 2009

Harvey, D. (2007) A Brief History of Neoliberalism. Oxford University Press

Helfrich, S. (Hrsg.) (2012) Commons: Für eine neue Politik jenseits von Markt und Staat. Transcript Verlag

Hyde, L. (2008) Die Gabe: Wie Kreativität die Welt bereichert. S. Fischer Verlag (Erstveröffentlichung 1983)

Hughes, T. (1992) Shakespeare and the Goddess of Complete Being. Faber

Irigaray, L. (2010) Welt teilen. Verlag Karl Alber (Erstveröffentlichung 2008)

Jameson, F. (2010) Realism and Utopia in The Wire. Online: readperiodicals.com/201007/2405087441.html#b

Joas, H. (1992) Die Kreativität des Handelns. Suhrkamp Verlag

Kagan, S. (2011) Art and Sustainability - Connecting Patterns for a Culture of Complexity. Transcript Verlag

Kandel, E.R. (2012) Das Zeitalter der Erkenntnis: Die Erforschung des Unbewussten in Kunst, Geist und Gehirn von der Wiener Moderne bis heute. Siedler Verlag

Kuni, V. (2004) Der Künstler als Magier und Alchemist Online: kuni.org/v/abs/diss_kuni_v_ihvz.pdf

Levi Strauss, C. (1978) Strukturale Anthropologie 1 und 2. Suhrkamp Verlag (Erstveröffentlichung 1958)

Lievrouw, L. (2011) Alternative and Activist New Media. John Wiley & Sons

Lipton, B./Bhaerman, S. (2009) Spontane Evolution: Wege zum neuen Menschen. Koha Verlag (Erstveröffentlichung 2008)

Pagels, H.R. (1983) Cosmic Code. Quantenphysik als Sprache der Natur. Ullstein Verlag (Erstveröffentlichung 1982)

Reckwitz, A, (2012) Die Erfindung der Kreativität. Suhrkamp Verlag

Rainie, L./Wellman, B. (2012) Networked: The New Social Operating System. The MIT Press

Richards, R. (Hrsg.) (2007) Everyday Creativity and New Views of Human Nature: Psychological, Social, and Spiritual Perspectives. Amer Psychological Associatio

Rifkin, J. (2011) Die empathische Zivilisation: Wege zu einem globalen Bewusstsein. Fischer Taschenbuch Verlag (Erstveröffentlichung 2009)

Rifkin, J (2014) Die Null-Grenzkosten-Gesellschaft: Das Internet der Dinge, kollaboratives Gemeingut und der Rückzug des Kapitalismus. Campus Verlag

Russell, W. (2002) Geheimnis des Lichtes : Das universale Partnerprinzip. Genius Verlag (Erstveröffentlichung 1947)

Rudhyar,D. (1977) Culture, crisis, and creativity. Theosophical Publishing House;; (1988) Die Magie der Töne. Musik als Spiegel des Bewußtseins. Deutscher Taschenbuchverlag (Erstveröffentlichung 1982)

Salas, J. (2009) Playback -Theater. Alexander Verlag

Saito, Y. (2010) Everyday Aesthetics. Oxford University Press

Schellenbaum, P. (1992) Abschied von der Selbstzerstörung. Deutscher Taschenbuch Verlag

Scholl, M. (2012) Soziale Plastik 48 Stunden Neukölln. Cultura21

Schmitt, R. (2009) Die Unmögliche Gemeinschaft. Kulturverlag Kadmos

Schumacher, J. (1974) Leonardo da Vinci der Maler-Philosoph. Makol Verlag

Sennett, R. (2012) Zusammenarbeit: Was unsere Gesellschaft zusammenhält. Hanser Berlin

Sheldrake, R. (2012) Der Wissenschaftswahn: Warum der Materialismus ausgedient hat. O.W. Barth Verlag

Sklair, L. (2001) The Transnational Capitalist Class. Wiley-Blackwell

Stäcker, N./Seitz, D. (2013) Nana - ...der Tod trägt Pink: Der selbstbestimmte Umgang einer jungen Frau mit dem Sterben. Irisiana Verlag

Strogatz, S. (2004) Synchron. Vom rätselhaften Rhythmus der Natur. Berlin Verlag (Erstveröffentlichung 2003)

Sützl, W./Stalder, F./Maier, R./ Hug, T. (Hrsg.) (2012) Kulturen und Ethiken des Teiles. Innsbruck University Press Online: uibk.ac.at/iup/buch_pdfs/9783902811745.pdf

Tomatis, A. (1997) Der Klang des Universums : Vielfalt und Magie der Töne. Patmos Verlag

Warm, H. (2004) Die Signatur der Sphären: Von der Ordnung im Sonnensystem. Keplerstern Verlag

Weis, T. (1982) Phantasiespiele und Phantasiegefährten im Kindesalter. Neuere Untersuchungen zur Phantasie des Kindes und ihre Bedeutung für die Pädagogik. Unveröffentlichte Diplomarbeit. Institut für Erziehungswissenschaft an der Universität Tübingen

Weis, T. (1985) Persönlichkeits- und Familienmerkmale von Kindern mit Phantasiegefährten. Unveröffentlichte Diplomarbeit. Institut für Psychologie an der Universität Tübingen

Weis, T. (1990) Phantasiegefährten im Kindesalter. Studien zur Einführung in die pädagogische Kinderforschung. Dissertation im Fachbereich Sozial- und Verhaltenswissenschaften der Universität Tübingen.

Wicherink, J. (2004) Souls of Distortion Awakening - A convergence of science and spirituality. Online:.soulsofdistortion.nl/download/soda.pdf

Wilber, K. (2010) Ganzheitlich handeln: Eine integrale Vision für Wirtschaft, Politik, Wissenschaft und Spiritualität. Arbor-Verlag (Erstveröffentlichung 2001)

Wilkinson, R./Pickett, K. (2010)   Gleichheit ist Glück: Warum gerechte Gesellschaften für alle besser sind. Tolkemitt bei Zweitausendeins (Erstveröffentlichung 2009)

Wilson, F.R. (1998) Die Hand - Geniestreich der Evolution. Rowohlt Verlag (Erstveröffentlichung 1999)

Yogananda, P. (1998) Autobiografie eines Yogi. Self-Realization Fellowship (Erstveröffentlichung 1946)

Zohar, D./Marshall, I. (2004) Spiritual Capital. Berrett-Koehler Publishers Koehler Publishers

Literatur: Zusammenhänge zwischen Globalisierung und Armut

Bourguignon, F. 2004: Developpement et réduction de la pauvreté. Revoir le passé penser l'avenir, Worldbank, Washington.

Busch, Andreas 2003: Staat und Globalisierung: Das Politikfeld Bankenregulierung im internationalen Vergleich, VS Verlag für Sozialwissenschaften, Wiesbaden.

Chang, Ha-Joon 2002: Kicking Away the Ladder – Development Strategy in Historical Perspective, London.

Datt, Gaurav / Ravallion, Martin 1998: When is Growth Pro-Poor? Evidence from the Diverse Experiences of India's States, World Bank.

DeGraw, David 2010: The Economic Elite Vs. The People of the United States of America / 2014: The Economics of Revolution, lulu.com

Duchrow, U. / Hinkelammert, F. 2002: Leben ist mehr als Kapital. Alternativen zur globalen Diktatur des Eigentums, Publik Forum, Oberursel.

Friedrich Ebert Stiftung 2011: Zeit für Gerechtigkeit
http://www.fes.de/gerechtigkeitswoche/pdf/Rueckblick_FES_Gerechtigkeitswoche_2011.pdf

Gerster, Richard 2005: Globalisierung und Gerechtigkeit, Bern.

Grupp, Claus D. 1992: Welt im Wandel: Brauchen Entwicklungsländer unsere Hilfe? Köln.

Hackenberg, Roland 2004: Inside the Black Box: Der Internationale Währungsfond und die USA, Passau.

Herr, H.-J. / Priewe, J. 2003: The Macroeconomic Framework of Poverty Reduction. An Assessment of the IMF/Worldbank Strategy, FHW, Berlin.

Internationaler Währungsfonds 2005: Cultivating Minds – How investing in education boosts development, Finance and Development, Ausgabe June 2005, Washington.

Klasen, Stephan 2004: In Search of the Holy Grail: How to Achieve Pro-Poor Growth? In M. Krakowski (ed.), Attacking Poverty: What Makes Growth Pro-Poor? Baden-Baden, S. 63-93.

Kurz, Robert 1999: Schwarzbuch Kapitalismus, Ullstein Verlag 1999

Morazán, Pedro 2005: Sustainable Growth and Equality. A Study on Pro-Poor Growth Policies in Honduras, EED, Bonn.

Neuber, Harald 2005: Deutschland, dein Armutszeugnis:
http://www.heise.de/tp/r4/artikel/19/19586/1.html.

Pernia, Ernesto M. 2003: Pro-Poor Growth: What is It and How is It Important?

Rawls, John (Revised Edition) 1999: A Theory of Justice, Cambridge, Massachusetts.

Ritz, Hauke 2014 Die unglaubliche Verödung des öffentlichen Lebens
http://www.heise.de/tp/artikel/42/42791/1.html

Schlotzhauer, M. 2002: Die Tradition des Neoliberalismus als Paradigma gesellschaftlicher Ausgrenzungsprozesse. Vorgelegt als Diplomarbeit an der Fachhochschule Düsseldorf.

Schmid, Klaus-Peter 2004: Nur die Reichen werden reicher, in: Die Zeit 12/08/2004.

Sen, Amartya 2002: Ökonomie für den Menschen. Wege zu Gerechtigkeit und Solidarität in der Marktwirtschaft, München.

Stiglitz, Joseph 2002: Die Schatten der Globalisierung, Berlin 2002

Werner, Klau / Weis, Hans 2010 Das neue Schwarzbuch Markenfirmen: Die Machenschaften der Weltkonzerne, Ullstein Taschenbuch 2010

Zeppernick, Ralf 2003: Wie wird die Globalisierung heute beurteilt? Ein Beitrag zu einer „rationaleren" Diskussion, Sankt Augustin.

Thomas Weis, Jahrgang 54, geboren in Freiburg im Breisgau, aufgewachsen in der Rheinebene auf einem Bauernhof. Den Kaiserstuhl im Süden, den Schwarzwald im Osten und die Vogesen im Westen prägte den Blick seiner Kindheit und Jugend. In seinen Studiengängen an der Universität Tübingen in Pädagogik und Psychologie, sowie in seiner Promotion, bildete die spielerische Selbstfindung des Kindes das durchgängige Thema. So sehr ihm die akademische Spielwiese gefiel, so entschied er sich dafür sich in der freien Wirtschaft und Verwaltung als Trainer, Berater und Coach zu bewähren. Dabei arbeitete er in verschiedenen Funktionen und Konstellationen in Deutschland, in Italien (Südtirol) und ab 2010 in China. Parallel dazu widmete er sich dem Studium der Weisheitslehren, sammelte Erfahrungen im Schamanismus und vertiefte sich in alternativen Lösungsansätzen. Daß er dabei sein Studienthema auf kollektive und globale Fragen ausdehnte begriff er erst später: in Artikeln, Büchern und Konzepten, die sich einem holistischen Menschen- und Weltbild widmen. Darin nimmt der sich selbst findende Mensch, der das Beste, was er hat, mit der Welt teilt, eine zentrale Rolle ein. Er wirkt in Verbindung mit der Webseite vita-education.de als Inspirator und Inkubator, indem er Personen und Gruppen darin unterstützt Ideen und Werte ins Leben zu bringen. Dabei verbindet er die Errungenschaften der Vergangenheit mit dem Kraftpunkt der Gegenwart und den Potentialen der Zukunft. Kontakt: info@vita-education.de

Thorsten Wiesmann wurde 1968 in Berlin geboren und erfuhr von Kindheit an welche Auswirkungen ideologische Spaltungen haben. Um für innere Eindrücken den passenden äußeren Raum und Ausdruck zu finden studierte er Theater- und Veranstaltungstechnik an der Universität der Künste sowie an der Technischen Fachhochschule Berlin. Seine Diplomarbeit im Fachgebiet Szenografie/Dramaturgie widmete er dem Thema: "Wahrnehmung im Gebäude der Inszenierung". Das Zusammenbringen von Kunst und Technik zur Erforschung innerer Potentiale stand für ihn ihm Vordergrund während seines Studium der Theaterregie in Hamburg. Es folgten Begegnungen mit verschiedenen Kulturen, und deren Art durch geistige Praktiken sich Wirklichkeiten zu eröffnen. Längere Aufenthalte führten ihn u.a. nach Wien, Paris, Japan und Burma. Für einige Jahre ließ er sich von verschiedenen Lehrern in der Wissenschaft der Meditation ausbilden. Durch die Beschäftigung mit den Lehren der zeitlosen Weisheit eröffnete sich ihm der Zugang zu einer östliches und westliches Denken verbindenden Weltsicht. Er lebt zur Zeit mit seiner japanischen Frau und ihrem gemeinsamen Sohn in Berlin. Von dort wirkt er im Austausch mit sozialen Aktivisten auf internationaler Ebene. Besonders interessiert ihn eine ganzheitlichen Kunst des Lebens, die Nachhaltigkeit und Gerechtigkeit ermöglicht durch das Freisetzen eines Dialoges zwischen den Kulturen und Disziplinen. Ein wesentlicher Schlüssel für ihn ist dabei Kalyana mitrata oder "spirituelle Freundschaft". Er ist Mitbegründer der Plattform think2share. Kontakt: info@think2share.de